山东高速青岛胶州湾大桥建设丛书

结构监测巡检养护系统

■ 邵新鹏　主　编
■ 孙宗光
周哲峰　副主编

人民交通出版社股份有限公司
China Communications Press Co.,Ltd.

内 容 提 要

本书为青岛胶州湾大桥建设系列丛书之一。全书共有6章,系统介绍了胶州湾大桥结构监测巡检养护系统的方案设计、设备选型、系统实现、结构预警和评估、养护手册等方面的内容,阐述了大桥结构监测巡检养护管理系统工作对大桥安全运营提供的支持和作用。

本书可作为跨海大桥结构监测系统设计、软硬件实施、巡检养护体系建立的参考资料,为大型桥梁全寿命周期提供科学的管理、养护提供一定的参考。

图书在版编目(CIP)数据

结构监测巡检养护系统 / 邵新鹏主编. —北京 : 人民交通出版社股份有限公司, 2015.10

(山东高速青岛胶州湾大桥建设丛书)

ISBN 978-7-114-12413-6

Ⅰ. ①结… Ⅱ. ①邵… Ⅲ. ①跨海峡桥—桥梁结构—青岛市 Ⅳ. ①U448.19

中国版本图书馆 CIP 数据核字(2015)第177296号

山东高速青岛胶州湾大桥建设丛书

书　　名: 结构监测巡检养护系统
著 作 者: 邵新鹏
责任编辑: 张征宇　刘永芬
出版发行: 人民交通出版社股份有限公司
地　　址: (100011)北京市朝阳区安定门外外馆斜街3号
网　　址: http://www.ccpress.com.cn
销售电话: (010)59757969,59757973
总 经 销: 人民交通出版社股份有限公司发行部
经　　销: 各地新华书店
印　　刷: 北京市密东印刷有限公司
开　　本: 787×1092　1/16
印　　张: 15.5
字　　数: 346千
版　　次: 2015年10月　第1版
印　　次: 2015年10月　第1次印刷
书　　号: ISBN 978-7-114-12413-6
定　　价: 58.00元

《山东高速青岛胶州湾大桥建设丛书》

编审委员会

编辑工作委员会

《结构监测巡检养护系统》

编　委　会

序

山东高速青岛胶州湾大桥（以下简称胶州湾大桥）是我国北方冰冻海域特大桥梁工程，是青岛市规划的东西跨海通道“一路一桥一隧”中的“一桥”。大桥全长41.58km，为山东半岛蓝色经济区战略的重要交通枢纽，对进一步完善青岛市东西跨海交通联系，为城市的深度发展拓展出崭新的空间。

胶州湾大桥由青岛市人民政府采取特许经营权模式，进行公开招标。山东高速集团凭借良好的信誉、雄厚的资金和技术实力、丰富的建设管理经验，一举中标成为项目法人。

胶州湾大桥早在1993年4月就开始前期工作，经历了规划、预可、工可、初设、施工图设计和招投标等严格的建设程序，共历时13年零八个月。这期间，包括两院院士、长江学者在内的数百名中外专家、学者为大桥付出了心血和汗水。

胶州湾大桥开工建设以来，国家有关部委，山东省委、省政府以及青岛市委、市政府等各方面高度重视，要求建设者高标准、高质量建成精品工程。全体建设者露宿风餐、无私奉献、奋勇攻关，确保了工程质量、建设进度和施工安全，整个工程建设过程中，未出现一起质量、安全事故，没有发生一起违法违纪事件。

胶州湾大桥建设者始终坚持创新引领，攻克了许多特大型跨海大桥的技术难题，他们发明的“水下无封底混凝土套箱技术”为世界首创；“稀索斜拉桥索塔的耳板锚固方式”具有独创性；兼具防雾和景观功能的LED桥梁护栏节能灯为世界首创；应用4D技术和4D管理理念实现了项目管理的集成化和可视化管理；并且在结构耐久性的研究和长寿命评估方面，实现了大桥全寿命周期的过程控制。从而全面提高了胶州湾大桥的运营效率、降低了运营成本，延长结构的实际使用寿命，为海上桥梁的耐久性设计提供了数据基础和理论依据。

胶州湾大桥于2011年6月30日全线通车，它结构新颖，造型独特，气势恢弘，美观大气，像一条玉带飘荡在蔚蓝色的大海上。它也为冰冻海域的大型桥梁建设提供了一个可资借鉴的经验和样板。

鉴于胶州湾大桥在科技创新、工程美学价值、与自然环境的协调统一等各方面的成绩，很有必要编写这套丛书。而且就在本书即将付梓的时候，今年6月，在美国匹兹堡举行的世界桥梁大会上，胶州湾大桥荣获组委会颁发的“乔治·理查德森大奖”。这个奖项是专门授予那些在技术创新、工艺造型、工程质量、人才培养等方面都有卓越表现的大型桥梁工程，也为中国桥梁工作者赢得了荣誉。

借此机会，向胶州湾大桥所有的建设者表示祝贺！

胡希捷

2013.7.1

前　　言

青岛胶州湾大桥是我国北方首座特大型跨海大桥，其运营期结构的安全性受到政府、业主及广大人民群众的关注，对其结构关键安全信息进行监测，是保证大桥结构安全的重要手段，能够为大桥安全运营和日常养护管理提供详实的数据支持和科学的决策依据。

为了给大桥的运营养护工作提供可操作性的指导，本书系统介绍了青岛胶州湾大桥结构监测巡检养护系统的监测内容、布点设计、结构安全信息获取、数据分析处理方法以及预警与评估体系等，并概要介绍了为胶州湾大桥独身订制的养护管理手册，编写本书的出发点和落脚点是提高我国桥梁的结构安全和管理养护水平。

本书是《山东高速青岛胶州湾大桥建设丛书》中的一册；分 6 章进行编写，第 1 章介绍了桥梁结构监测的起源、发展过程，简述了系统概况和总体规划；第 2 章详细介绍了系统监测内容和布点设计等内容；第 3 章介绍了结构信息获取的渠道，从总体框架、各模块设置介绍了整个系统的构架；第 4 章介绍了结构预警与评估，重点阐述了相关预警与评估的理论和方法及相关实现手段；第 5 章主要介绍了系统软件的设计、开发思路及实现的相关功能；第 6 章主要介绍了养护手册的相关内容。

本书内容包括了参与“青岛海湾大桥运营期结构监测巡检养护管理系统”项目相关实施单位的主要研究成果。第 1 章由邵新鹏、周哲峰编写；第 2 章由邵新鹏、孙宗光编写；第 3 章由周哲峰、查正军、季辉、荆玉才、李德月、刘国强编写；第 4 章由盖国辉、刘学、李传夫、罗艳利、李启乾编写；第 5 章由李军、姜云峰、彭霞、刘平编写；第 6 章由邵新鹏、郭保林、李启乾、王行耐编写。全书由邵新鹏审校。

限于编写时间及编写者水平，本书难免存在不当之处，恳请同行指正。

编　者

2014 年 12 月

目　　录

第1章

概　　述

1.1　国内外研究现状

1.1.1　国外桥梁结构监测发展状况

自1940年美国Tacoma大桥发生风毁事故后，桥梁结构安全监测的重要性就引起人们的重视，但是由于受科学技术发展的限制及对自然认识的不足，早期仅有一些直观的监测手段，其应用价值一直受到相当的限制。20世纪80年代以来，在北美、欧洲和亚洲的一些国家和地区，相继发生了一些桥梁结构突然断裂的事故，引起社会舆论强烈反响，同时，也使人们意识到对桥梁结构的健康诊断的重要性和迫切性。80年代后期，国外明确提出了桥梁结构健康监测的新思路和概念，并先后开始在一些重要的大跨度桥梁上建立了结构健康监测系统，如英国的Foyle钢箱梁桥、美国的Sunshine Skyway斜拉桥、挪威的Skarmsundet斜拉桥，丹麦的Great East悬索桥、日本明石海峡大桥、香港的青马大桥等。

1.1.2　国内特大型桥梁结构监测开展现状

进入20世纪90年代以来，随着中国经济的腾飞，交通基础建设进入了一个前所未有的高速发展时期，中国桥梁建设技术得到了飞速发展，建成了许多世界级的桥梁，仅跨越长江的特大桥就有数十座。随着这些特大型桥梁的建成，部分桥梁也出现了一些意料不到的异常现象。同时，在养护管理过程中，管理者越来越发现，若是不全面了解结构整体内在的健康状况、各种不利因素对桥梁的损伤程度以及桥梁自身的老化情况，单靠以前的以目测辅以简单器具的表面巡检已无法满足对特大桥梁的养护需要；同时，綦江彩虹桥事件、宜宾南门大桥垮塌事件等也要求人们加强对桥梁的健康监测。我国自20世纪90年代中期开始桥梁健康监测的研究，在国家科委攀登计划“重大土木与水利工程安全与耐久性的基础研究”项目、国家自然科学基金资助的“桥梁结构健康监测与状态评估”等多个项目的支持下，对大型桥梁结构病害调查、传感器布点、结构损伤识别、系统识别、结构理论模型修正、结构可靠度评定等方面开展了深入研究，先后在江阴长江大桥、南京长江第二大桥、东海大桥、上海长江隧桥、上海闵浦大桥、苏通大桥等建立了不同规模的结构健康监测系统。

1.1.3 国内已建成桥梁监测系统的特点

国内已建成的桥梁监测系统，具有以下共同特点：

(1)通过采用传感器测量装置获取结构行为的直接记录，同时强调对结构环境条件的监测和记录分析。

(2)采用在通车运营后连续或间断监测结构状态，力求获得结构信息连续、完整。并结合桥梁施工统一考虑传感器布设。

(3)监测系统具备了快速大容量的数据采集、通信与处理能力，可实现数据网络共享。

(4)许多新的设备如光栅传感器、MEMS 和 GPS 等逐渐被广泛应用。

(5)建立了许多结构响应的损伤识别方法，大多数方法已被数值模拟或被实验室验证。

(6)通过对部分桥梁的监测，已经获得了关于环境条件和运营载荷对桥梁振动特性影响的试验结果。

但是，由于我国结构监测系统的开展起步较晚以及受目前科学技术与理论研究的限制，还有很多地方需要完善：

(1)由于受传感器等硬件自身寿命的影响，设备的实用性和兼容性尚不够。在通信手段、数据库结构等方面，尚难以保证系统的长期稳定性。

(2)健康安全评价系统尚不成熟。以某大桥为例，目前该桥建了一套完整的数据监测系统，收集了大量的数据，但对采集数据如何处理与分析，以作为健康与非健康评判的标准，目前尚难以实现。

(3)检测项目的选择、测点、监测模式及手段尚不足；目前国内仅根据理论分析，对部分重点部位进行了监测，数据采集频率和精度均受到一定的限制。

(4)需要使桥梁结构状态评估和常规的养护结合起来，同时需要根据监测结果不断对数据库进行补充修正。要充分结合国内桥梁维护技术力量的现状，使系统便于使用、维护和升级。

1.1.4 我国桥梁结构健康监测的发展趋势

目前我国的桥梁建设技术已达到世界领先水平，桥梁建设事业得到了前所未有的发展；随着大型桥梁的不断建成，如何做好桥梁的运营、养护，随时了解桥梁结构的健康情况，及时对桥梁的安全进行评价已成为迫切需要解决的课题。目前对于在建及建成的上海闵浦大桥、上海长江隧桥、苏通大桥等特大桥开始了结构健康监测的研究，充分吸纳了当前国内研究力量和国内、外最先进的技术、设备，建立了各自的健康监测系统。综合国内几座特大型桥梁健康监测系统的特点，得出我国今后桥梁结构健康监测发展的趋势为：

(1)由单一的、有限范围的主体结构监测向全桥全面、系统的监测发展，最终形成统一管理系统。由于桥梁结构体量较大，受投资、技术条件等限制，很难对桥梁各个部位进行全面实时监测，目前国内大多针对主体工程的关键部位进行监测。随着经济的发展，人们更希望和有能力对桥梁有一个全面详细的了解。同时，结构健康监测也将成为日常养护管理系统的一个组成部分，形成一个统一的桥梁运营管理系统。

(2)由单一的数据采集、保存转向数据后期处理与分析。随着现代分析手段发展和理论的成熟,桥梁结构健康监测系统将不仅仅限于目前的数据采集,而是通过数据处理和相应的健康评估系统,提供出一个可靠的评估结果,为管理者决策。

(3)随着科技的发展,各种设备的性能参数将进一步提高,数据采集的传感器、数据传输设备、处理设备及综合分析设备的精度、使用寿命和稳定性将大大提高,数据容量和处理能力也将大大增加。

(4)科技的进步要求综合管理系统具备较好的开放性,根据管理者的需要可以进行数据更新、功能调整、联网和集成等方面的系统升级或扩充。同时,国际间的合作将更加普遍,不同国家的技术人员将通过网络数据共享,实现专家会诊或进行多种形式的学术交流。

(5)具备更好的操作界面和实用性,更能适合我国国情和养护技术人员的实际操作需要。虽然目前我国很多大型桥梁均建立了一定规模的结构健康监测系统,但实际上大多数仍处于研究阶段,以基本数据采集为主。目前的系统维护大多依靠开发的专业人员,一般技术人员尚无法掌握和使用。随着各种软硬件的开发,用户界面将更加友好、简单易用,可以被一般技术人员广泛采用,真正具备实用价值。

1.2 系统概况

青岛胶州湾大桥是青岛市道路交通网络布局中胶州湾东西岸跨海通道的重要组成部分,也是山东省“五纵四横一环”公路网主框架的重要组成部分。青岛胶州湾大桥主线全长28.047km,其中跨海大桥25.171km,包括沧口航道桥、红岛航道桥和大沽河航道桥、海上非通航孔桥和青岛、黄岛及红岛接线工程。沧口航道桥采用双塔钢箱梁斜拉桥方案,红岛航道桥采用钢箱梁独塔斜拉桥方案,大沽河航道桥采用独塔自锚式悬索桥方案。

青岛胶州湾大桥运营期结构监测巡检养护管理系统(以下简称“结构监测巡检养护管理系统”)通过测量反映青岛胶州湾大桥环境激励和结构响应状态的信息,实时监测、定期检测桥梁结构的工作性能,定时、定量地评价桥梁结构的健康状态,以保证青岛胶州湾大桥的安全运营,为青岛胶州湾大桥的养护、维修提供科学依据。

该项目工作内容包括青岛胶州湾大桥运营期结构监测巡检养护管理系统设计与实施工作。其中结构监测的范围包括沧口航道桥、红岛航道桥以及大沽河航道桥。电子化人工巡检养护管理范围包括青岛胶州湾大桥主桥工程 K8 +190 至 K34 +947.319 段和红岛连接线(HK0 +000 至 HK1 +310)段内所有可到达的桥梁结构物。

1.2.1 系统设计原则

青岛胶州湾大桥运营期结构监测巡检养护管理系统是一个集结构分析计算、计算机技术、通信技术、网络技术、传感器技术等高新技术于一体的综合系统工程。为使结构监测巡检养护管理系统成为一个功能强大并能真正长期用于结构损伤和状态评估,满足青岛胶州湾大桥养护管理的需要,同时又具经济效益的结构监测巡检养护管理系统,遵循如下设计原则:

(1)统一设计,统一采购,统一实施,统一维护,统一管理。

(2)遵循简洁,实用,性能可靠,经济合理的指导思想。

(3)系统设置首先需满足青岛胶州湾大桥养护管理的需要,立足实用性原则第一,兼顾考虑科学试验和设计验证等方面因素。

(4)根据结构危险性分析的结果及养护管理的需求进行监测点的布设。

(5)危险性分析原则考虑以下方面:

①不同类型的结构受力特点、构件的工作特征。

②设计时不同类型结构的控制断面、控制点。

③结构不同类型材料的特性、使用特性。

④结构受外部环境及荷载影响后最易损伤部位。

⑤基于同类型既有结构已发生的损伤部位。

⑥目前阶段尚未有足够资料验证的关键部位。

(6)监测与结构安全性密切相关的内容,主要监测一些有代表性的结构、必须进行监测的重要结构以及日常养护无法检查或检查非常困难的结构。

(7)运用人工巡检手段,加强对不易自动监测及自动监测性价比低的易损部位的定期检测,以丰富用于结构状态评估的数据。

(8)从动力、静力、耐久性方面对结构进行监测,力求用最少的传感器和最小的数据量完成工作。

(9)以结构位移监测为主,以力、应力、模态分析为辅。

(10)系统应具有稳定性、可扩展性。

1.2.2 系统总体特征

青岛胶州湾大桥运营期结构监测巡检养护管理系统的本质是结构养护管理系统,养护决策所需的数据通过传感器的自动采集监测和人工定期巡检两种手段获取,并通过统一的集成的数据处理模块,进行有针对性的结构健康指标及结构特性的分析,得到结构状态在线评估的相关结论,得到结构健康指标及突发事件的及时预警信息,为结构养护决策提供支持,为进一步专家级的离线评估提供支持。

系统的建设目标是建立一套符合当前技术发展水平的具有可持续发展能力的结构监测巡检养护管理系统。结构监测巡检养护管理系统需要一个结构状态评估模型作为核心支持引擎,该模型是系统可用性的基础和保证。但是本类系统是对实桥运营状态的监测评估系统,而且传感器量测的结果大多是相对量,这就意味着任何设计理论、实验室、同类桥型的经验在对青岛胶州湾大桥应用时均有可能产生偏差,从而不能准确评估结构状态及指导养护。为此需采取以下措施应对。

1.2.2.1 数据挖掘

针对以上情况,有必要对实桥在运营期的行为进行分析,而这类分析的实质是数据挖掘,分析数据本身及数据间的规律,使用的主要方法是相关性分析。基于此目的,初始阶段的监测布点不宜太少,且需要大量收集建设期的施工监控数据和荷载试验数据,尤其是荷载试验数据需作为本系统初次标定的依据。

1.2.2.2 模型进化

在系统中,结构状态评估模型应是不断进化的模型。在系统初始化过程中,可使用规范及设计值作为模型参数取值的依据,但由于规范值或设计值本身的含义和实测值的含义会有较大的差别,有必要通过不断的模型进化来弥补这个差距。模型进化应该是个长期持续的过程,以适应结构本身的变化。

1.2.2.3 分层评估体系

受损伤识别技术和评估技术发展的限制,自动损伤识别及评估是本系统的远期目标,当前需要的是设置分层评估体系,将人工和自动评估两种模式进行结合。具体来说,我们建议采用类似医院看病的模式,系统本身作为一台检测设备,定期对结构各类监测、检测数据进行分析,并对预设的多项结构健康指标进行自动评分,还可按照预设的总体评估模式给出结构状态的初步分析结果;但这个结果仅作为专家进行进一步离线评估的依据,结构安全性、耐久性的最终评估结果由专家通过定期或不定期的离线评估方式给出。

结构监测巡检养护管理系统的总体设计、实施及运营的总体流程为:总体方案设计→方案验证→施工图设计→采购→安装→调试→试运行→验收→运营→优化。总体设计流程为:结构危险性分析→监测区段、监测内容、监测布点、监测数据要求设计→传感器模块设计→数据采集传输模块设计→数据处理与控制模块设计→巡检养护系统设计→预警评估系统设计→软件设计→系统初始化设计(含评估模型及具体参数)。方案验证可采用小型实验室系统,但作为实际应用系统,应尽量选用业界成熟的产品和成熟的系统架构,以减少设备本身及设备间兼容性的问题。

1.2.3 系统实施情况

上海巨一科技发展有限公司作为青岛胶州湾大桥运营期结构监测巡检养护管理系统的设计、施工承包单位,在2008年11月30日成立上海巨一科技发展有限公司青岛胶州湾大桥结构监测巡检养护管理系统项目部,同期开始各项前期准备工作,系统方案的设计工作也同步展开。整个系统设计方案经过3次专家评审。两次修改优化后,于2009年7月获得通过,进入实质性操作阶段。2009年5月~2010年3月完成系统的施工图设计工作,施工图分预埋预设、传感器布点位置及编码图、各子系统图(共3册)。2009年12月—2011年3月分阶段完成了软件系统的概要设计、预警评估系统的详细设计、软件构件的架设、编程、调试优化等步骤。以下为系统现场实施的主要节点:

2009年6月~2010年9月完成大沽河航道桥索塔侧三角撑应力变形监测的传感器安装工作,开始在大沽河钢箱梁吊装过程中,对大沽河航道桥索塔侧三角撑应力变形进行监测,至2010年9月大沽河航道桥成桥后,分期分段共计出具了6期监测报告。

2009年7月~2011年4月根据桥梁的施工进度分步完成了下部结构混凝土耐久性关键数据参数监测的相关传感器的埋设工作。

2009年12月开始锚索计的安装工作,至2010年8月3座航道桥40个锚索计安装完成。

2010年3月~6月完成系统的小型实验室的建设及相关实验验证工作。

2010 年 5 月开始红岛航道桥桥塔上部传感器安装工作，至 2011 年 4 月完成全部桥塔部分的传感器安装工作。

2010 年 10 月开始箱梁内部传感器安装工作，至 2011 年 5 月完成全部设备安装工作。

2010 年 6 月完成 3 座航道桥设备单调工作。

2011 年 6 月完成监控中心相关服务器设备的安装调试工作。

2011 年 6 月完成全桥通信网络的布线及调试工作，具备设备联调的条件。

2011 年 6 月 11 ~15 日完成 3 座航道桥荷载试验期间的系统数据获取工作。

2011 年 7 月 ~8 月完成系统的联调工作。

2011 年 9 月 ~11 月完成系统的试运行工作。

2011 年 12 月具备系统移交运行条件。

1.3 系统总体规划

1.3.1 系统功能总框架

青岛胶州湾大桥结构监测巡检养护管理系统的软件功能总体框架如图 1.3-1 所示。

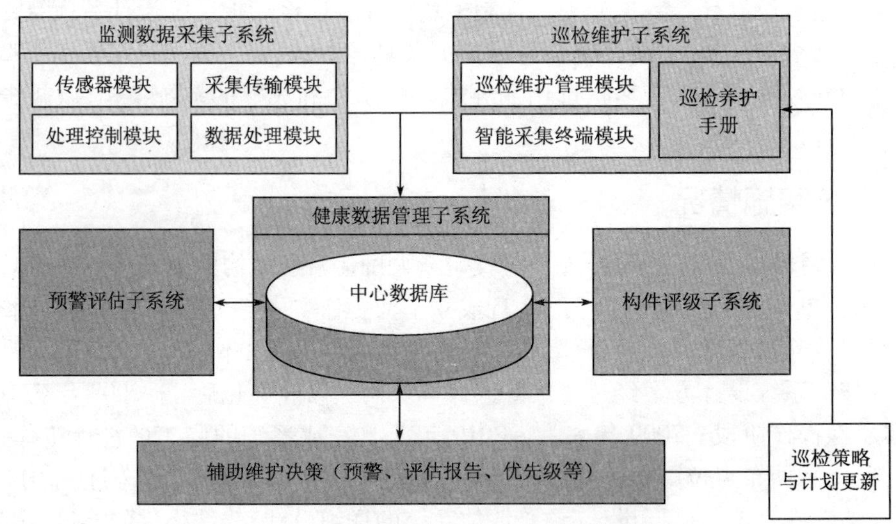

图 1.3-1 结构监测巡检养护管理系统总体业务功能框架

按照系统的基本框架及系统物理分布情况，将本系统划分为 5 大功能子系统。

1.3.1.1 监测数据采集子系统

监测数据采集子系统的主要目的是自动化采集预警、评估、评级等所需要的数据。通过该子系统负责所有在线及离线检测数据的采集、传输、处理及控制。

1.3.1.2 巡检维护子系统

建立专门针对结构外观损伤、病害进行检查和评估的管理子系统，以配合基于自动化传感测试和信号分析控制的监测数据采集子系统，实现大桥全覆盖管理。该子系统以巡检养护手册为指导，辅以智能化采集终端，实现流程化、标准化和规范化的巡检数据的录入、存储、查询及显示，提供基于巡检数据的结构技术状况评定功能。

1.3.1.3　构件评级子系统

根据外观巡检的定性数据，通过构件评级子系统，确定各构件的危险性、易损性和外观性的级别，在此基础上确定桥梁构件的综合评级，进一步实施巡检优先级排序，配合健康评估的结果即可制定合理的巡检养护计划。

1.3.1.4　预警评估子系统

根据监测数据采集子系统、构件巡检养护子系统的数据输入，结合健康评级子系统针对定性外观检查信息的处理和评定信息，实现结构危险状态预警与性能评估。

1.3.1.5　健康数据管理子系统

数据管理模块是整个系统的数据管理平台，实现对中心数据库所有数据的管理功能。同时通过用户界面模块提供友好、专业、灵活配置的用户界面，突出 WebGIS 的交互式图形用户界面、菜单级用户按钮权限和报警推送模式。

1.3.2　系统应用模式

青岛胶州湾大桥运营期结构监测巡检养护管理系统为 B/S 模式（图 1.3-2），系统用户可在授权允许的情况下，通过局域网或 Internet 访问本系统，客户端不需安装任何软件，使用 IE 即可访问。

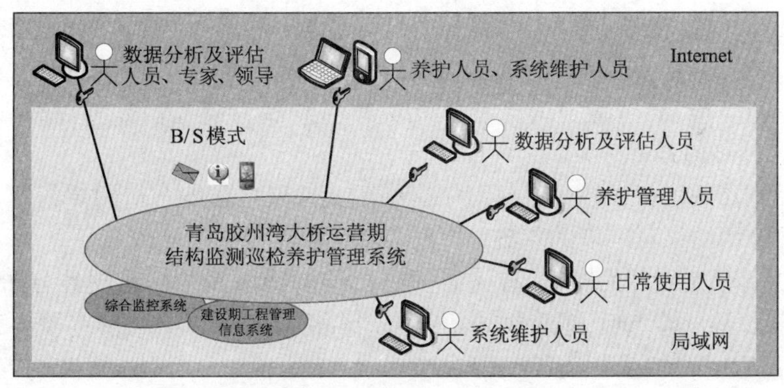

图 1.3-2　结构监测巡检养护管理系统应用模式

系统主要应用对象是日常使用人员、系统维护人员、养护人员、数据分析和评估人员、养护管理人员、专家、领导等，数据分析及评估人员和专家还可下载系统提供的在线和离线分析工具包进行专业分析。

外场作业人员（如养护人员、系统维护人员）还可通过便携式电脑及 PDA 维护系统数据。结构健康指标预警信息及突发事件预警信息可通过电子邮件、系统消息及手机短信等模式及时通知相关人员。

第 2 章

监测内容及布点设计

2.1 设计原则

桥梁结构监测内容的选取遵循传感器实时监测和人工巡检相结合的原则，监（检）测内容应能够满足结构安全及综合评估（结构耐久性、安全性和使用性）、结构状态及损伤识别的功能要求。布设传感器之前，需注意以下 4 个方面基本原则。

（1）正确的力学模型。首先需对桥梁的内力分布和变形特征作全面的分析，如结构在各工况下的内力包络图。

（2）合适的监（检）测参数。确定需要而且可能监（检）测的参数，如索力、梁挠度、外界环境的影响（日照、湿度、风力等）、全局和构件的振动频率等。

（3）恰当的监（检）测位置。确定必要和最佳的监（检）测位置，如斜拉索、正负挠度峰值点、振型曲线区间峰值点等。

（4）可靠的传感通信系统。选择操作方便、耐久性好且精度合适的传感器和通信处理系统是保证监（检）测结果可信度的基础。

因此，在进行系统设计的时候，首先必须进行结构特性和结构易损性分析，得知结构受力特点、易损部位及危险点后，再根据分析结果结合桥梁实际情况和传感器本身的特点确定监（检）测内容、监（检）测点和监（检）测方法。

2.2 结构危险性分析

危险性分析基于以下两个要点进行：

（1）关注重点不是桥梁在极限状况下的受力和变形状况，而是在各个活载工况下的内力和形状的变化幅度。桥梁设计和复核基本保证了结构上不会出现受力破坏，还具有一定的安全储备，所以对于保证桥梁健康运营更有意义的是监测较大的应力变化幅度，以计算疲劳效应。对于变形来说也是如此，恒载作用下的变形在监测开始前已经完成，实际监测到的都是活载引起的变形变化，而不是所有工况下的变形值。

（2）活载的组合不再考虑。

2.2.1 结构模型与分析

2.2.1.1 大沽河航道桥结构模型与计算

1)模型概述

大沽河航道桥桥型为主跨260m的四跨连续独塔自锚式钢箱梁悬索桥,跨径布置为80m+190m+260m+80m。建立大沽河航道桥的有限元模型是为其运营期的结构健康监测服务的,可为掌握结构受力特性、比对各类典型或特殊工况下的结构理论与实测响应、分析与评估大桥在台风\地震等极端荷载作用下的结构安全评估等,提供分析用的基础理论模型。

采用MIDAS/Civil有限元计算程序,按杆系结构建立模型,结构由加劲梁、索塔、主缆、吊索组成。模型共659个节点,612个单元,结构离散图如图2.2-1所示。

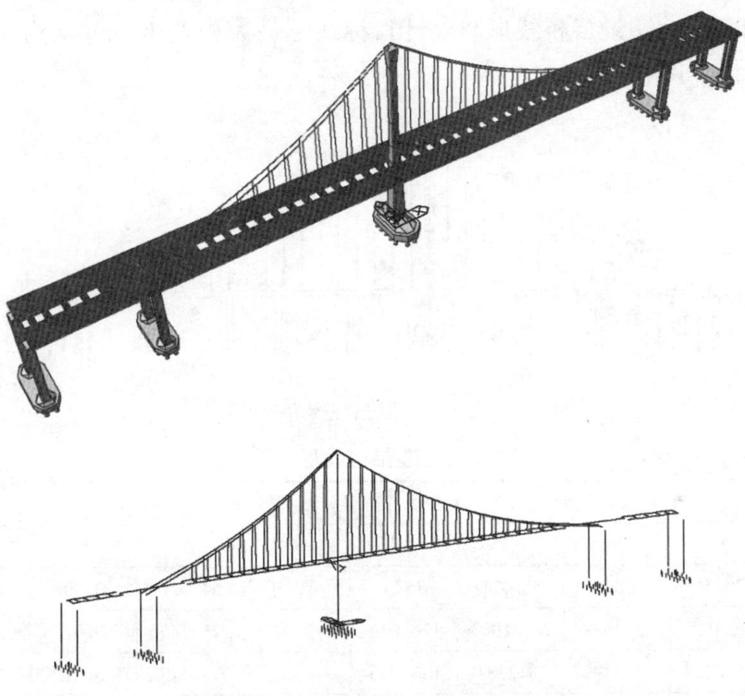

图2.2-1 大沽河航道桥全桥结构离散

加劲梁、桥墩和索塔采用492个空间梁单元模拟。由于截面的特殊性,预先计算各节段加劲梁和索塔的截面特性,用MIDAS/Civil程序中的自定义截面类型,赋予其截面特性值,建立全桥加劲梁和索塔的三维梁单元。吊索采用58个桁架单元模拟。主缆采用62个非线性索单元模拟。索单元是一种只受拉单元,不存在弯曲刚度,节点上只有平动自由度,而无转动自由度。

塔的底部采用固端约束;塔梁之间采用弹性连接;主缆在梁上锚固方式采用刚性连接;吊索在梁上锚固方式采用与横梁共同节点方式连接。部分边界条件如图如图2.2-2所示。

加劲梁自重采用荷载方式模拟,横隔板和横向连接箱采用梁单元集中荷载方式模拟,其余各梁段重量按梁单元均布荷载方式模拟;主缆和吊索索股重量按自重方式模拟,附加重量按节点荷载方式模拟;索塔按自重方式模拟;二期铺装采用梁单元均布荷载方式模拟。

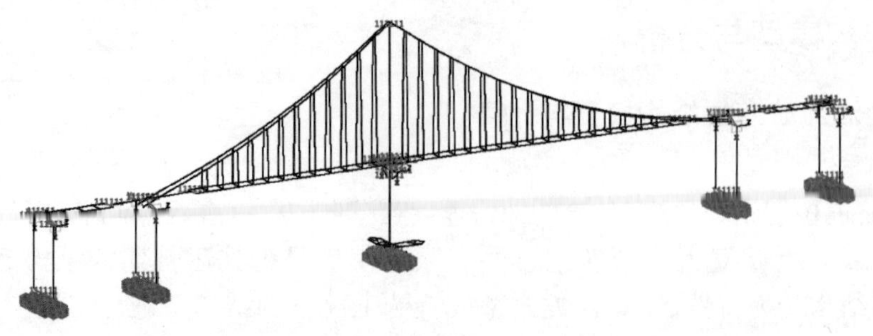

图 2.2-2 大沽河航道桥全桥边界条件

2）主缆成桥结构线性

计算得到成桥状态主缆结构线形结果如表 2.2-1 所示（吊索编号如图 2.2-3 所示）。由表中偏差项可以看出，主缆成桥线形与设计目标线形最大相差 40mm，认为主缆成桥线形的计算结果达到了要求。

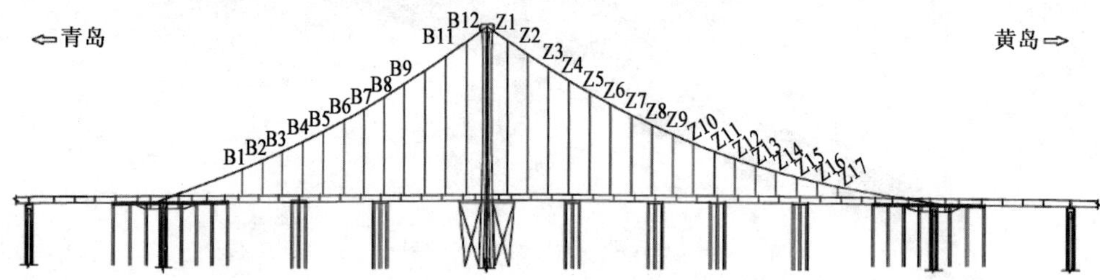

图 2.2-3 大沽河航道桥吊索编号

主缆结构线形

表 2.2-1

节点	计算成桥线形			设计目标线形			误 差（m）		
	X	Y	Z	X	Y	Z	X	Y	Z
（锚点）	75.5	-3.9	54.021	75.5	-3.9	54.021	0.00	0.00	0.00
B1	126.025	-3.46794	73.31983	126.014	-3.436	73.343	0.01	0.03	0.02
B2	138.0223	-3.34927	78.3281	138.013	-3.313	78.347	0.01	0.04	0.02
B3	150.0185	-3.21648	83.70531	150.011	-3.178	83.72	0.01	0.04	0.01
B4	162.0158	-3.07063	89.45322	162.01	-3.031	89.464	0.01	0.04	0.01
B5	174.0131	-2.91247	95.57193	174.009	-2.874	95.579	0.00	0.04	0.01
B6	186.0109	-2.7425	102.0625	186.008	-2.706	102.067	0.00	0.04	0.00
B7	198.0088	-2.56115	108.9255	198.007	-2.527	108.928	0.00	0.03	0.00
B8	210.0067	-2.36874	116.1616	210.005	-2.339	116.164	0.00	0.03	0.00
B9	222.0062	-2.16551	123.7727	222.004	-2.141	123.776	0.00	0.02	0.00
B10	234.0068	-1.95172	131.7592	234.003	-1.932	131.765	0.00	0.02	0.01
B11	246.0081	-1.72764	140.1217	246.002	-1.715	140.131	0.01	0.01	0.01
B12	258.0106	-1.49356	148.8609	258.001	-1.487	148.875	0.01	0.01	0.01
（塔）	270	-1.25	158	270	-1.25	158	0.00	0.00	0.00

续上表

节点	计算成桥线形			设计目标线形			误　差(m)		
	X	Y	Z	X	Y	Z	X	Y	Z
Z1	281.9884	-1.4702	149.3891	281.999	-1.466	149.405	0.01	0.00	0.02
Z2	293.9911	-1.68079	141.1845	293.998	-1.673	141.195	0.01	0.01	0.01
Z3	305.9921	-1.88102	133.3635	305.997	-1.869	133.371	0.00	0.01	0.01
Z4	317.9923	-2.07072	125.9253	317.996	-2.056	125.931	0.00	0.01	0.01
Z5	329.9916	-2.24975	118.869	329.995	-2.233	118.874	0.00	0.02	0.01
Z6	341.9901	-2.418	112.1938	341.993	-2.399	112.198	0.00	0.02	0.00
Z7	353.9883	-2.57536	105.8985	353.992	-2.554	105.904	0.00	0.02	0.01
Z8	365.9862	-2.72167	99.98243	365.991	-2.699	99.99	0.00	0.02	0.01
Z9	377.984	-2.85671	94.4448	377.99	-2.833	94.455	0.01	0.02	0.01
Z10	389.9814	-2.98012	89.28512	389.989	-2.956	89.299	0.01	0.02	0.01
Z11	401.9789	-3.09142	84.50248	401.988	-3.066	84.52	0.01	0.03	0.02
Z12	413.9755	-3.18989	80.09678	413.986	-3.164	80.118	0.01	0.03	0.02
Z13	425.9735	-3.27452	76.06688	425.985	-3.248	76.091	0.01	0.03	0.02
Z14	437.9717	-3.3438	72.41259	437.984	-3.317	72.439	0.01	0.03	0.03
Z15	449.9702	-3.39544	69.13392	449.983	-3.369	69.162	0.01	0.03	0.03
Z16	461.9691	-3.42579	66.23059	461.982	-3.4	66.259	0.01	0.03	0.03
Z17	473.9804	-3.42875	63.69977	473.993	-3.405	63.726	0.01	0.02	0.03
（锚点）	533.2	-3.25	53.348	533.2	-3.25	53.348	0.00	0.00	0.00

3）模型结构内力

成桥状态主缆结构内力结果如图 2.2-4 所示。由图可知，主缆轴力从锚固点到塔顶索鞍处逐渐增大，边跨从 73154kN 增大到 85971kN，主跨从 69488kN 增大到 84180kN。

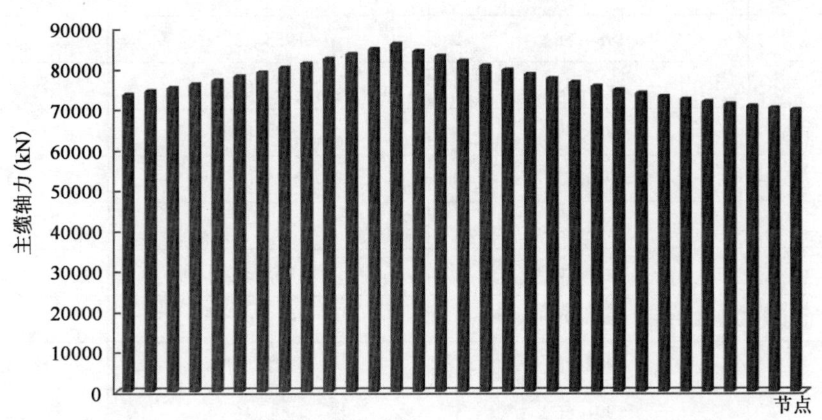

图 2.2-4　主缆结构内力

计算得到成桥状态吊索索力结果如表2.2-2和图2.2-5所示。吊索成桥索力比较均匀，基本维持在1930～2000kN之间，且与设计目标索力的偏差均小于1%，最大相差仅0.75%，认为吊索成桥索力的计算结果达到了要求。

吊索成桥索力　　表2.2-2

吊索编号	计算成桥索力(kN)	设计成桥索力(kN)	偏差(%)
B1	1932.28	1940.37	0.42
B2	1941.28	1944.56	0.17
B3	1943.36	1944.8	0.07
B4	1944.02	1944.51	0.03
B5	1945.75	1945.02	0.04
B6	1946.59	1944.48	0.11
B7	1947.69	1944.78	0.15
B8	1948.01	1945.13	0.15
B9	1948.16	1946.19	0.10
B10	1947.03	1947.22	0.01
B11	1944.82	1948.19	0.17
B12	1936.95	1946.34	0.48
Z1	1977.61	1986.2	0.43
Z2	1985.83	1988.13	0.12
Z3	1988.09	1987.22	0.04
Z4	1988.05	1986.27	0.09
Z5	1986.83	1985.23	0.08
Z6	1986.11	1984.93	0.06
Z7	1984.63	1984.6	0.00
Z8	1984.58	1985.13	0.03
Z9	1984.45	1984.68	0.01
Z10	1983.49	1984.87	0.07
Z11	1983.73	1985.04	0.07
Z12	1984.84	1985.25	0.02
Z13	1984.20	1985.34	0.06
Z14	1986.98	1987.01	0.00
Z15	1988.88	1987.58	0.07
Z16	1991.66	1990.46	0.06
Z17	2012.30	2007.4	0.24

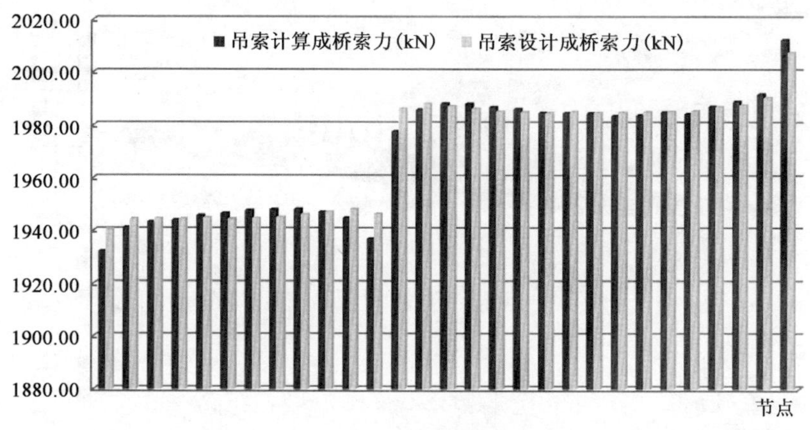

图 2.2-5　吊索成桥索力

成桥状态加劲梁的内力计算结果如图 2.2-6 ~ 图 2.2-9 所示。由图可知：

(1)大沽河航道桥的加劲梁为一承受很大轴力(主缆水平分力)的压弯构件,轴力分布在主缆的两个锚固点之间,沿全跨相等。

(2)加劲梁的顶底板在边跨和主跨均呈现为压应力,在辅跨由于不受主缆传递的水平分力,故为纯弯构件,顶板受压,底板受拉。

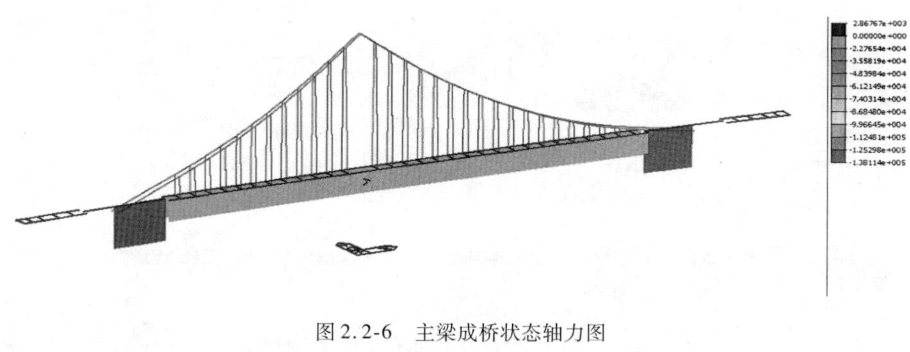

图 2.2-6　主梁成桥状态轴力图

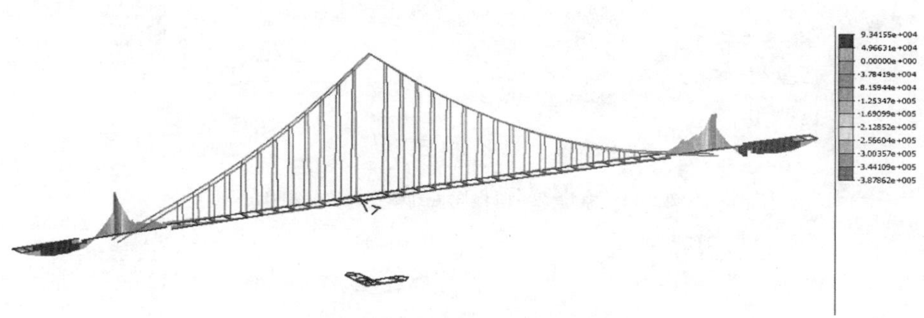

图 2.2-7　主梁成桥状态竖向弯矩图

4)动力特性分析

针对大沽河航道桥进行了特征值分析,考虑了成桥初始内力对大桥的几何刚度修正,利用 Lanczos 法进行了前 100 节特征值分析。图 2.2-10 ~ 图 2.2-16 给出了大沽河航道桥的典型模态分析结果。

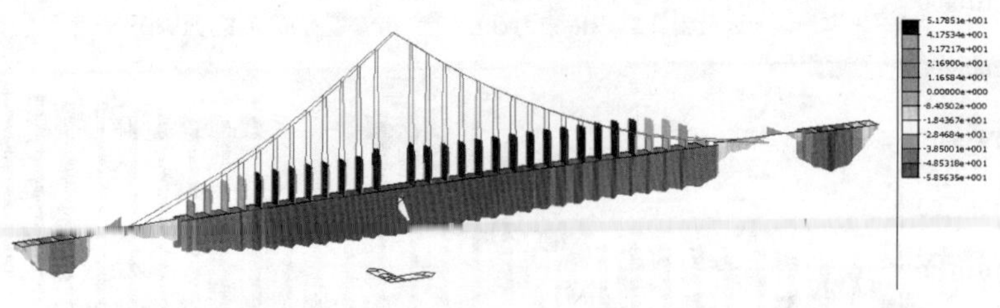

图 2.2-8　主梁成桥状态竖上缘正应力等值线图

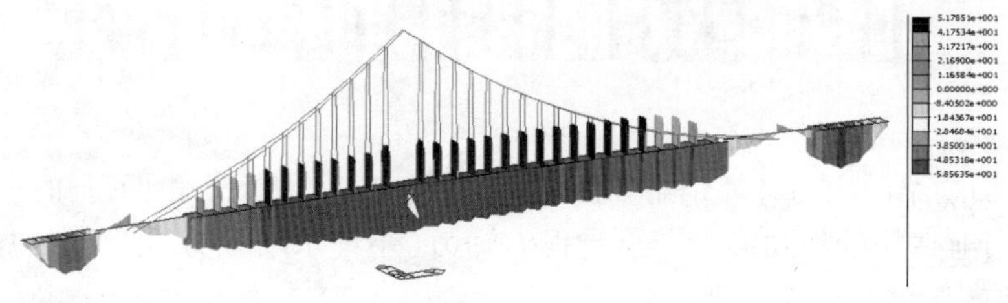

图 2.2-9　主梁成桥状态竖下缘正应力等值线图

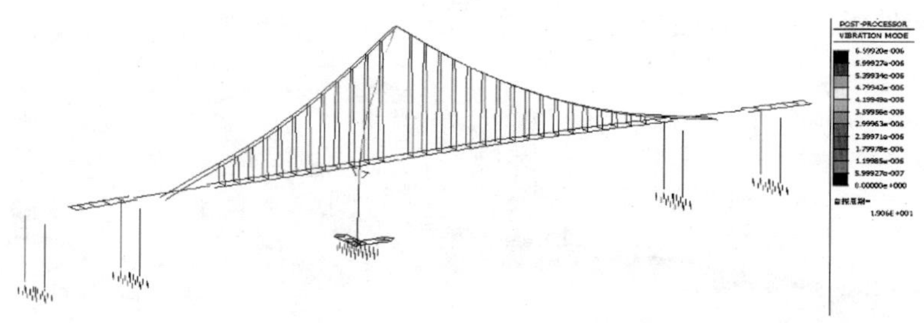

图 2.2-10　索塔第一阶纵向振动模态——主梁纵漂($f=0.052$Hz)

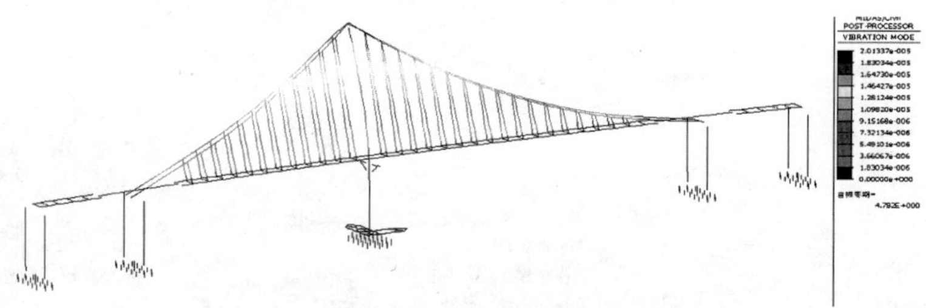

图 2.2-11　索塔第一阶横向振动模态($f=0.209$Hz)

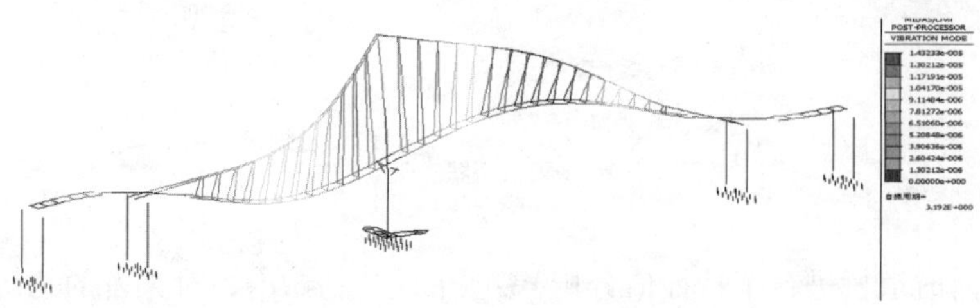

图 2.2-12　主梁第一阶竖弯振动模态——反对称($f=0.313$Hz)

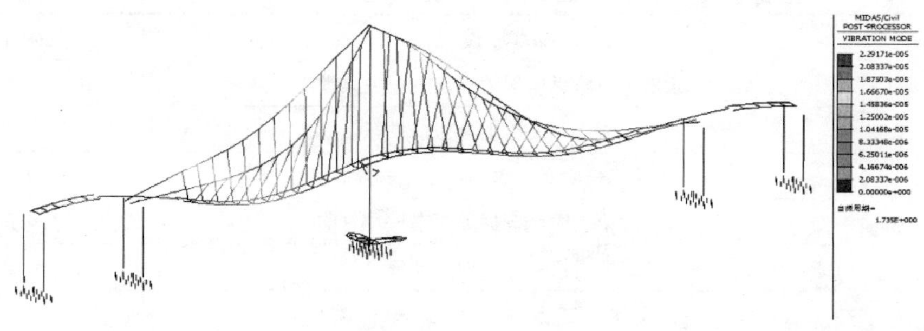

图 2.2-13　主梁第二阶竖弯振动模态——对称(f=0.576Hz)

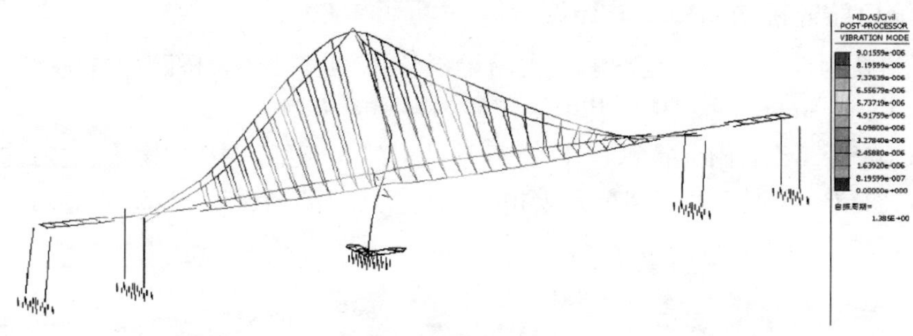

图 2.2-14　索塔第二阶横向振动模态(f=0.722Hz)

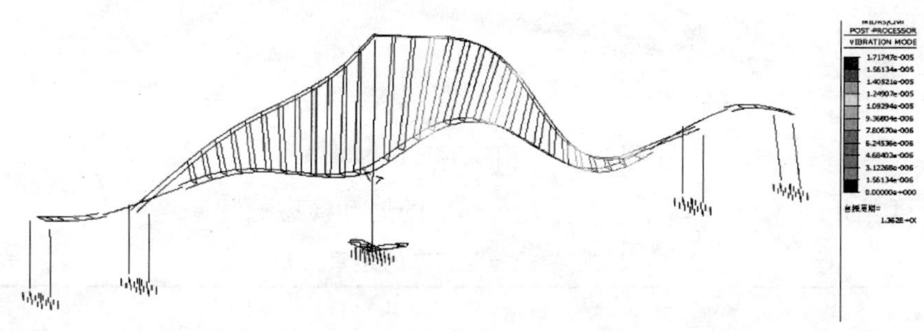

图 2.2-15　主梁第三阶竖弯振动模态——反对称(f=0.734Hz)

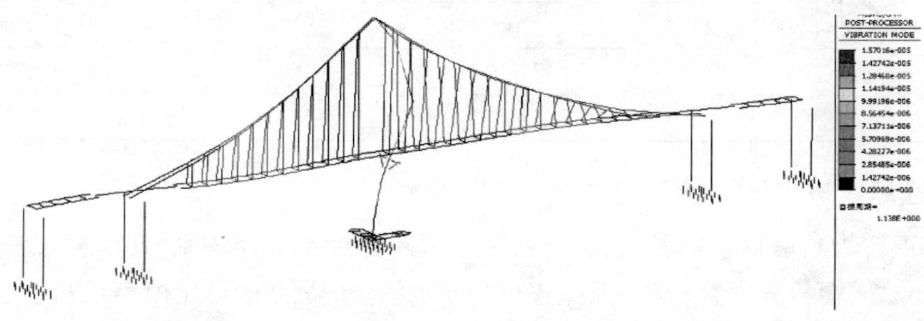

图 2.2-16　索塔第二阶纵向振动模态(f=0.879Hz)

表 2.2-3 给出了大沽河航道桥基于有限元模型的振动模态的频率。

大沽河航道桥的振动模态的频率(Hz) 表 2.2-3

桥　名	振动模态	有限元模型
大沽河航道桥	索塔第一阶纵向振动模态——主梁纵漂	0.052
	索塔第一阶横向振动模态	0.209
	主梁第一阶竖弯振动模态——反对称	0.313
	主梁第二阶竖弯振动模态——对称	0.576
	索塔第二阶横向振动模态	0.722
	主梁第三阶竖弯振动模态——反对称	0.734
	索塔第二阶纵向振动模态	0.879

2.2.1.2 沧口航道桥结构模型与计算

沧口航道桥为双幅分离双塔双索面钢箱梁斜拉桥，五跨连续，桥跨布置为 80m + 90m + 260m + 90m + 80m = 600m。仅建立其中一幅桥的有限元模型。

采用 MIDAS/Civil 有限元计算程序，按杆系结构建立模型。主梁、横梁、主塔均采用空间梁单元模拟，斜拉索采用空间桁架单元模拟。全桥共有 585 个节点，580 个单元。沧口航道桥的有限元模型如图 2.2-17 所示。

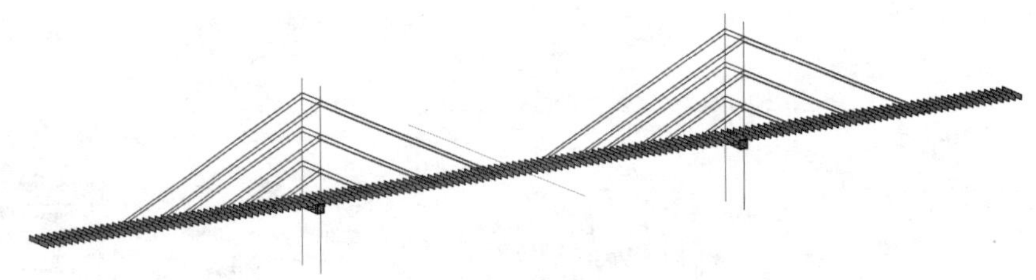

图 2.2-17　沧口航道桥有限元模型

表 2.2.4 给出了沧口航道桥基于有限元模型的振动模态的频率。

沧口航道桥的振动模态的频率(Hz) 表 2.2-4

桥　名	振动模态	有限元模型
沧口航道桥	主梁第一阶竖弯	0.514
	主梁第一阶侧弯	0.781
	主梁第二节竖弯	0.806
	主梁第二节侧弯	1.027
	主梁第三节竖弯	1.255

2.2.1.3 红岛航道桥结构模型与计算

红岛航道桥为独塔双索面稀索斜拉桥，采用两跨连续半漂浮体系，其跨径布置为120m + 120m = 240m。两幅桥分离且对称，因此仅建立其中一幅桥的有限元模型，以便为运营期的健康监测管理提供数据比对分析、结构安全评估等基础模型。

采用 MIDAS/Civil 有限元计算程序，按杆系结构建立模型。主梁、横梁、主塔均采用空间梁单元模拟，斜拉索采用空间桁架单元模拟。全桥共有 254 个节点，242 个单元。有限元模

型如图 2.2-18 所示:

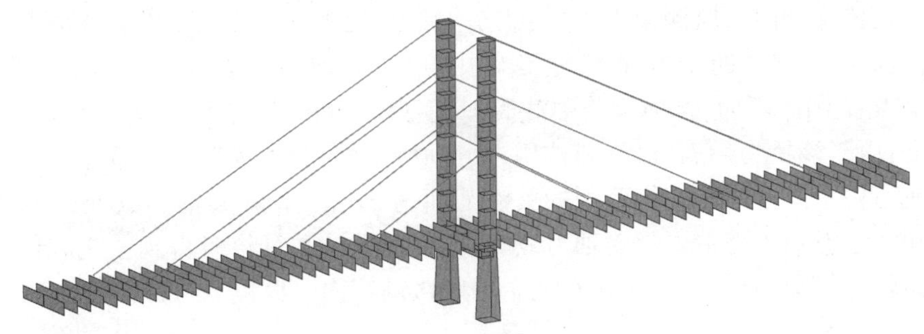

图 2.2-18　红岛航道桥有限元模型

表 2.2-5 给出了红岛航道桥基于有限元模型的振动模态的频率。

红岛航道桥的振动模态的频率(Hz)　　表 2.2-5

桥　　名	振 动 模 态	有限元模型
红岛航道桥	索塔第一节侧弯	0.501
	主梁第一节竖弯——反对称	0.625
	主梁第一节竖弯——对称	1.101
	主梁扭转——反对称	1.554

2.2.2　结构监测重点

2.2.2.1　动力响应监测

加速度传感器的测点设计是整个监测系统布点设计的重点之一。因为实际上,结构是个无限自由度体系,所有的位置都和动力性能直接相关,应该监测所有的截面,但这显然是不可能的,所以需要考虑的是布点的优化设计问题。目前有不少的优化理论方法,最简单实用的是根据桥梁的振动模态来确定,让布点位置都对应于振幅的峰值点,远离节点,以在布点非常有限的情况下获取尽可能多的振型信息,减少误差。

基于桥梁的模态振型形态,大沽河航道桥动力监测的重点为:①塔顶有明显的横桥向和顺桥向偏移;②主跨的 7 个八分点;③边跨的 3 个四分点截面;④两过渡跨跨中。

沧口航道桥动力监测的重点为:①塔顶有明显的横桥向偏移;②主跨的 7 个八分点;③一侧两个边跨的跨中;④主跨跨中截面的横弯;⑤辅助墩顶(第 8 阶振型)。

红岛航道桥动力监测的重点为:①塔部动力监测(该桥前几阶振型都是塔的横向运动);②2 个主跨的 3 个四分点;③S2 索梁锚固点的横向监测。

2.2.2.2　内力监测

主要考虑在应力变化幅度较大的位置布设测点,以考察疲劳状况。根据前面的计算结果,大沽河航道桥加劲梁上的监测重点如下:①主跨跨中截面;②主跨侧的主缆锚固区截面;③塔梁接合处截面。塔部的监测重点如下:①高程 93m 处的截面最小处;②三角撑下部的桥塔截面;③塔根部截面。主缆和吊索内力的监测要点是:每个主缆断面的上端索股、下端索股、左侧索股、右侧索股、中间索股进行主缆内力监测;另外根据建模计算结果,主跨和边跨上最远离桥塔的吊索、靠近桥塔的第一、二、三根吊索内力变化幅度较大。

沧口航道桥梁部内力监测重点如下:①塔梁结合处的主梁截面;②主跨跨中截面;③主梁缩进段截面;④过渡跨跨中截面;⑤边跨跨中截面;⑥辅助墩顶截面。塔部的监测重点如下:①3 个索塔锚固区断面;②横梁跨中截面;③横梁下方的塔截面;④塔根部截面。索力的监测要点是:由于该桥为稀索、对称斜拉桥,故选取一个塔的半幅全监测即可。

红岛航道桥主梁上应变进行监测的关键截面为 S1 和 S2 索梁锚固点处、距主塔 20m 处的梁部截面。考虑到主塔主要承受轴力,承载能力在设计和复核时得到了充分保证,但索塔锚固区受力较为复杂,故本系统考虑在两个锚固区进行内力监测。

2.2.2.3 变形监测

大沽河航道桥主要采用 GPS 方法监测桥塔及跨中位移。根据计算结果,在活载作用下,塔顶、主跨跨中、边跨跨中可能出现的较大位移。另外采用位移计和倾斜仪分别监测伸缩缝处位移和梁端倾斜,判断不同工况作用下主梁的纵向变形。此外,对主跨跨中和边跨跨中位移的同时监测也能判断加劲梁的实际轴线是否偏离设计轴线,从而帮助衡量大桥是否处于正常运营状态。

沧口航道桥两塔顶处的竖向位移均非常微小,但水平位移值可达到 cm 级,考虑到实际荷载状况下的复杂性,位移可能会更大一些,在 PM63 两个塔柱顶部各布置一个 GPS 测点。对于主梁部分,主跨跨中位置处的位移最大,应在此处两外侧防撞墙位置布置各一个 GPS 测点。通过在梁端布设位移计和倾斜仪实时监测梁端位移的变化和倾斜状况。

红岛航道桥主跨跨度只有 120m,不算大,根据建模计算结果,最大挠度为 2.873cm,考虑到 GPS 测量精度,无需设置 GPS 监测梁部变形,可在梁端设置位移计和倾斜仪进行监测即可。另外,塔顶可能出现较大的变形,应当在该处布置 GPS 测站。

2.2.2.4 温度监测

箱梁内外的温差可能达到很大,温度作用对结构性能影响较大,所以需要实时监测温度变化情况。另外在各个应变传感器附近也需要配套布置温度测点,既做温度测量,又对应变测量起温度补偿作用。

2.2.2.5 风荷载监测

风是大桥在正常运营期间的重要活载之一,对风的监测可以设置阈值,实现极端情况下对桥上交通的管制,同时也可以验证设计时采用的参数。在大沽河航道桥塔顶和桥面及沧口航道桥桥面布置风速仪实时监测风速。

2.3 监(检)测内容规划

2.3.1 监测区段

实时监测区段应选取重要及有代表性的结构。青岛胶州湾大桥主线全长 41.58km,其中跨海大桥长 28.047km(一期工程),大沽河航道桥为独塔自锚式钢箱梁悬索桥,沧口航道桥为双塔双索面钢箱梁稀索斜拉桥,红岛航道桥为独塔双索面钢箱梁稀索斜拉桥,海上非通

航孔桥均为预应力混凝土连续箱梁桥。根据青岛胶州湾大桥各区段桥梁结构特点及招标文件要求，青岛胶州湾大桥运营期结构监测巡检养护管理系统的实时监测区段选取3座航道桥（图2.3-1）：

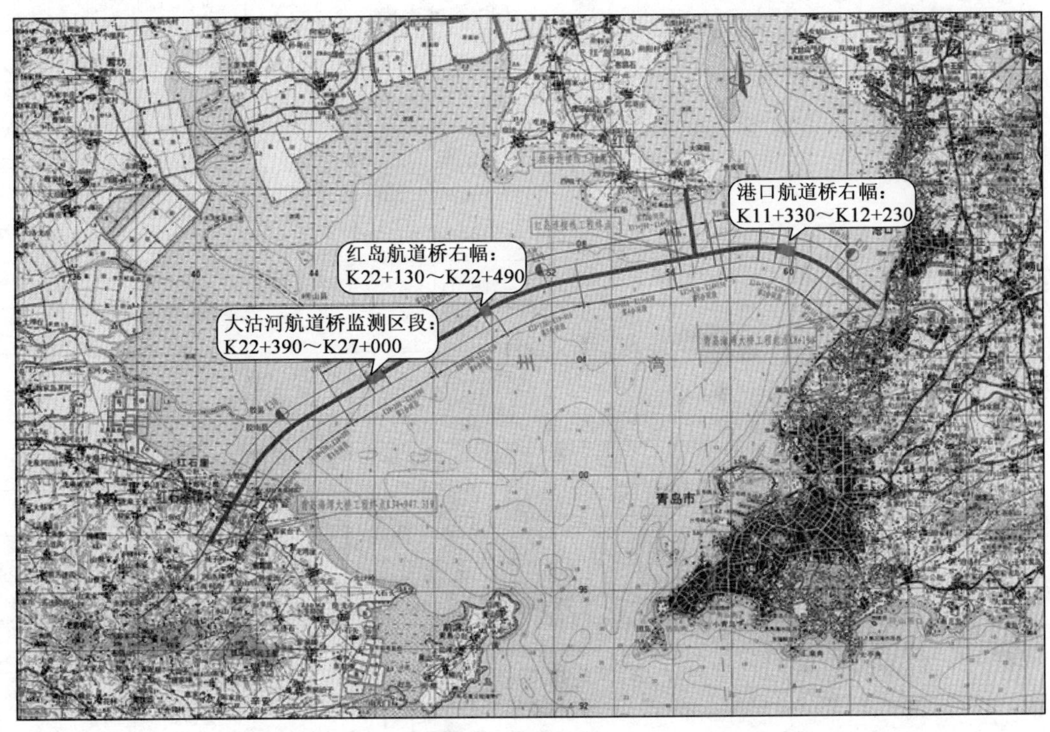

图2.3-1 全桥实时监测区段总体平面图

（1）K26 +390 ~ K27 +000，大沽河航道桥（独塔自锚式钢箱梁悬索桥）。

（2）K11 +630 ~ K12 +230，沧口航道桥（双塔双索面钢箱梁稀索斜拉桥）右幅。

（3）K22 +130 ~ K22 +490，红岛航道桥（独塔双索面钢箱梁稀索斜拉桥）右幅。

此外，为监测海洋环境下，混凝土结构最易受腐蚀的水位变化区和浪溅区耐久性能，系统在青岛胶州湾大桥中选择10处桥墩（图2.3-2），共布设了29组腐蚀监测仪。

电子化人工巡检养护管理范围包括：

①青岛胶州湾大桥主桥工程K8 +190至K34 +947.319段；

②红岛连接线（HK0 +000至HK1 +310）段内所有可到达的桥梁结构物。

2.3.2 大沽河航道桥监测布点

大沽河航道监测布点和设备情况如图2.3-3和表2.3-1所示。

大沽河航道桥监测设备数量汇总表　　表2.3-1

序号	监测部位、内容		所用仪器设备名称	数量	监测方式
1	梁部	环境	风速风向仪	1	实时监测
			大气温度计	2	实时监测

续上表

序号	监测部位、内容		所用仪器设备名称	数量	监测方式
1	梁部	结构温度	钢结构温度计	32	实时监测
		变形	GPS 测量站	1	实时监测
		静力	钢结构纵向应变计	32	实时监测
			钢结构横向应变计	6	实时监测
		动力	竖向加速度传感器	16	实时监测
			横向加速度传感器	8	实时监测
			纵横向加速度传感器	2	实时监测
		结构位移	倾斜计	4	实时监测
			位移计	4	实时监测
2	缆索	索力	锚索计	22	实时监测
3	塔部	环境	风速风向仪	1	实时监测
		静力	混凝土结构纵向应变计	12	实时监测
			混凝土结构温度计	12	实时监测
		变形	GPS 测量站	1	实时监测
		动力	双向加速度传感器	1	实时监测
			三向加速度计	1	实时监测

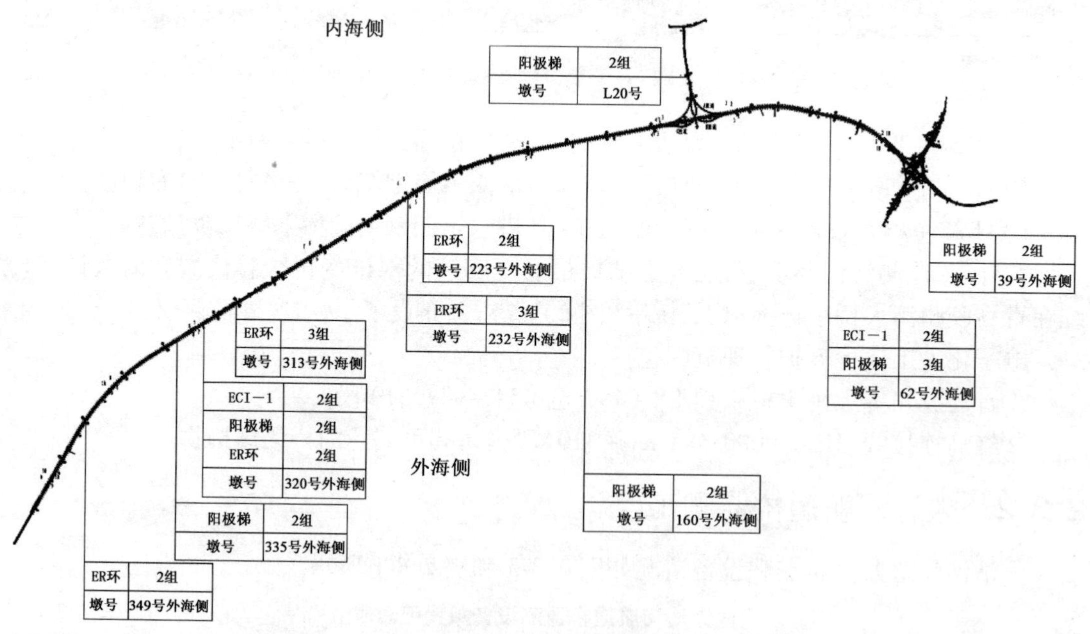

图 2.3-2 全桥下部结构混凝土耐久性关键参数监测布点总图

说明：1. 本图所示监测位置均选择海侧墩台。

2. 本图所示监测位置需结合施工进度进行适当调整。

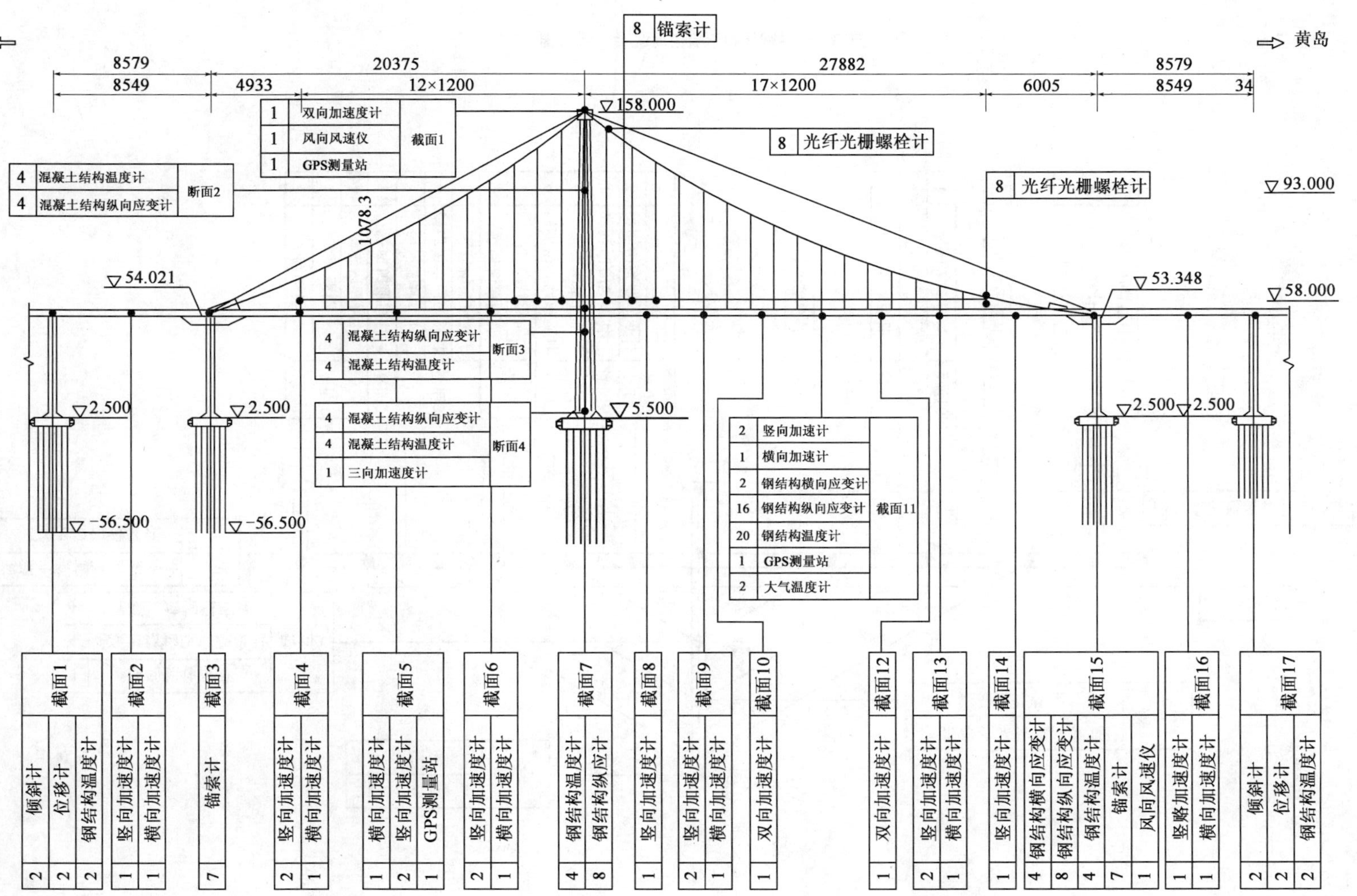

图2.3-3 大沽河航道桥实时监测设备立面图(尺寸单位:cm, 高程单位:m)

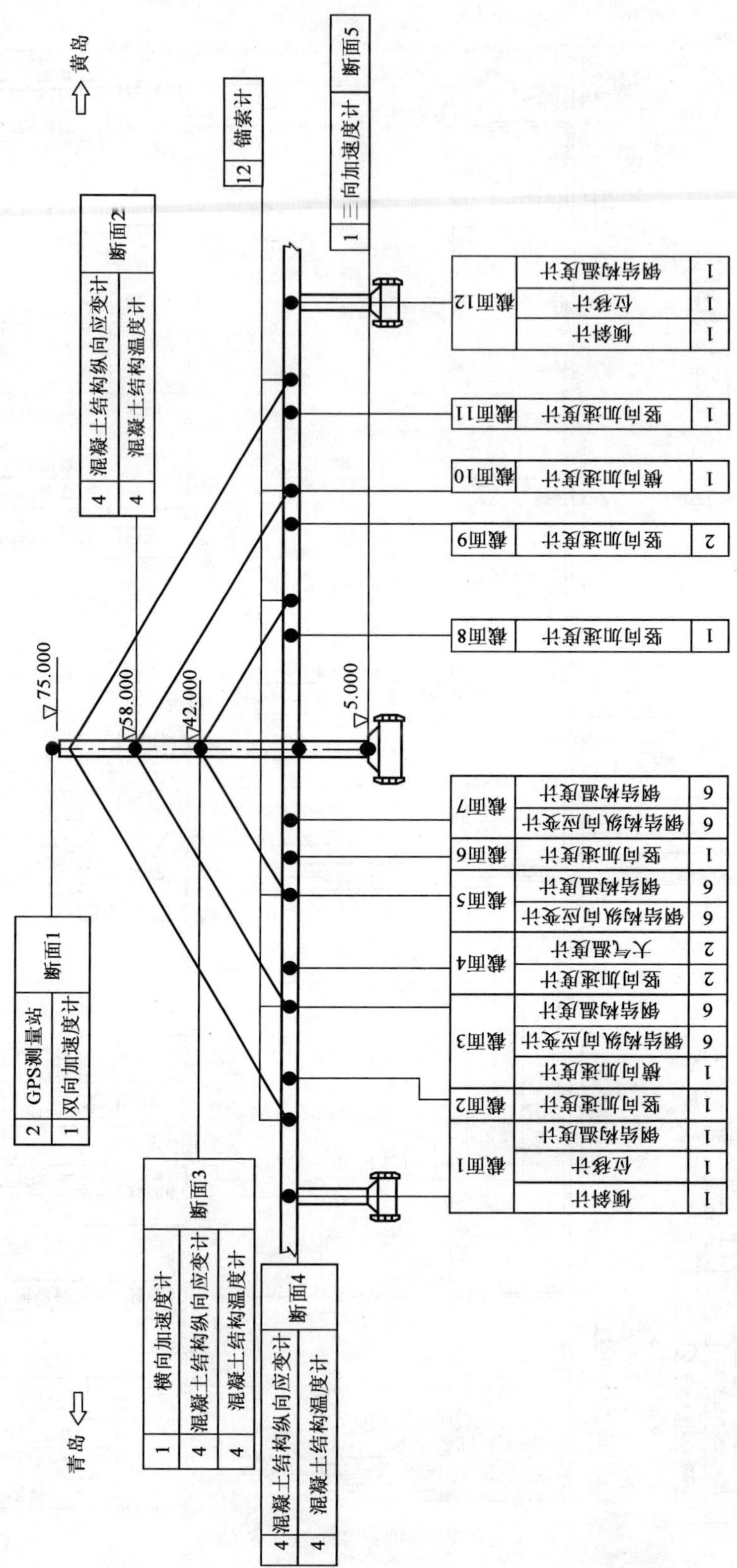

图2.3-4 红岛航道桥实时监测设备立面图

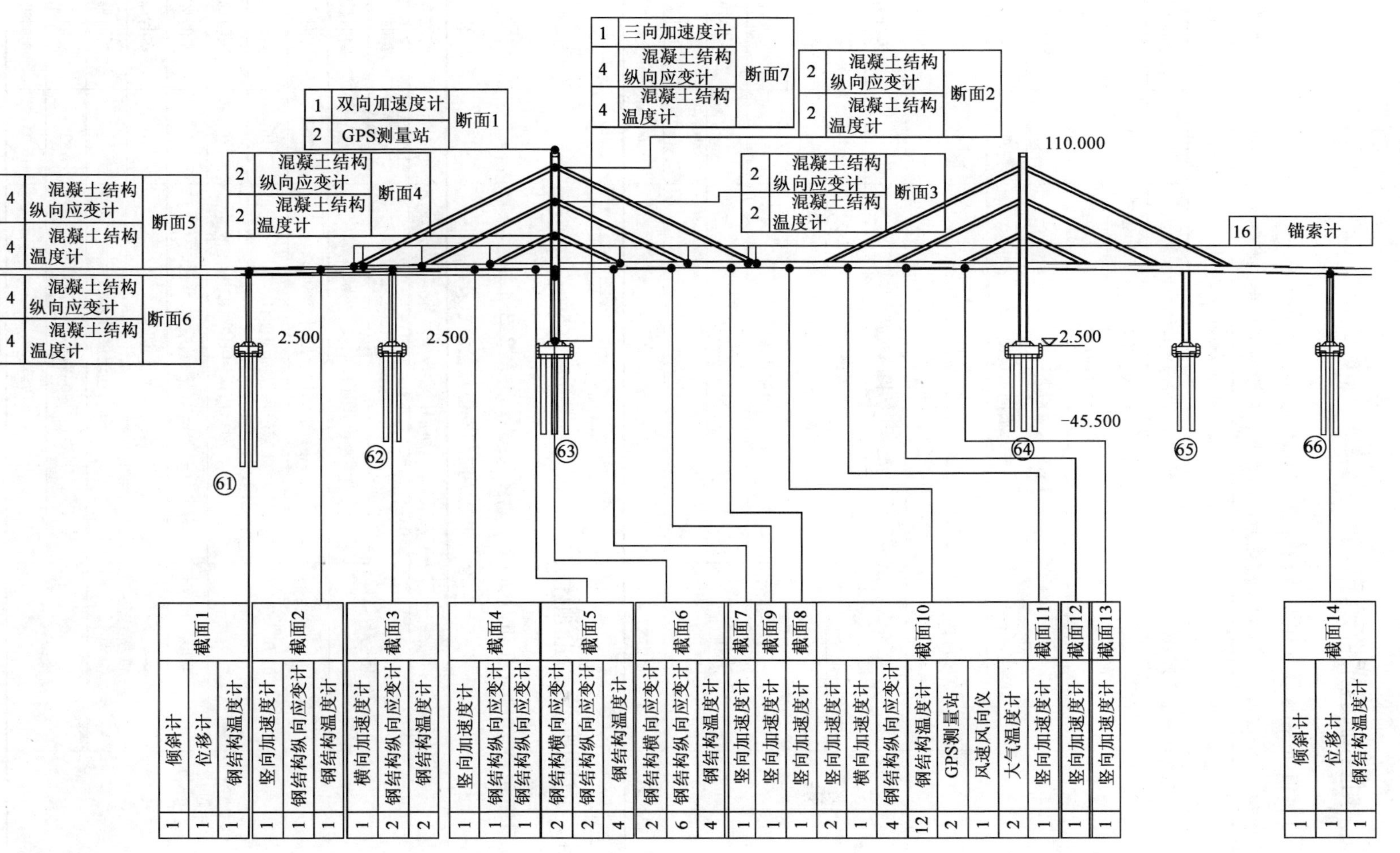

图2.3-5 沧口航道桥实时监测设备立面

2.3.3 红岛航道桥监测布点

红岛航道桥监测布点和设备情况如图 2.3-4 和表 2.3-2 所示。

红岛航道桥监测设备数量汇总表 表 2.3-2

<table>
<tr><th>序号</th><th colspan="2">监测部位、内容</th><th>所用设备仪器名称</th><th>数量</th><th>监测方式</th></tr>
<tr><td rowspan="7">1</td><td rowspan="7">梁部</td><td>环境</td><td>大气温度计</td><td>2</td><td>实时监测</td></tr>
<tr><td rowspan="2">静力</td><td>钢结构温度计</td><td>20</td><td>实时监测</td></tr>
<tr><td>钢结构纵向应变计</td><td>18</td><td>实时监测</td></tr>
<tr><td rowspan="2">动力</td><td>竖向加速度计</td><td>8</td><td>实时监测</td></tr>
<tr><td>横向加速度计</td><td>2</td><td>实时监测</td></tr>
<tr><td rowspan="2">结构位移</td><td>倾斜计</td><td>2</td><td>实时监测</td></tr>
<tr><td>位移计</td><td>2</td><td>实时监测</td></tr>
<tr><td rowspan="6">2</td><td rowspan="6">塔部</td><td rowspan="2">静力</td><td>混凝土结构纵向应变计</td><td>12</td><td>实时监测</td></tr>
<tr><td>混凝土结构温度计</td><td>12</td><td>实时监测</td></tr>
<tr><td>变形</td><td>GPS 测量站</td><td>2</td><td>实时监测</td></tr>
<tr><td rowspan="3">动力</td><td>三向加速度计</td><td>1</td><td>实时监测</td></tr>
<tr><td>双向加速度计</td><td>1</td><td>实时监测</td></tr>
<tr><td>横向加速度计</td><td>1</td><td>实时监测</td></tr>
<tr><td>3</td><td>斜拉索</td><td>索力</td><td>锚索计</td><td>6</td><td>实时监测</td></tr>
</table>

2.3.4 沧口航道桥监测布点

沧口航道桥监测布点和设备情况如图 2.3-5 和表 2.3-3 所示。

沧口航道桥监测设备数量汇总表 表 2.3-3

<table>
<tr><th>序号</th><th colspan="2">监测部位、内容</th><th>所用仪器设备名称</th><th>数量</th><th>监测方式</th></tr>
<tr><td rowspan="10">1</td><td rowspan="10">梁部</td><td rowspan="2">环境</td><td>大气温度计</td><td>2</td><td>实时监测</td></tr>
<tr><td>风速风向仪</td><td>1</td><td>实时监测</td></tr>
<tr><td rowspan="3">静力</td><td>钢结构温度计</td><td>26</td><td>实时监测</td></tr>
<tr><td>钢结构纵向应变计</td><td>16</td><td>实时监测</td></tr>
<tr><td>钢结构横向应变计</td><td>4</td><td>实时监测</td></tr>
<tr><td>变形</td><td>GPS 测量站</td><td>1</td><td>实时监测</td></tr>
<tr><td rowspan="2">动力</td><td>竖向加速度计</td><td>10</td><td>实时监测</td></tr>
<tr><td>横向加速度计</td><td>2</td><td>实时监测</td></tr>
<tr><td rowspan="2">结构位移</td><td>倾斜计</td><td>2</td><td>实时监测</td></tr>
<tr><td>位移计</td><td>2</td><td>实时监测</td></tr>
</table>

续上表

序号	监测部位、内容		所用仪器设备名称	数量	监测方式
2	塔部	静力	混凝土结构纵向应变计	18	实时监测
			混凝土结构温度计	18	实时监测
		变形	GPS 测量站	2	实时监测
		动力	三向加速度计	1	实时监测
			双向加速度计	1	实时监测
3	斜拉索	索力	锚索计	12	实时监测

2.3.5　下部结构混凝土耐久性关键参数监测布点

在沧口航道桥、红岛航道桥和大沽河航道桥处的墩柱上各选择一组监测点，每组监测点由上中下3点构成，监测点埋设钢筋锈蚀传感器。

在沧口航道桥处，选择在62号墩外海侧的桥柱上，使用阳极梯系统和ECI-1型腐蚀监测系统；在红岛航道桥处，选择在232号墩外海侧的桥柱上，使用后装环形阳极监测系统（ER环）；在大沽河航道桥处，选择在305号墩外海侧的桥柱上，使用后装环形阳极监测系统（ER环）。腐蚀监测点位置如图2.3-6所示。

在非通航孔桥段，每个标段选择一个桥墩安装腐蚀监测系统，腐蚀监测点位置如图2.3-7所示。

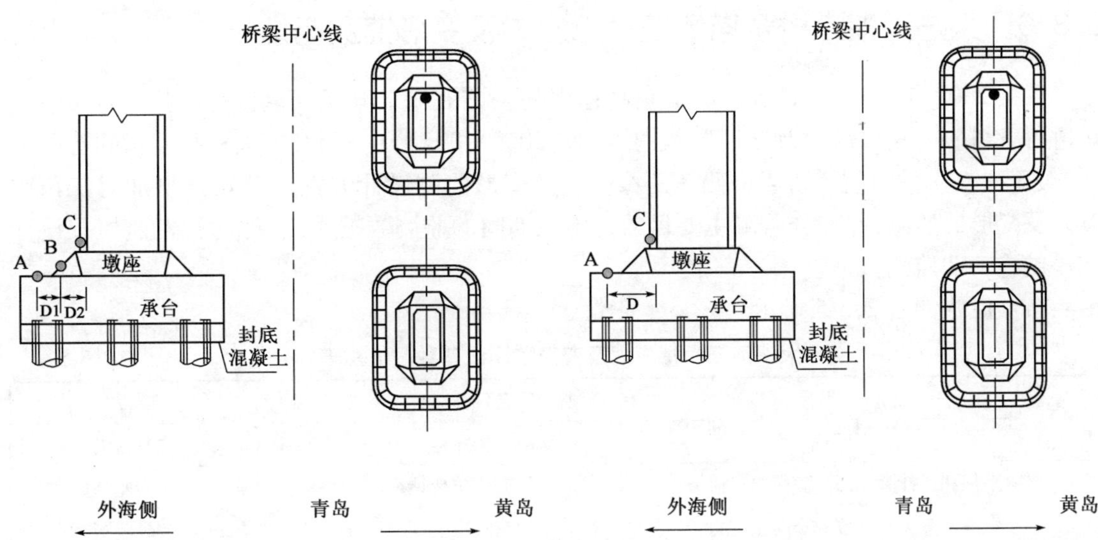

图2.3-6　通航孔桥腐蚀传感器测点定位图

图2.3-7　非通航孔桥腐蚀传感器测点定位图

此外，对于大沽河航道桥所在合同段的320号墩柱同时使用环形阳极监测系统、ECI-1型腐蚀监测系统和阳极梯系统，作为三种腐蚀监测的对比和参照。腐蚀监测布置的情况如表2.3-4所示。

腐蚀监测布置 表2.3-4

监测位置	传感器	数量(个)	埋设高程
红岛航道桥处 232号墩外海侧的桥柱	ER环	3	+2.00、+4.00、+7.00
沧口航道桥 62号墩外海侧的桥柱	阳极梯	3	+2.50、+5.00、+7.00
沧口航道桥 62号墩外海侧的桥柱	ECI-1	2	+2.50、+5.00
大沽河航道桥 313号墩外海侧的桥柱	ER环	3	+2.00、+4.00、+7.00
39号墩外海侧	阳极梯	2	+2.00、+4.00
120号墩外海侧	阳极梯	2	+0.30、+4.00
160号墩外海侧	阳极梯	2	+2.00、+4.00
223号墩外海侧	ER环	2	+2.00、+4.00
320号墩外海侧	阳极梯	2	+2.00、+4.00
320号墩外海侧	ER环	2	+2.00、+4.00
320号墩外海侧	ECI-1	2	+2.00、+4.00
335号墩外海侧	阳极梯	2	+2.00、+4.00
396号墩外海侧	ER环	2	+2.00、+4.00

2.3.6 大沽河航道桥索塔侧三角撑应力及变形监测布点

根据2009年4月16日收悉的山东高速青岛公路有限公司关于转发《关于增加大沽河航道桥索塔侧三角撑应力及变形监测的函(青 2009—005)》的函,及理大科技及顾问有限公司《关于提交大沽河航道桥索塔侧三角撑应力及变形监测设计方案的通知》,增加对三角撑应力及变形的监测,此部分监测主要目的为施工期间的监测数据跟踪,即向施工监控及设计院提供施工期监测数据。

布点位置如表2.3-5所示。

大沽河三角撑应力及变形监测设备数量汇总表 表2.3-5

监测部位、内容	所用设备仪器名称	数量	监测方式
变形	测斜传感器	2	实时监测
水平杆和斜杆关心部位的横向正应力	点焊弦式应变计	8	实时监测
索塔塔身关心部位的竖向正应力	点焊弦式应变计	12	实时监测
三角形加劲板的三向应力	点焊弦式应变计	18	实时监测
塔内预埋钢板的竖向正应力	点焊弦式应变计	4	实时监测
三角撑横向加强钢筋的横向正应变	钢筋计	3	实时监测
三角撑横向预应力	锚索测力计	2	实时监测
钢结构温度	电阻温度计	8	实时监测

2.3.7 人工巡检

人工巡检的内容和目的如表 2.3-6 所示。

人工巡检的内容和目的　　表 2.3-6

序号	巡检内容		巡检目的	巡检区段
1	安全性	基础冲刷深度	定期对桥位处地形进行测量，取得基础的冲刷断面图等，确定基础冲刷深度、范围及发展趋势，评估大桥的安全性，为维修提供依据	预制拼装连续梁桥以及现场现浇连续梁桥
		桥墩的变位	定期对监测区段的每个桥墩进行墩顶变形测量，掌握桥墩的变形情况及发展趋势，评估大桥的安全性	预制拼装连续梁桥以及现场现浇连续梁桥
		箱梁应力及挠度	定期通过荷载试验的方式对大桥的箱梁应力及挠度进行测量，通过静载试验，判别结构在受到不同静荷载作用时的静态响应是否在预应力混凝土连续箱梁的一般容许值范围内，检验桥梁主体结构的受力状况及桥梁承载能力是否符合设计要求，评估大桥的安全性能	预制拼装连续梁桥以及现场现浇连续梁桥
		动力特性	定期通过荷载试验的方式对大桥的动力特性进行测量，评定桥梁承载状态	预制拼装连续梁桥以及现场现浇连续梁桥
		钢结构焊缝探伤	定期对大桥重要部位的钢结构焊缝进行探伤，检测焊缝工作状态	钢箱梁
2	耐久性	混凝土强度	定期对全桥所有混凝土连续梁进行混凝土强度测量，评估大桥的耐久性	全桥
		碳化深度	定期对全桥所有混凝土连续梁进行混凝土碳化深度测量，评估大桥的耐久性	全桥
		腐蚀	以人工巡检的方法对主要区段的钢管桩、支座等主要结构部位腐蚀情况进行数据采集	全桥
3	使用性	桥面线形	定期对全桥所有连续梁进行桥面线形测量，评估大桥的使用性	全桥
		其他外观检查	桥面状况、混凝土表观状况、伸缩缝状况、支座状况、护栏状况、其他设施状况	全桥
		钢结构状况	钢结构外观检查	钢箱梁

第3章

结构安全信息获取

3.1 总体框架

结构安全信息获取的总体框架如图3.1-1所示。

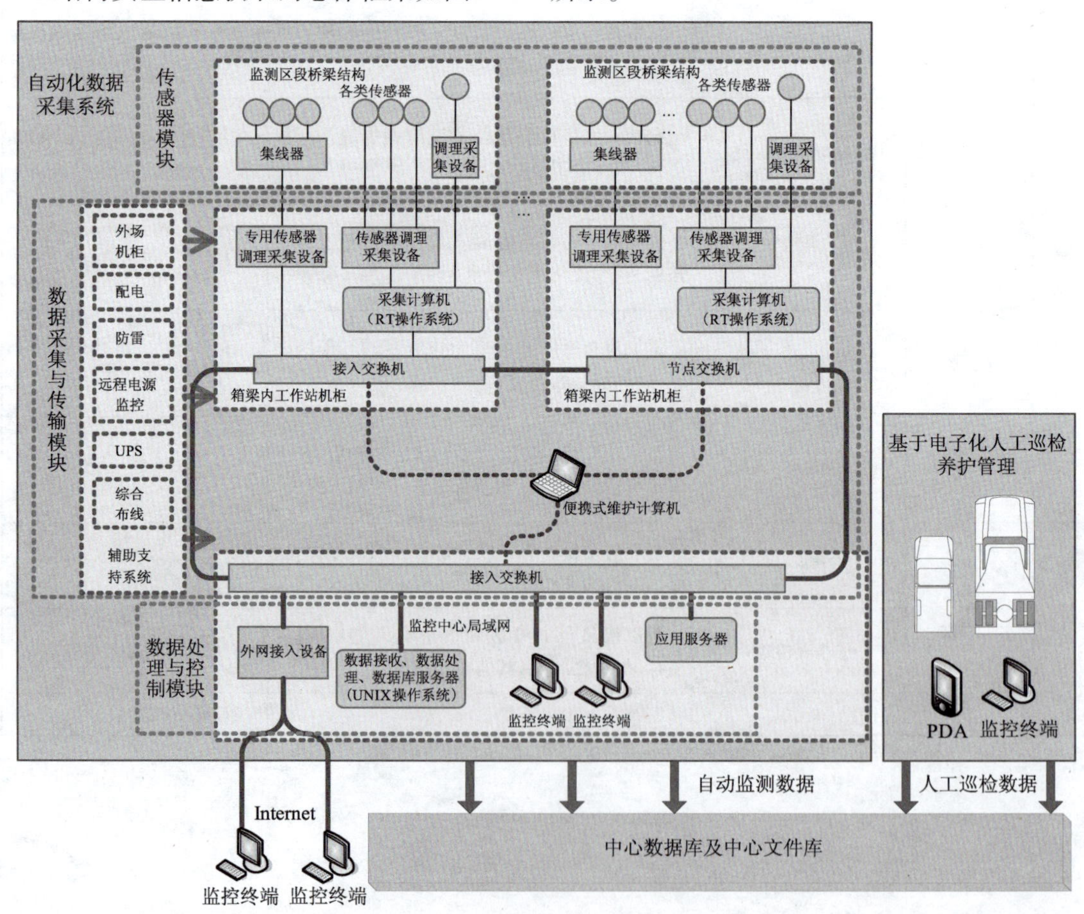

图3.1-1　结构安全信息获取总体框架图

结构安全信息获取的途径有以下两种方式：

(1)通过自动化数据采集系统获取。自动化数据采集系统由传感器模块、数据采集与传输模块、数据处理与控制模块3部分组成，实现将自动监测数据实时传输到结构监测巡检养护管理系统的中心数据库及中心文件库中的功能。

(2)通过基于电子化人工巡检的养护管理子系统获取。电子化人工巡检养护管理子系统是由人工巡检所需的车辆、设备、计算机及软件系统组成的，实现将人工巡检产生的数据传入结构监测巡检养护管理系统的中心数据库及中心文件库中的功能。

以上两种信息获取模式将在下文展开描述，重点描述以下两个方面：

(1)实时监测信息获取的工具——三大模块的硬件设备要求及选型。

(2)人工巡检信息维护的工具——基于电子化人工巡检的养护管理子系统。

3.2 传感器模块

传感器模块由传感器及连接到采集设备的信号线缆组成。传感器模块是整个结构监测系统的硬件基础，用于系统安全预警评定分析数据的正确性取决于本模块传感器信号来源的可靠性。

3.2.1 功能要求

根据以上对青岛胶州湾大桥结构监测巡检养护管理系统监测内容、布点及监测方法的分析，结合大桥自身的特殊结构、功能要求和作用，确定其传感器模块的功能要求：

(1)传感器模块应采用先进的技术，实现自动化，通过对传感器模块的采集分析能及时准确地了解各实时监测区段的桥梁建筑物的结构动、静力状态。

(2)整个桥梁建筑物测点比较分散、监测区域大，监测对象是桥梁集群，且地处高湿度、高盐度的胶州湾腹地，所以必须全方位地考虑整个提高传感器模块的防腐蚀、防雷击和抗干扰能力。

(3)考虑到传感器数量种类众多，要求建成的健康监测系统具有稳定可靠、使用灵活、维护方便、扩展性能强的特点。

(4)监测仪器和监测系统的性能应是低故障率、高可靠性，基于所选择的传感器模块的系统应当是实用的、能够长期稳定运行的系统。

3.2.2 选型原则

根据监测项目的特点和需求，传感器选型必须耐久性、可靠性、经济性、适用性好，便于组网和可更换性好。故选型原则主要包括：

(1)先进性原则。根据监测要求，尽量选用技术成熟、性能先进的传感器；设备技术指标应符合监测的技术要求。

(2)可靠性原则。保证系统在施工和使用环境下安全可靠运行。

(3)实用性原则。传感器应有很强的实用性，方便安装和使用。

(4)耐久性原则。选用耐久性好和抗干扰性强的传感器和传输线。

(5)可维护、可扩展原则。传感器易于维护和更换。

(6)精度选择原则。精度应适中,在满足监测要求的前提下,考虑经济性,选择合适精度的传感器。

(7)冗余性原则。在满足监测要求的前提下,适度增加传感器的数量,保证传感器数量具有一定的冗余度。

(8)强大的技术支持能力。设备生产商/供货商需具备强大的技术支持能力和长期快速维护能力。

3.2.3 风速风向仪

3.2.3.1 产品选型

大桥位于深入内陆的半封闭海湾——胶州湾中线,其基准设计常规风速 10m/s,极端 50m/s;因此风速的大小对桥梁结构的受力状况有较大的影响,是大跨度桥梁的主要荷载源。综合考虑性价比与可靠性,我们推荐选择美国 young 公司的机械式风向风速仪产品。

3.2.3.2 模块设计

大沽河航道桥:在 PM302 的主塔塔顶上及 PM303 左右幅梁中间的锚固区上方平台上各设置一套机械式风向风速仪。

红岛航道桥:跨中距离大沽河 PM303 仅仅 4.09km,其数据与 PM303 的接近,故不设置。

沧口航道桥:在其跨中两桥平台上正中设置一套机械式风向风速仪。

大沽河航道桥:两套机械式风向风速仪通过 RS485 接入大沽河航道桥工作站机柜中的 PXI 的 8433 卡上。

沧口航道桥:一套机械式风向风速仪通过 RS485 接入沧口航道桥工作站机柜中的 PXI 的 8433 卡上。

机械式风向风速仪传感器模块部分拓扑图如图 3.2-1 所示。

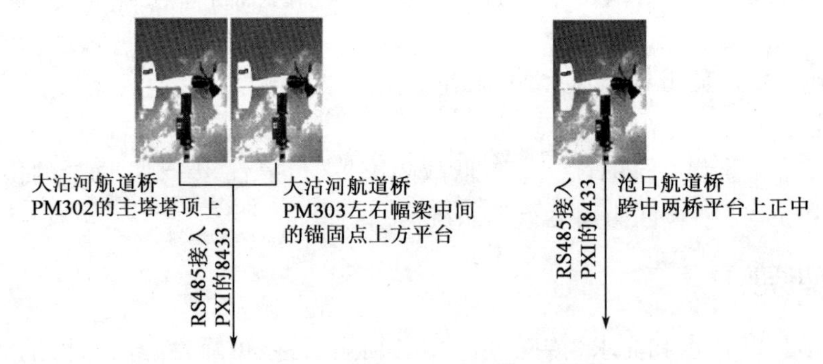

图 3.2-1 风向风速仪传感器模块拓扑图

3.2.3.3 安装方法

现场安装的位置则按照设计并结合现场踏勘结果所确定的安装位置进行。通过指南针校准风向基准。传感器的电缆线通过镀锌电缆管进行保护。

仪器的安装应该在满足其安装要求的条件下尽量不影响、不破坏结构本身的状态性能为出发点。

如需在混凝土结构上打孔安装定位,应注意预应力钢筋的位置,严禁切断此类钢筋。且打孔后应以不低于原结构混凝土强度等级的砂浆进行封堵,以避免盐雾对钢筋腐蚀。

所有传感器的定位应有明显的永久性标记,以便后期更换时可找到以前的位置。

3.2.3.4 技术指标

风向风速仪的技术指标如表 3.2-1 所示。

YOUNG 05106 型风向风速仪技术指标 表 3.2-1

<table>
<tr><td colspan="2">项　目</td><td>选型设备技术指标</td><td rowspan="11">
YOUNG 05106 型</td></tr>
<tr><td colspan="2">测量参数</td><td>风速和风向</td></tr>
<tr><td rowspan="3">风速</td><td>量程</td><td>0 ~ 100m/s</td></tr>
<tr><td>精确度</td><td>±0.3m/s 或 1% 读数</td></tr>
<tr><td>分辨率</td><td>0.1m/s</td></tr>
<tr><td rowspan="3">风向</td><td>测量范围</td><td>0 ~ 360°</td></tr>
<tr><td>精度</td><td>±2°</td></tr>
<tr><td>分辨率</td><td>3°</td></tr>
<tr><td colspan="2">工作温度</td><td>-50℃ ~ 50℃</td></tr>
<tr><td colspan="2">湿度</td><td>0 ~ 100% RH</td></tr>
<tr><td colspan="2">防护等级</td><td>IP65</td></tr>
</table>

3.2.4 GPS

3.2.4.1 产品选型

实时监测大桥的三向位移,需要实现以下功能:

(1)确定大桥的变形状况、几何线形等,为研究索塔位移与环境变化(如温度、风等)的关系,报告大桥在各种工作环境下的结构载荷变化。

(2)评价大桥结构健康与安全状况提供资料。

(3)设定日常报警系统,用于桥梁的日常运营管理。

(4)为 3 座大桥位移监测提供数据源,报告大桥各主要构件的实际工作状况,为结构维护提供依据。

(5)报告大桥主要构件有否任何损坏或者累积性的损伤并设立报警系统。

(6)对大桥主要构件有否潜在损坏及其主要构件的剩余使用寿命进行评估。

根据以上监测要求,我们推荐选用美国 Trimble 公司的 5700 系统。

5700 系统是一款 24 通道的双频 RTK GPS 接收机,具有先进的 Trimble Maxwell™ 技术(相当于计算机奔Ⅱ CPU 处理器),可以紧密跟踪 GPS 卫星,测量速度高,功率消耗小,电池寿命长,在恶劣环境下可获得最佳测量精度。WAAS 和 EGNOS 性能可不用基准站也能完成 GIS 等级的实时差分测量。

最新的 5700 Zephry 测量天线提供了优于亚毫米的相位中心,锁定 GPS 卫星的能力得到了加强,即使在恶劣的电磁环境中,仍然能用小于 2.5W 的功率对卫星有效跟踪,GPS 天线轻便小巧,抗 2m 跌落至水泥地面。工作温度:-40℃ ~ 70℃。

有增强的实时动态的 eRTK 技术,流动站 GPS 接收机内置无线电调制解调器,集成化程度高,把双频 GPS 接收机,电台数据链、电源组合成一个袖珍单元,仅重 1.41kg。

在测量过程中,Trimble 实时对 RMS(中误差)进行检核,绝对保证初始化的可信度。这一技术在长距离 RTK 作业尤为重要,将出现粗差的可能降为零,保证每个测量结果的精确度和可靠性。其他厂家的产品每 5s 检核一次,长距离作业时经常出现粗差。

符合美国军标,接口插拔方便。7 级防水(100% 防水),可至水下 1m,而且在水中可漂浮。

多种数据传输方式:有 USB 串口和 RS232 串口两种数据传输方式;USB 传输速率为 1MB/s。

3.2.4.2 模块设计

青岛胶州湾大桥 GPS 监测子系统逻辑上由 3 大部分组成:监测单元、数据传输和控制单元、数据处理分析及管理单元。这 3 大部分形成一个有机的整体,监测单元跟踪 GPS 卫星并实时采集数据,数据通过青岛胶州湾大桥结构监测巡检养护管理系统数据传输网传输至红岛监控中心,通过控制中心相关的 GPSensor 软件对数据处理并分析,实时监测桥梁的形变。数据传输采用先进的光纤数据传输方式,一方面提高了系统通信可靠性,另一方面提高了数据传输速度。

监测单元由基准站(根据实际情况我们考虑了两个方案,下面将描述)和分别在 3 座通航孔上设立的 9 个监测站组成。

在红岛控制中心配备一台高性能 GPS 服务器,通过 GPSensor 专业的数据处理软件实时联合处理参考站和 9 个监测站的 GPS 观测数据,同时对 GPSensor 实时处理的数据进行分析和图形处理,以及终端服务。

根据现场踏勘与了解,山东高速集团分别在环胶州湾的黄岛、红岛、青岛已建立 3 个 VRS 参考站(R1、R2、R3)如图 3.2-2 所示。可方便地获取其原始数据参与系统解算,充分利用该资源能在保证良好效果的基础的同时大大地节约了业主的成本。

图 3.2-2 已有 GPS 参考站的位置

3 个参考站的联合解算对于三角形布置的 GPS 监测站效果很好,而目前设计 9 个 GPS 监测站位于同一主线上,既可以采用 3 个参考站联合解算,也可以只采用其中的 2 个——即参考站 1、参考站 2,参与系统的联合解算。

该基准站的设置方案基于:充分利用已建好的产权属于山东高速集团的 3 个 VRS 参考站,并且可在红岛监控中心获取符合要求的原始数据。

3.2.4.3 安装方法

1)GPS 监测站的安装

根据桥面监测站的不同条件,将监测站划分为塔顶点、桥面点。

(1)塔顶点监测站(图 3.2-3)

5 个塔顶测点分别设置在:沧口航道桥(左幅)塔顶设 GPS 监测站 2 个测点、红岛航道桥

(左幅)塔顶设 GPS 监测站 2 个测点、大沽河航道桥塔顶设 GPS 监测站 1 个测点,GPS 天线柱高度均为 1.2m 左右。天线架上端装有带 5/8 英制螺旋的天线安装支架以固定 Zephyr 天线。将 GPS 主机、AC/DC 转换器等设备放置于工作站机柜内、GPS 主机通过 Nport 接入机柜内节点交换机、同时设置避雷保护装置。

(2)桥面点监测站(图 3.2-4)

桥面 GPS 监测站共 2 个测点,分别安装在大沽河航道桥跨中 1 个、沧口航道桥(左幅)跨中 1 个;天线通过天线柱与桥体固定。天线柱的顶端有螺栓以固定天线,天线柱下端通过螺栓与 GPS 天线底座牢固连接,天线底座确保整个天线装置与桥体箱梁形成一个整体。

图 3.2-3 塔顶点 GPS 监测站

图 3.2-4 桥面点 GPS 监测站

考虑来往车辆的对空通视性、天线柱的刚性及稳定性、天线维护的便利性、桥梁的美观性等因素,采用的天线柱高度为 4.0m,外径 200mm。施工时,首先在箱梁两侧设计位置安装底座。底座水平板四个角部预留螺栓孔,用来固定天线柱;同时中心预留走线孔。通过焊接使底座与箱梁成为一体。在加工工艺及安装工艺方面保证天线柱垂直于水平面。同时架设避雷保护装置。

GPS 天线安装后的情形如图 3.2-5 所示。

图 3.2-5 GPS 天线安装后效果图

2)GPS 接收机的放置

各航道桥 GPS 接收机均放置于工作站机柜内。

3)电缆布设要求

(1)GPS 天线电缆室外部分必须穿保护管到达 GPS 天线。

(2)电缆从天线接下后,沿管路和桥架(或塔部爬架)接入 GPS 接收机。

(3)进入箱梁内后,布局合理。

(4)不允许有小于 90°扭折。

(5)塔顶监测点电缆沿爬架布设,必须间隔 3m 做一个捆扎。

(6)充分考虑防雷防电涌。

3.2.4.4 技术指标

所选用的 GPS 产品的技术指标如表 3.2-2 所示。

所选 GPS 产品的技术指标 表 3.2-2

项 目	技术指标	
静态测量水平精度	3mm + 0.1ppmRMS	
静态测量垂直精度	3.5mm + 0.4ppmRMS	
动态测量水平精度	10mm + 1ppmRMS	
动态测量垂直精度	20mm + 1ppmRMS	美国Trimble R7 GPS接收机
控制功能	具有实时 RTK 功能,采样频率≥10Hz	
工作温度	-40℃ ~65℃	
工作湿度	<95%	Trimble Zephyr 2型天线

3.2.5 加速度计

3.2.5.1 产品选型

GT02 系列力平衡(伺服式)加速度传感器的敏感元件是附加在可动质量上的可变电容器。可动质量通过两个对称的簧片与仪器支架相连,可动质量与簧片构成一个典型的弹簧—振子系统。可动质量上有一个双面开口环状电极(动片),动片的上下各有一个与其平行的、相同形状的固定极板(定片),这 3 个极板构成了传感器的敏感元件——可变电容。可动质量的下面连着一个施加平衡力的线圈,线圈正好落在一个环形磁隙中,磁隙的磁场由新型强磁材料钕铁硼永磁铁提供。图 3.2-6 示出力平衡加速度计的工作原理。图 3.2-7 为它的外观图。

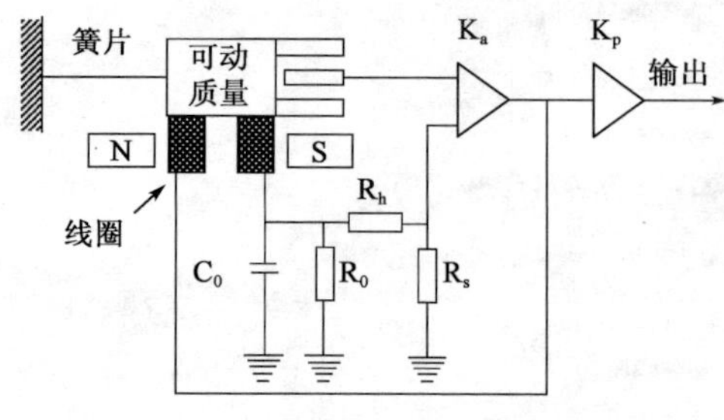

图 3.2-6 力平衡加速度计原理图

当被测物体运动时，电容器的动片和定片之间产生相对位移，该相对位移经电路变成电压信号，被放大后经由反馈电路以电流形式送给可动质量上的线圈，通电线圈与永磁场的相互作用产生一个与被测加速度施加给可动质量的大小相等、方向相反的安培力，这就是“力平衡”的来历。加速度计的输出电压与反馈电流成比例，自然就与被测加速度成比例。

图 3.2-7　力平衡加速度计外观图

日常维护与零漂调整：

选择哈尔滨草青木秀公司的 GT02 系列力平衡（伺服式）加速度传感器。

一般来说，GT02 系列力平衡（伺服式）加速度传感器不需要维护，但在使用和运输过程中应避免遭受剧烈的冲击（比如 10g 以上的加速度）。加速度计的直流漂移由动片处于两定片之间的相对位置决定，通过一个变径螺杆可以方便地调整动片的位置。调整零漂时，拔出传感器上盖上的小胶塞，将直径 2.5mm 的扁口丝锥伸入孔中，轻轻转动丝锥，直到零漂值小于 10mv 为止。调完以后，将胶塞盖好。

根据上述原理可知：“力平衡”加速度传感器具有灵敏度高、低频性能好、低功耗等优点，可用于地震、建筑、宇航、工业、交通和航海等诸多领域的低频振动测量。

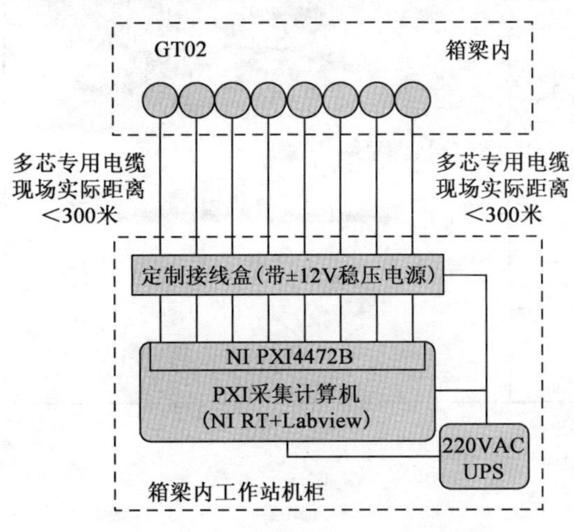

图 3.2-8　加速度计、采集设备连接图

3.2.5.2　模块设计

GT02 系列力平衡（伺服式）加速度传感器通过 7 芯或 19 芯屏蔽线连接到接线盒，再输出到采集计算机中，如图 3.2-8 所示。

应特别注意，所有承台上的三向加速度计因其走线在钢箱梁外（类“法拉第笼”），故必须采取信号防雷和等电位接地措施。

加速度计传感器模块部分拓扑图如图 3.2-9所示。

3.2.5.3　安装方法

仪器的安装应该在满足安装要求的条件下尽量不影响、破坏结构本身的状态性能。

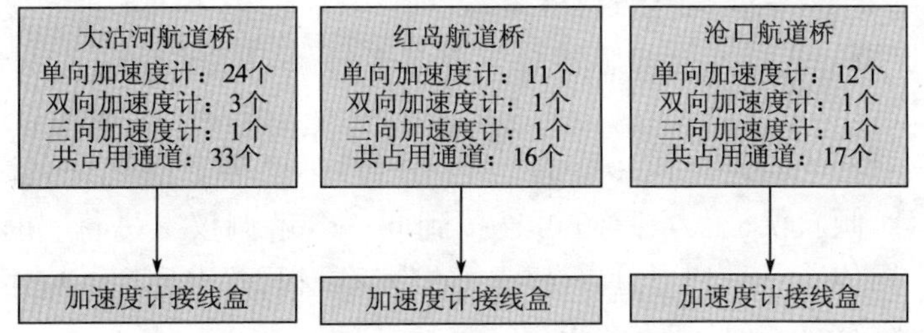

图 3.2-9　加速度传感器模块拓扑图

箱梁内安装的传感器的保护标准应满足规范要求。

如需在混凝土结构上打孔安装定位，应注意预应力钢筋的位置，严禁切断此类钢筋。且打孔后应以不低于原结构混凝土强度等级的砂浆进行封堵，以避免盐雾对钢筋的腐蚀。

所有传感器的定位应有明显的永久性标记，以便后期更换时可找到以前的位置。

传感器的电缆线用镀锌申缴管进行保护。

加速度计与底板连接后即可通过底板上的 4 个通孔固定在基座（测试点）上。

安装在混凝土塔柱和承台的加速度计，采用膨胀螺栓固定安装基座。承台上的加速度计的保护标准应满足 IP67 要求。

安装在钢箱梁上的加速度计，采用焊接方式固定安装基座。

3.2.5.4 技术指标

所选加速度计的技术指标如表 3.2-3 所示。

所选加速度计的技术指标 表 3.2-3

项目	技术指标	
满量程	±2g	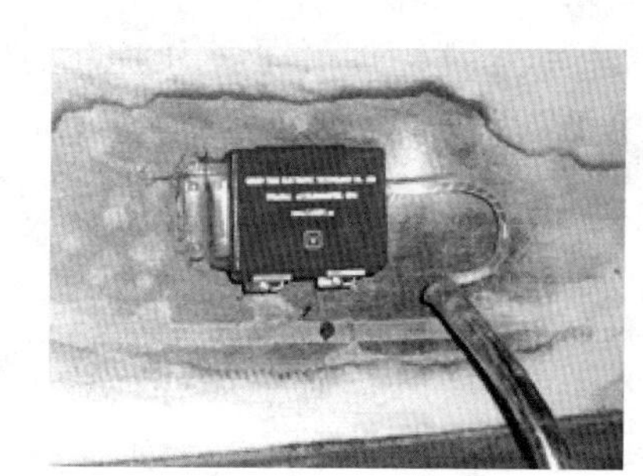
动态范围	>120dB	
线性度	优于 1%	
灵敏度	±2.5V/g	
频响范围	DC－120Hz	
交叉干扰	小于 0.3%	
噪声	小于 1μg	
零位漂移	小于 500×10^{-6}g/℃	
温漂	小于 0.01%g/℃	
电源	±12V～±15V@30.0mA	
体积	Φ43mm×60mm	
工作温度	－20℃～50℃	
工作湿度	5%～95%	

3.2.6 光纤光栅传感器

3.2.6.1 产品选型

光纤光栅传感器特别适合于建筑、桥梁、大坝、公路、隧道等大型建筑物应变、温度、振动等多参量的实时监测。光纤光栅传感器每根单芯光纤可串联几个至几十个传感器，且可引出到几十公里外进行异地监测；多根光纤连接到同一台解调仪上的不同通道上，组成分布式传感网络，解调仪对传感器进行同步实时监测、分析；不同种类的光纤光栅传感器（如应变计、温度计、位移计、倾斜仪、压力环等）可连接到同一台解调仪上进行实时的综合监测与分析。因此，光纤光栅传感器受到了世界范围内的广泛重视，并得到广泛应用。

光纤光栅传感应至少满足如下要求：

（1）仪器实时校准，确保数据准确性。

(2)仪器实时自检,能及时响应任何链路故障或仪器内部故障。

(3)链路断纤定位报警功能,报警定位到每个传感器。

(4)丰富的输出信号接口功能,当前信号接口有:开关量信号输出端子、RS232/RS485 通信接口、网口、USB 口,可以实现与外部系统的良好结合,提高系统之间的数据交换。

(5)信号处理器应不低于 50Hz 采样频率,确保加速度计的动采样与分析需要。

(6)安全性高,整个系统的信号处理和控制单元处于远离工作区域的控制室,传感探头对物理量信号的采集在无电(本身不带电)的情况下进行,本征更安全,不受电磁干扰。

(7)温度、应变数值自动转换,应变传感器自动温度补偿。

(8)提供二次开发接口函数库,方便用户二次开发。

3.2.6.2 模块设计

该项目需要使用到光纤光栅传感器共有 6 类:温度计、应变计、倾斜仪、位移计、压力环、螺栓计等;它们在各桥上的具体分配如表 3.2-4 所示。

光纤传感器的分配　　表 3.2-4

桥名＼种类	温度	应变	倾斜	位移	压力环	螺栓计
沧口航道桥	46	38	2	2	16	0
红岛航道桥	34	30	2	2	12	0
大沽河航道桥	46	50	4	4	22	16
总计	126	118	8	8	50	16

在后面的采集模块设计中,将结合本项目具体特点并根据产品特征、系统可行性、可靠性等方面做出光纤光栅信号处理子系统的具体配置。图 3.2-10 为光纤光栅传感器的串接模式。

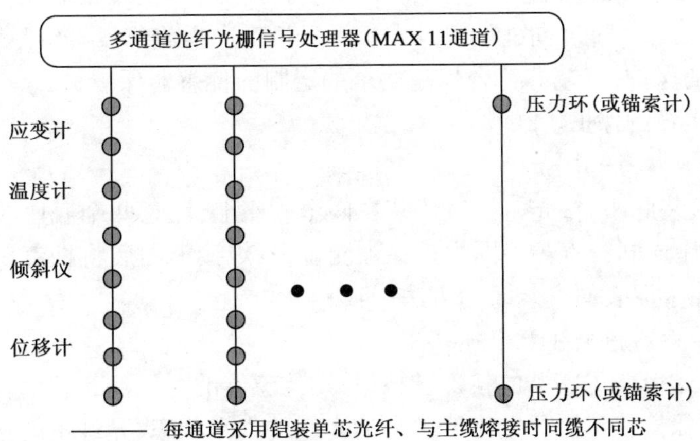

图 3.2-10　光纤光栅传感器串接模式

3.2.6.3 安装方法

1)混凝土表面

混凝土表面按下述步骤安装:

(1)确定安装表面的安装位置和方向,根据传感器的尺寸大小在安装表面用铅笔确定传感器底座的安装点。

(2)用冲击钻在安装表面垂直打出这两个安装点,孔位的直径应略大于传感器底座支杆的直径。

(3)将两个传感器底座放入安装孔,确定底座与安装面为垂直关系后,将校直棒装上底座并拧紧螺钉,注意拧螺钉的时候两边对称,确保底座对校直棒只产生平行于安装面的力,否则用冲击钻重新打安装孔。

(4)用砂纸打磨安装表面,保证表面的光滑平整。

(5)用酒精(丙酮)棉清洁安装面打磨表面的粉尘,更换酒精(丙酮)棉单方向擦拭安装面和安装底座表面去污。

(6)在安装面和安装底座表面涂上适量的环氧胶,在安装孔内可适量多涂胶。

(7)将两个安装底座放入安装孔,并用力挤压,使底座下表面完全接触安装表面,然后装上校直棒,拧紧螺钉,注意拧螺钉的时候两边对称,等待环氧胶完全固化,允许的话可在上面加上重物使底座下表面更好地接触安装表面,但是必须保证底座只受垂直与安装表面的压力。

(8)胶完全固化后将校直棒取出,小心将传感器放上底座,先拧紧一个底座的螺钉,然后再逐渐拧紧另一个底座的螺钉(两个螺钉一边拧一下,注意保持受力对称),之后观察解调仪上传感器的波长变化,当加给传感器少许拉力或压力撤销时,传感器波长应能够及时回到中心波长,否则应重新安装。

(9)观察解调仪上传感器的中心波长值,并和传感器测试单上的原点值作对比,如果二者不相符,调节传感器上的螺母使传感器的中心波长对应上测试单上的原点值(传感器外侧螺母向内旋增大波长值,内侧螺母向外旋减小波长值,并注意内侧螺母不得向内旋导致顶住中间的保护管——通过螺母的移动,对钢管产生的挤压力,拉长或压缩光栅从而达到调节波长的目的,所以外侧螺母过度向外旋以及内侧螺母过度向内旋都没有实际意义)。

(10)传感器的保护,安装好符合规范要求的定制的传感器保护盒。

(11)光纤和尾纤的保护。

2)钢表面

在钢表面上安装底座时,先将校直棒装在两个底座上,注意两个底座的底面保持一个平面,然后将两个底座连同校直棒一同焊接在被测位置;焊接牢固后将校直棒取出,安装、调整传感器的方法与在水泥表面安装时的方法一致。

安装式应变传感器施工注意事项:

(1)鉴于安装式应变传感器的特殊结构,移动传感器的时候注意轻拿轻放,防止被敲击。

(2)特别注意保持传感器两端出纤部分的光纤的水平状态,光纤不能强拉、强弯,否则容易造成传感器内部栅区断裂。

(3)调节传感器螺母时应慢慢调节,防止用力过猛损坏光栅。

(4)安装传感器拧紧螺钉的时候务必注意两侧的受力对称,尽量两侧交替拧;

(5)安装好符合规范要求的定制的传感器保护盒。

3)光纤光栅锚索计(压力环)安装

安装时应注意压力环应避免受到冲击或跌落。安装位置如图 3.2-11 所示。

安装注意事项：

(1)不得用力拉伸光缆，避免锋利的岩石挤压光缆。

(2)任何时候光缆的弯曲半径不得小于60mm，以减少损耗。

(3)连接光缆时应注意连接器的清洁，每次连接时应使用酒精棉球清洁连接器端面。测试完毕用端盖将连接器盖好。

(4)需要加长光缆时，必须使用单模铠装连接加长，并且光纤接头的损耗应控制在0.5dB以下，以适应远距离传输。

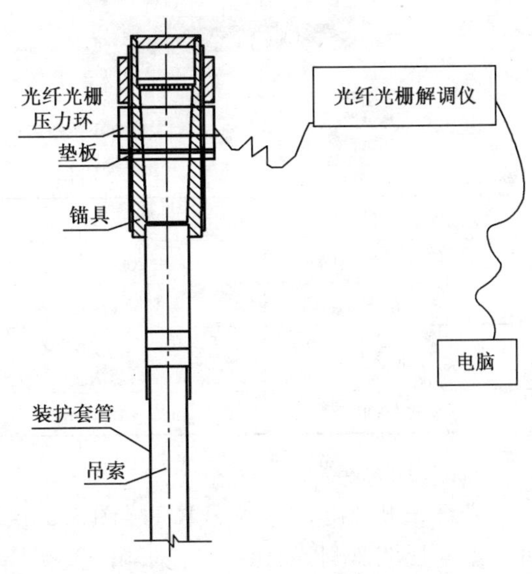

图 3.2-11 光纤光栅压力环安装图

3.2.6.4 技术指标

1)混凝土结构表面安装应变传感器

光纤光栅表面安装应变传感器 SEN-S1(图 3.2-12)主要用于测量混凝土、钢筋混凝土的表面应变，也可用于已产生微裂的混凝土、钢筋混凝土工程裂缝变化的观测，或用于混凝土应力解除和温度应力的测量，其技术参数如表 3.2-5 所示。

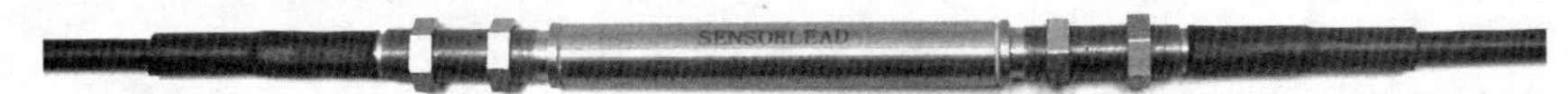

图 3.2-12 光纤光栅表面安装应变传感器 SEN-S1 外观

SEN-S1 传感器技术参数 表 3.2-5

项 目 名 称	技 术 参 数
应变量/量程	±2000με
分辨率	0.5με
重复性	3με
精度	±5με
规格尺寸(直径×长度)	¢12×142mm

2)钢结构表面安装应变传感器

光纤光栅表面安装应变传感器 SEN-S3(图 3.2-13)主要用于测量钢结构、网状钢结构的表面应变。传感器固定在相应的底座上，底座焊接在钢结构的表面。

光纤光栅应变传感器采用了非胶封装工艺，具有精度高，灵敏度高，寿命长等特点，可与其他类型的光纤光栅传感器组成全光监测网。SEN-S3 的技术参数如表 3.2-6 所示。

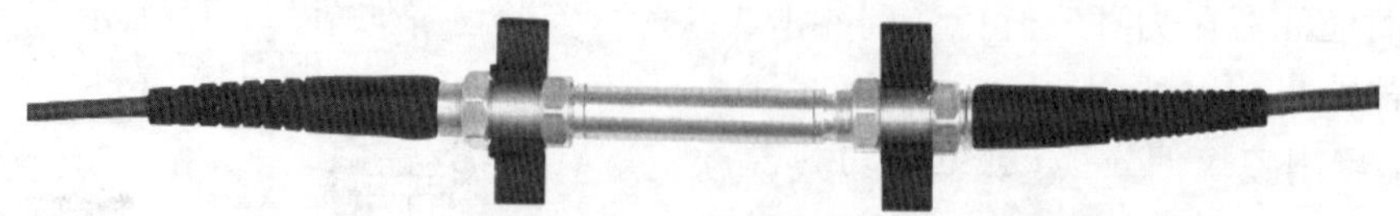

图3.2-13 光纤光栅表面安装应变传感器 SEN-S3 外观

SEN-S3 传感器技术参数

表3.2-6

项　目	参　数	项　目	参　数
标准量程	±2000με	尺寸	Φ7×94mm
测量精度	1‰F.S.	连接方式	FC/PC 或熔接
分辨率	0.1με(在与 SEN-01 解调仪配套情况下)	安装方式	焊接
波长范围	1525~1565nm	使用温度	-30℃~120℃

3)温度传感器

光纤光栅温度传感器 SEN-T1(图3.2-14)适用于在水工建筑物或其他混凝土建筑物内进行温度长期监测,如地基、桥梁、隧道、大坝、铁路、石油、公路等,测量结构物内部的温度,其技术参数如表3.2-7 所示。

图3.2-14 光纤光栅温度计 SEN-T1 外观

表面安装温度传感器参数

表3.2-7

项目名称	技术参数	项目名称	技术参数
量程	-30℃~120℃	精度	±0.2℃
分辨率	0.1℃	规格尺寸(直径×长度)	¢8×45mm
重复性	±0.2℃		

温度传感器不仅给出桥梁结构处的温度状态,同时它还给应变传感器提供温度补偿信息,用于剔除由于温度引起的应变。

4)光纤光栅倾斜计

光纤光栅倾斜计 SEN-TILT 可以监测建筑物的倾斜,其技术参数如表3.2-8 所示。

单向倾斜传感器参数

表3.2-8

项目名称	技术参数	项目名称	技术参数
量程	±2°	精度	0.1°
分辨率	0.1°	使用温度范围	-30℃~70℃
重复性	0.1°	采样频率	10min/次

5)位移传感器

光纤光栅表面位移传感器 SEN-D1 主要应用于长期测量水工建筑物或其他混凝土建筑物伸缩缝的开合度(变形),也可用于地下洞室、边坡、大坝、高层建筑等结构物的位移、沉陷、应变和滑移,它具有可靠性高、抗干扰能力强等优点。SEN-D1 的技术参数如表3.2-9 所示。

位移传感器参数　表3.2-9

项目名称	技术参数	项目名称	技术参数
位移量/量程	±500mm	重复性	<0.5%F.S.
分辨率	<0.1%F.S.	精度	<1%F.S.

6)光纤光栅锚索计(压力环)

光纤光栅压力环SEN-TEN是以光纤光栅应力传感器为基准,周身为高强度合金保护的一种锚索在线健康监测产品。光纤光栅索力监测系统是我公司专门为土木桥梁行业研发的一种高性能产品,该产品主要用于测量锚索、岩石锚杆、锚栓、各种桥梁的斜拉索以及其他重型荷载的监测。SEN -TEN的技术参数如表3.2-10所示。

光纤光栅压力环参数　表3.2-10

项目名称	技术参数	项目名称	技术参数
量程	300~6000可选,可定制其他量程	温度范围	0.1°
精度	<1%F.S	使用温度范围	-30℃~100℃
灵敏度	1kN	外形尺寸	与锚具配套或定制
非线性度	<0.1%F.S		

3.2.7 腐蚀监测传感器

3.2.7.1 产品选型

1)阳极梯

通航孔桥腐蚀监测选用德国Sensortec公司的阳极梯系统,图3.2-15为阳极梯腐蚀测试单元外观图。图3.2-16为阳极梯锈蚀测试单元设备尺寸。

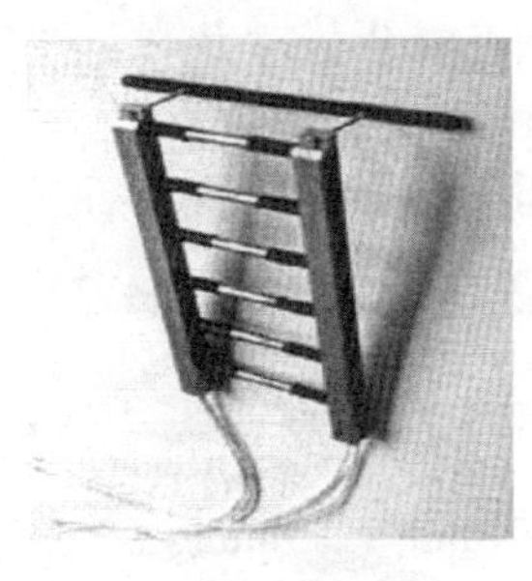

图3.2-15　阳极梯外观

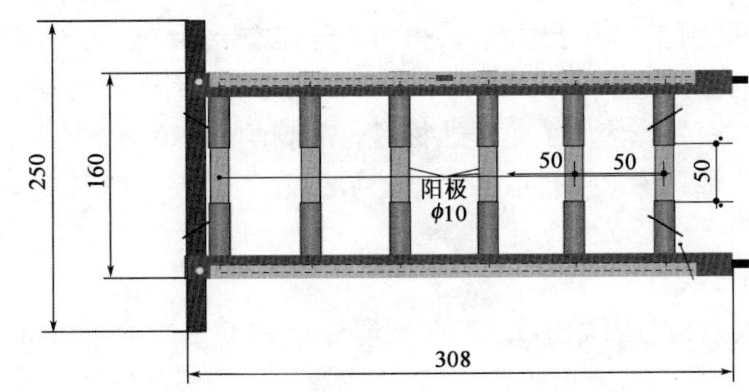

图3.2-16　阳极梯设备尺寸(尺寸单位:mm)

阳极梯系统由以下几个部分组成:

(1)阳极梯(Anode Ladder,AL)

(2)钢筋连接件(Connection to Reinforcement,CR)

(3)阴极(Cathode Bar,C)

(4)MnO_2参考电极

(5)温度传感器(PT1000)

(6)接线盒(Terminal Box,TBox)

(7)湿度传感器

阳极梯系统各部分结构如下:

(1)阳极梯

由6个直径为10mm、长度为50mm的阳极棒组成,阳极棒的材料应该与钢筋混凝土结构的钢筋相同。将这些阳极棒用U型不锈钢棒固定形成阳极梯。阳极梯的一端有可调节的不锈钢固定支架以固定阳极梯的位置;为防止不锈钢固定支架和阳极棒或钢筋接触,不锈钢固定支架应用橡胶绝缘。

每根阳极棒的两端有导线引出,通过短路测量来检查导线的连接是否正常。为了避免阳极棒两端的裂缝腐蚀,在其两端套上热收缩管。电缆集中到侧杆里,将侧杆用透明的环氧树脂填充,以防腐蚀等。其中一个侧杆内装有一个PT1000温度传感器。每个阳极梯共有3股电缆,即2×LiTCT6×0.24mm^2(来自阳极棒引出导线)和1×LiTCT2×0.24mm^2(PT1000温度传感器引出导线)。导线的长度由阳极梯和接线盒的位置确定。

(2)钢筋连接件

钢筋连接件为一根黑色不锈钢棒,通过焊接或钢丝连接到钢筋上,用于测量钢筋的腐蚀情况。钢筋连接件两端也有导线引出。电缆的型号为:LiTCT2×0.24mm^2,电缆通过焊接连接到连接件,接点区域用热收缩管保护以防裂缝腐蚀。

(3)阴极棒

为一根直径8mm、长40cm的镀铂钛棒。两端有导线引出,电缆的型号及其连接同钢筋连接件的电缆。

(4)参考电极

ERE20参考电极可以浇筑到混凝土保护层内,监测钢筋腐蚀状态或预测腐蚀。ERE20也可以安装在现有结构里。ERE20的电压实际上与混凝土的化学特性的改变没有关系。因此,它可既用于监测干混凝土,也可用于监测湿混凝土,也不管是否氯化或碳化。基于不断改进的电池技术,ERE20是一个真正的半电池,钢壳内使用二氧化锰电极,外面漆有碱氯自由凝胶。钢外壳使用了防锈蚀材料。凝胶的pH值与常态混凝土的毛细孔水相符,所以可以消除通过多孔渗水塞扩散的离子扩散引起的误差。ERE20连接数据采集单元,很容易进行数据监测。

(5)接线盒

接线盒应尽可能小,以确保其能穿越钢筋。其典型尺寸为120mm×80mm×55mm。接线盒的材料ABS,或镀铝,以保证接线盒不被周围的碱性离子或氯离子腐蚀。应确保接线盒在埋置到混凝土之后,盒子的覆盖层能正常开启和关闭。接线盒的上侧用4mm厚聚合体层覆盖。接线盒应包括用于常规测量插头的插槽。

(6)温度传感器

采用稳定性良好的PT1000热电耦型传感器。传感器两端由导线引出,电缆的型号及其连接同钢筋连接件的电缆。

(7)湿度传感器

每套阳极梯选配3个湿度传感器,选用SENSIRON SHT75,为RS232信号输出。由瑞士

Sensirion 推出的 SHTxx 系列数字温湿度传感器,基于领先世界的 CMOSens®数字传感技术,具有极高的可靠性和卓越的长期稳定性。全量程标定,两线数字接口可与单片机直接相连,大大缩短研发时间、简化外围电路并降低费用。此外,体积微小、响应迅速、低能耗、可浸没、抗干扰能力强、温湿一体,兼有露点测量,性价比高,适用于多种场合。

2)后埋式 ER 环

德国 sensortec 公司的后埋式阳极监测系统(Expansion-Ring-System),图 3.2-17 为阳极梯腐蚀测试单元外形图。该系统可后装于既有结构物中,通过检测阳极与阴极宏电流的阶跃来判定氯离子锋面发展深度,从而达到预测钢筋脱钝。该仪器可测试 5 个不同深度的腐蚀状况,安装方法与阳极梯类似,数据采集设备和阳极梯相同。

图 3.2-17 ER 环外观图

ER 环使用钻孔后埋方式,并在 ER 环埋点的两侧各埋一个湿度传感器,其中一个深埋,一个浅埋。ER 环用于现场不具备预埋条件的墩位监测,并选择若干位置进行阳极梯和后埋 ER 环的比较测试。

3)ECI-1 腐蚀仪

ECI-1 是一种基于无损监测(NDE)的埋入式腐蚀监测仪(图 3.2-18)。它能够长期监测钢筋腐蚀的一些重要参数,包括线性极化电阻(LPR)、开路电位(OCP),电阻率、氯离子浓度和温度。每一只 ECI-1 就是一个数字终端,它连接在局部区域埋设的监测网络上。监测系统与混凝土外部的数据采集器之间的数据通信采用 SDI-12 工业标准协议。储存在数据采集器中的数据既可以在现场直接下载到便携式电脑中也可以进行远程无线通信。ECI-1 内部的单片机通过数—模(DAC)和模—数(ADC)转换器调节和依次控制每个传感器进行测量并采集数据。单片机还承担了腐蚀测量所有必需的计算。数据可以存储在 ECI-1 板载的固件内存里,可通过网络直接传送。所有校准和探头位置的测量数据以及一一对应的地址都储存在板载的内存里,单片机可设置不同的系统部件载节能或休眠模式下运行,为低功耗的远程操作(电池供电,太阳能)提供电源管理和控制。通常 ECI-1 用来监测混凝土结构内的钢筋的腐蚀。监测仪在混凝土浇筑之前安装。放置 ECI-1 使其电极面朝上,并与顶端的钢筋持平,这样的定位放置确保了 ECI-1 的传感电极与将要监测的钢筋处在同样的环境和腐蚀条件下。

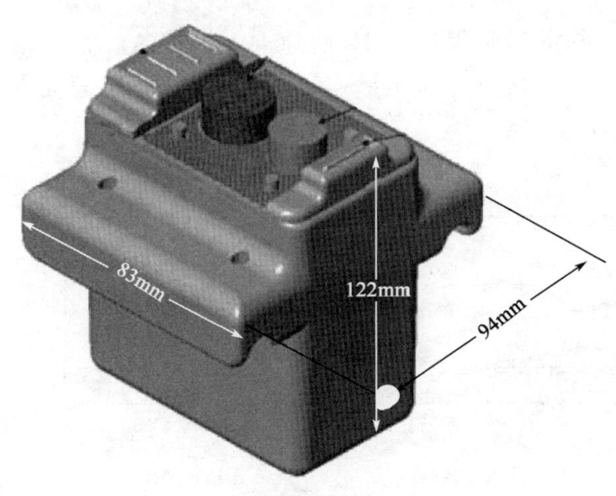

图 3.2-18 ECI-1 埋入式腐蚀监测仪

ECI-1 埋入式腐蚀监测仪把 5 种传感器集成在一个坚固小盒内。在混凝土浇筑过程中,整个系统很容易安装和放置在建筑物的任何部位。仪器采用模块化和独特的可寻址设计,同样适合安装在特殊结构的混凝土中,由于 ECI 的模拟线路极短,因此在市场上其他腐蚀探头相比,它对 EMI 的敏感性较小,很多埋入式腐蚀监测系统使用混凝土外部的电路激励埋入地探讨并测量其响应信号。通常这样测量需要 10m 或更长的导线,如此以来,这么长的导线将会成为 EMI 干扰源的接收天线。而 ECI-1 的电极和数据采集电路之间的导线仅仅只有 1in,并且进入信号发射源之前就已经转换成了数字信号。数据通过数字网络传输,其抗干扰能力就相当强了。

综上所述,ECI-1 特征如下:

(1)无损检测技术;

(2)同时测量于腐蚀相关的几个最重要参数;

(3)包含了所有必需的电极和电路元件;

(4)作为数字网络的终端装置;

(5)数字信号对附近的 EMI 源有抗干扰能力;

(6)采用 SDI-12 工业标准协议;

(7)测量网络每个终端最长连接可达 200ft;

(8)系统可以选用太阳能电池和可充电电池供电;

(9)可以通过混凝土外部的蜂窝式收发装置进行无限远程通信;

(10)用于重要部位的比较测试,采用预埋方式。

3.2.7.2 安装方法

1)阳极梯

(1)设备到货后,现场检查质保资料。

(2)阳极梯必须倾斜地安装于监测部位的混凝土保护层中,使独立阳极棒 A1(最上端的)上表面离监测混凝土外表面 10 ~ 15mm,离主筋 30 ~ 60mm。各阳极棒与混凝土表面保持不同的距离。如图 3.2-19 和图 3.2-20 所示。

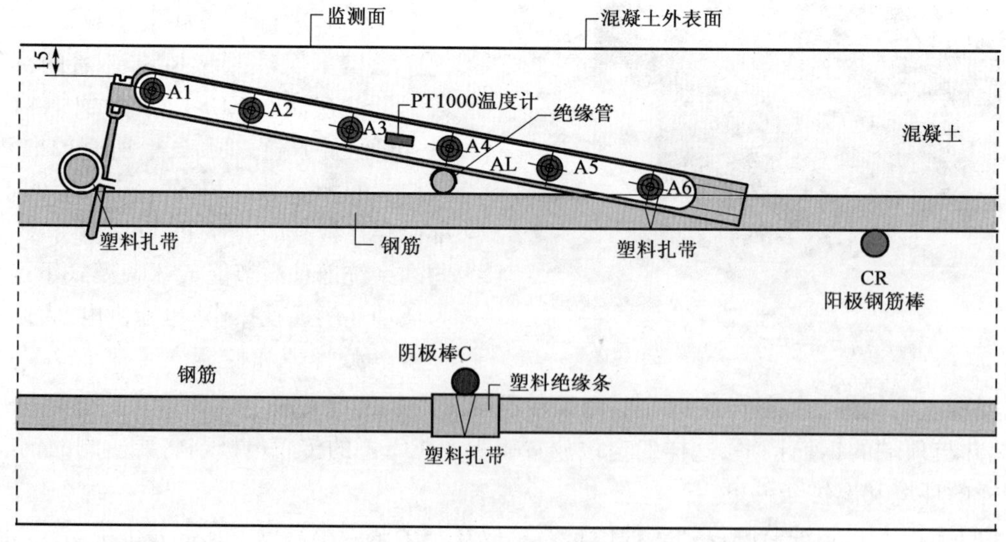

图 3.2-19 阳极梯安装总图(尺寸单位:mm)

(3)在主筋内侧固定参考电极,在阳极梯内外侧固定湿度传感器,根据现场情况,可使用ϕ6钢筋固定湿度传感器。

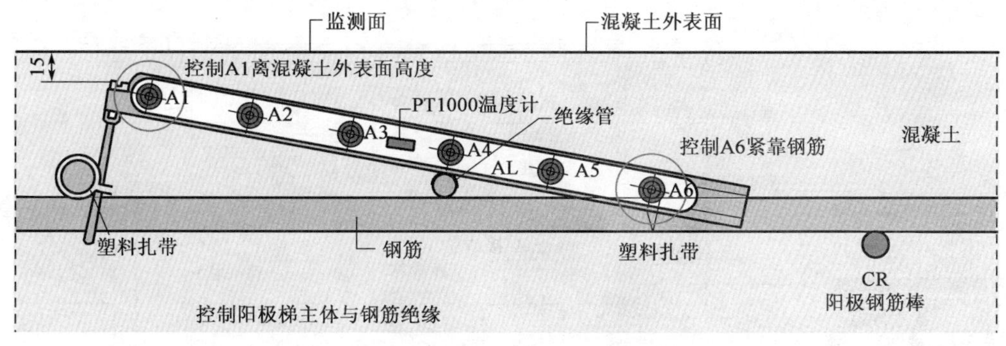

图3.2-20　阳极梯安装剖面图(尺寸单位:mm)

(4)使用塑料扎带固定支架钢棒,并使用绝缘管保证钢棒与固定钢筋之间的绝缘。如图3.2-21所示。

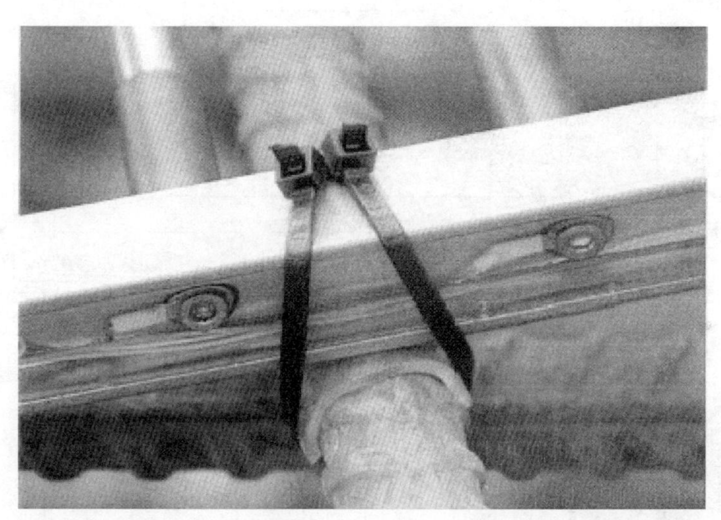

图3.2-21　极梯与钢筋之间的绝缘措施

(5)阳极梯固定后,检查阳极梯的主体与钢筋网之间是否完全绝缘,并检查固定是否牢固,必要时增加塑料扎带固定紧。

(6)在阳极梯附近钢筋的内侧固定阳极钢筋棒(CR),并保证阳极钢筋棒与钢筋网紧密接触,可以通过焊接或金属丝绑扎的方式固定。

(7)阳极梯终端接线盒可采用焊接或者绑扎的方式,将其固定在钢筋上面。接线盒的面盖处于桥柱的外表面(贴紧模板)。阳极梯线缆沿主筋或箍筋布置并使用扎带固定牢靠。

湿度传感器、参考电极和阳极梯的接线盒均放置在墩身上的数据采集箱内,再通过变送器将相应的信号传送到桥面高程处。

考虑在同一个墩的最高测点位置放置一个设备箱,用于放置3套阳极梯系统所有的定制接线盒和变送器,再由此位置接线连到桥面高度位置的预留读数设备箱。如图 3.2-22 所示。

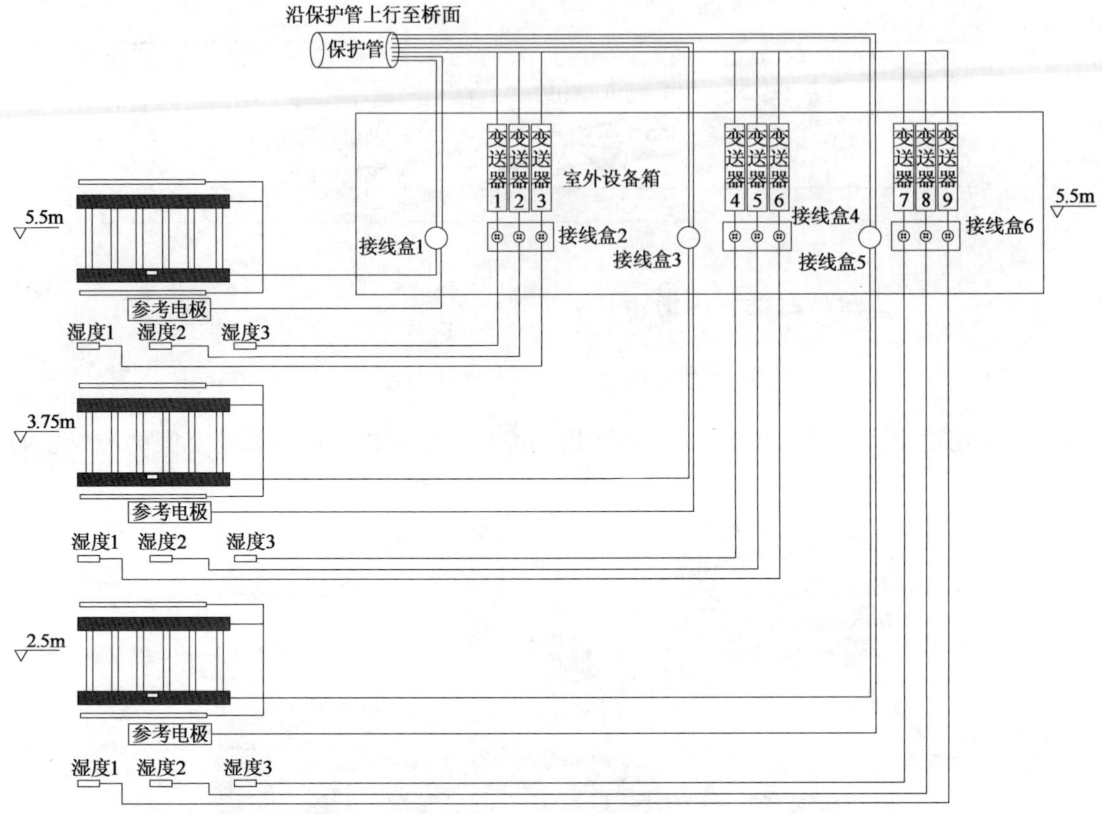

图 3.2-22 阳极梯布线安装图

图 3.2-23 环形阳极和阴极棒

2)后埋式 ER 环

(1)设备到货后,现场检查质保资料。

(2)ER 环由两类传感器组成:环形阳极(作为测量传感器)和阴极棒(作为计数电极)。计数电极安放在环形阳极附近,如图 3.2-23 所示。

(3)选择合适的处于腐蚀环境中的混凝土表面,要求混凝土表面不能在水下环境。

(4)在相应混凝土表面钻孔。第一个孔钻孔直径为 ϕ56mm,深度为 11cm,钻孔必须准确与混凝土表面正交,因此需要使用固定于混凝土的钻机。为防止钢筋被切断,需在没有钢筋处钻孔。钻第二个孔时,孔径为 16mm,深度为 5cm。阳极与阴极间的距离应为 5cm ~ 20cm。为了避免阴极棒与混凝土之间有电学接触,阴极需放置在无钢筋处。如图 3.2-24 所示。

(5)将环形电极和相应的阴极棒放入钻孔内。如图3.2-25所示。

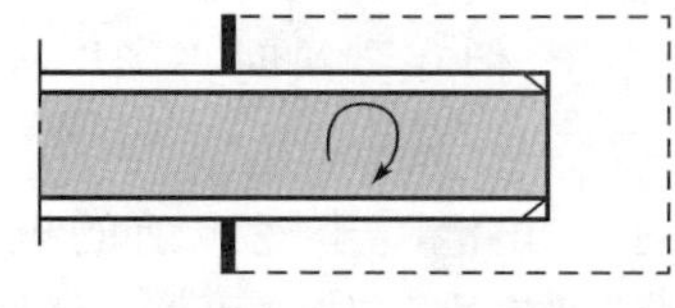

图3.2-24 钻孔

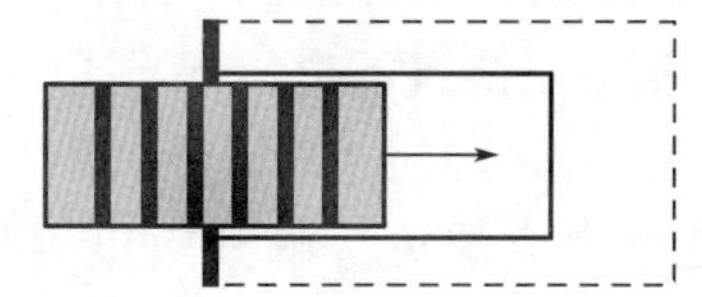

图3.2-25 放入环形电极和阴极棒

(6)将环形电极旋转直至进入混凝土的合适深度。如图3.2-26所示。

(7)将保护帽安装与环形电极表面。如图3.2-27所示。

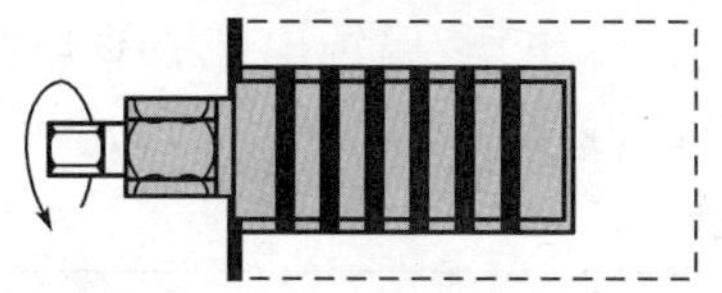

图3.2-26 旋转环形电极至合适深度

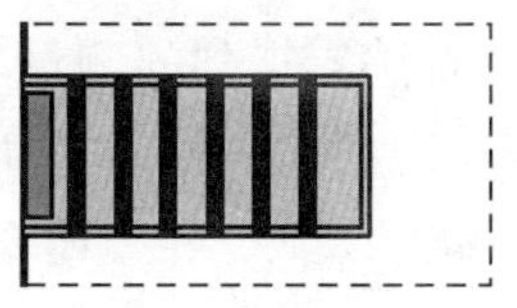

图3.2-27 安装保护帽

3)ECI-1腐蚀仪

(1)设备到货后,现场检查质保资料。

(2)ECI-1系统安装在混凝土的关键部位和容易腐蚀的地方,这些地方必须经过土木结构工程师和腐蚀工程师测量后确定。ECI-1的安装不会影响钢筋的布置,如图3.2-28所示。ECI-1安装在支撑钢筋上,支撑钢筋对监测仪器起到保护作用。同时这种安装方法还把ECI-1的工作电极固定在与钢筋相适应的高度上。

图3.2-28 ECI-1安装位置

(3)把支撑钢筋捆绑到预定的位置。安装ECI-1用的电缆采用氟化乙丙烯橡胶绝缘包裹的三芯22号(美国标准AWG)标准镀锡铜线,每一条ECI-1电缆必须连接到数据采集器上,呈星型固定电缆。所有的电缆要通过公用导线管进入数据采集器的机箱。电缆布置在顶部和底端的钢筋框栏之间，必要时在有些地方固定。如果所需电缆长度超过了 ECI 自带的 10m，可以从 Virginia Technologies 有限公司购买电缆和接插件。

(4)建议在混凝土浇筑前覆盖保护 ECI-1 电极系统，但在浇筑时必须取掉覆盖物，参比电极的帽子应该到浇筑之前才能取下。

(5)安装过程中应避免接触和污染电极。为了防止混凝土浇筑前的机械损伤，安装 ECI-1 时应该有醒目的标志以提醒建筑工人有监测仪的存在。如有可能，在混凝土浇筑时，ECI-1 的位置也应该注明，以免浇筑作业时振荡器等工具直接接触监测仪。

3.2.7.3 技术指标

1)阳极梯

通过阳极梯腐蚀传感器得到的测量参数有 6 类，即电压、腐蚀电流、AC 电阻、线性偏振电阻、温度及相对湿度。前面 4 项的细分参数如表 3.2-11 所示。

阳极梯测量参数细分　　表 3.2-11

测量参数	测量参数细分
电压——通过一个内电阻大于 10MΩ 的电压表测量得到	各阳极梯(即 A1，A2，A3，A4，A5 和 A6)和 MnO_2 参考电极之间的电压
	镀铂钛阴极和 MnO_2 参考电极之间的电压
	钢筋和 MnO_2 参考电极之间的电压
	镀铂钛阴极和钢筋之间的电压
腐蚀电流——通过一个零电阻电表	各阳极梯和 MnO_2 参考电极之间的非静态电流(持续时间为 0s、5s、10s 和 20s)
	各阳极梯和镀铂钛阴极之间、钢筋和镀铂钛阴极之间的静态电流
AC 电阻——通过一个频率为 100 ~ 1000Hz 的 AC 电阻表	阳极和钢筋之间的电阻
	钢筋和 MnO_2 参考电极之间的电阻
线性偏振电阻(LPR)—通过一个稳压的电路	各阳极梯和 MnO_2 参考电极之间的线性偏振电阻
	钢筋和 MnO_2 参考电极之间的线性偏振电阻

对阳极梯进行定期人工读数，阳极梯自带定制的读数插座，除使用上述方法用各种测量仪表测量外，另配备阳极梯专用读数器(瑞士 PROCEQ 的 CANIN-LTM 采集读数仪)完成数据的直接量测，并以阳极梯专用读数器读数为准，各测量仪表读数为辅。

在预埋阶段，需做传感器连通测试，以判断设备安装正确与否。整个阳极梯相当于一共有 9 个传感器，分别为独立阳极 A1 ~ A6，阴极棒 C，阳极钢筋棒 CR 和温度传感器 PT1000。可以分别量测传感器两端线缆，测量电阻来判断传感器本身是否正常，判断各绝缘控制点是否安装到位。

在预埋安装前后应对阳极梯传感器进行检查测试。

在埋设中应根据埋设时的实际情况进行记录。

混凝土浇筑后，需进行监测读数，读取阳极棒的电压、电流和电阻值等。

2)后埋式 ER 环

通过 ER 环得到的测量参数有 6 类,即电压、腐蚀电流、AC 电阻、线性偏振电阻、温度及相对湿度。前面 4 项的细分参数如表 3.2-12 所示。

ER 环测量参数细分 表 3.2-12

测量参数	测量参数细分
电压——通过一个内电阻大于 10MΩ 的电压表测量得到	各阳极梯(即 A1,A2,A3,A4,A5 和 A6)和 MnO_2 参考电极之间的电压
	镀铂钛阴极和 MnO_2 参考电极之间的电压
	钢筋和 MnO_2 参考电极之间的电压
	镀铂钛阴极和钢筋之间的电压
腐蚀电流——通过一个零电阻电表	各阳极梯和 MnO_2 参考电极之间的非静态电流(持续时间为 0s、5s、10s 和 20s)
	各阳极梯和镀铂钛阴极之间、钢筋和镀铂钛阴极之间的静态电流
AC 电阻——通过一个频率为 100 ~ 1000Hz 的 AC 电阻表	阳极和钢筋之间的电阻
	钢筋和 MnO_2 参考电极之间的电阻
线性偏振电阻(LPR)——通过一个稳压的电路	各阳极梯和 MnO_2 参考电极之间的线性偏振电阻
	钢筋和 MnO_2 参考电极之间的线性偏振电阻

对 ER 环进行定期人工读数;ER 环自带定制的读数插座,除使用上述方法用各种测量仪表测量外,另配备阳极梯专用读数器(瑞士 PROCEQ 的 CANIN - LTM 采集读数仪)完成数据的直接量测。

3)ECI-1 腐蚀仪

数据收集系统是一个数据采集器,安装在混凝土的外部,其外壳采用抗环境干扰的机箱,例如 NEMA-4 机箱。数据采集器与多点串口通信网络线路相连。数据采集器给 SDI-12 通信网络供电然后再供给所有与之相连的监测仪。数据采集器自身则由当地电线或者太阳能可充电电池供电。可以对数据采集器进行编程来实现 ECI-1 的周期性开启以及发出收集和发送数据的指令。然后,数据采集器可以把返回的腐蚀数据与相应仪器的特征号码和位置一一对应。这些数据就可以在现场下载到膝上电脑或其他便携式计算机上。此外,数据采集器可以与无线收发器或蜂窝式电话调制解调器进行数据交互,从而实现远程数据采集和操作。当采集到数据和对应监测仪位置后,经过数据处理就可以形成整个混凝土结构的“腐蚀轮廓图”。利用这些信息就可以根据混凝土结构的现实情况来确定需要维护的时间、地点和方法。通过获知混凝土结构的腐蚀速率,就可以预测剩余寿命和维修时间表,就不需要耗时、费力的、破坏性评估方法了。数据采集系统的标准配置如图 3.2-29 所示。

通过 ECI-1 腐蚀监测系统得到的测量参数有 5 类,即阻抗、开电位、腐蚀电流、线性偏振电阻和温度。

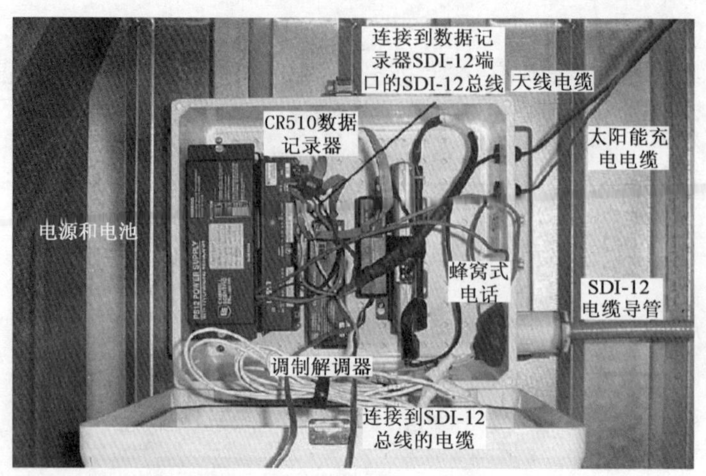

图 3.2-29　数据采集仪和电源

3.3　数据采集和传输模块

青岛胶州湾大桥结构监测巡检养护管理系统的数据采集与传输模块由外场工作站内的数据采集设备、青岛胶州湾大桥结构监测巡检养护管理系统数据传输网络及辅助支持系统组成。

数据采集与传输模块完成传感器数据的采集、信号调理与数据传输。各种不同类型的传感器采用不同的信号调理模块,数据采集模块完成对调理后的传感器信号的处理与转换,最终形成统一的数字信号;数据传输模块将经过采集模块获得的传感器监测参数的数字信号调制成为可供远程传输的信号,并完成信号的远程传输及解调的任务。数据采集与传输子系统同时也作为向传感器发送采集指令的载体与通道。

数据采集与传输模块设计的主要依据是:传感器输出信号类型,信号电缆的类型和长度,采样频率以及测试精度。

从需求分析可以看出,大桥结构健康监测涉及的传感器种类多,输出信号类型多。必须根据不同的传感器种类、精度、采样频率的要求,采用不同的传输方案,并将采集系统集成为一个大系统,该系统应具有以下特点:

(1)系统集成化程度高,便于统一管理控制。

(2)系统扩充性强,容易进行传感器升级。

3.3.1　功能要求

(1)系统应具有与其安装位置、功能和预期寿命相适应的质量和标准。通信协议、电气、机械、安装规范应采用相应国家标准或兼容规范。

(2)系统应能在无人值守条件下连续运行,采集得到的数据可供远程传输和共享,采样参数可远程在线设置。

(3)分布在 3 座航道桥上的 3 个外场工作站将采用世界先进的成熟产品,以确保系统的稳定性、耐久性和高精度。外场工作站能连续采样,在报警状态下(如台风、地震、船撞等)能够进行特殊采样和人工干预采样。

(4)数据采集软件应具有数据采集和缓存管理功能,并能对现场数据进行基本的统计运算,以便显示相应信息。

(5)对每个传感器信号提供在线预览、滤波、变换和同步统计处理功能,以便根据实际传感器信号的时域、频域性质合理设置采样参数。

(6)所有用于数据采集的参数均由一个标签数据库控制。系统里的所有传感器均有一个唯一的标签,该标签包含了传感器所有有关数据采集设置的信息。

(7)标签编辑器应能对所有的标签信息和数据库参数进行编辑,并将编辑结果存储在配置文件里。系统通过标签搜索引擎读入配置文件,并根据其中定义的各种参数对工作站的采集工作进行设置。

(8)系统管理员可以在数据处理与控制服务器(DPC)上运行标签编辑器,在其编辑环境下通过菜单或其他人机友好界面对模拟、数字和视频等所有信号的采样频率、触发阈值、时间间隔等参数进行调整。

(9)系统软件操作权限分为多级。只有系统管理员具有运行标签数据库、编辑配置文件、修改传感器的校准数据等在内的操作权限,而一般的普通管理员不应被赋予上述操作权限,以保证系统安全。

(10)系统具有实时自诊断功能,能够识别传感器失效、信号异常、子系统功能失效或系统异常等。出现故障时,系统应能立即自动地将故障信息上传至数据处理与控制服务器(DPC),并激活警报信息,与此同时,隔离故障传感器或子系统以保障其余部分正常工作。

(11)当系统的一个或多个部分暂时断电时,系统的各个部分应无需人为干涉即可自动重新启动、同步校准和继续正确运行,并保留断点信息。

(12)光纤信号传输网络的设计和构造要考虑将来的扩展,且扩展无需中断系统操作,不影响现有的用户。在各站之间的数据交换应符合ISO或CCITT标准。

(13)为了与其他基于TCP/IP的设备和网络相协调,光纤信号传输网络应基于TCP/IP标准。

(14)数据传输网络采用光纤环状拓扑结构,光纤局部损伤或个别节点失效的情况下,它将自动重构以便维持数据通信,自动重构应在失效后10s内完成。

(15)通信故障和自动重构都能在数据处理与控制服务器上显示并发出警报。

(16)为了与其他基于TCP/IP的设备和网络相协调,光纤信号传输网络基于TCP/IP标准。

(17)通信故障和自动重构都能在数据处理与控制服务器上显示并发出警报。

3.3.2 数据采集

3.3.2.1 外场工作站机柜布置

考虑到所有采集设备均需要放置在各自的工作站机柜中,需首先确定工作站机柜布设的依据,并据此完成工作站机柜的具体定位。

青岛胶州湾大桥结构监测巡检养护管理系统外场工作站布设的依据如下:

(1)工作站机柜根据传感器的空间分布情况而布置,主要考虑的因素是传感器的数量和传感器的布线长度，选择合理的位置以减少传感器电缆长度。

(2)综合考虑工作站机柜到节点交换机的距离、供电要求以及综合布线的可操作性。

(3)综合考虑未来由于荷载试验或其他情况新增传感器的需要，优化现阶段监测区段的工作站机柜位置。

在全部5个实时监测区段中(在物理上合并为4个区段)共布设3台工作站机柜，即沧口航道桥、红岛航道桥、大沽河航道桥各一套，工作站机柜编号说明如表3.3-1所示。

工作站机柜编号表　表3.3-1

监测部位	工作站机柜编号	位　置
沧口航道桥	ST1	K11+930左幅侧箱梁内
红岛航道桥	ST2	K22+310左幅侧箱梁内
大沽河航道桥	ST3	K26+660左侧箱梁内

相应的外场采集设备均放置在各自的工作站机柜中，数据采集有3种采集模式。

3.3.2.2 数据采集模式一——PXI采集模式

1)总体描述

PXI建于Compact PCI的规格基础之上，结合了高速PCI总线和集成式的定时和触发功能，以提供10倍于传统测量和自动化构架系统的高性能。LabVIEW平台及RT模块具有很好的硬件兼容性，并且具有高效率和实时性的特点。该采集模式的逻辑如图3.3-1所示。

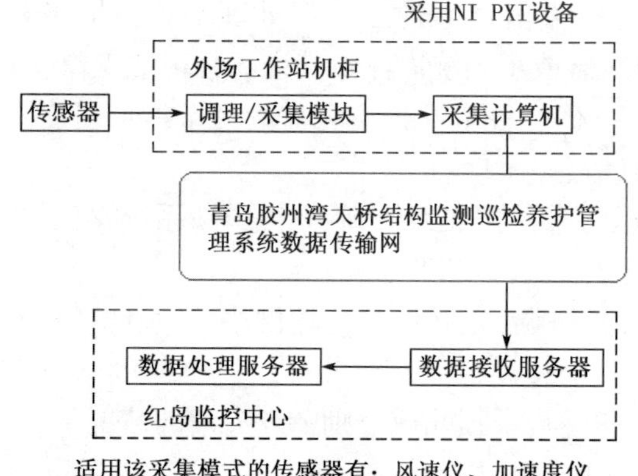

图3.3-1　采集模式一逻辑图

在此种模式下，采集计算机需使用NI的基于PXI体系的设备，且必须使用实时操作系统平台，即Real Time Operation System，以保证数据运算的准确性和数据传输的实时性。风速仪和加速度计的所有电信号输出和数字信号输出的传感器均需就近接入采集计算机。

该采集模式使用基于PXI的GPS同步时钟的同步方式。调理/采集模块设备采用NI的8433、4472等板卡。

2)PXI采集工作站

(1)PXI的总体要求

①工作站应具有适当的数据预处理能力和充足的缓冲存储器容量，以保存一定时段的采样数据。当数据传输出现故障时，工作站不中断采集工作，并始终保持至少96h的可回溯数据。当数据缓冲硬盘出现故障时，工作站亦不中断数据采集、预处理、传输等工作。

②工作站应包括传感器输入输出调理通道和网络控制器。

③工作站应有线路保护设备、输入输出端口。

④工作站及其电源系统应放置在同一个工作站房内。

⑤PXI嵌入式实时控制器管理数据处理与控制服务器和工作站之间进行通信，并执行实测信号的预处理。

(2)PXI 工作站的技术要求

传感器工作站的技术参数:

①数据采集频率:333KHZ;

②分辨率:24 位;

③通道数:<64;

④CPU 主频:3.2GHz;

⑤RAM:>256M;

⑥硬盘:双硬盘>20G;

⑦网络接口:RS232,RS485,光纤 Ethernet,双绞线 Ethernet;

⑧无旋转器件;

⑨低功耗;

⑩控制程序可随时上载;

⑪防水,防潮,防腐,防振;

(3)PXI 工作站的功能

①信号采集

PXI 工作站通过配备相应板卡后就能针对不同的输出信号,采用相应的信号采集方式。具体如:模拟电压(配 4472 采集卡),RS485(配 8833 采集卡)。

②信号调理

工作站对传感器采集到的信号进行预处理,利用数字滤波、识别等信号处理技术,滤除信号的噪声和寄生频率信号,提高信号的可靠性和可信度。

针对采样速率大于 50Hz 加速度传感器的动态模拟信号,其信号调理模块应满足:

a.使用高精度动态信号采集设备,输入通道最小带宽为 DC-45kHz。模块基于 SCXI 标准,与 PXI/SCXI 实时控制器及信号调理系统规范相兼容。

b.模拟信号由 24 位分辨率的 A/D 卡采集,同步采样的速率可通过软件(3 次软滤波技术)编程实现;同时 4472 卡在技术上突破了至少 1K 采样率的限制。

c.所有通道应经过静态、动态校正,并且提供用户定期检验与校正的相应方法。

③数据处理与数据通信

系统工作站 PXI 单元具有 CPU、RAM 及硬盘;可编程,对于经信号调理后的各传感器采集数据进行相关处理,包括统计分析和数据存储。

系统工作站能通过 TCP/IP 接口实现工作站<=>工作站、工作站<=>服务器之间的通信。

(4)PXI 工作站模块组成设计

青岛胶州湾大桥结构监测巡检养护管理系统所采用的传感器数量多、分布广,3 个工作站内传感器数量、输出信号类型和采集要求也不尽相同。青岛胶州湾大桥结构监测巡检养护管理系统工作站的主机箱以及组成模块如下:

①PXI-1042 8 槽机箱/PXI-1044 14 槽机箱;

②PXI8110 实时控制器;

③PXI4472B 高速同步采集调理模块;

④PXI6652 同步时钟模块；

⑤PXI6602 定时模块；

⑥PXI8433/4 隔离串口模块。

PXI 工作站主机箱以及模块实物图如图 3.3-2 所示。

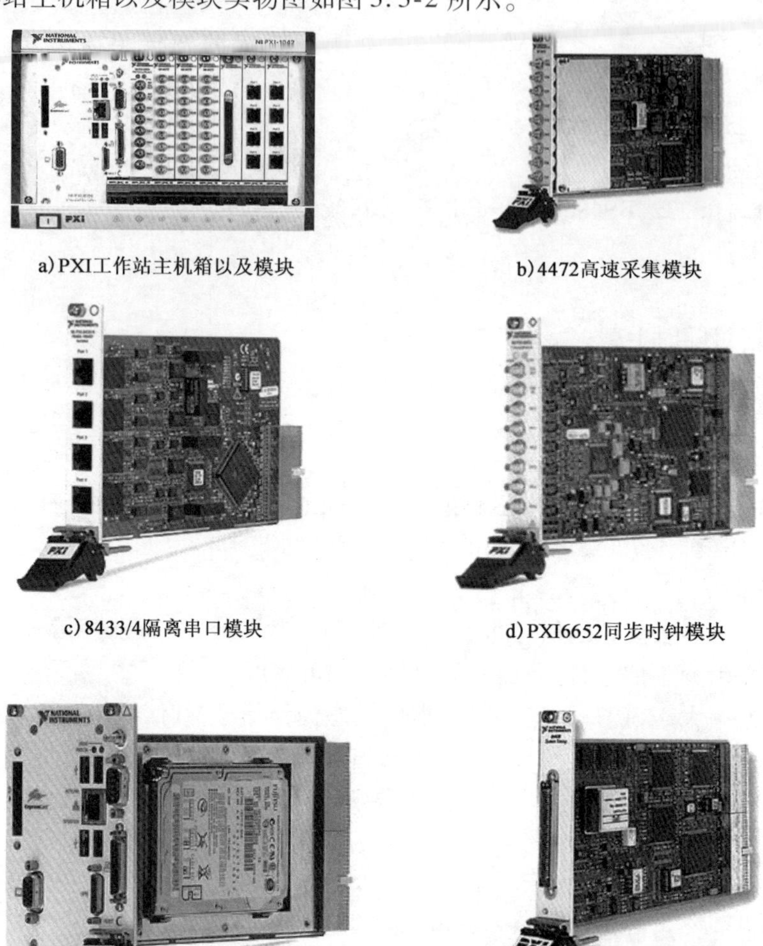

a)PXI工作站主机箱以及模块　b)4472高速采集模块

c)8433/4隔离串口模块　d)PXI6652同步时钟模块

e)PXI8110实时控制器　f)6602定时模块

图 3.3-2　PXI 各组件图片

3)风速风向仪

大沽河航道桥：两套风速仪通过 RS485 接入 ST3 的 PXI 的 8433 卡上。

沧口航道桥：一套风速仪通过 RS485 接入 ST1 的 PXI 的 8433 卡上。

具体连接拓扑图如图 3.3-3 所示。

每套风向风速仪均自配风速风向仪专用采集模块等设备，风向风速仪使用高品质的 485 线缆传送信号至就近 PXI8433 板卡、并且在接入 8433 卡的端口设置防雷器。

4)加速度计

加速度计子系统每桥 1 套、共计 3 套。

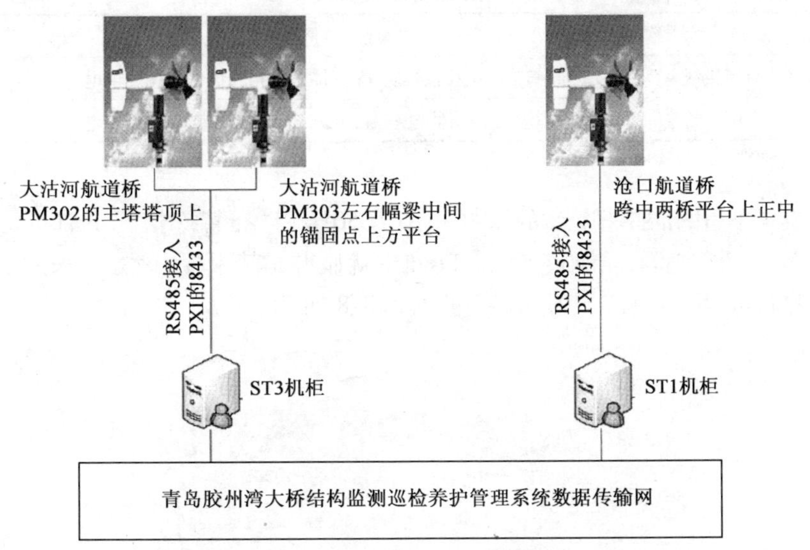

图3.3-3　风向风速采集拓扑结构图

3套分别接入各通航孔桥的ST1、ST2、ST3机柜PXI对应的4472卡上。

其中,大沽河航道桥加速度子系统如图3.3-4所示。

红岛航道桥加速度子系统如图3.3-5所示。

沧口航道桥加速度子系统如图3.3-6所示。

加速度计通过专用电缆(7芯或19芯定制电缆)接入就近工作站内的加速度计接线盒,加速度计接线盒内置有放大器和滤波器,并为加速度计供电(表3.3-2),经接线盒后,线缆进入PXI4472B板卡,每个加速度计均需一根独用专用电缆。

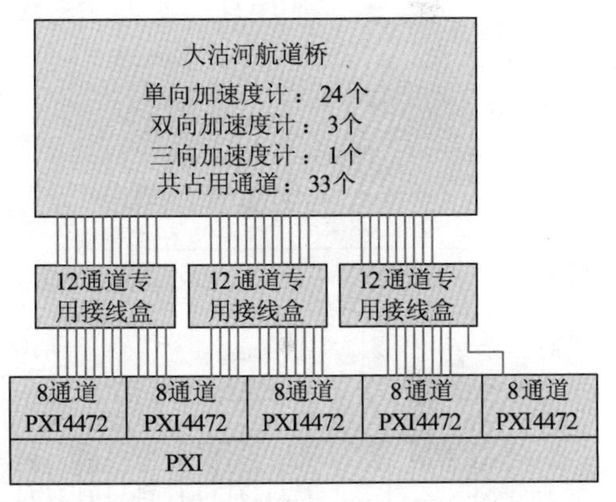

图3.3-4　大沽河航道桥加速度子系统接线图

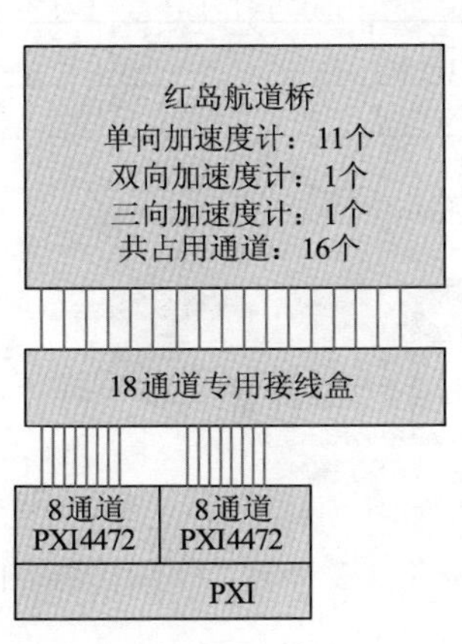

图3.3-5　红岛航道桥加速度子系统接线图

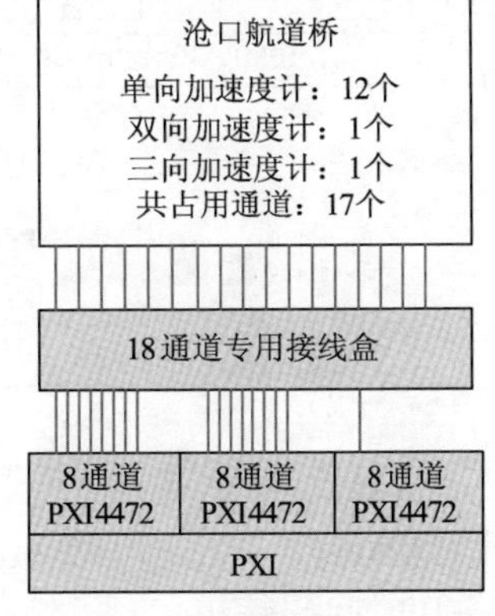

图3.3-6　沧口航道桥加速度子系统接线图

加速度计供电表　　表 3.3-2

名　称	规　格	单位	数量
12 通道加速度计专用接线盒	12 通道连接传感器电缆盒,可接 PX14472B,220VAC 供电	台	3
18 通道加速度计专用接线盒	18 通道连接传感器电缆盒,可接 PX14472B,220VAC 供电	台	2

5)时钟同步

本采集模式下,由于加速度计的采样频率为 50Hz,且在特殊情况下有可能需要进一步提高采样频率,为此高速采样模式下的时间同步就显得尤其重要,该方案采用的同步模式为 GPS 同步时钟同步,具体模式如图 3.3-7 和图 3.3-8 所示。

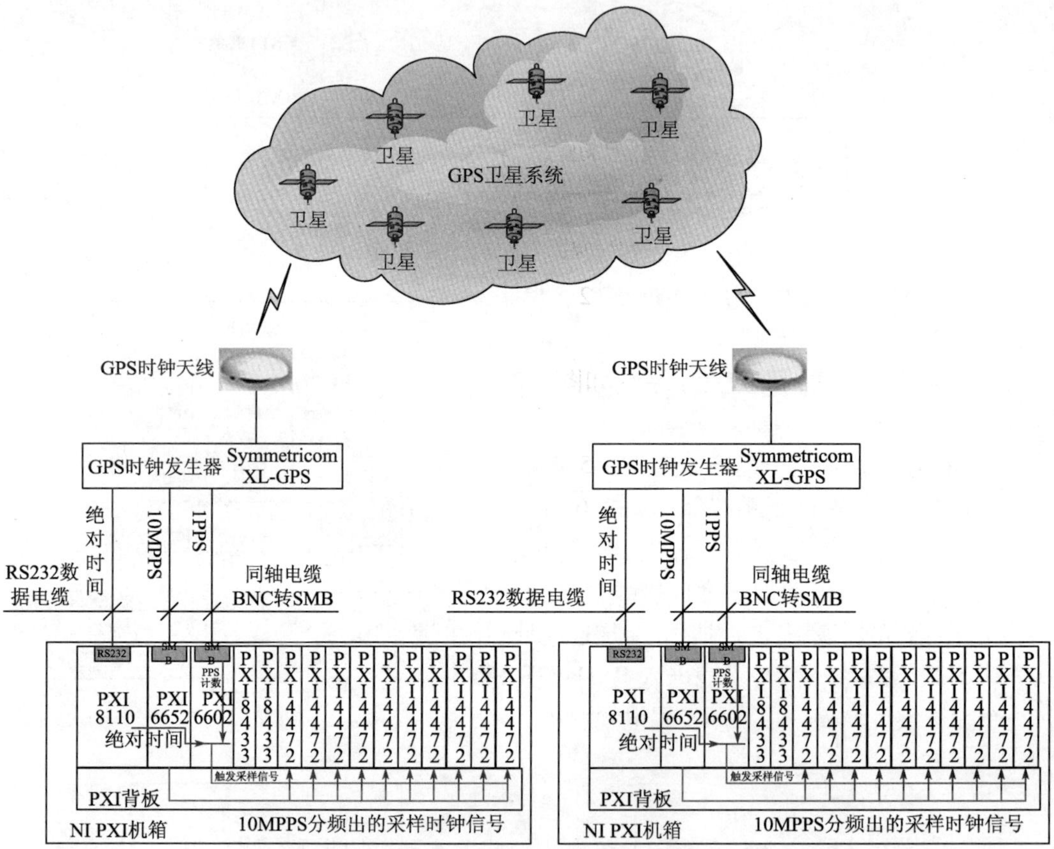

图 3.3-7　同步时钟采集拓扑结构图

图 3.3-8　GPS 同步时钟模块外形

选用美国 Symmetricom 公司的 XL-GPS,其配置如表 3.3-3 所示,技术指标如下:

(1)Irig—B 时间码输出;

(2)PPS 时钟输出;

(3)可编程 1KPPS,10KPPS,1MPPS,10MPPS 输出;

(4)串口时间输出。

该同步时钟含室外天线一个,需安装在定制立杆上。

XL-GPS 同步时钟配置 表 3.3-3

名　称	规　格	单位	数量
GPS 同步设备	Symmetricom XL-GPS	台	3
GPS 同步时钟电缆	专用天线电缆	m	120

根据上述对风速风向仪和加速度计监测内容与设置分析以及同步时钟配置情况,可以确定以下的 PXI 配置。

6)PXI 配置

根据以上描述可得知各工作站通道使用数量以及剩余通道数如表 3.3-4 所示。

工 作 站 通 道 表 3.3-4

工作站编号	信号类型	总通道数	实际使用通道数	剩余通道
ST1	高速信号(加速度)	24	17	7
	485 串口(风速仪)	4	1	3
ST2	高速信号(加速度)	16	16	0
ST3	485 串口(风速仪)	4	2	2
	高速信号(加速度)	40	33	7

由此可得青岛胶州湾大桥结构监测巡检养护管理系统工作站的模块组成如表 3.3-5 所示。

工作站模块组成 表 3.3-5

工作站编号	模块名称		数量(个)
ST1	NI PXI-1042 8 槽机箱及模块配置		1
	PXI 模块	NI PXI-8110 实时控制器	1
		NI PXI-6652 同步时钟模块	1
		NI PXI-6602 定时模块	1
		NI PXI-4472B 高速同步采集调理模块	3
		NI PXI-8433/4 隔离串口模块	1
		剩余槽位	1
ST2	NI PXI-1042 8 槽机箱及模块配置		1
	PXI 模块	NI PXI-8110 实时控制器	1
		NI PXI-6652 同步时钟模块	1
		NI PXI-6602 定时模块	1
		NI PXI-4472B 高速同步采集调理模块	2
		剩余槽位	3
ST3	NI PXI-1044 14 槽机箱及模块配置		1

续上表

工作站编号	模块名称		数量(个)
ST1	PXI 模块	NI PXI-8110 实时控制器	1
		NI PXI-6652 同步时钟模块	1
		NI PXI-6602 定时模块	1
		NI PXI-4472B 高速同步采集调理模块	5
		NI PXI-8433/4 隔离串口模块	1
		剩余槽位	5

3.3.2.3 数据采集模式二——光纤光栅信号处理器采集模式

1)总体描述

此种模式仅适用于光纤传感器,经专用调理/采集设备(光纤光栅信号处理器)采集后的数据精度不低于数据精度要求。此外,专用采集设备需自带时钟,并能定期与监测系统时钟服务器进行时钟同步,设备自带时钟的累积漂移量 < =5s/d。专用采集设备需实现 PXI 通用采集计算机相同的数据采集、存储、转发及远程管理、断电后自动重启恢复等功能。专用采集设备(光纤光栅信号处理器)平均无故障时间 MTBF > =10 万 h。

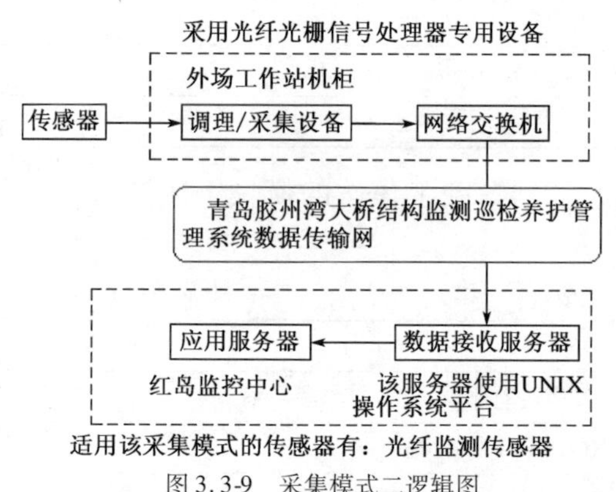

图 3.3-9 采集模式二逻辑图

此采集模式的逻辑如图 3.3-9 所示。

该采集模式是将经光纤光栅传感器变换、放大器放大后的信号直接以模拟量的方式记录下来或者经过模数转换以后以数字量的方式进行记录。将采集后数据通过就近的综合监控数据传输网络交换机传回红岛监控中心。

在本系统中,调理/采集设备主要由光纤光栅信号处理器完成。

该采集模式使用基于 PCI 的 GPS 同步时钟的同步方式。

青岛胶州湾大桥结构监测巡检养护管理系统传感器的分配表确定其拓扑网络结构和总体拓扑图。

合计 6 套光纤光栅信号处理器放置在各自工作站中,并通过接入交换机将数据发送到监测中心的接收服务器上。

其总体拓扑结构如图 3.3-10 所示,外观如图 3.3-11 所示,整体框架结构如图 3.3-12 所示。

光纤光栅信号处理器技术参数如表 3.3-6 所示。

光纤光栅信号处理器 SEN-01 参数　　表 3.3-6

项目名称	技术参数
通道数	客户定制,7/11
波长范围	≥40nm @ C - Band
分辨率	0.1pm

续上表

项目名称	技术参数
重复性	3pm
扫描频率	1－100Hz
框架结构	DSP＋FPGA（由12个独立的ADC芯片和一块FG320封装的FPGA组成，实现12路信号的同步采集与预处理，DSP处理模块的芯片型号为TMS320C6416，16位AD）
连接形式	FC/APC
接口	USB×2、VGA×1、LAN×1、PS2×1、COM×1
电源供电	AC220V±10%
工作温度	0℃～50℃
规格尺寸（长×宽×高）	482mm×177mm×480mm

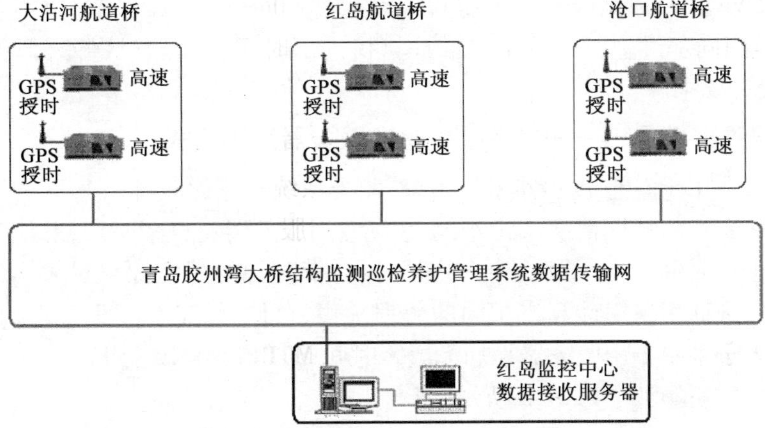

图3.3-10　光纤光栅信号处理器采集模式总体拓扑图

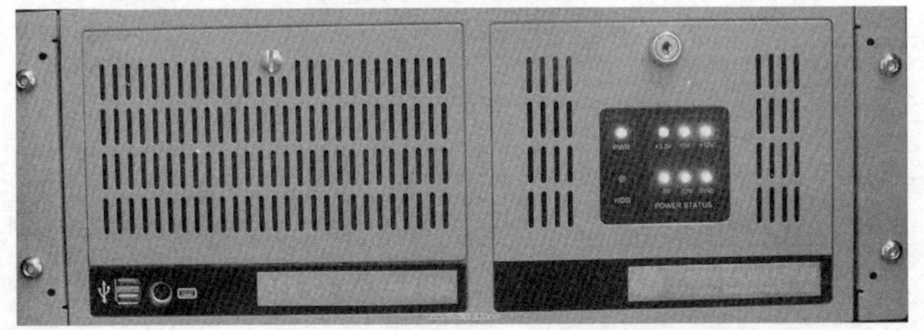

图3.3-11　光纤光栅信号处理器SEN-01外观

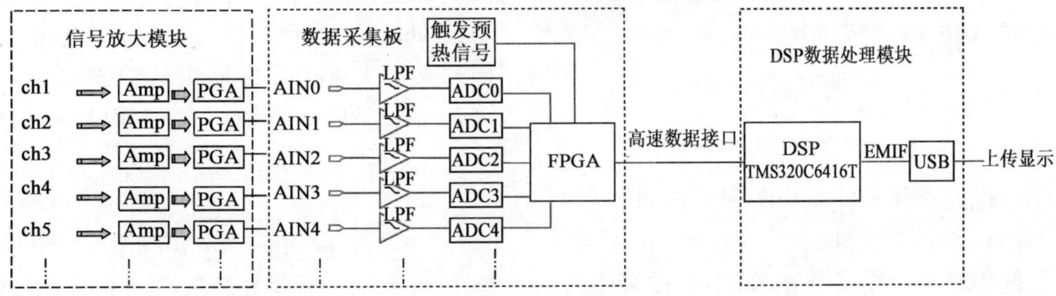

图3.3-12　光纤光栅信号处理器整体框架结构

2)时钟同步

关于系统种数据采集时间同步问题,我们采用6套GPS授时卡接收绝对时间基准来校准光纤光栅传感网络分析仪内部时间。基本原理如下:

(1)我们实际最高需要采用的加速度计的采样频率为50Hz,考虑技术发展与系统扩展需要,我们的光纤信号处理器的最高采样率为100 Hz;即最小的每组采样间隔为10ms,而提取计算机内部时间误差小于5ms,因此提取计算机内部时间(校准后)已经足够同步。

(2)计算机内部绝对时间使用GPS授时卡的PPS(Pulse Per Second)信号来校准,PPS信号是绝对时间(GMT)信号(采用NEMA标准年、月、日、时、分、秒),与UTC时间相对误差<10us。

(3)光纤光栅信号处理器每采样一组数据后,提取当前计算机内部时间(已被GPS校准),打上时间戳后通过TCP/IP协议发送到数据接收服务器。每组发送到服务器是数据包格式为:时间(DWORD)数据(float) 数据(float) 数据(float)。

(4)此种时间同步误差瓶颈在于提取计算机内部时间存在随机误差,但误差在5ms之内,完全满足设计要求。

3.3.2.4 数据采集模式三——专用采集管理服务器采集模式

此种模式仅适用于GPS传感器采集系统,经子系统专用服务器采集后的数据精度不得低于监测方法所要求的数据精度。此外,子系统专用服务器需自带时钟,并能定期与监测系统时钟服务器进行时钟同步,子系统专用服务器自带时钟的累积漂移量< =5s/d。子系统专用服务器需实现通用采集计算机相同的数据采集、存储、转发及远程管理、断电后自动重启恢复等功能。子系统专用服务器平均无故障时间MTBF > =10万h。

该采集模式的逻辑如图3.3-13所示。

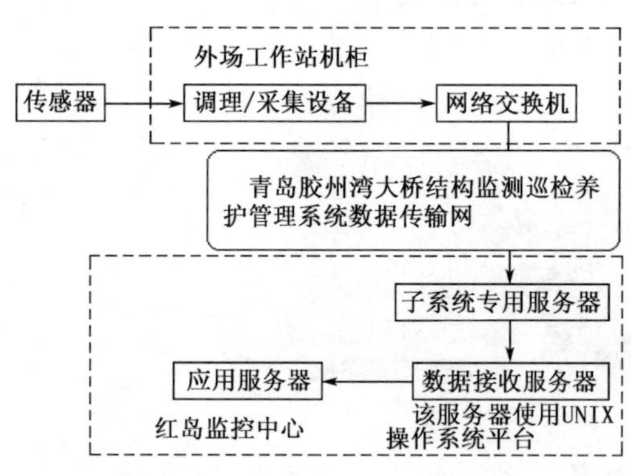

图3.3-13 采集模式三逻辑图

以下针对GPS子系统具体描述。

1)总体结构

青岛胶州湾大桥GPS监测子系统逻辑上由3大部分组成:监测单元、数据传输和控制单元、数据处理分析及管理单元。这3大部分形成一个有机的整体,监测单元跟踪GPS卫星并实时采集数据,数据通过我们的青岛胶州湾大桥结构监测巡检养护管理系统数据传输网传输至红岛监控中心,通过控制中心相关的GPSensor软件对数据处理并分析,实时监测桥梁的形变。数据传输采用先进的光纤数据传输方式,一方面提高了系统通信可靠性,另一方面提高了数据传输速度。

系统的总体拓扑图如图3.3-14所示。

2)GPSensor软件

使用已有成熟GPS解算软件,改善实时动态解算算法,以进一步提高实时动态测量的数据精度。选用上海华测开发的GPSensor软件,该软件吸收了3DTracker软件的精华,并在其基础上升级定制了解算核心，已成功运用在多座桥梁的实时 GPS 动态监测上，并通过长时间的比对跟踪观测，确认其性能稳定、解算精度高。

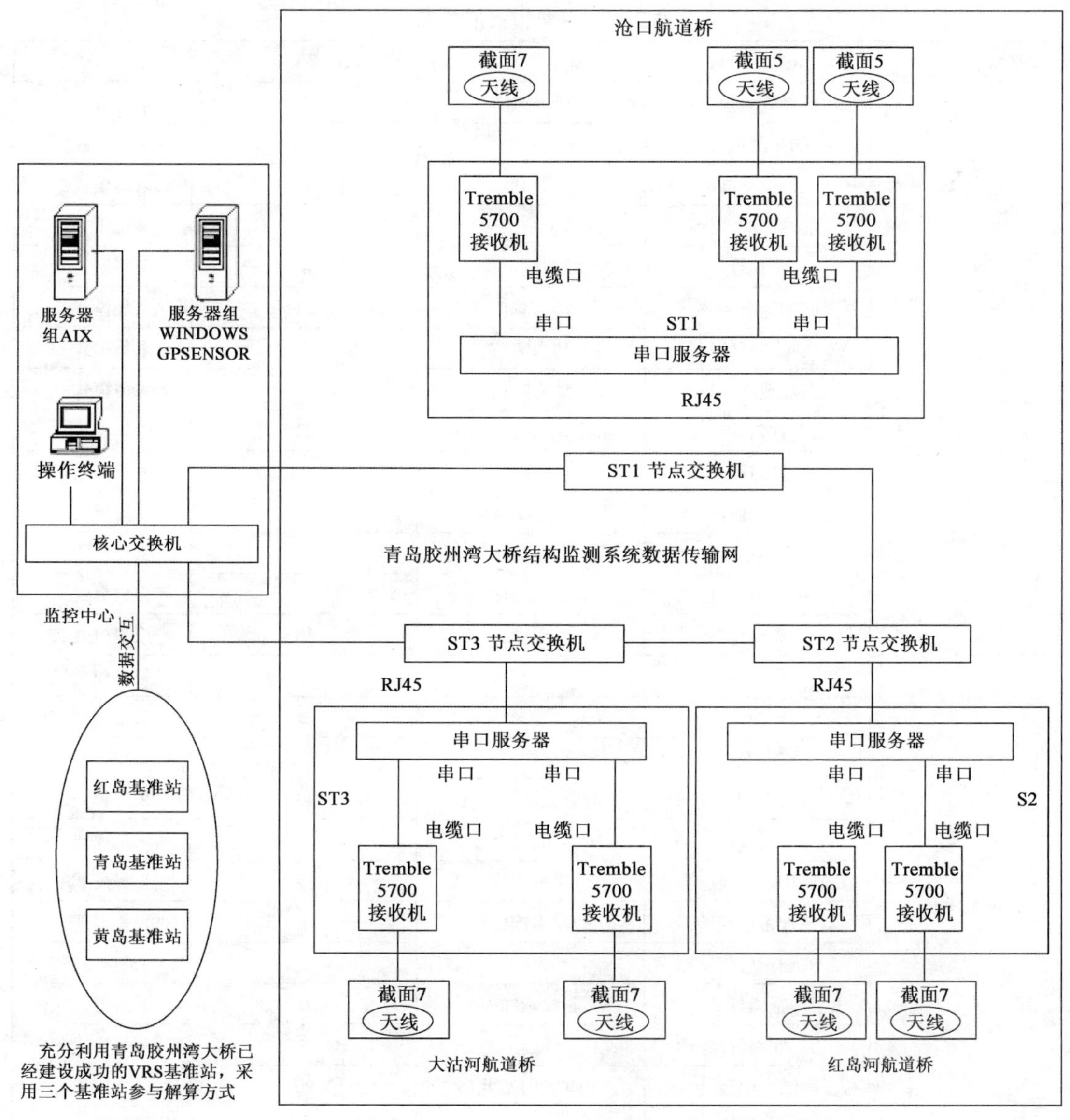

图 3.3-14 GPS 系统总体拓扑图

3.3.2.5 耐久性监测数据采集

所有耐久性监测数据采集使用人工定期读数方式。在安装埋设的混凝土浇筑 15d 后进行第 1 次测量。第 1 次测量需进行 3 次测量，以 3 次测度数的算术平均值作为初始值。在前 5 年中，每年进行 1 次测量，每次测量不应少于 3 次。5 年以后可以根据前 5 年的综合数据和资料来确定其测量频率。

使用耦合后 5s 的 EL 电流数值是否 $>15\mu A$ 决定是否去钝化，$>15\mu A$ 表示去钝化，

<15μA 表示无腐蚀。

3.3.2.6 监测内容采集模式汇总(表 3.3-7)

监测内容采集模式汇总表　　表 3.3-7

监测区段	传感器	监测内容	数量(个)	采集模式
大沽河航道桥	机械式风速仪	风速风向	2	采集模式一
	GPS 测量站	塔顶及跨中变形	2	采集模式三
	钢应变计	钢结构应变	38	采集模式二
	混凝土应变计	混凝土结构应变	12	采集模式二
	位移计	伸缩缝位移	4	采集模式二
	单向加速度传感器	动力响应	24	采集模式一
	双向加速度传感器	动力响应	3	采集模式一
	三向加速度传感器	动力响应	1	采集模式一
	锚索计	锚固箱索股、主缆吊杆	22	采集模式二
	倾斜计	倾斜	4	采集模式二
	钢温度计	钢结构温度(补偿)	32	采集模式二
	混凝土温度计	混凝土结构温度(补偿)	12	采集模式二
	大气温度计	大气温度	2	采集模式二
	螺栓计	主缆索夹	16	采集模式二
红岛航道桥	大气温度计	大气温度	2	采集模式二
	GPS 测量站	变形	2	采集模式三
	钢应变计	钢结构应变	18	采集模式二
	混凝土应变计	混凝土结构应变	12	采集模式二
	位移计	伸缩缝位移	2	采集模式二
	单向加速度传感器	动力响应	12	采集模式一
	双向加速度传感器	动力响应	1	采集模式一
	三向加速度传感器	动力响应	1	采集模式一
	锚索计	斜拉索锚根	6	采集模式二
	倾斜计	倾斜	2	采集模式二
	钢结构温度计	钢结构温度	20	采集模式二
	混凝土结构温度计	混凝土结构温度	12	采集模式二
沧口航道桥	单向加速度传感器	动力响应	12	采集模式一
	钢应变计	钢结构应变	20	采集模式二
	GPS 测量站	变形	3	采集模式三
	混凝土应变计	混凝土结构应变	18	采集模式二
	大气温度计	大气温度	2	采集模式二
	钢温度计	钢结构温度(补偿)	26	采集模式二
	混凝土温度计	混凝土结构温度(补偿)	18	采集模式二

续上表

监 测 区 段	传 感 器	监 测 内 容	数 量(个)	采 集 模 式
沧口航道桥	机械式风速仪	风速风向	1	采集模式一
	倾斜计	倾斜	2	采集模式二
	锚索计	斜拉索锚根	12	采集模式二
	双向加速度传感器	动力响应	1	采集模式一
	三向加速度传感器	动力响应	1	采集模式一
	位移计	伸缩缝位移	2	采集模式二
三角撑监测	各类传感器	应力及变形	57	采集模式三
耐久性监测	腐蚀传感器 温湿度传感器	腐蚀参数	29	人工定期读数

3.3.3 数据传输

青岛胶州湾大桥结构监测巡检养护管理系统数据传输系统由分布在大桥的多个工作站和传输网络组成。工作站采用世界先进的成熟产品,以确保系统的稳定性、耐久性和高精度。光纤信号传输网络采用环状拓扑结构,以保证信号传输的高度可靠性。

3.3.3.1 传输网络总体设计

根据青岛胶州湾大桥结构监测巡检养护管理系统的总体设计,建立工作站到接入交换机及交换机之间的数据传输网络系统。传输接入系统由起点机房以及桥上的3个接入节点组成;起点机房配置服务器群组,每个节点负责附近工作站的接入工作。各节点间采用单模光缆组成光纤环网,以确保系统的稳定性和可靠性。整个网络通过专线接入Internet,供相关远程单位及人员获取大桥监测信息和数据。

1)网络拓扑结构及说明

青岛胶州湾大桥结构监测巡检养护管理系统网络拓扑图如图3.3-15所示。

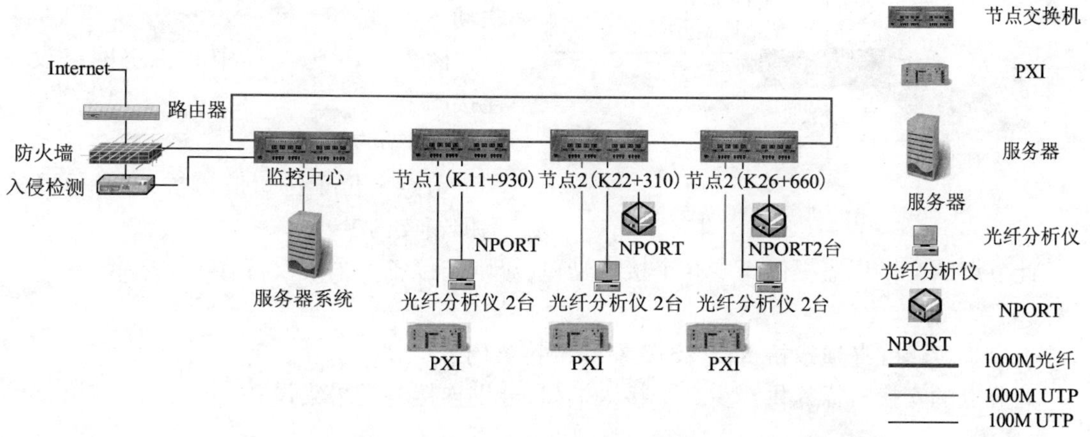

图3.3-15 青岛胶州湾大桥结构监测巡检养护管理系统数据传输网拓扑图

整个系统由3台接入交换机及监控中心的交换机组成环网的形式,环路带宽为1Gbps,全网基于TCP/IP协议集,运行动态路由协议,确保传输网络的稳定、可靠。

系统中的任一数据采集工作站通过附近的光纤接入交换机接入整个数据采集传输网中，工作站与网络上其他任一服务器或工作站都存在2条通路可以到达，在网络上的任一处光纤断开的情况下，系统中的各工作站依然可以正常工作。

在数据传输网络中，通过VLAN划分的方式将原始数据传输系统与其他接入TCP/IP网络的系统分离，只有数据接收服务器能够直接读取到采集的原始数据，以减少过多连接对数据传输所构成的安全威胁。

监测数据需通过internet提供外部人员的访问，所以，在网络系统边界通过防火墙和接入路由器实现安全的广域网接入。配备入侵检测设备监控核心交换机并与防火墙联动，确保系统的安全可靠。

整个监测网络还将配置灵活的网管系统和完备的防病毒体系，从多方面确保网络的稳定、可靠、安全、高效的运行，为上层监测应用平台提供优质的数据通信环境。

2）网络节点详细说明

根据传感器工作站布置的位置及数量，确定了各个网络节点的位置及接入要求。

（1）起点中心机房

起点中心机房位于红岛的控制中心。核心交换机将放置在此机房内，整个系统所用的所有服务器将通过千兆以太网端口直接连接核心交换机，以接入整个网络。并可提供GPS基站接入网络的接口。

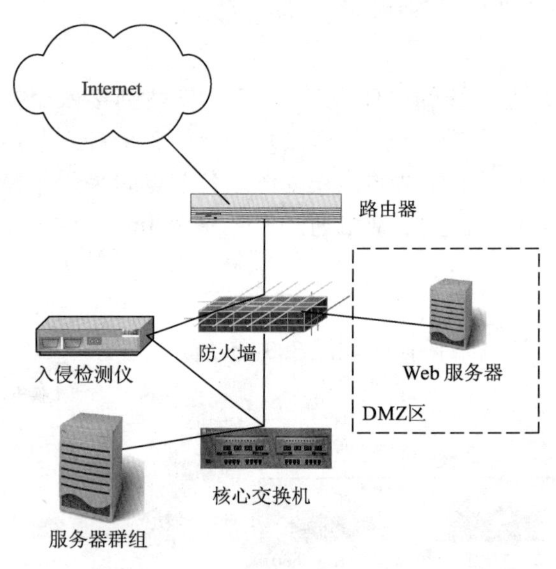

图3.3-16　中心机房网络设备连接图

考虑到连接Internet，将配备广域网接入路由器，并配备防火墙及入侵检测设备以保证系统的安全性和可靠性。其中防火墙将划分DMZ区，连接提供外部访问的Web服务器；入侵检测仪一个端口探测核心交换机的数据，并与防火墙联动。

图3.3-16为红岛中心机房网络设备连接图。

（2）节点1

节点1位于沧口航道桥K11+930左幅侧箱梁内。

此节点的交换机需提供至少6个接入端口，分别连接各类采集设备。

（3）节点2

节点2位于红岛航道桥K22+310左幅侧箱梁内。

此节点的交换机需提供至少5个接入端口，分别连接各类采集设备。

（4）节点3

节点3位于大沽河航道桥K26+660右侧箱梁内。

此节点的交换机需提供至少7个接入端口，分别连接各类采集设备。

3.3.3.2 设备选型

整个监测系统对传输平台的总体性能要求比较高,同时所有监测工作站全部采用光纤进行接入;这些对网络接入设备都提出了很高的要求,要求提供广泛的光接口接入能力,支持动态路由,支持 SNMP,QOS,以及冗余引擎、冗余电源等等。

通过对应用需求以及网络设备的综合比较,采用 Cisco 的网络设备。根据监测节点分布及工作站接入情况,配置如表 3.3-8 所示。

CISCO 的配置 表 3.3-8

位 置	产 品 号	说 明	数 量
中心机房接入交换机	CISCO Catalyst 3750 WS-C3750G-24TS－S	Catalyst 3750 24 10/100/1000 +4 SFP Std Multilayer(24 口 10/100/1000M 端口 4 个光纤模块插槽 交换机)	1
	GLC-SX-MM =	GE SFP, LC connector SX transceiver (千兆光纤模块)	1
	GLC-LH-SM =	GE SFP, LC connector LX/LH transceiver(长距离千兆光纤模块)	1
节点 1	CISCO Catalyst 3750 WS-C3750G-24TS-S	Catalyst 3750 24 10/100/1000 +4 SFP Std Multilayer(24 口 10/100/1000M 端口 4 个光纤模块插槽 交换机)	1
	GLC-SX-MM =	GE SFP, LC connector SX transceiver (千兆光纤模块)	2
节点 2	CISCO Catalyst 3750 WS-C3750G-24TS-S	Catalyst 3750 24 10/100/1000 + 4 SFP Std Multilayer(24 口 10/100/1000M 端口 4 个光纤模块插槽 交换机)	1
	GLC-SX-MM =	GE SFP, LC connector SX transceiver (千兆光纤模块)	2
节点 3	CISCO Catalyst 3750 WS-C3750G-24TS-S	Catalyst 3750 24 10/100/1000 +4 SFP Std Multilayer(24 口 10/100/1000M 端口 4 个光纤模块插槽 交换机)	1
	GLC-SX-MM =	GE SFP, LC connector SX transceiver (千兆光纤模块)	1
	GLC-LH-SM =	GE SFP, LC connector LX/LH transceiver(长距离千兆光纤模块)	1
中心机房广域网接入及安全设备	CISCO 2821	CISCO 2821 边界路由器	1
	HY-F2000 +(E)	华依 100M 防火墙	1
	HY-IDS2001	华依入侵检测系统	1

3.3.3.3 设备性能指标与要求

1)设备性能指标介绍

(1)Cisco Catalyst 3750G-24 交换机(图 3.3-17)

该交换机的特性:

a. 支持 24 个千兆以太网端口和 4 个小型可插拔(SFP)上行链路;

b. 全双工 32Gbps 的交换容量;

c. 每秒 38.7M 数据包以上的吞吐量。

图 3.3-17 Cisco Catalyst 3750 交换机示意图

(2)路由器 CISCO 2821

该路由器的特性:

a. VPN 功能:支持 VPN;

b. 路由器类型:多业务路由器 ;

c. 网络协议:IEEE 802.3X;

d. 固定的局域网接口:2 个 10/100/1 000Mbps;

e. 其他端口:控制端口 Console;

f. 包转发率:0.04Mpps;

g. 内置防火墙:是;

h. Qos 支持:支持;

i. 支持 VPN:支持;

j. 扩展模块:4;

k. 内存:256MB(最大 1024MB);

l. 网管软件:网管协议 Cisco ClickStart,SNMP;

m. 适用环境:工作温度——0℃ ~40℃,工作湿度——5% ~95%,无凝结、存储温度——20℃ ~65℃;

n. 电源:100 ~240 VAC,47 ~63 Hz;

o. 尺寸:416.6 ×438.2 ×88.9mm;

p. 重量:11.4kg;

q. 安全标准:UL 60950:CAN/CSA C22.2 No. 60950,IEC 60950,EN 60950-1,AS/NZS 60950。

(3)防火墙

防火墙的性能参数如表 3.3-9 所示。

防火墙性能参数 表 3.3-9

HY-F2000 +(E)防火墙			
防火墙软件升级	支持	防火墙硬件升级	支持
固化 10/100/1000(Mbps)接口	≥5 个	防火墙吞吐量	400Mbps
最大并发连接数	≥800 000	每秒会话数	≥80 000
VPN 隧道数	2046	安全规则数	≥75 000 条
VPN 性能	200Mbps	透明模式	支持
路由模式	支持	混合模式	支持
静态 NAT	支持	动态 NAT	支持
端口映射(PAT)	支持	地址转换(LSNAT)	支持
负载均衡	支持	静态路由	支持
OSPF 动态路由协议	支持	策略路由	支持
HA 主备(active - standby)	支持	HA 双主(active-active)	支持
VLAN(802.1q)	支持	VLAN TRUNK	支持

续上表

HY-F2000 + (E)防火墙			
HA 负载均衡	支持	多个 ISP 出口流量负载均衡	支持
内置 IDS 入侵检测	支持	与主流 IDS 的联动	支持
Ipsec、L2TP	支持	Ipsec 的 NAT 穿透	支持
web(中文)管理方式	支持	CLI、SSH 管理方式	支持
用户身份检查	支持	WEB 方式及客户端认证方式	支持
Q0s 以及连接数控制	支持	IP-MAC 绑定	支持
SecureID、Radius 数据库	支持	多级用户管理	支持

2)对接入设备的要求

网络中除了接入服务器、监测工作站以外,还有如 GPS 监测站等各种设备,对于各种需接入本网络的设备均需提供光口(SM/MM)或者电口的 FASTETHERNET 网络接口,设备支持 TCP/IP 协议集。

3.3.4 辅助支持

3.3.4.1 外场工作站机柜

1)外场工作站机柜条件

工作站机柜是为户外使用运行而设计的,与在实验室和工业环境条件下使用的系统不同,工作站机柜完全工作在一个纯自然的环境下。所以系统要具备在温度变化范围大、湿度高的环境下工作的能力,同时具有抗风吹日晒和抗击振动的能力。

本工作站机柜允许工作条件:

(1)允许工作温度范围:-20℃ ~80℃。

(2)防水,防潮,防尘。

(3)抗主要的化学腐蚀,特别是盐的腐蚀。

(4)机柜内需保持 25 ℃ ~30 ℃恒温,空调工作温度范围为 -20℃ ~50℃。

工作站机柜中的电源系统应具有强大电源净化和电力后备功能,保证系统在恶劣的电网环境下正常工作。

工作站机柜的电源输入采用从最近的综合监控系统配电箱引入的方式。

2)工作站机柜的设计

(1)工作站机柜位置

工作站机柜为每个监测区段的工作站提供满足要求的工作环境,其分布按照工作站和交换机的位置布置,沿桥在桥梁箱梁内共布置 3 个工作站机柜,具体位置如表3.3-10所示。

(2)工作站机柜结构

工作站机柜的尺寸为:1600 (H) ×1400(W) ×1000(D)。

工作站机柜采用类似于框架的结构,由基本骨架和钢板组成。

工作站机柜位置　　表 3.3-10

序号	工作站机柜名称	工作站机柜位置	主 要 设 备
1	工作站机柜 1	K11 +930 左幅侧箱梁内	1 工作站,1 节点交换机
2	工作站机柜 2	K22 +310 左幅侧箱梁内	1 工作站,1 节点交换机
3	工作站机柜 3	K26 +660 右侧箱梁内	1 工作站,1 节点交换机

工作站机柜的 4 个角点分别埋设一个橡胶隔振垫,橡胶垫的尺寸根据青岛胶州湾大桥有限元分析结果和工程抗震性能研究结果进行设计。

在工作站机柜内装一温湿度传感器,且通过独立方式采集数据。工作站机柜内装一台空调和除湿机,设定后能自动控制工作状态。并在远程控制器的控制下,进行简单的控制,形成一套简易的空气调节系统。以保证机柜内有较为理想的工作环境。

工作站机柜外观如图 3.3-18 所示。

(3)工作站机柜设备安装示意图

①沧口航道桥工作站机柜(K11 +930 左幅侧箱梁内)安装示意图如图 3.3-19 所示。

图 3.3-18　工作站机柜图

图 3.3-19　1 号工作站机柜安装图

②红岛航道桥(K22 +310 左幅侧箱梁内)工作站机柜安装示意图如图 3.3-20 所示。

③大沽河航道桥(K26 +660 右侧箱梁内)工作站机柜安装示意图如图 3.3-21 所示。

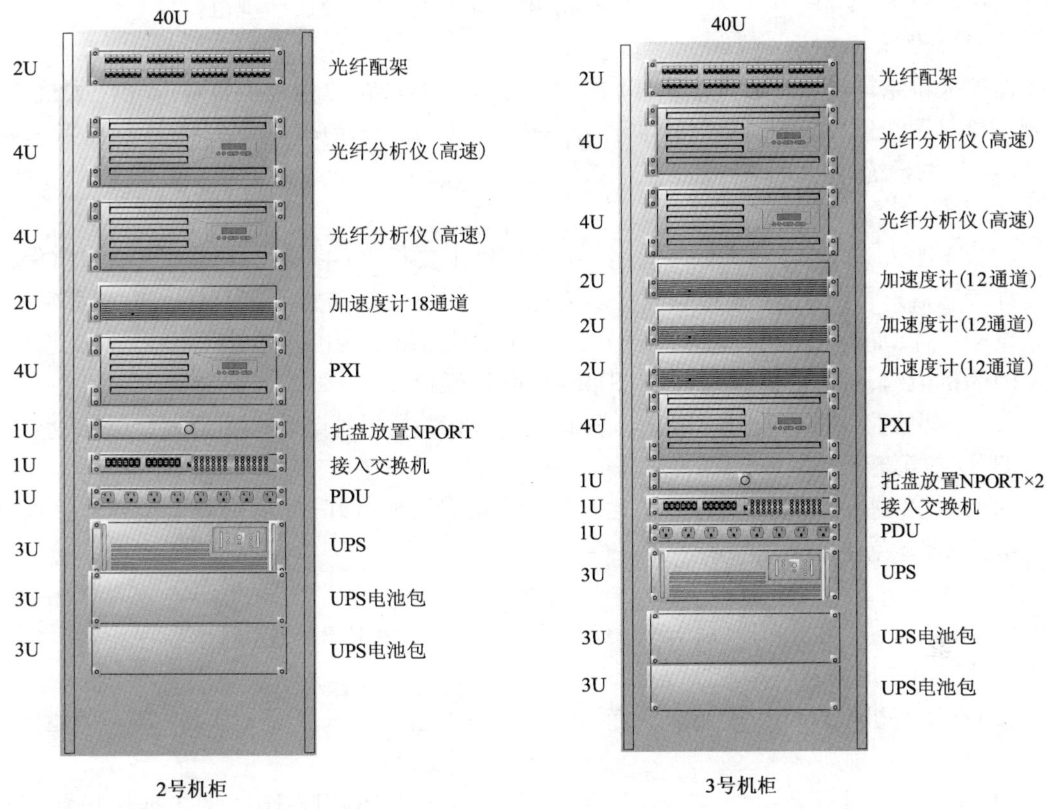

图 3.3-20　2 号工作站机柜安装图

图 3.3-21　3 号工作站机柜安装图

3.3.4.2　防雷

1)防雷系统概述

雷电灾害是客观存在的自然灾害,有史以来雷电给人类的生活、工作带来很大的影响。雷击释放的强大的瞬间脉冲电流产生巨大的热能、机械能并诱发脉冲过电压、过电流。造成建筑物倒塌、起火,人员伤亡,通信中断,系统瘫痪等严重后果。

雷电侵害的主要有直接雷击的侵袭、雷电波侵入、雷击电磁脉冲干扰、地电位反击几个途径,本系统内将针对每种侵害分别建立防雷系统。

根据青岛胶州湾大桥结构监测巡检养护管理系统的总体设计,传输接入系统共有 1 个起点机房、3 个工作站。根据机房使用用途,按照以下的原则进行防雷方案设计:

(1)将绝大部分雷电流直接引入地下泄散。

(2)阻塞沿电源线或数据、信号线引入的过电压波危害设备(内部保护及过电压保护)。

(3)限制被保护设备上浪涌过电压幅值(过电压保护)。

这 3 道防线互相配合,各行其责,缺一不可。

此处防雷方案涵盖的防护范围为工作站到交换机的上层网络环境。

本方案主要参照标准:

GB 50057—2010　　《建筑物防雷设计规范》(2010 年版)

GA267—2000　　《计算机信息系统雷电电磁脉冲安全防护规范》

YD/T 5098—2001　　《通信局(站)雷电过电压保护工程设计规范》

2)总体设计考虑

由于大桥结构设计中会考虑本体防雷(直击雷保护),在此基础上青岛胶州湾大桥结构监测巡检养护管理系统的防雷设计主要考虑感应雷保护,设计从以下4大方面加以考虑:

(1)强电系统的防雷。主要是供电系统的一、二级防雷(分级保护)、UPS的PDU系统输出的防雷。

(2)弱电系统的防雷。主要考虑各NI工控机主要板卡(4472、8433)前级的防雷保护;除光纤传感器外,各专用传感器系统的防雷保护。弱电系统防雷不能利用大桥避雷保护系统增设避雷针(如高于6m的设备立杆),此外计算机网络系统因主干全部为光纤,交换设备在密闭的机柜内,可不考虑接入电口(RJ45)的防雷保护。

(3)桥架管路系统的物理全屏蔽。所有电信号相关桥架管路均做到物理全屏蔽、形成理论上的"法拉第笼"。

(4)系统整体的等电位接地。以上3大系统均应接地良好、且采用等电位方式接地、确保无电位差,避免差模干扰的产生。

3)实施方案

(1)在所有动力配电箱内输出至UPS前级安装DSOP－IIIB705型过电压保护器;每个外场工作站配电箱均安装一个。

(2)在所有机柜内UPS输出至桥面、塔顶外部用电设备处,安装DSOP－IIIB705型过电压保护器。

(3)对3套风速仪,在每一路靠近PXI8433卡前安装DLP-IV-J(4)型数据保护器,在风速仪传感器后端靠近风速仪专用采集设备端安装DLP-IV-J(4)型数据保护器,在专用220V供电线路上安装DSOP－IIIB－705型过电压保护器。

(4)对PXI GPS时钟同步系统,在3套系统的每一路靠近GPS接收机前端配套安装其专用数据信号保护器。

(5)对PCI(光纤分析仪)的GPS时钟同步系统,在6套系统的每一路靠近GPS接收机前端配套安装其专用数据信号保护器。

(6)对NI的PXI工控机,由于其只有2000V隔离,故其接入模拟量电信号及485信号的主要板卡需考虑防雷保护。

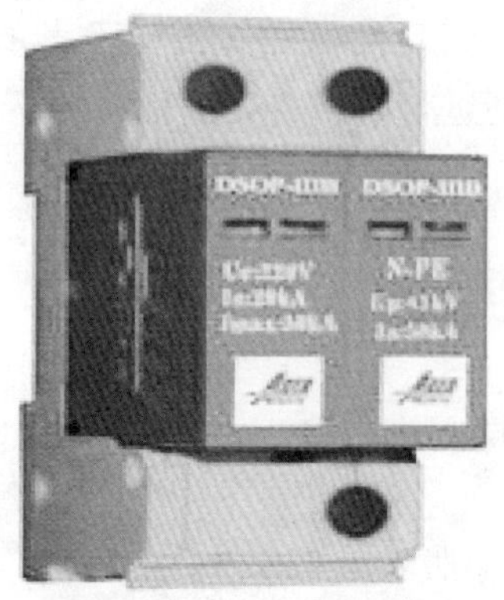

图3.3-22　DSOP-IIIB705示意图

(7)对9套测量GPS,在每一路靠近GPS接收机的前端安装其配套专用的数据信号保护器。

(8)在箱梁外的加速度计接入PXI4472前加装DLP-IV-J(4)型信号数据保护器。

4)设备技术参数

(1)单相强电防雷器DSOP-IIIB705(图3.3-22)

该防雷器的技术参数如表3.3-11所示。

(2)4线信号防雷器DLP-IV-J(4)

DLP-IV-J(4)防雷保护器(图3.3-23)用于各种数据线接口的雷电或过电压防护,接口采用接线柱串联接线方式，适用于各种控制及数据传输领域。其内部采用三级保护方式，集高能泄放、限流和箝位功能于一体，是各种电气设备的理想保护装置。

DSOP-IIIB705 防雷器技术参数 表 3.3-11

型　号		DSOP-Ⅲ-705
工作频率		47 - 63Hz
工作电压(AC)		220V
最大持续运行电压 Uc		385V
动作电压		620V
标称放电电流 In(8/20μs)		20kA
最大放电电流 Imax(8/20μs)		50kA
限制电压(8/20μs)		1300V
热稳定性(L-N)		符合 YD/T 1235.1—2002《通信局(站)低压配电系统用电涌保护器技术要求》
接线端子可夹紧导线		≤25mm^2
外壳防护等级		IP2LX
工作环境	温度范围	-40℃ ~85℃
	海拔高度	3000m
	相对湿度	≤95%

图 3.3-23　DLP-IV-J(4)示意图

DLP-Ⅳ-J(4)防雷器技术参数如表 3.3-12 所示。

DLP-Ⅳ-J(4)防雷器技术参数 表 3.3-12

型　号	工 作 电 压	动 作 电 压	通 流 容 量	工 作 频 率
DLP-IV-J(4)	≤30V	39V	5kA	≤40MHz
最大工作电流≤0.5A	环境温度：-20℃ ~70℃(户内)		相对湿度≤95%	

3.3.4.3　UPS

1)总体方案

整个青岛胶州湾大桥结构监测巡检养护管理系统的数据采集点属分散式，分为起点机房、若干个工作站，每个工作站机柜各自采集相应位置的监测数据，经通信网络汇报给中心机房。各工作站机柜共同承担结构健康的监测责任，所以需要为各工作站机柜里的监测设备配套一个稳定不断电的供电设计，並考虑紧急情况下断电后，设备仍可持续工作到供电恢复正常。基于上述设计思路，对机房及各工作站机柜除提供正常配电容量及配线外，再搭配不间断电源及可供电 2h 的电池容量，以确保供电万无一失。

总体设备及配电,明细如下:

(1)起点机房

①服务器 (200~250V(AC)/5A,max. =1110W)×5

②磁盘阵列 (200~250V(AC)/4A,max. =880W)×1

③磁带库 (200~250V(AC)/1.5A,max. =330W)×1

④接入交换机 (200~250V(AC)/2.5A,max. =550W)×1

⑤操作终端(PC+19寸显示器) (200~250V(AC)/2A,max. =440W)×2

(2)工作站机柜

机柜内设备供电量计算如表3.3-13所示

工作站机柜配电 表3.3-13

设备	ST1	ST2	ST3
风速仪监测子系统	1套用电量:100W	无	2套用电量:200W
GPS监测子系统	4套 用电量200W	2套用电量100W	3套用电量:150W
加速度监测子系统	通过专用接线盒供电150W	通过专用接线盒供电150W	通过专用接线盒供电300W
光纤监测子系统	通过2台光纤分析仪供电500W	通过2台光纤分析仪供电500W	通过2台光纤分析仪供电500W
PXI	1台250W	1台250W	1台250W
接入交换机	1台550W	1台550W	1台550W
总计	1750W	1550W	2250W

不间断电源供电时间:可持续供电时间不低于2h。

2)不间断电源负荷计算

系统配电的设计是上节所列设备做功耗计算,来搭配合适容量的不间断电源及电池。各设备的功耗如下:

(1)服务器 200~250V(AC)/5A,max. =1100W

(2)磁盘阵列+磁带库 200~250V(AC)/4A,max. =880W

(3)PC服务器、操作终端(PC+19寸显示器) 200~250V(AC)/2A,max. =440W

(4)接入交换机 200~250V(AC)/2.5A,max. =550W

3)不间断电源容量计算

目前,在线式不间断电源的行业标准是:实际输出功率W=标称伏安VA×0.7。

例如1kVA=700W,以此原则来选用合适的不间断电源容量。

所以依上述的配电数据得知,起点机房及工作站机柜合适的不间断电源容量为:

(1)起点机房:8190W/0.7=11700VA。

中心机房不是由本系统独占使用,故不单独配备12kVA的UPS。本系统内设备的UPS供电由中心机房统一提供,用电容量为12kVA。

(2)工作站机柜:目前标准在线式不间断电源最小容量为1kVA(700W),2kVA(1400W),3kVA(2100W),考虑到一定的扩展余量,所以3台工作站机柜均选用3kVA在线式不间断电源。

4）设备选型技术参数

考虑到产品质量、电池寿命、长期维护、供货商制造销售实绩，另外每个站间以网络远程监测方式，互联互通，所以在不间断电源选型上须满足：

（1）可承受长时间 $170V_{AC}$ ~ $270V_{AC}$ 电压浮动冲击。

（2）具备联网（具备 SNMP 通信能力）、可远程监控。

（3）断电后可长延时供电。

（4）工作温度：0 ~ 40°C；工作湿度：0 ~ 95%。

3.3.4.4 电源远程管理及温湿度监测

1）系统设计

由于大桥距离较远，为方便设备管理控制，需要对电源进行远程管理；同时由于机柜内设备对工作环境的要求较高，必须对机柜内部的温、湿度进行实施远程监控。基于以上要求，系统必须具有相应的功能。

根据需求以及现有设备的选型，我们采用最方便、经济、有效的方式实现这样的功能，即：利用 UPS 设备的远程管理对环境进行监控；另外安装可以接入网络远程控制电源的 PDU 设备。

2）设备选型

根据系统设计的思路，选择与 UPS 同品牌的 APC 公司设备，包括可以远程管理的智能附件卡、可以接入智能卡的温湿度传感器以及可以远程管理控制电源的 PDU 设备。

3.3.4.5 综合布线

1）布线系统的组成

根据结构监测巡检养护管理系统的要求，青岛胶州湾大桥结构监测巡检养护管理系统的综合布线包括以下 4 方面内容。

（1）主干接入光缆网络（表 3.3-14）

光缆接入点　　表 3.3-14

序　号	接入交换机名称	建议接入点位置
1	接入交换机 1 号	工作站机柜 1（K11 +930 左幅侧箱梁内）
2	接入交换机 2 号	工作站机柜 2（K22 +310 左幅侧箱梁内）
3	接入交换机 3 号	工作站机柜 3（K26 +660 右侧箱梁内）
4	中心机房接入交换机	监控中心机房

组成光纤环网的光缆称之为主干光缆。

光缆接入的需求：

①接入的光缆为单模光缆，考虑到设备连接和线路备份，故需要的光缆芯数为 8 芯。

②本系统外场接入交换机放置在外场工作站机柜中，主干光缆需在相应位置提供光缆接入点，以便为外场工作站机柜提供网络接入。

（2）传感器线缆网络

传感器线缆网络是由外场工作站引出至各采集设备的线缆和线缆保护线槽及钢管组

成，线缆的两端分别连接各种传感器及采集仪器，线缆已计入传感器模块中，保护线槽及钢管计入辅助支持系统中。

(3)外场机柜供电系统

外场机柜供电应由青岛胶州湾大桥检修供电系统提供，此处外场机柜供电系统是由检修供电系统配电箱到青岛胶州湾大桥结构监测巡检养护管理系统配电箱，并进入外场机柜UPS设备的供电设备、供电线缆和保护管组成。

(4)传感器采集器供电传输网络

传感器采集器供电传输系统是由外场工作站机柜PDU向机柜外传感器采集设备供电的线缆和保护管组成。

2)系统设计的标准和原则

(1)系统设计所依据的标准：

①以太网标准802.5；

②建筑及建筑群综合布线系统工程设计规范(GB 50311—2000)；

③建筑与建筑群综合布线系统工程施工及验收规范(GB 50312—2000)；

④以太网标准　IEEE802.3(10Base—T)；

⑤以太网标准　IEEE802.3u(100Base—T)；

⑥以太网标准　IEEE802.3Z(1000Base—T)；

⑦以太网标准　IEEE802.3ab(1000Base—T)；

⑧综合业务数字网基本数据速率接口标准CCITTISDN；

⑨ITU-TG.652ITU-G.652光纤光缆标准。

(2)系统设计的原则：

①标准化。布线系统的设计要按成熟的国际国内标准或工业标准进行，这样才能广泛支持不同厂商的设备和系统以及各种应用。

②先进性。在遵循标准的前提下，采用先进的设计思想和产品，既要反映当前科技的水平，又具有发展的潜力。

③实用性。结构化布线系统是在一定的投资下，在规定时间内必须投入使用的一项实际工程，因此设计时，在不能盲目地追求先进性，要结合实际条件，注重系统的实用性。

④灵活性。布线系统本身已具有一定的灵活性，在设计时，应充分考虑信息点分布的设定，传输介质的选择，接插件和配线架的选型等方面，以充分发挥其灵活性，以满足应用系统的变更，信息点应用的变更和系统的管理。

⑤安全可靠性。布线系统是大桥结构监测信息传递的高速通道，是大桥的“中枢神经”。要保证信息可靠的传递，必须要有安全可靠的布线系统。在设计时，必须选用高品质的产品，而且在施工时，必须严格督导，以确保系统的可靠性。

⑥经济性。布线系统在设计时，在满足为业主节省投资的基础上，应该选用性能价格比高的产品，使有限的投资发挥最大的效用。

3)主干接入光缆网络

(1)主干光缆敷设路由

根据以上网络结构的设计以及接入点的位置，可以得知主干光缆应沿桥敷设至起点机房(红岛)及桥上的3个接入点,光纤敷设走向示意图如图3.3-24所示。

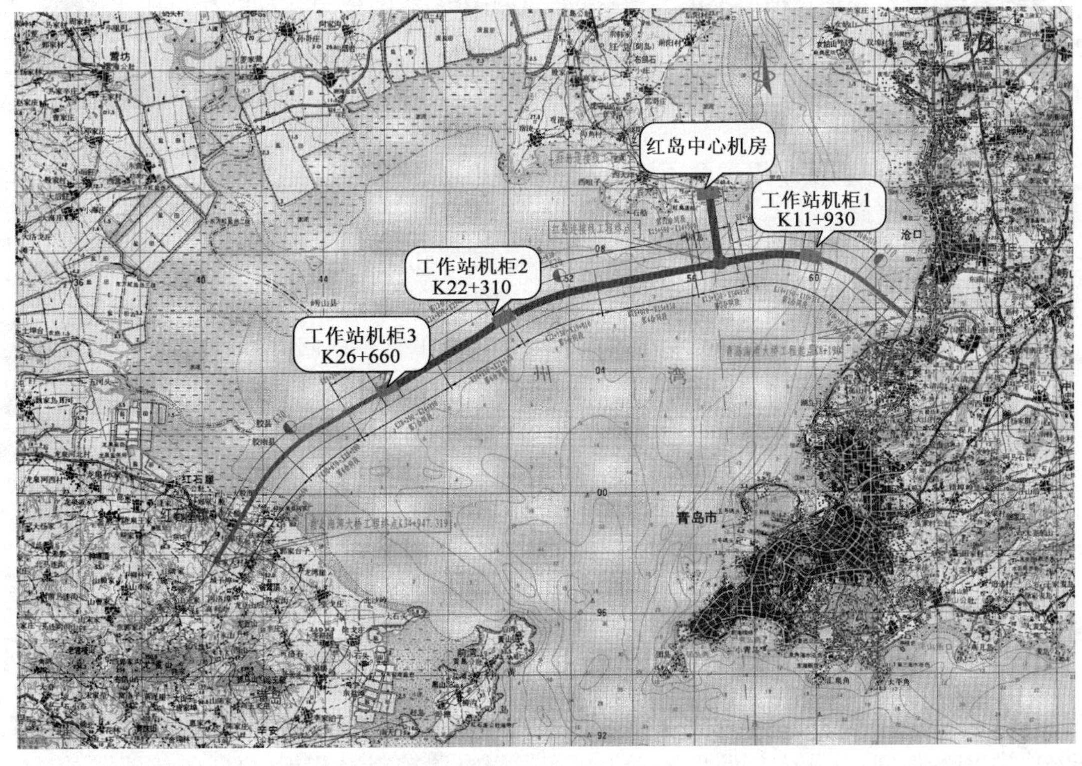

图3.3-24　主干光缆敷设走向示意图

从工作站机柜1(K11+930)沿桥敷设一根光缆至工作站机柜3(K26+660),其中在工作站机柜2(K22+310)有一个接入点;光缆长约17km。

在红岛连接线上敷设一根光缆,起点为红岛监控中心,终点为大桥主线。光缆长约2km。

(2)光缆选型及芯数分配

根据网络设计要求,主干光缆为8芯单模光缆。

光纤环网连接用到8芯光缆中的4芯,另外4芯作为备用。光缆连接如图3.3-25所示。

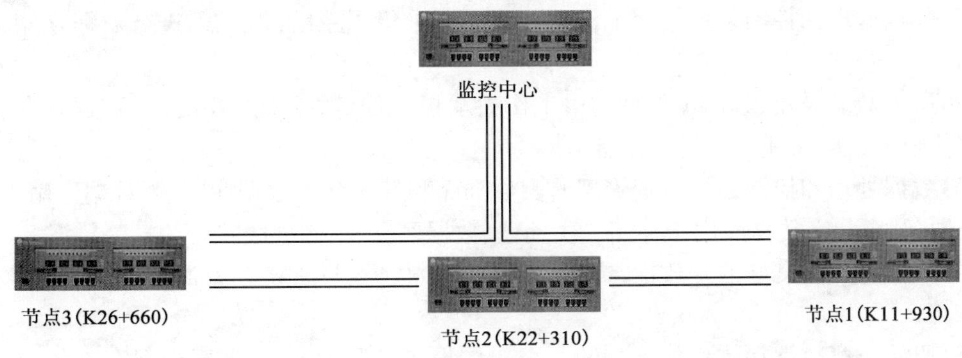

图3.3-25　光缆连接示意图

4)传感器线缆网络

结构监测巡检养护管理系统中各种不同类型的传感器信号,要通过专用的传输线缆,送回到结构监测巡检养护管理系统的工作站。由于传感器线缆是数据采集的组成部分,不在综合布线系统中统计数量,此处,仅统计线缆保护管和保护线槽的数量。传感器线缆从监测布点位置到外场采集工作站的线缆路由遵从以下原则:

(1)在桥梁的纵向段采用敷设桥架来放置和保护传感器线缆,并充当传感器线缆沿结构纵向行走的主干渠道。

(2)在桥梁的监测横截面内采用线缆保护管来放置和保护传感器线缆。

(3)在主塔的施工过程中预埋管线到监测断面的监测点位。

(4)截面内的传感器的引出线缆通过截面的保护管汇集至纵向的桥架,再由桥架敷设到结构监测巡检养护管理系统各个相应的外场工作站内,接入采集设备。

5)外场机柜供电系统

每个交换机站和数据采集站、数据采集子站需220V交流供电。

每个交换机配电箱对数据采集站和数据采集子站供电。

每个交换机节点配电箱和工作站电源箱需配备一个隔离变压器,以避免雷击。

整个结构监测巡检养护管理系统的电源由综合监控网提供,综合监控网配电箱与结构监测巡检养护管理系统外场工作站配电箱相连接。

工作站配电箱电源引入后,分别供给空调、工作站设备及辅助设备使用。

结构监测巡检养护管理系统中的传感器子系统的电源由结构监测巡检养护管理系统工作站机柜UPS提供,电源从UPS出来后先接入远程电源控制器PDU,再向各传感器子系统供电,供电电缆沿信号传输线缆方向,在单独的保护管内敷设至传感器子系统的工作箱。

3.4 数据处理与控制模块

数据处理与控制模块由放置在青岛胶州湾大桥监控中心内的服务器及存储设备组成,主要实现数据的接收、存储、前处理及控制的功能。

3.4.1 设计原则

(1)数据处理和控制系统管理工作站接收数据采集子系统的数据,进行数据存储、处理与控制。

(2)所有数据采集、数据预处理均由工作站承担,所有数据的二次处理、数据融合、结构状态评估则由数据处理与控制服务器承担。

(3)数据处理和控制系统负责管理监测数据库和健康状态数据库,监测数据库用于存储原始数据;健康状态数据库用于存储二次处理、数据融合、结构健康状态信息等数据。

(4)数据库具有良好的开放性,成桥静动载试验数据、日常定期检测数据纳入整个数据库系统。

(5)原始监测数据在监测数据库的一级存储设备(磁盘阵列)上至少保存1年,超出年限数据转储到二级设备(磁带)中。二次处理、数据融合、结构健康状态信息等数据在健康状态数据库上保存至少10年。

(6)以上数据需定期存档、备份,以保持数据的连续性。

(7)用户可以通过授权访问系统中的各项数据信息。

3.4.2 数据管理设计

3.4.2.1 数据存储要求

青岛胶州湾大桥结构监测巡检养护管理系统的数据特点有:

(1)数据量庞大,长时间的连续监测将形成海量数据。

(2)类型多且杂,既有监测的数字、图像数据,又有设计的图表信息,还有检查结果的表格及某些非数字型的描述信息。

为了最大限度地提高设备利用率、减小数据损失的风险,本系统数据存储采用分布/集中式存储结构。

分布式存储方式是指在数据采集系统中每个采集工作站的本地硬盘均作为数据存储介质,用于存储本工作站采集的数据。由于本地硬盘的大小限制,数据按时间滚动存储。

集中式存储方式是指所有的监测数据,包括自动监测和人工巡检的数据都按约定标准集中存放。为了保证后续数据二次处理、数据融合的性能要求,监测数据优先存储在一级存储设备即磁盘阵列上,当阵列空间不足时将历史监测数据转存到二级存储设备即磁带上。整个一级存储设备上按就近时间至少保存1年的原始数据。

数据量估算如表3.4-1所示。

数 据 量 估 算 表3.4-1

大沽河航道桥						
序号	监测内容	传感器数量	采集物理量个数	软通道数量	采样频率(Hz)	日数据量(个)
1	单向机械风速仪	1	2	2	1	172 800
2	三向超声风速仪	1	4	4	1	345 600
3	塔顶及跨中变形	3	3	9	10	7 776 000
4	钢结构应变	38	1	38	20	65 664 000
5	混凝土结构应变	8	1	8	20	13 824 000
7	伸缩缝位移	4	1	4	20	6 912 000
8	单向加速度传感器	24	1	24	50	103 680 000
9	双向加速度传感器	3	2	6	50	25 920 000
10	三向加速度传感器	1	3	3	50	12 960 000
11	主缆索夹应力	16	1	16	1	1 382 400
12	锚固箱处索力	14	1	14	1	1 209 600
13	吊杆索力	8	1	8	1	691 200
		121			小计	240 537 600
	监测内容	传感器数量	采集物理量个数	软通道数量	采样频率(min/次)	
14	倾斜	4	1	4	1	5 760
15	混凝土结构温度	8	1	8	1	11 520

续上表

序号	监测内容	传感器数量	采集物理量个数	软通道数量	采样频率(Hz)	日数据量(个)
大沽河航道桥						
序号	监测内容	传感器数量	采集物理量个数	软通道数量	采样频率(Hz)	日数据量(个)
16	大气温度	2	1	2	1	2 880
17	钢结构温度	28	1	28	1	40 320
18	温度补偿	4	1	4	1	5 760
		46			小计	66 240
	传感器总数	167			总计	240 603 840
沧口航道桥						
序号	监测内容	传感器数量	采集物理量个数	软通道数量	采样频率(Hz)	日数据量(个)
1	单向机械风速仪	1	2	2	1	172 800
2	塔顶及跨中变形	2	3	6	10	5 184 000
3	钢结构应变	20	1	20	20	34 560 000
4	混凝土结构应变	18	1	18	20	31 104 000
5	伸缩缝位移	2	1	2	20	3 456 000
6	单向加速度传感器	14	1	14	50	60 480 000
7	三向加速度传感器	1	3	3	50	12 960 000
8	锚索测力计	24	1	24	1	2 073 600
	小计	82			小计	149 990 400
	监测内容	传感器数量	采集物理量个数	软通道数量	采样频率(min/次)	
9	倾斜	2	1	2	1	2 880
10	混凝土结构温度	18	1	18	1	25 920
11	大气温度	2	1	2	1	2 880
12	钢结构温度	26	1	26	1	37 440
	小计	48			小计	69 120
	传感器总数	130			总计	150 059 520
红岛航道桥						
序号	监测内容	传感器数量	采集物理量个数	软通道数量	采样频率(Hz)	日数据量(个)
1	塔顶变位	1	3	3	10	2 592 000
2	钢结构应变	18	1	18	20	31 104 000
3	混凝土结构应变	8	1	8	20	13 824 000
4	伸缩缝位移	2	1	2	20	3 456 000
5	单向加速度传感器	10	1	10	50	43 200 000
6	三向加速度传感器	1	3	3	50	12 960 000
7	锚索测力计	12	1	12	1	1 036 800
	小计	52			小计	108 172 800
	监测内容	传感器数量	采集物理量个数	软通道数量	采样频率(min/次)	

续上表

红岛航道桥						
序号	监测内容	传感器数量	采集物理量个数	软通道数量	采样频率(Hz)	日数据量(个)
8	倾斜	2	1	2	1	2 880
9	混凝土结构温度	8	1	8	1	11 520
10	大气温度	2	1	2	1	2 880
11	钢结构温度	20	1	20	1	28 800
	小计	32			小计	46 080
	传感器总数	84			总计	108 218 880
合　计						498 882 252

每日采集传感器原始数据 498 882 252 个，按每个数据 4 个字节存储计算，每日约增加 2.2G 数据(包括状态数据)。一年数据量约 800G。

3.4.2.2　数据存储原则

(1)考虑到系统的扩展性，并规范数据通道和存储格式，为不同类型传感器数据通道设计统一规范的通道编码和存储格式，以便于各种数据的融合处理和系统维护及扩展；

(2)针对某些采集频率高，采集数据量大的传感器，设计特定的采样制度，提高数据信息的使用效率。

(3)为最大限度地压缩数据量，原始采样数据采用二进制文件压缩存储，文件名中包含传感器、采样时间等关键信息。公开文件格式，为用户在结构评估服务器上扩展自定义分析、转换和存储工具提供方便。

(4)用户可以通过应用服务器观察原始数据，并选择参数进行各种二次处理，并保存感兴趣的处理结果。或者，将原始数据转换并存储成其他格式的文件。

(5)基于原始数据的二次处理、数据融合数据保存在关系数据库中，方便日后的检索和评估分析。

3.4.2.3　数据管理方法

青岛胶州湾大桥结构监测巡检养护管理系统对于数据管理采用的方法是：直接以数据文件形式存储原始数据，构造能够记录采集设备、采集时间等必要信息的文件名，以便根据时间，部位检索原始数据。系统对传感器的信号进行采集后形成数据文件，分布在各工作站上，数据滚动存储时间大于 30d。

在数据处理与控制服务器和应用服务器上开发数据管理与处理应用软件，根据用户需要可以访问原始数据并进行二次处理，获取所需的分析结果，通过直观友好的界面，可以观察到数据及其处理结果的变化过程，即可以对原始数据进行动态分析，同时可将指定数据转换存储为用户指定的格式，为数据交换、共享提供接口和平台。

有了合理的传感器配置和安全稳定的数据采集、传输系统，保证青岛胶州湾大桥结构监测巡检养护管理系统高效运作的另一个关键就是数据的有效管理。关于大桥监测数据的管理问题在以往的监测系统设计中常被忽视，大大降低了监测系统的作用和功能。

青岛胶州湾大桥结构监测巡检养护管理系统的原始信息有以下两部分：

（1）传感器系统的监测原始数据。这类数据经二次处理、数据融合处理后可以得到有关结构特性以及荷载响应特性等实时结果，在此基础上可建立起大桥“健康”状态数据库（包括基准值、阀值和参数相关性模型）。随着大桥年龄增加，其“健康”状态标准需作调整更新，维修工程可改善大桥“健康”状态。根据不同阶段的状态值，可以了解大桥退化的情况。

（2）大桥综合信息。包括大桥设计、施工、监理信息，根据结构分析得到的易损性结果，传感器测点布置，现场检查结果等，这些数据构成了大桥基本信息库。在对大桥实施维修工程后，相应的结构信息需要更新。结合监测信息与损伤检测方法，可以获得定期和特殊事件的监测结果，并作相应决策和结构剩余寿命预测。

3.4.2.4 数据库管理软件系统

数据管理系统主要包括综合数据库和查询显示系统两部分。要求系统能够快速及时地通过计算机网络提供数据库中的大桥状态信息，灵活地以图文并茂、友好自主的方式显示。

根据系统对海量数据以及不同形式数据的存储与管理需求，应该选择用合适的数据库管理系统，实现对大桥几何数据、监测时间序列数据、图像监测信息和文本信息的统一存储。

由于数据来源多样，形式复杂，格式不一，因此对数据收集与整理入库必须统一规划、分步实施。监测系统按数据的领域可以分为 9 大数据库：系统参数数据库、结构信息数据库、结构模型数据库、原始数据库、处理后数据库、健康状态数据库、超阈值事件数据库、系统维护数据库、管养检查信息库，各个数据库系统的组成结构如图 3.4-1 所示。系统数据库的运用大大提高了系统的效率，系统数据库具有友好的、可视化程度高的人机交互界面，方便多用户的访问。

系统参数数据库：系统参数数据库由系统参数模块生成，包括基本结构参数，结构与传感器关系参数，以及传感器采样频率、数据预处理参数等各类可设置参数。各种传感器的实时监测数据和定期采样数据，直接加入到原始数据库，以便今后对数据进行精确分析、查询及校核。图像监测信息经筛选后以图幅方式也存入原始数据库。对于经过预处理的各个监测内容的统计数据，进入处理后数据库，以便专家系统对大桥的健康状态进行快速而高效的分析和评估。健康状态数据库用于存储各评估层次的评价及结构离线分析后的结论；大桥设计、施工、监理信息等存入结构信息数据库。对于超过阀值的各监测内容的原始数据存储在超阈值事件数据库，以便对超阈值事件进行重点分析和评估。大桥结构的各监测项目的初始值以及随时间的趋势进化存入结构模型数据库。事件（损伤、维修记录等）信息存入管养检查信息库。结构监测巡检养护管理系统的定期自检以及事故维修记录存入系统维护数据库。

信息查询子系统以 Internet 技术为基础，使用户可通过网络查询有关大桥状态的各种历史信息、实时信息，进而对大桥管理的决策提供建议与帮助。提供多线索查询手段，比如按时段、结构区域、特定传感器、传感器类别、检查维修记录等。

技术要求如下：

（1）成熟的关系型数据库，具有字符界面和图形界面，易于开发维护。

（2）能够实现数据的在线备份。

(3)数据转换功能。

(4)数据维护功能可对数据库中已有的数据进行增、删、改等操作；

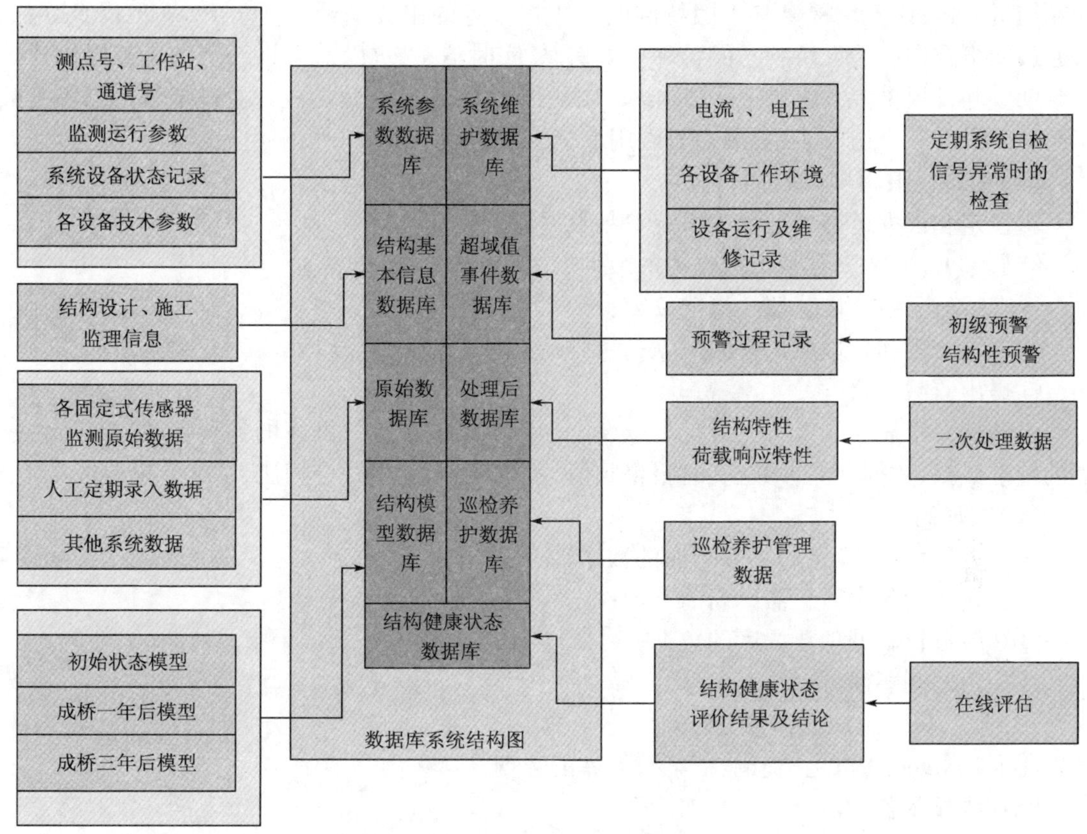

图3.4-1 数据库系统结构图

(5)数据库管理具备系统自身的备份与恢复功能；

(6)控制用户权限，提供数据保护功能，监控数据库的运行状态，调整数据缓冲区的大小；

(7)具有数据透明、网络透明，支持各种网络系统；

(8)多文件存储数据。设计合理的文件存储方案，便于在异常情况下对数据库存进行恢复；

(9)提供快速提交、成组提交、多块读出与写入的技术，减少I/O量；

(10)能够对用户自己定义的数据类型进行处理、存储，定义数据的有效区间；

(11)允许用户将自己定义的函数嵌入到数据处理系统中，扩展系统功能；

(12)具有报警系统，当数据库系统的状态出现异常时自动报警，并自动做出相应的操作建议。

3.4.3 访问控制

通过健康监测应用软件可以对大桥的传感器数据进行在线实时显示，在专门设计的用户界面上，可以看到所有传感器的工作情况，按照所见即所得的原则，直接点击某个传感器的图标，就可以进入该传感器信号的显示界面，对其响应曲线进行观察，而且能够方便地得到该传感器数据每天、每周、每月或每年的统计资料。利用结构分析工具箱可以进行在线参数或结构分析；该模块提供基于因特网的多用户服务的服务平台。基于 Internet 技术，用户可通过网络查询有关大桥状态的各种历史信息、实时信息，进而对大桥管理的决策提供建议与帮助。并且提供多线索查询手段，比如时段、结构区域、传感器类别、检查维修记录等。数据库访问设有三个访问级别：最高权限用户、次高权限用户、最低权限用户：

(1)最高权限用户(系统管理员)

①设定和根据运行情况修改系统参数数据库；

②通过 Internet 浏览档案数据库的数据；

③在线显示各个传感器的当前读数；

④在线分析和处理数据库的数据；

⑤提出监测建议。

最高权限用户的最大特点就是可以设定和修改系统参数数据库的各种参数，包括：传感器的校准数据、数据存储参数、实时报警阀值、系统分析、数据融合算法、基本结果参数。

(2)次最高权限用户

①通过 Internet 浏览档案数据库的数据；

②在线显示各个传感器的当前读数；

③在线分析和处理数据库的数据；

④提出监测建议。

(3)最低权限用户

①通过 Internet 浏览，查询，档案数据库的数据；

②在线显示各个传感器的当前读数。

3.4.4 服务器系统

3.4.4.1 服务器系统总体说明

数据处理与控制系统必须依托一个高效、可靠、安全、运行稳定、易于维护的服务器环境，以支持整个项目的可靠运行，确保数据的安全性。

整个大桥结构监测巡检养护管理系统会产生大量的并发不间断的数据流，因此将整个服务器系统分为：数据接收、数据库、数据后处理、应用平台几个部分。考虑到有大量数据需要存储及备份，另外建立独立的存储系统，系统内的主要服务器将共享存储系统中的磁盘阵列。

1)系统服务器的选配原则

系统服务器的选择应依据以下原则：

(1)性能稳定。如 MTBF 无故障平均运行时间如下：

①工作站、服务器等——不少于 10 万 h；

②显示器等——不少于 6 万 h。

(2)具有可更换性。

(3)使用功能预留。

(4)性价比最优。

2)服务器功能

(1)管理网络上各个工作站的通信;

(2)控制各个工作站各类参数设置;

(3)实时采集、处理各个工作站上传的数据;

(4)数据分析、处理、计算;

(5)结构预警处理分析;

(6)管理存储所有数据(包括图像信息);

(7)网络通信,支持远程用户访问。

3.4.4.2 服务器系统构成及逻辑拓扑

1)服务器系统构成

整个服务器系统由数据接收服务器,数据库服务器,数据处理与分析服务器,应用平台服务器构成。利用服务器的硬件群集功能来最大限度的提高整个系统的可用性。

(1)数据接收服务器

此服务器的主要功能为接收底层工作站传输的数据,并做简单的数据处理;要求对数据并发性接收有相应能力。本系统内满负荷运转的数据量最大值估算为:100M/h。故在此配备一台高性能 LINUX/UNIX 服务器。

(2)数据库服务器

整个监测系统运行会产生大量的数据,其中大部分数据在经过预处理后都将输入数据库系统,为以后的查询、运算、统计打好基础。由于数据库软件采用的是 Oracle 系统,而 Oracle 系统在 LINUX/UNIX 系统下将发挥更大的效能,故在此配备一台高性能 LINUX/UNIX 服务器。

(3)数据处理与分析服务器

此服务器主要功能是进行数据的在线分析处理,对实时数据和历史数据进行二次处理和数据融合处理,进行在线评估与预警,运行巡检养护管理子系统的核心应用,接收 WEB 应用服务器的请求,进行将各项处理并将结果返回。该服务器具有整个大桥结构监测巡检养护信息管理系统的核心功能,需要处理大量的数据。故在此配备一台高性能 LINUX/UNIX 服务器。

(4)应用平台服务器

考虑到系统建成后,将提供一个基于 WEB 的应用平台进行信息管理和信息发布,所以要根据不同的应用选用若干服务器。根据软件需求初步设计,此部分选择的服务器有:

①Web 服务器:整个系统将接入 Internet,并提供外部访问服务,故提供一台单独的 Web 服务器。此服务器将接在防火墙的 DMZ 区,建成安全服务网络。

②网管服务器:整个系统内的网络设备、服务器设备将统一管理,所有管理程序都将在此服务器中运行。管理程序包括网络版防病毒软件、网管软件、服务器管理软件、整列管理软件、磁带库管理软件等。

可以通过软件系统中的设备状态监控、管理功能来实现基本的网络设备管理要求。从经济实用的角度出发,不单独采购网管软件。

考虑到大桥运营后，会有若干局域网内工作人员通过使用 windows 操作系统的电脑终端访问本系统，必须为服务器及个人终端配备防病毒软件。因此配备一套网络版防病毒软件进行统一的管理、防护。

③移动工作站：考虑到系统运行将进行移动维护及工作，故配备移动工作的平台。在此选用两台笔记本电脑作为移动工作站。

④工作站终端：选用两台台式电脑作为工作站放在中控室进行系统运营阶段的日常监控。

2）数据存储及备份系统的构成

整个系统将产生大量重要数据，而这些数据都要求进行一定时间的保存及存档。考虑到数据量的规模及数据保护的重要性，决定建立磁盘阵列及磁带库，所有服务器将共享磁盘阵列进行存储，并利用磁带库系统进行数据存档。

根据估算，系统每天新增原始数据 2.2G，按照数据存储 1 年，考虑到留有一定余量，以及其他数据（数据库系统、处理后数据、监测报告等文档）的存储要求，故选用 2TB 规模（可用容量）的磁盘阵列，并据此配置相当容量的磁带库系统。

3）服务器系统逻辑拓扑

根据以上描述，我们得出青岛胶州湾大桥结构监测巡检养护管理系统内服务器系统的逻辑拓扑图如图 3.4-2 所示。

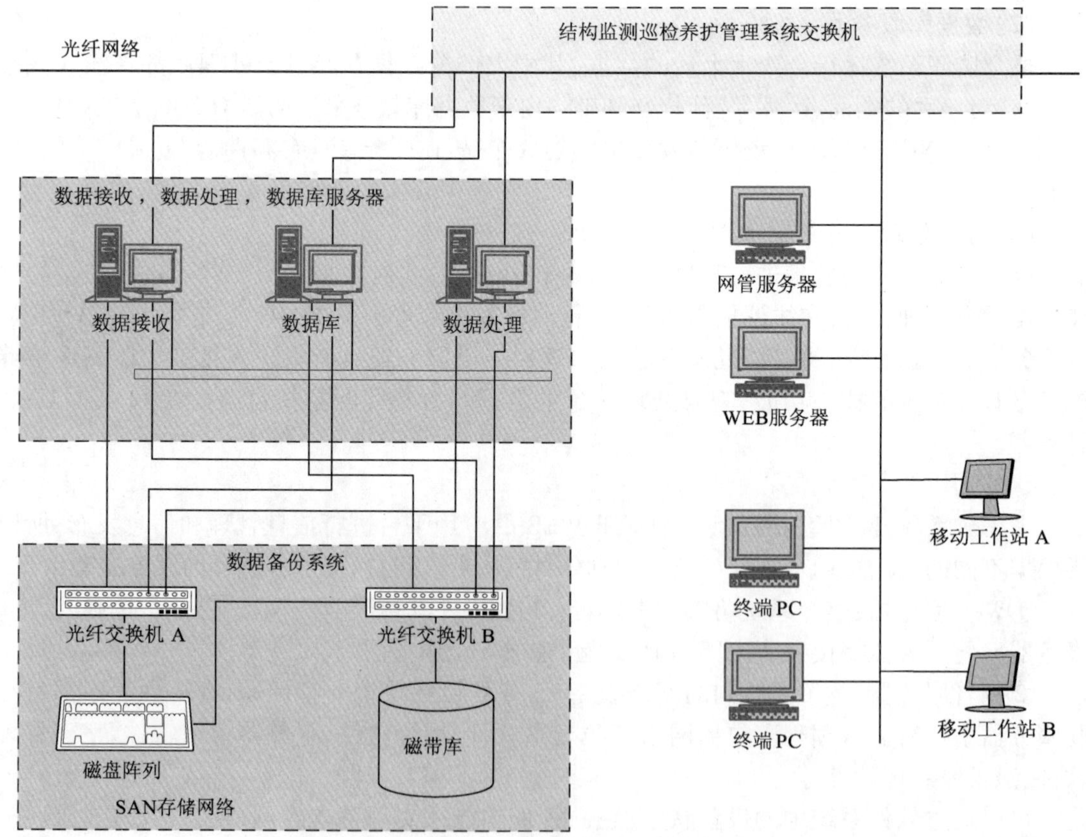

图 3.4-2 服务器系统拓扑图

3.4.5 中心机房

中心机房为系统的起点机房,放置青岛胶州湾大桥结构监测巡检养护管理系统中数据处理与控制子系统的设备,包括各类服务器及存储备份设备,以及 UPS 供电设备等。中心机房需按照一般标准的机房要求设计及施工,以下是青岛胶州湾大桥结构监测巡检养护管理系统提出的基本要求:

(1)机房场地

机房面积按实际需要不能小于 $50m^2$,地板架空 0.2 ~0.3m,机房净高度不低于 2.5m,楼板载荷大于等于 $500kg/m^2$。

(2)机房供电

容量 15 ~20kVA,两路供电,末端自切,频率:50Hz ±0.05Hz;电压:380V/220V ±5V;相数:三相五线制,一类供电。

(3)机房接地

要求分两路接地:交流接地,小于等于 4 欧姆;直流接地,小于等于 1Ω。直流接地应采用独立于建筑物公共接地/避雷接地的独立接地系统或设立独立的弱电系统直流接地。

(4)机房照度

工作场地达到 300 至 $500l_x$(离地 0.8m)。

(5)机房新风

新风流量:$50m^3/h \times 40$ 人 $=2000m^3/h$。

建议采用中效和前端温度及湿度处理装置。

(6)机房空调

温度:24h 保持 18℃ ~22℃,温度变化率 <5℃/h。

湿度:24h 保持 55% ~65%。

送风:机房采用机房立柜空调,水平送风,但要求良好的通风能力。

(7)机房消防

按照国家标准《建筑设计防火规范》GB 50016—2014,安装烟感温感自动报警和气体喷淋灭火系统。

(8)机房保安

要求安装保安报警和要道监控系统(如有条件还可安装磁卡识别系统控制机房进出)。

(9)机房净度

中心机房保持 B 级,相当于 30 万粒/ft^3。

由于中心机房不是由本系统独立设计,综合监控中心需向青岛胶州湾大桥结构监测巡检养护管理系统提供以下条件:

(1)中心机房设备间内需提供 2 个机柜位置;

(2)控制中心提供 2 个电脑终端位置及操作台;

(3)设备用电量为 12kVA;

中心机房内配置两个机柜,分别放置服务器、网络设备,机柜设备安装如图 3.4-3 所示。

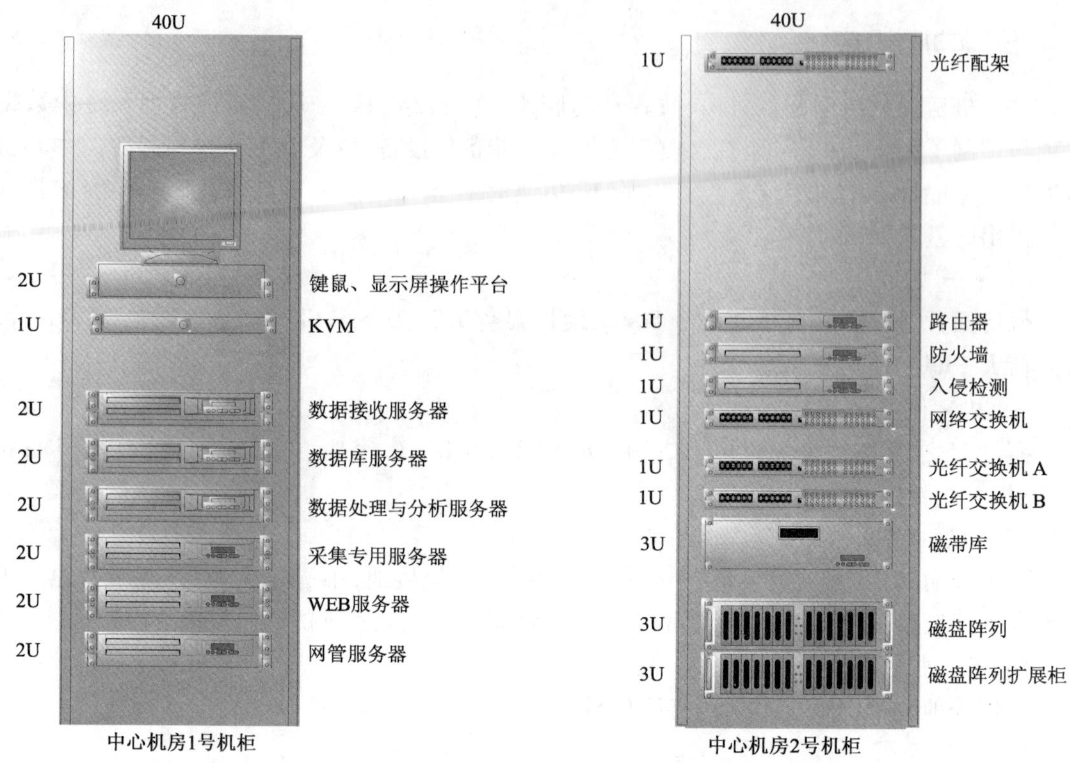

图3.4-3　服务器机柜设备安装图

3.5　基于电子化的人工巡检

3.5.1　自动监测的补充

为了尽早检测到发生于结构上的局部损伤并适时加以维修，引入电子化人工巡检子系统，这是对结构自动监测系统十分必要的补充和完善。

与过去的人工巡检相比，采用电子化人工巡检，可以做到：

(1)目的、对象明确，巡检内容及项目一目了然；

(2)损伤判断及损伤程度判别实现标准化，可以对结构单元或全桥进行基于损伤的巡检结果状况评分；

(3)巡检结果存储有序，可视化程度高；

(4)巡检结果可以通过终端直接传输到中心数据库，大大加快了数据融合的速度；

(5)可以在巡检结束后迅速生成巡检报告，亦可迅速生成养护计划建议及费用报告；

(6)通过对桥梁结构的巡检结果进行分析，为养护管理提供具有科学依据的决策方案。

3.5.2　巡检内容及设备

3.5.2.1　巡检方法及设备

1)基础冲刷

简单的经常性的基础冲刷探测工作可以使用重锤方式，精确的每年1次的基础冲刷探测工作建议采用多波束测深仪进行。

(1)测量范围及频率

本工程测量范围涵盖全桥。

测量的频率可根据冲淤变化的速率决定,原则上1年定时测量1次。

(2)多波束测深方法

多波束测探的主要特点如下(图3.5-1):

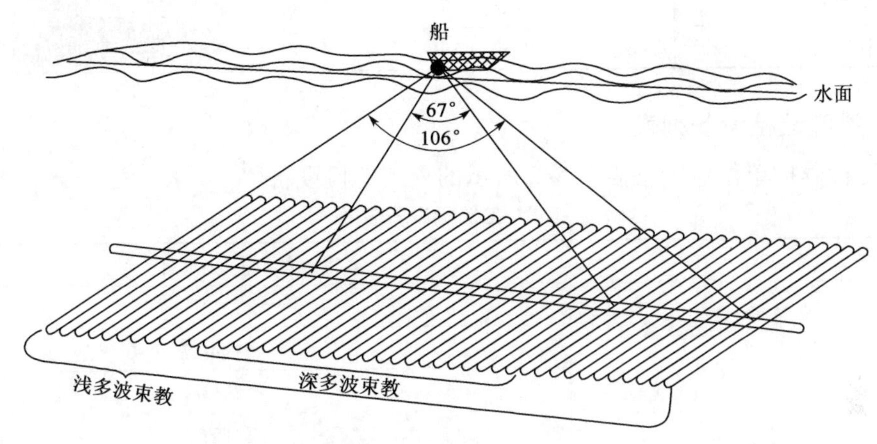

图3.5-1 多波束工作原理图

①测量以带状方式进行,波束连续发射和接收,测量覆盖程度高,对水下地形可100%覆盖,与单波束比较,波束角窄,对细微地形的变化都能完全反映出来,单波束是点、线的反映,而多波束则是面上的整体反映。

②由于是全覆盖,其大量的水深点数据使等值线生成真实可靠,而单波束是将断面数据进行摘录成图以插补方式生成等值线,在数据采集不够时,使得等值线存在一定偏差。

③多波束系统同步记录船体姿态信息(起伏、纵摇、横摇、船向等),由后处理软件对测量结果进行校正,使测量结果受外界不利因素影响减少到最低限度。

④后处理软件功能强大,能对测量资料进行多种成图处理,可生成等值线图、三维立体图、彩色图像、剖面图等,同时还能对同一测区不同测次进行比较以及土方计算等。

⑤由于野外测量记录的是未经任何校正的原始数据,测区是全覆盖的,因此在后处理时,软件可对同一测区生成不同比例尺的水下地形图,以满足不同的需要。

2)变形及位移

采用水准测量方法实施。采用线路水准测量与碎部点测量相结合的方式进行外业观测。沿桥梁走向在左幅各选取一条主水准线路,按二等水准线路测量要求施测。高程控制点宜采用基岩点,水准线路布设成附合线路形式,每测站的前、后视点间隔100m左右。碎部测量是以邻近的主水准线路点为后视点,设站,按水准测量方法进行散点高程测量。二等附合水准线路的限差为$4\sqrt{L}$mm,其中L为附合路线长度,单位为km。

根据青岛胶州湾大桥的特点,适合使用电子水准仪定期人工检测方案。

推荐巡检单位采用的仪器及主要技术指标如表3.5-1所示。

DNA03 电子水准仪的技术指标 表 3.5-1

型　　号	DNA03 电子水准仪	仪器样式
生产厂家	瑞士 Leica	
每公里往返测高程精度(铟钢尺)	0.3mm	
放大倍率	24x	
测量范围(铟钢尺)	1.8m ~ 60m	
补偿范围	±10′	
补偿精度	0.3″	

3.5.2.2 推荐巡检设备列表

建议巡检养护单位应配备表 3.5-2 所示的人工巡检设备。

人工巡检设备表 表 3.5-2

设备类型	设备名称
位移测量	全站仪
	精密水准仪
	经纬仪
	百分表
	千分表
	钢卷尺
	直钢尺
应变测试	静态电阻应变仪
	动态电阻应变仪
结构动力性能测试	伺服式加速度计及放大器
	磁带记录仪
	动态信号分析仪
混凝土测量	回弹仪
	超声仪
	读数显微镜
	放大镜
膜厚测量	膜厚检测仪
资料录制	照相机
	数码相机
	摄像机
	扫描仪
	风速风向仪
	温度计
	湿度计

第 4 章

结构预警和评估

4.1 总体思路

结构预警与评估系统可以根据实时监测数据进行结构状态与损失识别,并综合识别的结果以及巡检结果对桥梁结构安全使用状况进行预警评估,并且能够对巡检、监测及识别的结果进行历史趋势对比、分析与预测,对结构应力、变形、索力等监测参数建立有预警指标,能够对其监测结果进行分级预警。综合各种监测数据、巡检信息、内力状态信息对结构进行综合评估。

该系统对传感器监测、人工巡检得到的各类定量、定性的数据,进行统一的数据处理分析,然后按照一定的预警评估模型,得到桥梁结构安全状态的评估和预警报告,据此给出桥梁结构的管养建议图 4.1-1给出了结构预警和评估系统的框图。桥梁养护单位根据评估预

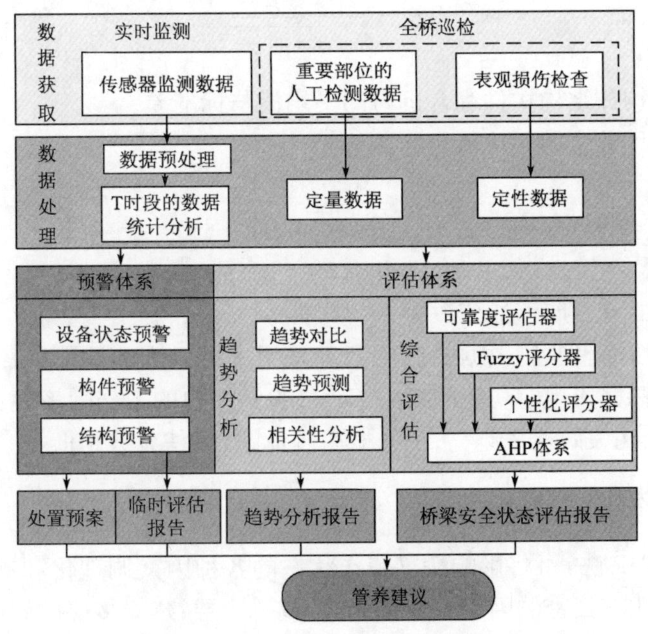

图 4.1-1 综合预警安全评估子系统

警报告给出的管养建议,可以制定经济合理的巡检养护计划。该系统的最终目的是实现以最经济的运营管理投入获得最好的运营效益,主要包括预警和评估两个模块。

(1)预警模块:该模块的主要目的是及时发现桥梁结构存在的问题,包括三个级别的预警:设备状态预警、构件预警和结构预警。

①设备状态预警是桥梁监测设备工作状态的报警,由系统自检程序完成。

②构件预警指桥梁关键构件部位对风载、地震、车撞、船撞、火灾的报警,通过对结构应力、变形、索力、温度等监测参数建立预警指标,对监测结果进行预警。关键构件部位通常包括主梁跨中截面、主梁梁端截面、主塔断面、拉索等。

③结构预警包括正常使用极限状态预警和承载能力极限状态预警。

(2)评估模块:该模块的主要目的是对桥梁结构的安全状态进行评价,包括桥梁安全性评估和趋势分析。桥梁安全性评估采用基于可靠度理论、模糊评价的层次分析法,将整体结构按照功能和体系分割成相对独立的部分,然后按照各自的指标进行分块评估,再利用适当的标准聚合成整体的评价。

4.2 基本理论及方法

4.2.1 可靠度评估理论及应用

用失效概率 P_f 度量结构的可靠性具有明显的物理意义。现有的国际标准及一些国家的标准都用可靠性指标 β 来代替来度量结构的可靠性。

可靠度指标的计算公式为:

$$\beta = \frac{\mu_R - \mu_S}{\sqrt{\sigma_R^2 + \sigma_S^2}} \tag{4.2-1}$$

式中:μ_R,σ_R——结构或结构构件综合抗力的平均值与标准差;

μ_S,σ_S——作用效应的平均值与标准差。

因有:

$$P_f = \phi(-\beta) \tag{4.2-2}$$

$$P_r = 1 - P_f = \phi(\beta) \tag{4.2-3}$$

故可得到结构的可靠度评估分数为 $Pr \times 100$。

青岛胶州湾大桥海量监测数据的底层处理采用了可靠度的评估器,结构的可靠度评估分数为结构健康指标完成规定功能的概率 $Pr \times 100$。结构的工作效率越高,失效概率越低,其评估分数越高;结构失效概率越高,工作概率越低,其评估分数越低。

4.2.2 层次分析法

层次分析法(AHP 法)可将影响桥梁工作状态的各种因素调理化和层次化,把对某个状态影响程度相近或比较紧密的因素放在一起,形成一个层;建立多层的层次关系模型。

通过对评价指标的无量纲化处理,将在线监测、人工检测等不同类型的数据进行综合,实现对桥梁状态的综合评估。通过变权方式,根据各指标的退化情况调整指标权重,达到客观评估结构状态的目的;通过加权综合方法由底层指标得到上层指标的状态,逐层综合,得到整个桥梁的状态。

4.3 数据处理

4.3.1 数据的前处理

数据前处理是第一阶段的数据处理,主要内容包括:数据的噪点剔除与过滤、海量数据的重采样压缩及特征值计算:

(1)传感器设备在受到电磁、振动、传输线路等干扰下,容易产生噪点。噪点是高频数据流的基本特性。数据噪点扭曲表现结构或环境的真实特征,是一种伪信息,从时程曲线上呈现出不合理、不规则或夸张的尖峰脉冲,应该进行数据前处理予以剔除。

(2)海量数据的处理要求对数据进行数据压缩、进行数据重采样和特征值(结构特征参数)计算。

(3)特征值提取是将传感器的光、电、压力等信号读数向结构意义的物理量(结构温度、应变、位移、索力等数据)转换的处理过程。

数据前处理的功能具体描述如表4.3-1所示。

数据前处理的功能　　表4.3-1

编号	功能名称	功能描述
1	数据异常诊断及修复	数据异常分析、显示与缺失及传输丢包数据拟合补充
2	信号滤波	对准静态数据进行低通滤波处理,对加速度等动态数据进行所需要测试的频率范围进行带通滤波
3	数据去噪	对光纤数据、GPS数据噪点进行去噪
4	数据重采样	支持灵活的数据采样频率修改和重算
5	计算目标量	采用逻辑组计算
6	数据压缩	海量数据的文件分割和压缩
7	特征值计算	加速度→频率,应变→应力等的特征参数提取计算

4.3.2 数据的后处理

数据后处理主要包括:统计分析、模态分析、相关分析、特征提取、数据挖掘等。针对数据对象不同需要不同的后处理流程和方法,包括:风主导数据、温度主导数据、地震主导数据。

处理工序包括:大小领域资料处理、时间领域资料处理、频率领域资料处理、出现频率次数资料处理。

图标表现方式包括有:X-Y标绘图、X-Y-Z标绘图、柱状分布标绘图等。

以下为典型数据的后处理方法和示例。

(1)风数据处理

作为大跨桥梁的主要荷载源,风荷载的大小和方向对桥梁结构的受力状况影响极大,而且横向风作用直接决定了结构的横向振动幅度和大桥的安全运营策略。桥梁结构在风场中的响应分析主要涉及结构静风响应计算和结构风致振动响应分析，即根据监测数据（风速、风向）推导风攻角、风紊流强度、风紊流长度，绘制风紊流频谱图、风玫瑰图、风速时程曲线、风速和结构应力、位移的关系图等。风数据的处理流程如图 4.3-1 和图 4.3-2 所示。

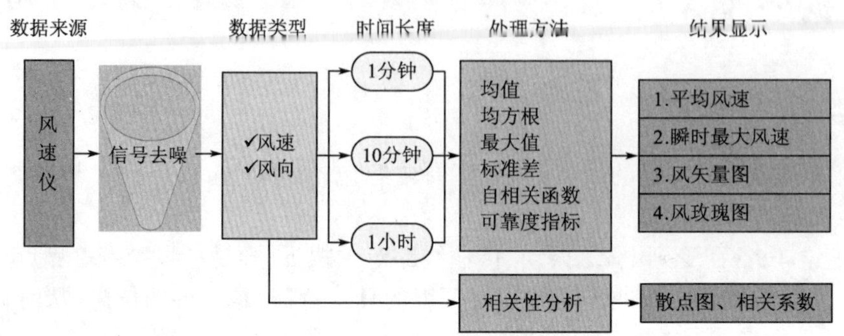

图 4.3-1 风数据处理流程

（2）地震加速度数据处理

三向加速度计主要用于测量桥址区的地震荷载，需要对其时程信号幅值进行统计处理，以抽取某些反映结构响应特征的特殊指标，如加速度反应谱、卓越频率等，为桥梁的预警评估提供指导参考。

三向加速度数据的处理流程和典型的分析结果如图 4.3-2 所示。

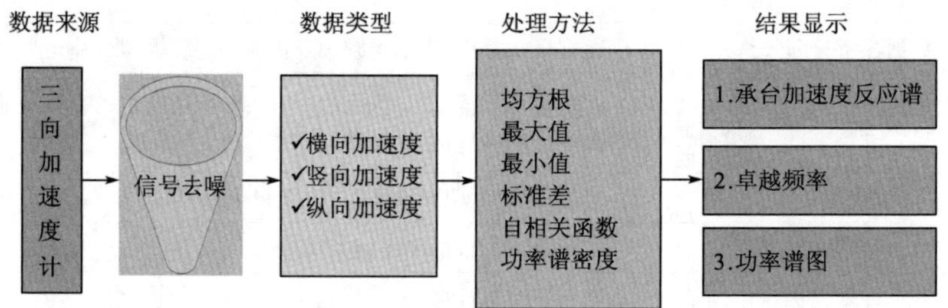

图 4.3-2 三向加速度数据处理流程

4.4 预警体系

该模块的主要目的是及时发现桥梁结构存在的问题。包括三个类别的预警：

（1）设备状态预警：监测设备工作状态的报警，由系统自检程序完成；

（2）构件预警：关键构件部位对风载、地震、车撞、船撞、火灾的报警，通过对结构应力、变形、索力、温度等监测参数建立预警指标，对监测结果进行预警；

（3）结构预警：结构正常使用极限状态预警和承载能力极限状态预警。

4.4.1 结构危险状态的 3 级预警

对构件的危险状态进行 3 级预警，1 级黄色预警代表结构已明显表现出趋向危险状态的趋势,2级橙色预警代表结构已接近危险状态,3级红色预警代表结构已达到危险状态。针对预警等级,给出针对性的应急处理建议,如图4.4-1所示。

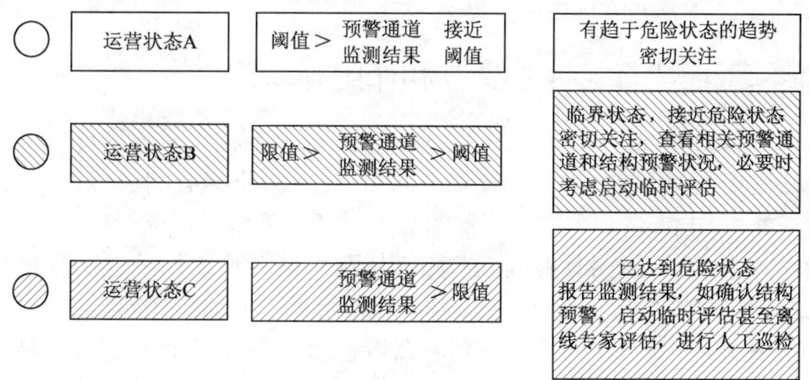

图4.4-1 "3级"预警及其推荐养护维修建议的示意框图

4.4.2 报警推送的功能

健康监测系统的预警功能必须对结构安全性能的弱化、特发极端事件或荷载作用、系统自身的故障等情况进行及时的预警。目前,已经在健康监测系统中实现了以下两种报警的推送功能:

(1)基于Pop的预警信息冒泡方式:这些预警信息将在用户登录系统后,在主页面上弹出显示,其中未被用户查看过的消息显示为红色,已经被用户查看但没有结束的报警则显示为黑色。这种模式适用于使用监测终端的工作人员;

(2)基于手机短信的方式:每种类型的报警将按照系统的权限设置,通过短信发送平台发送给各自的责任人员,使得相关责任人员在健康监测系统离线的情况下,以最快捷的方式获取相关的预警信息,确保重要信息传递的实时性。

该功能的使用情况截图如图4.4-2所示。

图4.4-2 已经部署在健康监测系统上的报警推送功能使用截图

4.4.3 极端事件(风、地震、火灾、交通事故)的报警与应急处置流程

逐步建立和完善极端事件(风、地震、火灾、交通事故)的处理流程,确定流程时要注意以

下两点：

(1)空间与时间的数据融合分析技术；

(2)人工确认以及人工检测信息的参与。

4.4.4 事件库、恶劣预警库的建立和作用

实现实用化的结构危险状态预警功能，必须不断完善相关异常数据特征库，包括：

(1)重大、突发、极端事件特征库：针对不同类型事件，收集有响应传感器的典型响应曲线，抽取信号的特征样本，建立事件模式下的数据时域及频域特征指标；

(2)结构安全预警特征库：针对健康监测系统预警的典型结构响应和环境荷载指标，汇集传感器的典型响应值特征，抽取响应曲线时域及频域方面的特征指标；

(3)噪点特征库：针对每类实时监测传感器设备，总结和抽取的典型噪点特征图库；

(4)设备故障特征库：针对健康监测系统各软硬件典型故障，汇集系统层面的故障表现特性，抽取相关故障特性指标。

4.4.5 预警分析报告

针对已经出现的预警，区分设备状态、构件和结构预警的类别，进行预警分析，给出统计周期内的 Top10 报警项目，并给出严重和一般预警的分布状况。该结果数据和信息提供给结构维护决策子系统制定决策参考。

4.5 评估体系

评估体系根据实施的周期可以分为月度评估、年度评估和突发事件临时评估 3 类。

4.5.1 月度评估

月度评估中包括各传感器数据的统计分析结果、有关结构安全各指标的状况、结构内力状态等，给出桥梁结构安全状态的初步结论。月度报告是系统根据实时监测结果及人工巡检结果由预先设定的程序自动在线生成，无需人工过多干涉。系统在各月度评估时段(人工触发)，根据各传感器实时监测结果及人工检测数据，按设定的评估体系，自动、在线给出各评估项目的详细评估情况(在线评估结果和在线评估报告)。系统运营方则根据系统自动生成的在线评估结果和在线评估报告，整理编制完整的月度评估报告，以初步指导大桥的具体养护管理工作。

月度评估报告主要包括以下内容：

(1)结构健康状况总体评价(三座桥的评估分值)；

(2)重点分项评价(GPS 变形、索力、梁端位移等)；

(3)预警情况(各级预警统计)；

(4)巡检养护(月度巡检养护内容)；

(5)突发事件(突发事件及对结构的影响情况)；

(6)管养建议(针对性的养护建议)；

(7)各层次评估指标的详细评估情况(包括指标变化曲线、指标的统计结果、可靠度参数及指标评分等)。

月度评估报告的典型截图如图4.5-1和图4.5-2所示。

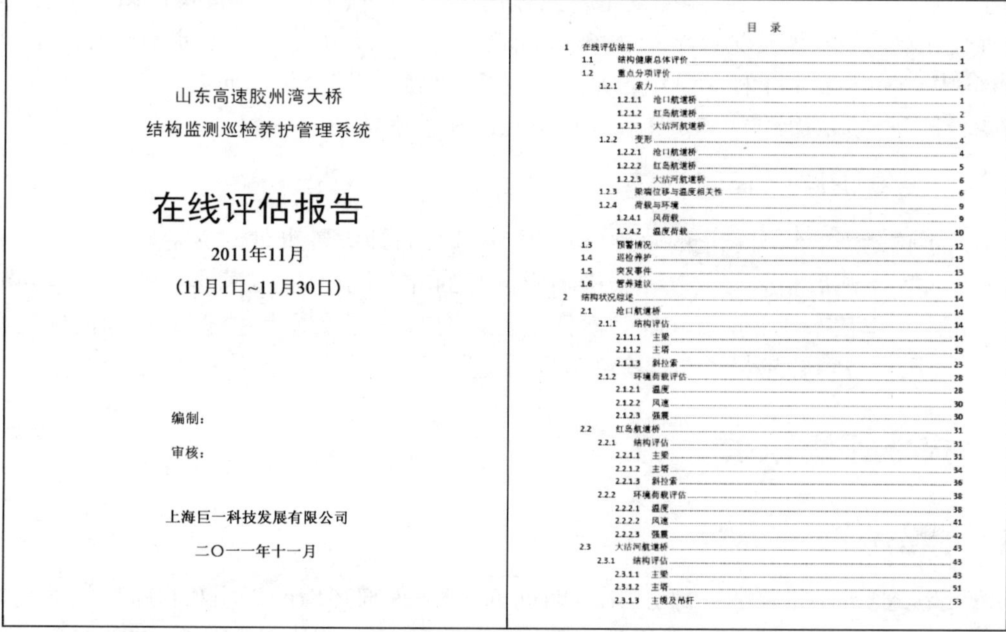

山东高速胶州湾大桥
结构监测巡检养护管理系统

在线评估报告

2011年11月
(11月1日~11月30日)

编制:
审核:

上海巨一科技发展有限公司
二〇一一年十一月

目 录

图4.5-1　月度评估报告1

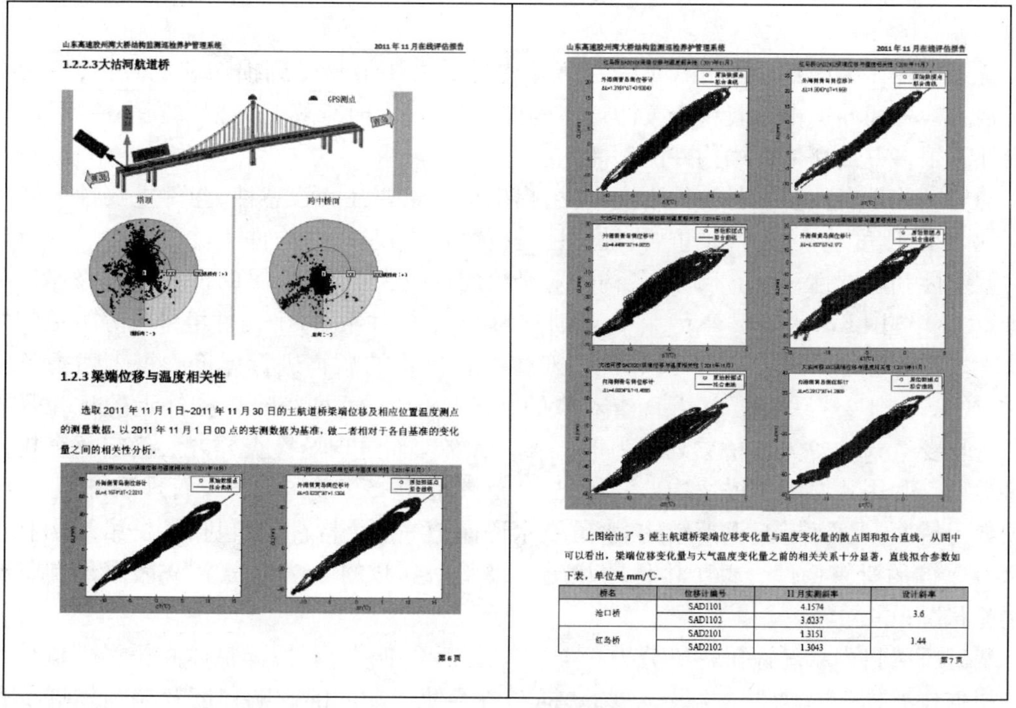

山东高速胶州湾大桥结构监测巡检养护管理系统　2011年11月在线评估报告

1.2.2.3大沽河航道桥

1.2.3 梁端位移与温度相关性

选取2011年11月1日~2011年11月30日的主航道桥梁端位移及相应位置温度测点的测量数据，以2011年11月1日00点的实测数据为基准，做二者相对于各自基准的变化量之间的相关性分析。

第6页

山东高速胶州湾大桥结构监测巡检养护管理系统　2011年11月在线评估报告

上图给出了3座主航道桥梁端位移变化量与温度变化量的散点图和拟合直线，从图中可以看出，梁端位移变化量与大气温度变化量之前的相关关系十分显著，直线拟合参数如下表，单位是mm/℃。

桥名	位移计编号	11月实测斜率	设计斜率
沧口桥	SAD1101	4.1574	3.6
	SAD1102	3.6237	
红岛桥	SAD2101	1.3151	1.44
	SAD2102	1.3043	

第7页

图4.5-2　月度评估报告2

4.5.2 年度评估

年度评估是为了更系统全面的评价大桥的各种状态指标，对桥梁年度技术状况、极端工况的结构响应、重大监测指标年度变化趋势、预警统计分析、结构总体位移形态分析、结构动力特性变化趋势、典型工况分析等内容进行综合分析，该报告由人工使用专项分析工具(Matlab、Madas)及专业建模工具结合系统数据及分析结果综合编制而成。年度报告用于指导桥梁养护部门下一年结构养护工作及应关注的相关事件。

4.5.3 突发事件后临时评估

突发事件是影响结构安全的事件，包括大风、船撞、地震等事件。突发事件临时评估是对突发事件发生前后相应荷载源和结构响应进行的综合性评估，以真实反映突发事件前后结构的正常工作状态。突发事件临时评估报告以实时监测数据为主，但针对可预见的突发事件(如大风)，也可补充若干人工检测项目做突发事件前后的对比分析。

4.6 构件评级体系

4.6.1 概述

桥梁是交通网中重要的一部分，随着时间的推移，外部环境的影响和日益增加的交通荷载，不可避免地造成桥梁结构和使用性能的退化。跨海桥梁的桥跨数量多，构件典型类别有限，所处运营环境恶劣，科学评价每个构件或桥跨的安全性及养护的优先级是工程师面临的难题。

桥梁构件评级的直接用途就是确定哪些构件最重要最易受到损伤和危险性，然后在桥梁日常的检查和养护中需要首先关注这些构件的状况，及时维修保证桥梁安全使用。目前，国内外有很多方法评估桥梁构件的性能。

国外一些学者从桥梁各构件刚度出发，提出构件重要性和敏感性，构件重要性反映构件刚度的大小，刚度越大，构件越重要；敏感性是桥梁发生损坏时，构件刚度变化率。分析计算构件重要性和敏感性，有助于确定各构件对全桥的作用大小，对桥梁的设计和维修养护具有深远意义。德国 Kruschwitz 等人，将桥梁划分为 13 个构件组，每个构件组可再分为更细的结构构件。按照标准的病害评价等级分类，对每个构件组的病害进行评价。每个病害类别均有对应的 S、V、D，然后根据 S、V、D 查对应的状况评价值表，即得每个构件组的状况等级评价值。丹麦 Ansari 等人将桥梁划分为 15 个标准构件，通过现场检查等方法确定每个构件的病害类型。利用状况等级描述构件的状况，其范围是 0 ~ 5。美国的桥梁管理系统，通常将桥梁划分为桥面、上部结构、下部结构、水道及水道保护等四个构件组，包括了桥梁结构和水道及水道保护的所有构件。每个构件的状况等级用 0 到 9 的自然数表示，9 表示最佳状况，0 是最差状况。

我国桥梁技术状况评价等级分为一类、二类、三类、四类，对桥梁整体和桥梁各构件均适用。根据桥梁构件的缺损程度及标度、缺损对桥梁使用功能的影响程度及缺损发展变化情况，对构件进行评分，范围为 0 到 5，0 表示最佳状况，5 表示危险状况。香港青马、汲水门、汀九三座大桥结构健康监测评估系统中都包括构件评级子系统。苏通大桥和江阴大桥的健康监测和安全评价系统也涵盖了构件评级系统。

根据跨海大桥的结构特点和养护需求,确定胶州湾大桥建立构件综合评级体系的主要目的是为构件的检查和维修养护提供依据和指导,将构件评级分4方面展开:重要性分级、易损性分级、危险性分级和构件外观评级,构件评级结果以分值形式表示。对跨海桥梁进行构件评级,首先要制定构件的类别及进行分类和编码,其次确定每个构件的重要性、易损性和危险性,然后综合得到构件的综合评级分值,最后根据结构监测系统的数据及日常检查数据,对构件评级系统进行更新。

4.6.2 构件划分标准

由于巡检养护的所有动态信息都是附着在构件上的,针对超长跨海桥梁结构的巡检养护管理要想达到资产管理的级别,需要对整体结构进行合理划分。这里推荐进行两个层次的划分:

(1)管理单元划分:提出桥梁管理单元的概念是为了划分长距离桥梁结构巡检养护的最小单元,源于电子化、网格化、高效化巡检管理的理念。对大桥而言,一跨简支梁、一联连续梁、一联刚构、主通航孔桥可作为基本的管理单元。管理单元编码实现了整个管理区域范围内的桥梁网络中定位该桥跨。

(2)构件划分:每个管理单元又可细分为不同类型的构件,各类构件有着不同的受力行为和退化路径。桥梁检测养护信息应关联到具体构件,以保证繁冗的检测数据具备快速的定位性、描述的一致性和存储的相容性。构件编码则是为了体现该桥跨内部的构件组成情况,在具体检测中方便病害的定位描述。

对长大桥梁有限类型的构件进行合理划分与编码,是为了使桥梁、构件以及它们的各种数据容易识别和计算机归档分析,是高效、有序使用信息的重要手段。在巡检管理中,必须明确记录检测中发现的结构缺陷所处的构件编码,通过编码来使得病害有明确的主体,同时便于统计和分析。

跨海大桥的构件编码规则为:管理单元编码+构件编码,其编码格式如图4.6-1所示。

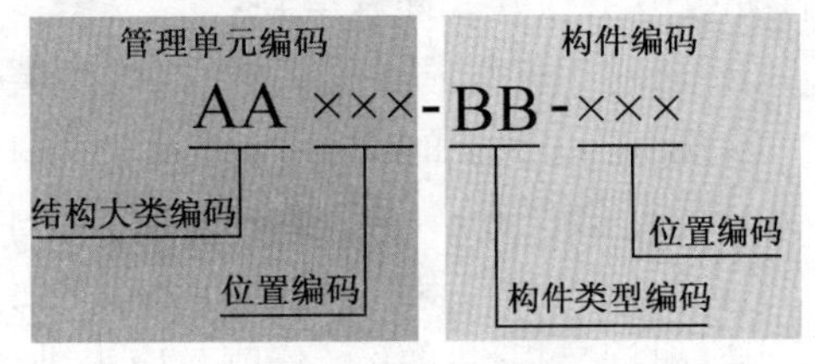

图4.6-1 构件编码规划

图中:

结构大类编码——2位字母,区分大桥、隧道和人工岛;

管理单元中的位置编码——3位数字,从001开始,按里程号增加方向递增;

构件类型编码——2位字母,区分管理单元中的构件类型;

构件中的位置编码——3位字母或数字,区分管理单元不同位置同种类型的构件。

4.6.3 构件分级算法

4.6.3.1 构件重要性分级

构件按其对结构整体安全性的影响程度分为主要构件、次要构件和附属构件。主要构件指那些损坏会严重影响结构安全并使桥梁丧失功能的部件，主要构件的重要性分值在80～100分之间；次要构件是那些虽受损失去功能但仅影响局部区域而不至于损坏结构整体性能的部件，重要性在60～80分之间；附属构件主要指非结构性部件，其损坏不影响结构的安全但会对桥梁的结构服务功能产生影响，重要性在0～60分之间。

4.6.3.2 构件易损性分级

构件易损性与构件在受到腐蚀、意外或恶意破坏以及磨损作用下的退化程度有关。构件易损性的分级主要考虑腐蚀、损伤和磨损三方面影响因素，详见表4.6-1。

易损性评级的分值设置表 表4.6-1

损伤类别	项　目	等级/分值		
腐蚀	a)腐蚀保护程度	好/0	一般/1	差/2
	b)表面检测腐蚀的可能性	大/0	中/1	小/2
	c)失效对整体结构的影响	低/0	中/1	高/2
损伤	a)损伤保护程度	无/0	中/1	高/2
	b)表面检测损伤的可能性	大/0	中/1	无/2
	c)失效对整体结构的影响	低/0	中/1	高/2
磨损	a)每年磨损率	好/0	一般/1	差/2
	b)日常检测磨损的可能性	大/0	中/1	小/2
	c)失效对整体结构的影响	低/0	中/1	高/2

上述每一子项均给予基本评分，分值0、1和2代表易损危险程度的低、中与高。构件易损性评级由下列方式计算得到：

(1)确定构件易损性受腐蚀、损伤和磨损三方面因素各自的权重；

(2)确定每一方面的分值，子项a)与b)的分值相乘确定构件退化的相对概率，再乘以子项c)的分值，即得到构件每一方面的分值；

(3)加权求和即得构件的易损性计算分值；

(4)根据易损性等级与分值对应表进行线性插值计算易损性的百分化值。

构件易损性评级分为1、2、3和4共4个等级，分别对应易损性的计算分值8、4、2、1或0，具体易损性分级分值见表4.6-2。

易损性等级与分值表 表4.6-2

易损性等级	1	2	3	4
计算分值	[4,8]	[2,4]	[1,2]	[0,1]
百分化值	[90,100]	[60,90]	[25,60]	[0,25]

4.6.3.3 构件危险性分级

构件的危险性主要反映裂缝形成的可能性或疲劳破坏方式，主要包括下述4方面：

(1)当桥梁某一部件或连接点破坏时是否存在其他的传力路径；

(2)构件或连接点最大的设计拉应力；

(3)设计疲劳寿命；

(4)是否存在不需要立即加以处理的缺陷。

按照表4.6-3对上述每一参数给予基本评级分值。构件危险程度评级由上述4个级别的评级分值总和确定，如表4.6-4所示分成4个等级：A～D。

构件危险程度的基本评级分值　　表4.6-3

参数		范围	分值
C1	存在多个传力路径	否	1
		是	0
C2	设计应力（母材或焊接处的拉应力）	高（>200MPa）	1
		中（100－200MPa）	0.5
		低（<100MPa）	0
C3	设计疲劳寿命	短（<200年）	1
	（设计寿命大于120年）	长（>200年）	0
C4	已知但不需要立即加以处理的缺陷	有	1
		无	0

构件危险程度评级　　表4.6-4

计算分值	程度	危险程度等级	百分化数值
[4,3]	高	A	[100,80]
2和2.5	中/高	B	[80,65]
1和1.5	中/低	C	[65,45]
0和0.5	低	D	[45,0]

4.6.3.4 构件外观评级

构件巡检维护子系统中，以外观检查的定性数据提供给评级子系统。构件外观分为6级：非常好、很好、普通、较差、很差、极差。此部分的评级可参考电子化巡检养护手册标准库的病害标准进行评级，并转化为相应的评分以参与后续计算。具体步骤如下：

(1)加载单个构件的所有未修复的病害记录；

(2)根据AHP层次分析法区分病害类别进行评分；

(3)汇总得到该构件的外观性评级分值（分值区间对应6个等级）；

(4)对所有需要评级的构件循环进行上述步骤。

4.6.3.5 构件综合评级

综合考虑构件重要性、易损性、危险性和外观状况，得到构件综合评级分值，第i个构件综合评级分值计算公式如式(4.6-1)所示：

$$SY_i = \alpha_i CR_i + \beta_i VU_i + \gamma_i DE_i + \eta_i CO_i \quad (4.6\text{-}1)$$

式中：SY——构件综合评级分值；

CR——构件重要性分值；

VU——构件易损性分值；

DE——构件危险性分值；

CO——构件外观分值；

α,β,γ,η——重要性、易损性、危险性和外观性的权重。

对结构构件 i 进行综合评级后，对其评级得到的综合评级分值 SY 进行判断：

(1)若分值小于该构件综合评级阈值，则系统发出预警，提示对结构构件进行维修或其他处理；

(2)对维修后结构构件的易损性进行修改，进行重新评级。

4.6.4 系统实现

结合外观巡检的定性数据，通过构件评级子系统，确定大桥各构件的危险性、易损性和外观性的级别，在此基础上确定桥梁构件的综合评级，实施巡检优先级排序。通过构件评级模块可以确定哪类构件以及哪些构件最重要、最易受到损伤和危险，指引养护人员在桥梁日常的检查和养护中需要首先关注这些构件的状况，制定和调整合理的巡检养护计划，及时维修，保证桥梁安全使用。

结构健康评级的软件功能主要包括以下模块：

(1)构件评级指标初始化模块：该模块从构件巡检维护数据库的电子化巡检养护手册标准库中载入构件库，并进行各指标的初始化配置，每个构件的危险性、易损性、外观性和综合评级分值均附属在该构件上；

(2)危险性评级模块：根据裂缝形成的可能性或疲劳破坏方式，针对传力路径、活载拉应力、疲劳剩余寿命、初始缺陷、失效破坏模式五种危险因素进行评级。构件的剩余使用寿命、缺陷损伤状况是可由结构健康评估模块的数据进行定期的更新；

(3)易损性评级模块：构件易损性与构件在受到腐蚀、意外或恶意破坏以及磨损作用下的退化程度有关。主要考虑腐蚀、损伤和磨损三方面影响因素；

(4)外观性评级模块：构件巡检维护子系统中的以外观检查的定性数据提供给评级子系统，对构件外观性分为6级：非常好、很好、普通、较差、很差、极差；

(5)综合评级模块：综合构件危险性评级结果、构件易损性评级结果、构件外观性评级结果对构件综合状况进行评级，采用变权综合法和模糊数学相关方法进行综合评级；

(6)巡养优先排序模块：根据胶州湾大桥所有构件综合评级的结果，进行排序即可得到理论上的巡检养护优先次序。

将胶州湾大桥的结构划分为若干个构件组，每个构件组再分为更细的构件。按照结构健康评级的软件，即可得每个构件的等级评价值，以表示构件状况从最佳到最差的分级。

基于 WEB-GIS，在胶州湾大桥运营期结构监测巡检养护管理系统中建立了构件评级体系。基本系统界面如图 4.6-2 和图 4.6-3 所示。

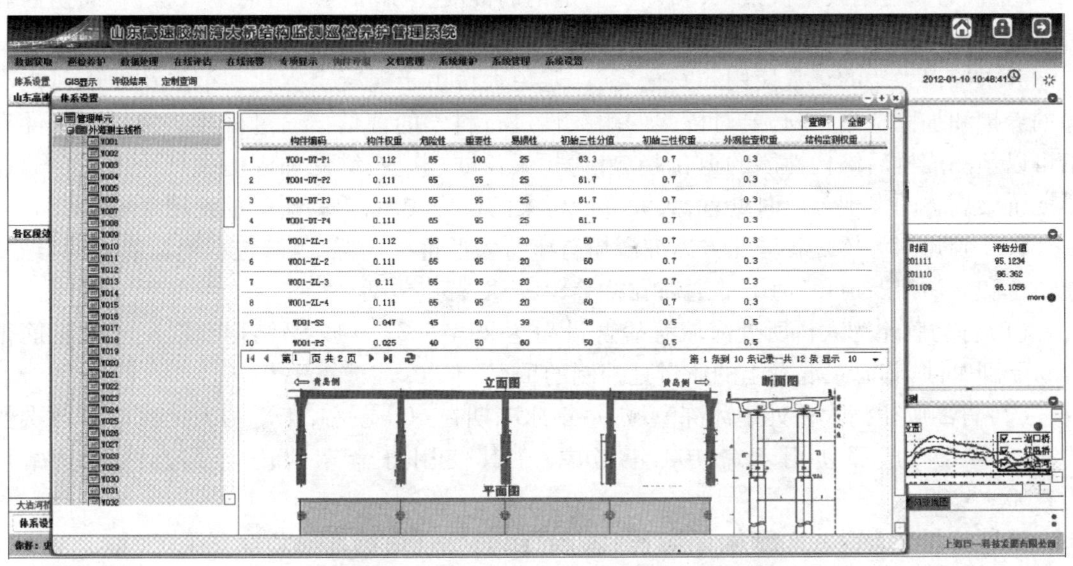

图 4.6-2　结构构件评级子系统的构件评级参数设置的实际界面截图

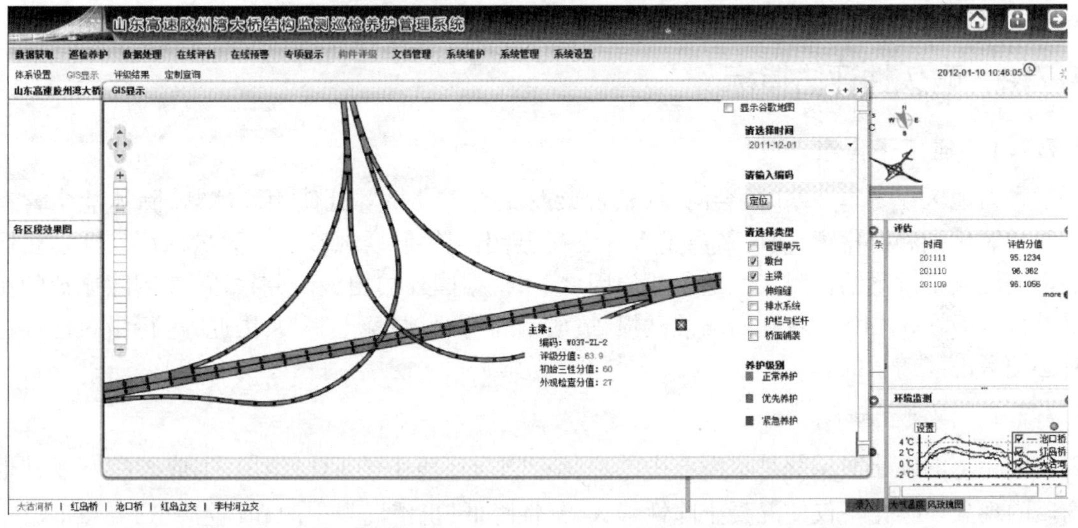

图 4.6-3　基于 WEB－GIS 的大桥结构构件评级子系统的实际界面截图

4.7　耐久性评估

4.7.1　概述

桥梁在正常使用过程中，由于受到设计、施工和材料缺陷等先天因素以及荷载作用、自然环境、管理养护等后天因素的影响，导致一些部件在远没有达到设计使用年限时就产生不同程度的损伤和劣化，主要表现为混凝土劣化和钢筋锈蚀。据相关资料统计，我国在 20 世纪80年代后修建的大量桥梁中,90%以上是钢筋混凝土桥和预应力混凝土桥,钢筋锈蚀和混凝土裂缝造成的病害和早期劣化现象十分严重。

为了确保大桥的正常使用和安全运营,避免大桥由于混凝土劣化和钢筋锈蚀而付出高昂的养护和加固费用,有必要对桥梁的耐久性进行科学的评估。通过桥梁结构的耐久性评估可以预测成桥后结构性能的退化趋势,为桥梁诊断、养护、维修加固提供理论依据。通过早期桥梁病害的发现与及时处置,大大降低桥梁的维修费用,提高桥梁的使用寿命年限。

青岛胶州湾大桥是我国北方冰冻海域首座特大型桥梁集群工程,包括沧口航道桥、红岛航道桥和大沽河航道桥、海上非通航孔桥等,其环境特点包括:

(1)青岛胶州湾大桥所处海域海盐含量高达29.4~32.9‰,钢结构和混凝土中钢筋很容易受到腐蚀,其海工混凝土的质量是控制的重点、难点;

(2)青岛胶州湾大桥处于冰冻海域,每年冰冻期在60d左右,年平均天然冻融循环次数为47~52次,按照使用寿命100年考虑,在其使用寿命期限内遭受天然冻融循环为4700~5200次。

青岛胶州湾大桥在这种含有大量的氯离子和海水冻融循环的环境下服役,易于发生以下耐久性问题:混凝土中钢筋发生锈蚀,主缆、斜拉索和钢梁发生锈蚀,混凝土表面出现冻融裂缝,混凝土强度降低等。鉴于青岛胶州湾大桥可能面临着较严重的结构耐久性问题,青岛胶州湾大桥对耐久性评估指标和方法进行了相应的研究。

4.7.2 耐久性评估指标

4.7.2.1 氯离子含量

青岛地区在冬季严寒时,会向道路、桥梁及城市立交桥等处使用除冰盐,除冰盐中含有大量的氯化钠和氯化钙,使得氯离子渗入混凝土,引起钢筋锈蚀破坏。大量使用除冰盐是影响钢筋混凝土桥梁结构耐久性的主要原因之一,根据国外的相关研究报道,使用除冰盐的桥梁结构一般在5~10年就开始腐蚀破损,造成钢筋锈蚀、混凝土胀裂,因此,进行耐久性评估时必须考虑氯离子的影响。

4.7.2.2 混凝土碳化

混凝土的碳化实质就是水泥石中的水化产物与环境中的CO_2作用,生成碳酸钙或其他物质的现象。碳化不仅使混凝土脆性增大,延性降低,也使混凝土的pH值降低,导致混凝土中的钢筋脱钝,从而引起钢筋的锈蚀,最终影响到混凝土结构的耐久性。一般情况下,当混凝土碳化深度达到混凝土保护层厚度时,混凝土的抗碳化能力达到极限状态,因此,将混凝土相对碳化深度作为评定桥梁耐久性的指标之一。

4.7.2.3 钢筋锈蚀

由于海上钢筋混凝土桥梁的部分结构(例如主梁和主塔)在海上服役,部分结构(例如桥墩和基础)浸泡在海水中服役,而海水中含有大量的氯离子,氯离子的原子半径很小,能够很容易渗透到混凝土中,到达钢筋表面,并引起钢筋腐蚀。随着钢筋锈蚀的发展,钢筋的力学性能有所变化,其强度和延性会降低;钢筋极限抗拉能力也会下降。由于锈蚀导致钢筋的表面凸凹不平,受力以后缺口处产生应力集中,使锈蚀钢筋的屈服强度和极限强度降低;锈损越严重,应力集中引起的强度降低越大。因此,将钢筋锈蚀作为耐久性的评估指标,评价时采用半电池电位法,测量钢筋的自然电位,以判断钢筋的锈蚀程度。

4.7.2.4 混凝土强度

海上钢筋混凝土结构在使用过程中,由于钢筋锈蚀、混凝土的冻融、混凝土的碳化和荷载作用产生裂缝使得混凝土强度降低。由于氯离子在混凝土中渗透,使得混凝土中钢筋发生腐蚀,钢筋腐蚀使得混凝土产生微小裂缝;空气中的 CO_2 与水泥石中的水化产物反应生成碳酸钙或其他物质的现象,碳化使混凝土脆性增大,延性和强度降低;另外青岛处于冬季结冰地域,混凝土的冻融也同样使得混凝土强度降低;在桥梁的使用过程中会使得部分构件产生微小裂缝,同样影响混凝土强度。所以混凝土强度也是耐久性评估的重要指标。

4.7.2.5 其他

钢箱梁涂层退化与锈蚀,混凝土表观缺损,主缆、吊杆保护层退化,主缆、吊杆锚固系统的退化,各种附属设施的退化等也是与耐久性评估相关的重要指标。

4.7.3 耐久性监测设备与仪器

青岛胶州湾大桥的关键构件布设了 ER 环、阳极梯和 ECI-1 埋入式腐蚀监测仪等耐久性无损监测传感系统,时刻监测钢筋的自然电位,通过实时监测电位差、极化电阻、电解质电阻进而得出钢筋的脱钝时间、开始腐蚀时间和腐蚀速度等。

ER 环、阳极梯和 ECI-1 腐蚀监测仪的结构和工作原理在 3.2.7 节中已做了介绍。

4.7.4 评估方法

青岛胶州湾大桥耐久性评估采用基于层次分析法的变权综合评估法,其主要步骤如下:

(1)确定评估对象,建立各对象之间递阶层次关系;

(2)根据层次分析法确定初始权重;

(3)根据实际评分值利用变权模式确定变权重。

4.7.4.1 评估指标的无量纲化

在评估过程中,除了对各个评估指标科学合理地确定其权重外,对各个评估指标进行科学的量化处理、消除量纲的影响也是至关重要的。无量纲处理,也即对评估指标数值的标准化、正规化处理,是通过一定的数学变换来消除指标量纲影响的方法,即把性质、量纲各异的指标转化为可以进行综合评估的一个相对"量化值"。对于各评估指标,按照对评估对象的作用基本上可分为正指标、负指标和适度指标三种类型。在本评估系统中,将混凝土强度、氯离子含量等项目的检测数据作为负指标加以处理。

4.7.4.2 底层评估指标评语确定

对于所有耐久性评估指标,按检测数据类型可划分为两类:

(1)仅有对桥梁构件的状态描述或简单的等级划分,而没有数值结果(钢箱梁涂层退化与锈蚀、混凝土表观缺损等);

(2)检测结果为一个数值(例如混凝土强度、碳化深度等);

对第一类指标,根据等级确定其评价值范围,中间结果由检测人员根据实际情况确定;

对于第二类指标,可采用线性或非线性无量纲化模型进行处理,在桥梁评估管理系统中,根据《公路桥梁承载能力检测评定规程》将桥梁技术状况评定分为5类:

(1)良好状态——只需日常维护即可;

(2)较好状态——只需日常小修维护即可保证结构完好;

(3)较差状态——需要用中修方法来维护和恢复使用质量;

(4)结构质量状况为坏的状态需大修才能符合要求;

(5)结构质量状况为危险状态。

按照此分类,对于第一、二类底层指标采用直接打分的方法进行评定,如表4.7-1所示。

各技术标准含义　表4.7-1

项　目	技术状况评定				
	一级	二级	三级	四级	五级
评价值(分)	80~100	60~80	40~60	20~40	0~20

4.7.4.3　层次的划分

分析各影响因素之间的关系,建立递阶层次结构,层次中的各影响因素称为指标。由于层次数与问题的复杂程度和所需要分析的详尽程度有关,故每一层次中的影响因素数量一般不超过9个,过多的影响因素会给两两比较判断带来困难。例如对于悬索桥结构,影响其质量和使用功能的主要结构为:主塔、悬索系统、主梁、墩台基础和附属设施等,对各分部结构再进行仔细划分,即按照层次分析法的基本思想,可得到递阶层次结构。

4.7.4.4　初始权重确定原则

首先,对于同一层次上的各因素,按其优良程度或重要程度划分成若干等级,赋以量化值;其次,建立判断矩阵,且矩阵要符合完全一致性条件的要求。

4.7.4.5　变权综合评估

在综合评估过程中,各评估因素的权重既可以改变,也可以不改变,对于桥梁整体使用功能而言,由于影响因素众多,当个别构件出现严重缺陷时,最终评价结果也不会出现太大的变化,所以为了反映出整体结构的真实状况,应采用变权综合的方法对各评价指标权值进行适当调整。

变权综合模式为:

$$V(x_1,\cdots,x_m) = \frac{\sum_{j=1}^{m}\omega_j^{(0)} x_j^{a}}{\sum_{k=1}^{m}\omega_k^{(0)} x_k^{a-1}} \qquad 0 < \alpha \leqslant 1 \tag{4.7-1}$$

式中:$\omega_j^{(0)}$——第j个指标的权重;

x_j——第j个指标的评价值;

α——参数,一般来讲,评判者较保守的情况下,$\alpha<1/2$,即对诸因素的均衡问题考虑较多;评判者较开明的情况下,$\alpha>1/2$,即比较容忍某方面的缺陷;均衡系数$\alpha=1$时,即为等同于常权综合模式,大量工程实践经验表明$\alpha=0.2$便可以适用于一般工程情况。

变权综合法比常权综合法更能反映出个别构件的状态变化对总体评估结果的影响,取值则反映了对均衡性的要求,对桥梁中的局部缺陷容忍程度越小,其取值越小。

4.7.5 评估项目的数据来源

耐久性评估的各个评估项目的数据采集方式、频率和检测仪器或手段如表4.7-2所示。

青岛胶州湾大桥评定项目的检测方法　　表4.7-2

序号	项目名称	数据采集方式	频率	检测仪器或手段
1	混凝土氯离子含量	定期检测	1次/年	测定电阻率
2	混凝土强度	定期检测	1次/三年	回弹法
3	钢筋自然电位	实时监测	1次/半年	梯形阳极监测系统
4	混凝土碳化深度	定期检测	1次/三年	人工测试
5	混凝土表观缺损	定期检测	1次/年	人工测试
6	钢箱梁防锈油漆	人工检查	1次/月	肉眼观测
7	钢箱梁连接螺栓	定期检测	1次/年	无损检测
8	主缆保护层	人工检查	1次/月	肉眼观测
9	主缆锚固系统	定期检测	1次/年	无损检测
10	吊杆保护层	人工检查	1次/月	肉眼观测
11	桥面铺装	人工检查	1次/月	肉眼观测
12	护栏状况	人工检查	1次/月	肉眼观测
13	伸缩缝	人工检查	1次/月	肉眼观测
14	排水设施	人工检查	1次/月	肉眼观测
15	支座	人工检查	1次/月	肉眼观测

4.7.6 参考标准

耐久性评估的实施参照《公路桥梁承载能力检测评定规程》和《城市桥梁养护规范》中对桥梁健康状况的定义办法和标准,结合评估模型分层和评估方法提出了耐久性状况评估参考标准,如表4.7-3所示。

耐久性评定参考标准　　表4.7-3

评定分数	评定级别	评定说明
$85 < V \leq 100$	一级	良好状态,需要日常维护
$70 < V \leq 85$	二级	较好状态,需要日常维护和小修
$50 < V \leq 70$	三级	较差状态,需要中修并要该桥根据试验和在试验进行限速限载
$20 < V \leq 50$	四级	坏的状态,需要停运进行大修和加固
$0 < V \leq 20$	五级	危险状态,立即封桥,考虑拆除重建
备注	此评定标准参照《公路桥梁承载能力检测评定规程》	

第5章

软件系统设计与开发

软件系统开发的基本流程如图5.0-1所示,按照需求→总体设计→概要设计→详细设计→编码,逐步展开、细化。

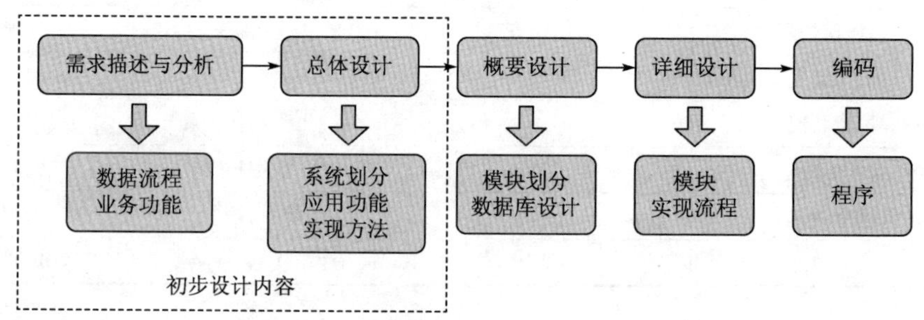

图5.0-1 软件系统开发基本流程图

5.1 业务功能

5.1.1 业务功能总体框架

青岛胶州湾大桥结构监测巡检养护管理系统的业务功能总体框架如图5.1-1所示。

按照系统的基本框架及系统物理分布情况,将本系统划分为5大功能模块:

(1)模块1:传感器系统(Sensory System),以下简称SS;

(2)模块2:数据采集与传输系统(Data Acquisition & Transmission System),以下简称DAS;

(3)模块3:数据处理和控制系统(Data Processing & Control System),以下简称DPC;

(4)模块4:巡检养护系统(Inspect Maintenance System),以下简称IMS;

(5)模块5:预警评估系统(Alarm Evaluation System),以下简称AES。

以上5大模块的主要功能如表5.1-1所示。

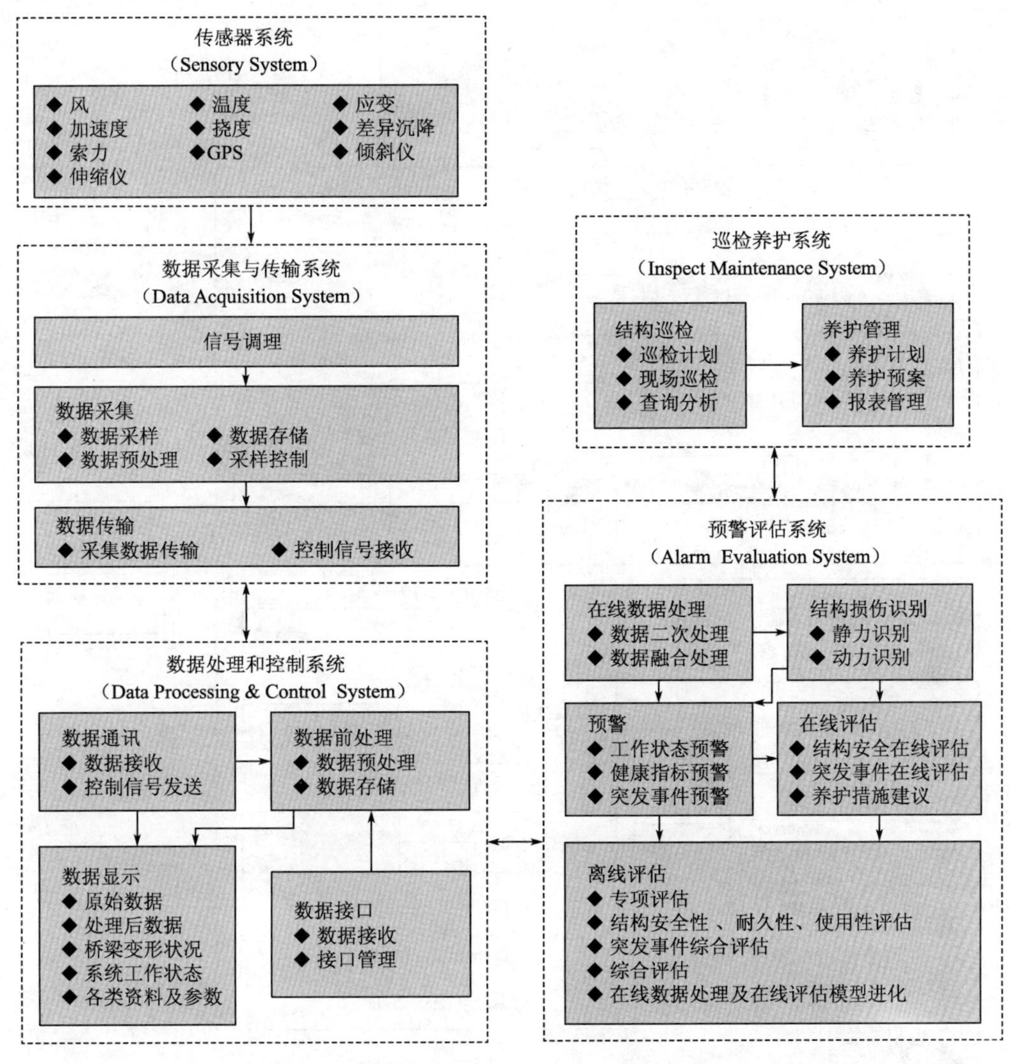

图5.1-1 结构监测巡检养护管理系统总体业务功能框架

结构监测巡检养护管理系统模块功能表 表5.1-1

模块序号	模 块 名 称	模 块 功 能
1	传感器系统(SS)	采用固定式或临时安装式的各类传感器,产生感应信号
2	工作站系统(DAS)	信号调理与转换、数据采集、数据通信
3	数据处理和控制系统(DPC)	数据通信、数据处理、在线评估、数据显示,Web信息门户
4	巡检养护系统(IMS)	对结构等进行人工巡检及养护的管理
5	预警评估系统(AES)	结构状态预警及评估和突发事件后健康状态评估

5.1.2 总体数据流程

系统总体数据流程如图5.1-2所示。

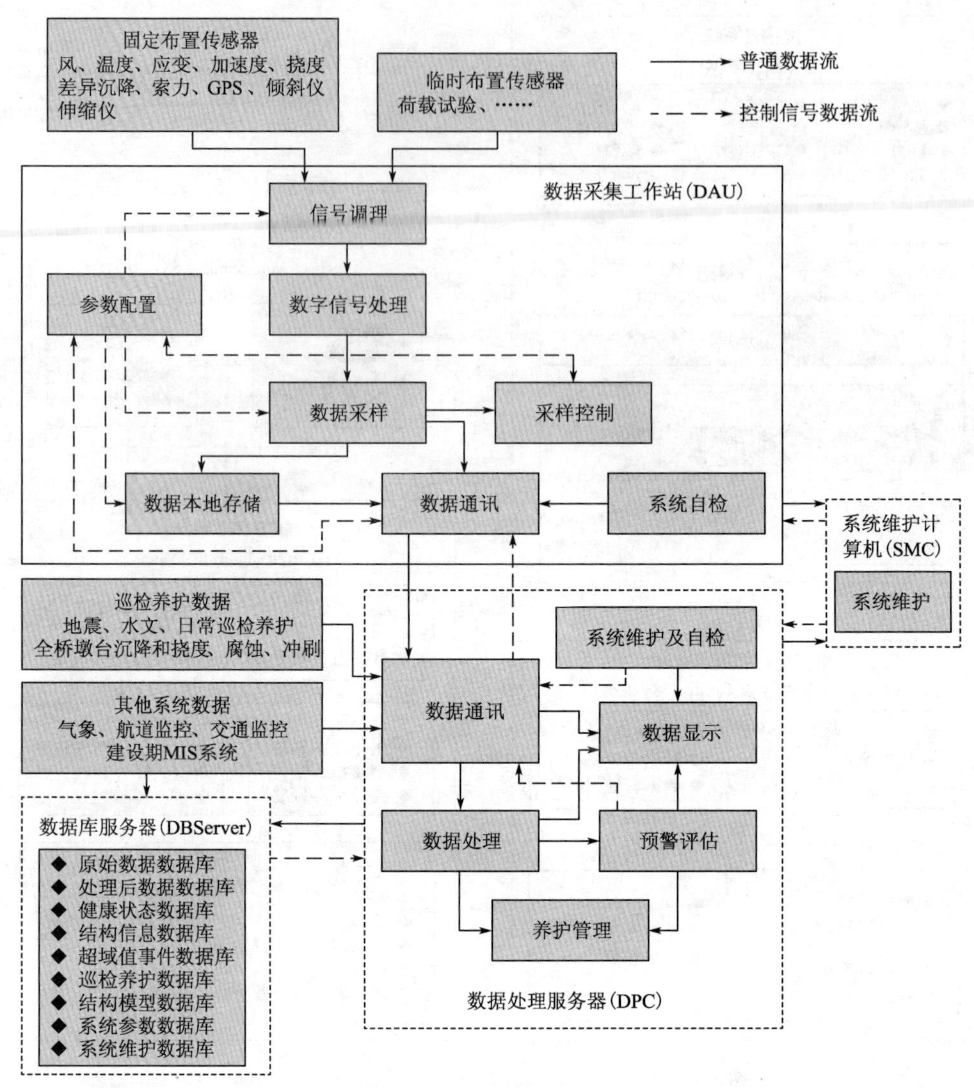

图 5.1-2 青岛胶州湾大桥结构监测巡检养护管理系统总体数据流程图

根据业务功能所处的物理位置的不同,整个青岛胶州湾大桥结构监测巡检养护管理系统的硬件平台由 DAU,DBSERVER,DPC,SMC 及 WEB 共 5 部分组成。如表 5.1-2 所示。

管理系统的硬件平台 表 5.1-2

编号	该部分名称	数 量	业 务 功 能
P1	数据采集工作站(DAU)	多台	工作站参数设置、信号调理与转换、数字信号处理、数据采样、采样控制、数据本地存储、工作站系统自检、DAU 端数据通信
P2	数据处理服务器(DPC)	2 台	DPC 端数据通信、数据处理、预警评估、巡检养护、系统维护及自检、数据显示等后台应用
P3	WEB 服务器(WEBServer)	1 台	结构监测巡检养护管理系统的 WEB 应用门户
P4	数据库服务器(DBServer)	1 台	存储维护各类数据库
P5	系统维护计算机(SMC)	2 台	检查传感器系统和工作站系统的工作状态,并维护其系统

DAU 将根据实际的传感器布局要求确定,数据处理服务器根据配置 2 台 Linux/Unix 服务器分别处理数据接收和数据的处理,同时 DPC 的两台服务器和数据库服务器共同组成应用群集,最大限度的提高整个系统的可用性。

整个系统的输入源为部分,如表 5.1-3 所示。

管理系统的输入源 表 5.1-3

编号	数据输入源名称	数据输入源描述
In1	固定布置传感器系统	指固定在结构上实时或定期采集数据的传感器监测数据,其对应的监测内容为:风、温度、应变、加速度、差异沉降、索力、GPS、倾斜仪、位移仪等。数据输入位置为 DAU
In2	临时布置传感器系统	指因临时监测、检测需要,或设备安全需要,临时布置到结构上的传感器采集的监测数据,其对应的监测内容如荷载试验等,这部分的数据源是可扩充的。数据输入位置为 DAU
In3	巡检录入数据	指各类人工巡检监测/检测的数据,数据形式为可量化的有固定格式和固定用途的数据以及不可量化的监测报告等文件。这类数据对应的监测内容主要为:地震、水文、腐蚀、冲刷、全桥墩台沉降、日常检查养护等。数据输入位置为 DPC
In4	其他系统数据	指需要从外界系统获取的数据,外界系统主要包括:气象(环境数据)、水文(环境数据)、航道监控(航道视频数据)、交通监控(交通视频数据)、青岛胶州湾大桥工程项目管理信息系统中的桥梁设计及施工数据。对于气象、水文、航道、交通监控数据的输入位置为 DPC, 建设期 MIS 和巡检养护管理系统数据则直接存入相关的数据库中

整个系统的输出为 5 部分内容,如下 5.1-4 所示。

管理系统的输出内容 表 5.1-4

编号	系统输出名称	系统输出描述
Out1	系统监测的原始数据	各数据源收集的各监测内容的原始数据,输出形式为数据和图表
Out2	系统监测的处理后数据	各数据源收集的各监测内容的监测数据的处理后数据,输出形式为数据和图表
Out3	系统工作状态	系统各组成单元(传感器、采集工作站、交换机、服务器)的工作状态,输出形式为数据及报告文件
Out4	预警及状态评估信息	结构预警信息以及评估各时段、各状况、各层次的状态评估报告,输出形式为评估报告文件,包括大桥评估报告
Out5	巡检养护的信息	系统发出的巡检要求及指导养护的报告,以及养护费用等统计报告,输出形式为数据和文件

系统各部分间数据交互如表 5.1-5 所示。(其中 SS 指传感器系统)

管理系统各部分数据交互 表 5.1-5

编号	交 互 位 置	交互数据描述
EP12	DAU——DPC	DAU→DPC:SS 产生的原始数据、一定时间段内的数据文件、DAU 中设备状态; DPC→DAU:工作站参数设置命令
EP24	DPC——DBServer	各类监测数据、处理后数据、健康状态数据、结构资料数据、系统参数数据、系统维护数据、超阈值事件数据、结构模型数据、巡检养护数据等的存储与查询利用

续上表

编号	交互位置	交互数据描述
EP23	DPC——WEB	DPC→WEB:WEB 应用门户调用 DPC 后台处理数据结果显示
EP34	DBServer——WEB	DBServer→WEB:WEB 应用门户调用 DBServer 中的各类数据库进行相关业务处理
EP15	SMC——DAU	DAU→SMC:SS 产生的原始数据、一定时间段内的数据文件、DAU 中设备状态; SMC→DAU:工作站参数设置命令、工作站驱动程序
EP25	SMC——DPC	DPC→SMC:系统所有设备工作状态,系统各 DAU 中的各类数据; SMC→DPC:系统参数设置命令、系统程序

注:SS 指传感器系统。

以上为系统业务功能总体数据流程的描述,以下将按照组成系统的 5 部分分别描述其数据流程。

5.1.3 采集工作站数据流程

根据就近采集的原则,数据采集工作站一般位于桥梁箱梁内,一端与传感器系统(SS)相连,一端通过光纤环网与管理机房内的数据处理服务器(DPC)相连。其输入输出数据如表 5.1-6所示。

数据采集工作站的输入输出 表 5.1-6

编号	输入输出类型	数据描述
InP1	输入	固定布置传感器的实时监测信号,临时布置传感器的实时监测信号; DPC 传送至本 DAU 的控制信号和参数
OutP1	输出	与本 DAU 相连的各类传感器产生的原始监测数据、一定时间段内的监测数据文件、本 DAU 中设备状态标识

数据采集工作站内的主要业务功能模块及其功能描述如表 5.1-7 所示。

数据采集工作站的业务功能 表 5.1-7

编号	业务功能名称	业务功能描述
F101	工作站参数配置	维护本 DAU 相关的各设备(传感器和采集设备)的各类参数,包括设备编码、传感器驱动、采样参数及条件、存储参数、传输参数和采样控制参数等
F102	信号调理与转换	接收与本 DAU 相连的传感器的信号,经放大、过滤后,转换成原始数字信号
F103	数字信号处理	将原始数字信号转换成系统监测需要的原始数据
F104	数据采样	根据采样参数设置,对传感器的原始数据进行采样
F105	采样控制	根据采样控制参数确定的采样控制策略,分析处理采样的原始数据,并通过调节采样参数控制传感器的数据采样,以实现任意情况下(包括 DAU 至 DPC 的网络中断的情况下)采样数据的完整性
F106	数据本地存储	将采样的原始数据按照存储参数确定的存储策略和存储格式进行数据本地存储
F107	系统自检	检测本 DAU 相关设备(传感器和采集仪)的工作状态
F108	DAU 端数据通信	将本 DAU 产生的各类数据按传输参数确定的传输策略发送至 DPC,并接收 DPC 传输至本 DAU 的控制信号和参数

数据采集系统设计和实现还必须实现以下功能要点：

(1)传感器系统的数据采集方式必须统一规划，易于扩展。

(2)不同的传感器系统的采集方式和所使用的设备不同，但其基本采集和数据通信方式必须统一，以利于系统的动态扩展。根据本系统中的传感器类型，采集方式可分为基于PXI-RT类传感器数据采集系统和独立传感器数据采集系统大类(参见总体技术路线)，但不管那种数据采集方式，最后数据通过统一的通信接口协议传输到DPC中。参见F108。

(3)数据采集系统应能在无人值守条件下连续运行，采集得到的数据可供远程传输和共享，采样参数可远程在线设置。对于各类数据采集方式都设计成24×7h的工作方式，并保证系统运行负载在合理范围内。参见F104及F201。

(4)采用基于实时操作系统平台的数据采集与传输系统保证高采样频率的数据采集的稳定可靠性。PXI采集系统运行在实时操作系统平台上。参见总体技术路线。

(5)对所有传感器信号按照相应的采集制度和采样频率进行实时数据采集和预处理；对过高采样频率的数据必须进行重采样处理。参见F104。

(6)数据采集工作站采集数据必须实现时间同步。对于高采样频率的数据时间戳的偏差必须小于采样周期/10，低频率采样的时间戳偏差也不得高于10ms。对于高采样频率的时间戳同步通过硬件本身实现，如GPS、板卡同步。对于低采样频率的时间同步则通过设置全局时钟服务器的方式实现。

(7)数据传输系统必须提供合理的暂存和发送机制以保证在恶劣的网络环境下原始数据的及时传输，并且保证数据的完整性。原始数据可以在数据采集工作站上以滚动覆盖的方式保存15d。各数据采集工作站开辟独立的空间滚动存放历史数据。参见F106。

(8)所有数据采集工作站采集的数据必须以统一的方式存储和实时传输到DPC服务器，传输的时间延迟小于1s。实时数据传输可以断点续传，并支持缓冲最多半小时的原始数据。建立TCPIP连接，数据实时传输。参见F108。

(9)系统具有实时自诊断功能，能够识别传感器失效、信号异常、子系统功能失效或系统异常等。出现故障时，系统应能立即自动地将故障信息上传至数据处理与控制服务器(DPC)，并激活警报信息，与此同时，隔离故障传感器或子系统以保障其余部分正常工作。参见F107。

(10)当系统的一个或多个部分暂时断电时，系统的各个部分应无需人为干涉即可自动重新启动、同步校准和继续正确运行，并保留断点信息。参见F108。

(11)数据传输协议基于TCP/IP标准。

(12)所有连续记录的数据以小时为单位进行保存，采用二进制压缩文件格式。

(13)按照相同的文件结构、单一的每小时文件名和不同采样频率，自动集成原始和导出的时间序列数据以及每小时文件。

(14)序列数据的文件头应具有详细的采集信息及事件信息，如：采样频率、通道号、数据时段、数据读数开始时间和事件信息等。

在下面的功能介绍中将按照以上要求对数据采集工作站(DAU)的功能进一步描述。

5.1.3.1 工作站参数配置(F101)

工作站参数配置的数据流程如图5.1-3所示。

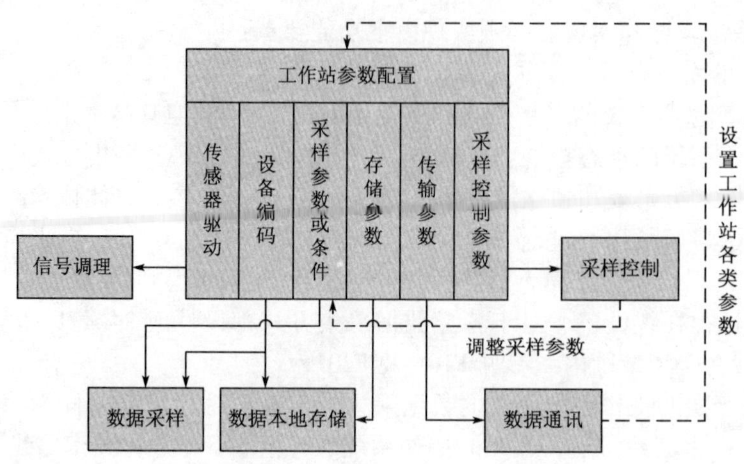

图 5.1-3　工作站参数配置数据流程图

本功能主要维护管理工作站内的各项参数。各项参数的内容如表 5.1-8 所示。

工作站各项参数　　表 5.1-8

编号	参数类型	参数内容和含义	
Pa1	传感器驱动	驱动传感器正常工作的参数	
Pa2	设备编码	传感器和采集仪的编码:传感器和采集仪在本系统中的唯一标识编码 基本资料:如设备的技术参数、图片等	
Pa3	采样参数	采样频率:每秒采样点数,计量单位为 Hz 触发阀值:当传感器本身监测数值达到该阀值后,启动该传感器数据采样 采样时间间隔:当 DAU 时间处在该时间间隔段内,启动该传感器数据采样 采样开关:开关量,处在开时,启动该传感器数据采样	
Pa4	存储参数	存储格式:监测原始数据存储的格式,针对传感器类别设置 存储时间段:监测原始数据存储的固定时间段,针对传感器类别设置 清理时间:存储介质清理存储内容的时间段,针对工作站设置	
Pa5	传输参数	传输时间段:工作站数据文件的传输时间段	
Pa6	采样控制参数	数据处理类	数据处理类型:数据处理的类型,如均值,按传感器类型设 处理时间段:特定处理类型的处理时间段,按传感器类型设
		比对参数	数据处理类型:用于比较的数据处理类型,按传感器类型设 设计比对值:特定处理类型的设计比对值,每个传感器有多个 比对方式:监测值与设计值的比对方式,按传感器类型设
		控制参数	比对类型的比对结果:如结果是 >0 或者 <0 等 调整策略:相应的调整参数取值等

工作站参数可以通过数据通信模块,由 DPC 或者 SMC 来维护设置。

5.1.3.2　信号调理与转换(F102)

工作站信号调理与转换的数据流程如图 5.1-4 所示。

上图中,传感器指与 DAU 相连的固定设置传感器和临时设置传感器。信号调理与转换各子功能如表 5.1-9 所示。

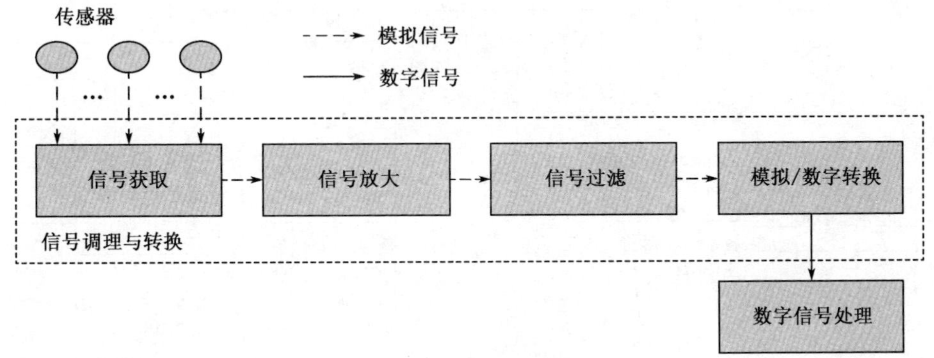

图 5.1-4　信号调理与转换数据流程图

工作站调理与转换功能　　表 5.1-9

编号	业务功能名称	业务功能描述
F102-01	信号获取	获取传感器的模拟信号
F102-02	信号放大	将获取的模拟信号放大
F102-03	信号过滤	对模拟信号进行过滤
F102-04	模拟/数字转换	对过滤后的模拟信号进行模拟/数字转换,生成原始数字信号

该业务功能针对不同类型的传感器有不同的调理方法。

5.1.3.3　数字信号处理(F103)

数字信号处理的数据流程如图 5.1-5 所示。

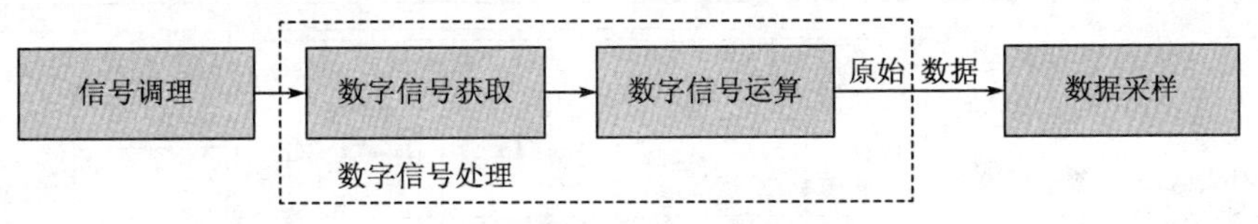

图 5.1-5　数字信号处理数据流程图

数字信号处理的各子功能如表 5.1-10 所示。

数字信号处理的业务功能　　表 5.1-10

编号	业务功能名称	业务功能描述
F103-01	数字信号获取	获取信号调理与转换后的传感器原始数字信号
F103-02	数字信号运算	对获取的原始数字信号进行运算加工,以生成与监测内容相符的原始数据

该业务功能针对不同类型的传感器有不同的数字信号运算方法。

5.1.3.4　数据采样(F104)

数据采样的数据流程如图 5.1-6 所示。

数据采样的目的是获取并记录传感器的监测数值,其功能的输入输出可以用下表描述,数据采样功能根据电气原理的不同具体设计,满足 24 ×7h 连续采集的要求。所有传感器信号按照相应的采集制度和采样频率进行实时数据采集和预处理;对过高采样频率的数据必须进行重采样处理。重采样可以通过软滤波的方式实现。数据采样的输入输出数据如表 5.1-11所示。

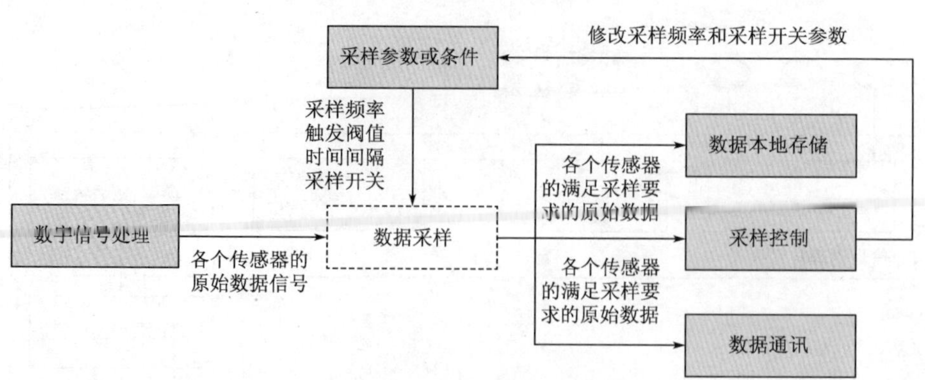

图 5.1-6　数据采样数据流程图

数据采样(F104)的输入输出　　表 5.1-11

编号	输入输出类型	数 据 描 述
InF104	输入	各传感器按照采集设备的采样频率生成的原始数据信号,传感器的采样参数(采样频率、触发阀值、时间间隔、采样开关)
OutF104	输出	各传感器按照传感器采样频率相应的原始数据,该原始数据同时向数据存储、采样控制和数据通信发送

5.1.3.5　采样控制(F105)

采样控制的数据流程如图 5.1-7 所示。

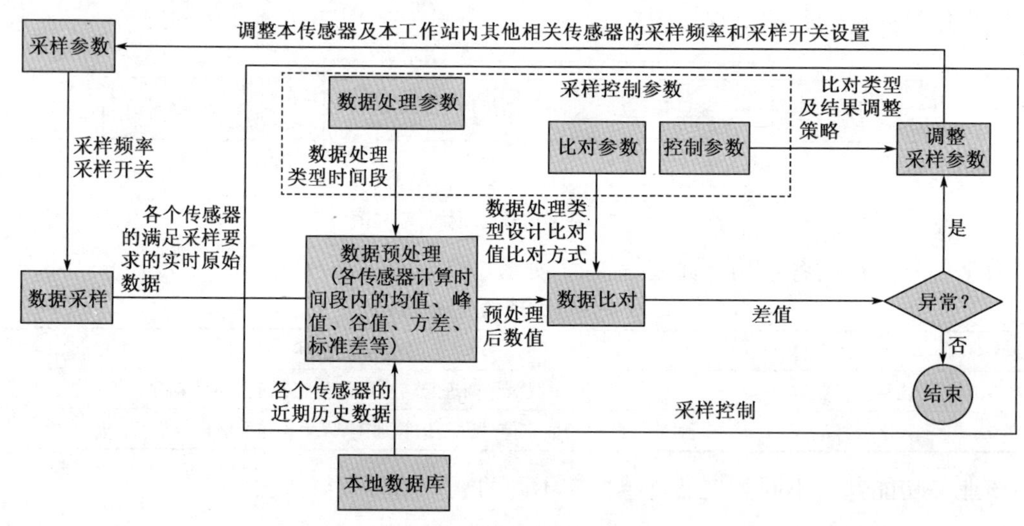

图 5.1-7　采样控制数据流程图

采样控制的各个子功能如表 5.1-12 所示。

采样控制的业务功能　　表 5.1-12

编号	业务功能名称	业务功能描述
F105-01	数据预处理	对各个传感器的原始监测数据按照数据处理参数的要求进行数据预处理,数据预处理的主要方法为简单统计法,且数据预处理只涉及传感器本身的监测数据(实时的和近期历史的)

续上表

编号	业务功能名称	业务功能描述
F105-02	数据比对	针对不同的预处理数据类型,按照比对参数的设置,将该传感器的预处理后数据和设计比对值进行比较,主要的比对方式是均值比对
F105-03	调整采样参数	当比对结果显示数据异常时,为确认异常状况,需要提高采样频率,获取更多的数据用以分析,此处采用调整采样参数的方式实现。其中采样参数涉及该DAU内各传感器的采样参数或采样开关

5.1.3.6 数据本地存储(F106)

数据本地存储的数据流程如图5.1-8所示。

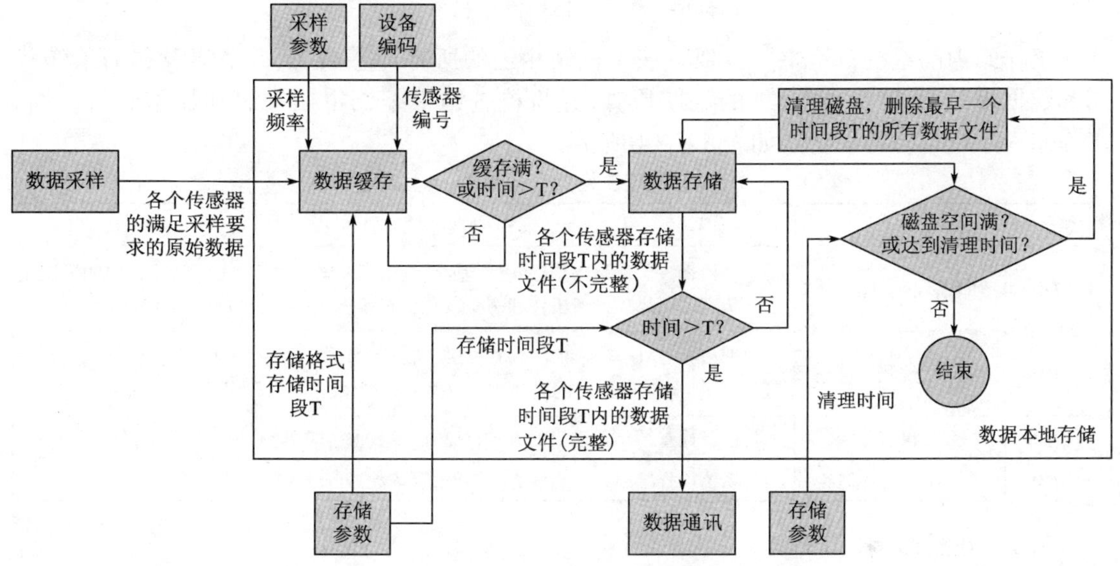

图5.1-8 数据本地存储数据流程图

数据本地存储主要实现的功能是数据采集工作站中各传感器监测原始数据的存储。为保证数据存储的效率和减少存储介质的故障率,采用缓存技术。该业务功能各子功能如表5.1-13所示。

数据本地存储的业务功能 表5.1-13

编号	业务功能名称	业务功能描述
F106-01	数据缓存	将采样到的传感器监测原始数据先在缓存介质中临时存储
F106-02	数据存储	定期将缓存中的监测原始数据保存到磁盘中,按时间要求分组编档,每个传感器每个时间段编制一个数据文件,该时间段由存储参数确定
F106-03	磁盘清理	在一定时间后,定期清理磁盘,删除时间较早的数据文件,判断时间按照工作站保留监测原始数据的最短时间长度要求确定

5.1.3.7 系统自检(F107)

工作站系统自检的数据流程如图5.1-9所示。

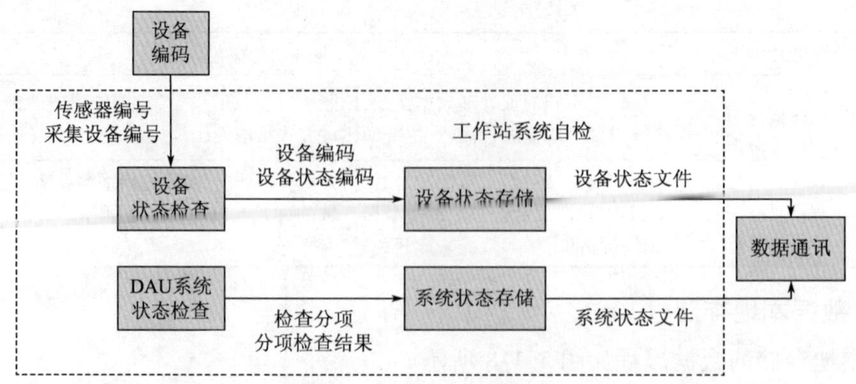

图 5.1-9　工作站系统自检数据流程图

工作站内的系统自检主要实现对该工作站相连的所有传感器、数据采集设备的工作状态和数据采集设备各检查分项的定期检查,并将检查结果编档定期发送到数据通信模块。工作站内系统自检的子功能如表 5.1-14 所示。

系统自检的业务功能　　表 5.1-14

编号	业务功能名称	业务功能描述
F107-01	设备状态检查	定期检查该工作站每个设备(传感器和数据采集设备)的工作状态,按照预定的设备状态编码描述设备工作状态。设备状态编码如:0(正常)、1(异常)
F107-02	DAU 系统状态检查	定期检查 DAU 系统的工作状态,采用检查分项的方式检查,检查分项如:系统CPU、内存、硬盘的使用情况,网络、数据采集卡、数据发送程序的工作状态等
F107-03	设备状态存储	将设备检查结果以适当的方式存储,以备数据传输
F107-04	系统状态存储	将系统检查结果以适当的方式存储,以备数据传输

5.1.3.8　数据通信(F108)

数据采集工作站端的数据通信的数据流程如图 5.1-10 所示。

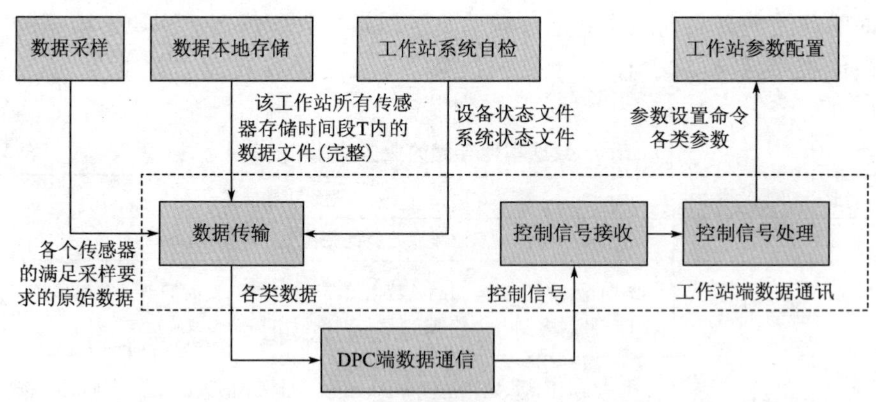

图 5.1-10　端数据通信数据流程图

数据采集工作站端的数据通信主要实现工作站的监测数据和状态数据向 DPC 传输,以及接收 DPC 端发送来的控制信号。数据采集工作站的数据通信的子功能如表 5.1-15 所示。

数据通信的业务功能

表 5.1-15

编号	业务功能名称	业务功能描述
F108-01	数据传输	实时传输该工作站监测的原始数据 定时传送该工作站监测的最近一个时段的历史数据文件 定时传送该工作站系统自检报告
F108-02	DPC 控制信号接收	接收来自 DPC 的控制信号
F108-03	控制信号处理	按照控制信号的要求,维护工作站各类参数

数据通信是 DAU 与 DPC 交互的唯一接口,为了保持系统的扩展性,支持更多的传感器类型,该数据接口的实现还必须考虑以下要素:

(1)跨平台性,支持 PXI Realtime 操作系统,Windows 系列平台,Unix、linux 平台;

(2)支持断点续传功能,发送缓冲必须可以容纳 30 分钟的数据;

(3)具有高性能。

5.1.4 数据处理服务器数据流程

数据处理服务器位于监控中心机房内,一端与同一机房内的数据库服务(DBServer)相连,一端通过光纤环网与分布在全桥各段的数据采集工作站(DAU)相连。其输入输出数据如表 5.1-16 所示。

数据处理服务器的输入输出

表 5.1-16

编号	输入输出类型	数 据 描 述
InP2	输入	DAU 产生的实时监测数据、定期发送的历史监测数据和 DAU 工作状态报告 巡检养护录入的监测数据和报告 取自其他系统的监测相关数据 数据库服务器中存储的各种结构化数据
OutP2	输出	向数据库服务器发送的各种结构化数据

数据处理服务器内的主要业务功能模块及其功能如表 5.1-17 所示。

数据处理服务器的业务功能

表 5.1-17

编号	业务功能名称	业务功能描述
F201	DPC 端数据通信	接收来自各 DAU 的监测数据(实时和历史的),获取外部网站或系统的公开数据,用户监测数据和监测报告的人工录入
F202	数据处理	对接收的各传感器的各时间段数据进行预处理、二次处理及数据融合,并对接收的原始数据和处理后数据定期存储到各个数据库中,并组织管理接收的各类文件
F203	预警评估	对各传感器的处理后数据,结合系统其他信息,按照预定的方式进行逐级预警(初级预警、结构预警),对结构的内力状态进行识别,对日常使用状况和突发事件时结构状态进行评估, 每月定期收集汇总数据编制结构监测月报
F204	系统维护及自检	维护系统参数和结构模型,定期检查 DPC/OES 系统的工作状态,定期检查交换机工作状态,并将工作状态存入系统维护数据库
F205	数据显示	对系统监测的数据和相关资料的显示,显示方式为列表、图形、数字模型等
F206	巡检养护管理	基于电子化的养护管理手册,结合评估模块的养护指导意见,进行日常的结构巡检及养护的管理,并对各类档案及费用进行有效的管理

用户通过信息门户网站 WEB 的方式使用 DPC 的数据处理、预警评估、巡检养护、系统维护及自检、数据显示、系统设置等功能。部分功能如数据通信、在线数据融合处理等则在后台自动运行。

下面分别描述数据处理服务器上各个业务功能的数据流程。

5.1.4.1 数据通信(F201)

DPC 端数据通信的数据流程如图 5.1-11 所示。

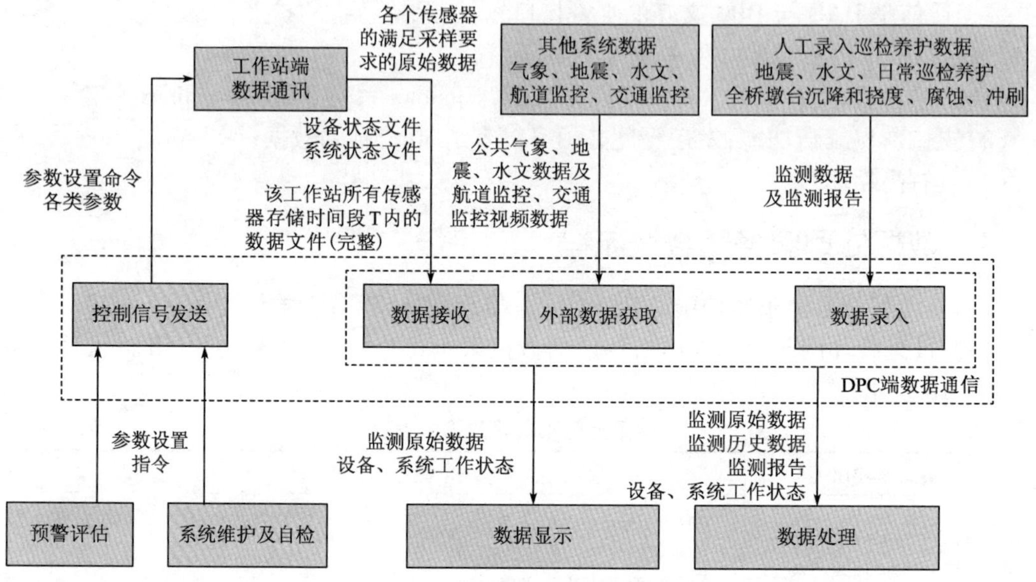

图 5.1-11 DPC 端数据通信数据流程图

DPC 端数据通信的功能主要是接收 DAU 的数据,获取外部系统的数据,人工录入数据和向 DAU 发送控制信号。DPC 端数据通信的子功能如表 5.1-18 所示。

数据通信(F201)的业务功能 表 5.1-18

编号	业务功能名称	业务功能描述
F201-01	数据接收	实时接收来自各 DAU 的监测原始数据 定期接收来自各 DAU 的监测历史数据文件 定期接收来自各 DAU 的工作状态报告
F201-02	外部数据获取	获取公共信息:气象、地震、水文 获取航道监控系统的航道监控视频数据 获取交通监控系统的交通监控视频数据
F201-03	数据录入 (巡检养护子系统)	人工录入地震、水文、腐蚀、冲刷、日常巡检养护的报告 人工录入全桥墩台沉降、日常巡检检查的可量化的结构化数据
F201-04	控制信号发送	向 DAU 发送控制信号,以设置或调整各 DAU 的工作参数

5.1.4.2 数据处理(F202)

数据处理的数据流程如图 5.1-12 所示。

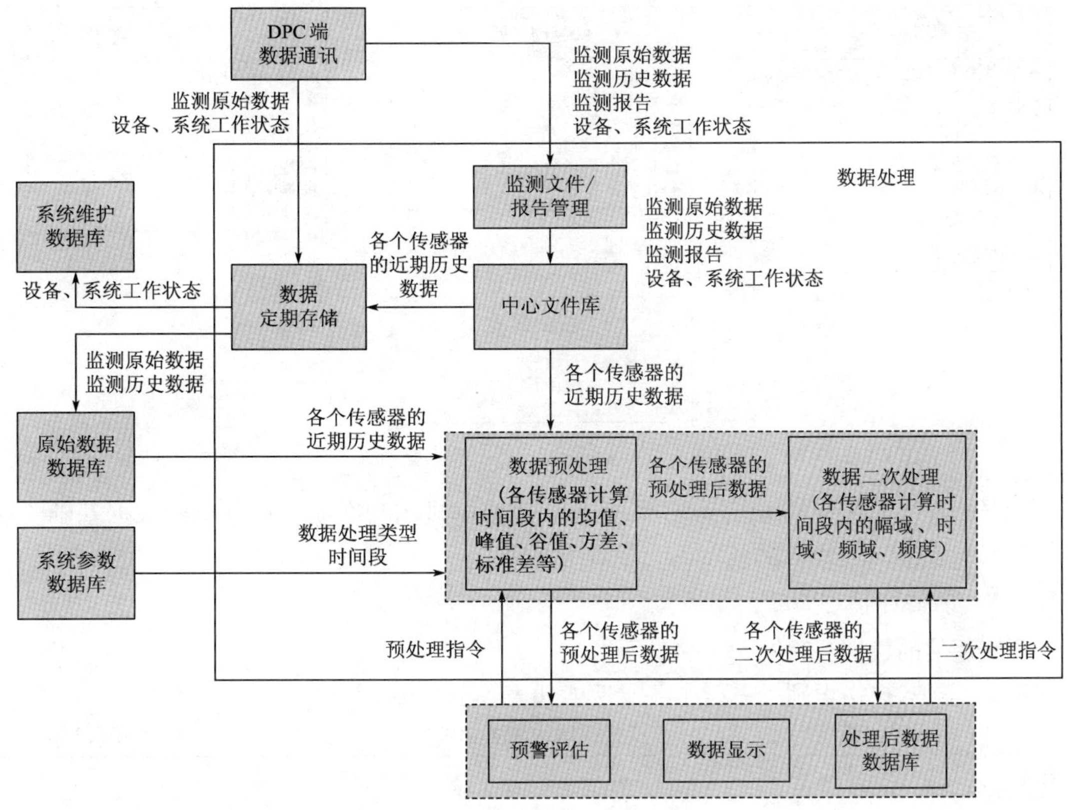

图 5.1-12　DPC 端数据处理数据流程图

数据处理的主要功能是接收数据的存储和处理，其各子功能如表 5.1-19 所示。

数据处理(F202)的业务功能　　表 5.1-19

编号	业务功能名称	业务功能描述
F202-01	监测文件/报告管理	将 DPC 端数据通信接收的监测原始数据文件、历史数据文件、各类监测报告、设备系统工作状态报告等按事先划分的文档分类有组织的定期存放于系统的中心文件库
F202-02	数据定期存储	将接收的传感器监测的原始数据(通过人工录入的部分)、历史数据(从 DAU 传送过来的部分)储存入原始数据数据库，设备系统工作状态(从 DAU 传送过来的部分)储存入系统维护数据库
F202-03	数据预处理	将传感器近期的数据按照数理统计的方法计算相应时间段内的均值、峰谷值、方差、标准差等，计算结果存储入处理后数据库，并向在线评估和数据显示模块传送
F202-04	数据二次处理	在预处理的基础上，继续对原始数据进行二次处理，计算各传感器监测数据在相应时间段内的幅域、时域、频域和频度数据，计算结果存储入处理后数据库，并向在线评估和数据显示模块传送。同时根据数据融合处理的要求可对多种传感器不同通道的数据进行数据融合分析处理

表 5.1-19 中对于二次处理的幅域、时域、频域和频度数据也可以用图 5.1-13 来描述。

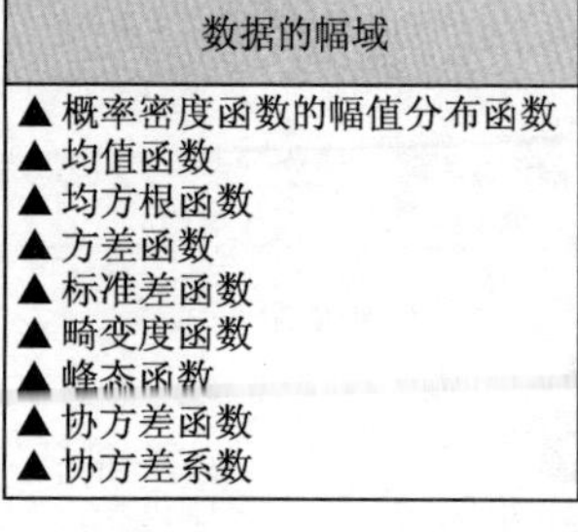

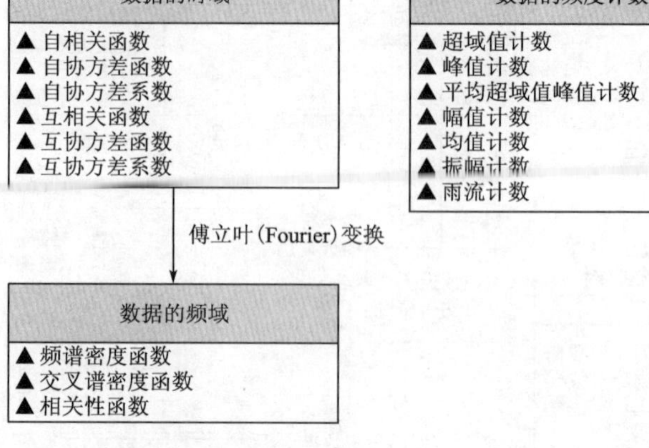

图 5.1-13　DPC 端数据处理类别示意图

数据处理是 DPC 上的核心计算部分,是其后数据显示和在线评估分析的数据基础。数据预处理和数据二次处理也可为在线评估功能调用。

5.1.4.3　预警评估(F203)

预警评估的数据流程图 5.1-14。

预警、评估、损伤识别子系统中各子功能如表 5.1-20 所示。

预警评估的业务功能　　表 5.1-20

编号	业务功能名称	业务功能描述
F203-01	预警	根据预处理数据的简单比对进行初级预警,再根据初级预警信息进行时间、空间融合分析,判断异常产生的原因,并根据结构响应确定异常大小及对结构性能的影响
F203-02	结构状态评估	对结构的健康状况以及可能的发展趋势有清晰的了解,对结构构件的不正常表现做出即时诊断并找出其根源,及早发现灾难性破坏的隐患
F203-03	损伤识别	根据传感器系统的测量值或其衍生量以及电子化人工巡检结果,对桥梁整体与局部性能做出合理评估,判断损伤是否发生、损伤发生位置及损伤发生程度
F203-04	结构监测月报	每月汇总监测的原始数据,做汇总及趋势分析后编制月报

预警结构状态评估、损伤识别和结构监测月报各个子功能,分别如表 5.1-21、表 5.1-22、表 5.1-23 和表 5.1-24 所示。

预警的业务功能　　表 5.1-21

编号	业务功能名称	业务功能描述
F203-01-01	初级预警	对收集的各种原始数据的处理后数据按照预定的模型和参数进行比对,并在发现比对异常后,启动采样控制以进一步分析数据是否有误,在确定无误后,发出初级预警的信号。其中比对所用的参数和模型从结构模型数据库和系统参数数据库中获取
F203-01-02	综合预警	利用人工神经网络法,对初级预警信息进行时间、空间融合分析,判断异常产生的原因,并根据结构响应确定异常大小及对结构性能的影响

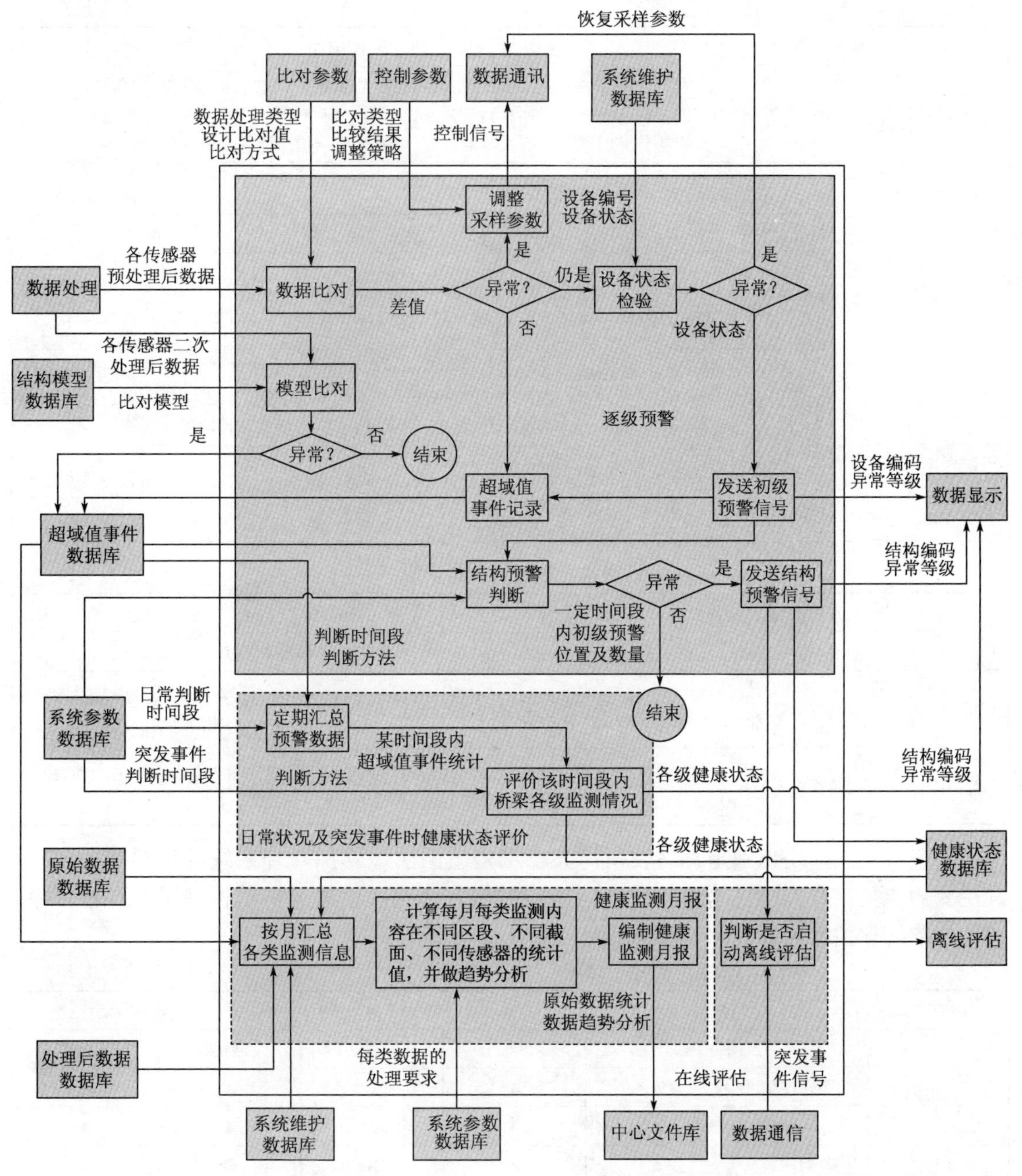

图 5.1-14　预警评估数据流程图

结构状态评估的业务功能　　表 5.1-22

编号	业务功能名称	业务功能描述
F203-02-01	在线评估	对实时采集的监测数据和电子化人工检测数据进行基本的统计分析、趋势分析，并与其阈值比对，给出结构的初步安全状态评估，在线实时自动评估结构监测数据的情况

续上表

编号	业务功能名称	业务功能描述
F203-02-02	离线评估	在结构评估服务器上进行,主要对各种监测数据(包括其他系统、日常管养等)进行综合的高级分析,如内力状态分析、动力响应特性分析等。这些方法通常需占用一定的计算时间来进行大量的计算,以便给出结构全面综合的评估结论

损伤识别的业务功能 表 5.1-23

编号	业务功能名称	业务功能描述
F203-03-01	局部无损检测技术	在不影响结构或构件性能的前提下,通过测定某些适当的物理量来判断结构或构件损伤性能的检测方法,主要通过电子化人工巡检来实现,如红外检测、微波探测等
F203-03-02	基于振动理论的损伤识别	通过定期对测量的加速度传感器响应信号进行谱分析处理,实现对各航道桥的历史模态参数的在线识别,并能根据历次识别结果,对模态参数及其导出的结构状态指标进行长期趋势跟踪,及时发现桥梁结构可能的损伤和长期退化的规律
F203-03-03	基于应变历程的疲劳损伤预测	通过对各时段应变信号的统计分析得到施加在构件上的应力谱,结合桥梁损伤理论进行疲劳、损伤分析

结构监测月报业务功能 表 5.1-24

编号	业务功能名称	业务功能描述
F203-04-01	定期汇总监测数据	收到月报编制信号后,自动收集本月监测的各种原始数据和处理后数据
F203-04-02	监测数据处理	对收集的各类监测数据,按照月报数据处理的要求进行数据处理,处理类型为预处理和相应的二次处理,以及相应的模型比对结果,并做相关的趋势分析
F203-04-03	编制结构监测月报	汇总月报处理后数据,生成结构监测月报初稿,并提供用户再次编辑的功能,由用户手工完成月报的最后整理编制,并挂接入系统的中心文件库

预警、评估、损伤识别是青岛胶州湾大桥结构监测巡检养护管理系统的重要组成部分,其主要功能是在线实时自动预警及评估结构的状态情况。根据大桥结构健康的评估体系,在线评估的评估范围如表 5.1-25 所示。

结构评估层次划分 表 5.1-25

层次序号	→	1	2	3	4	5
↓		全线	区段	部件	断面	监测点
1	综合评估	▲	▲	▲	▲	▲
2	分项评估	▲	▲	▲	▲	▲
3	监测内容	▲	▲	▲	●	●
4	传感器	●	●	●	●	●

注:1. ●表示在线评估。
2. ▲表示离线评估。

表中层次序号越小,则表示评估的层次越高,数据综合性越强。表中由左至右的层次表示不同的监测范围层次,如在某个监测截面的范围内;表中由上至下的层次表示不同的评估层次,如就某个监测内容进行评估。实时评估的评估结论可以描述为某个层次的监测范围内的监测数据在各评估层次内是否正常,如:上表中行号 4 和列号 4 的交叉点的评估表示就某个监测截面的各个监测内容进行监测数据状态的评价。在线评估的结果为监测数据的状态,这个状态可以使用系统维护功能定义,如可以定义为正常或不正常。系统根据监测数据始终在进行在线的评估运算,并将判断结果直接发送到数据显示部分用于直接显示。如需就结构安全、耐久、使用性上做出评价,则需要通过专家级的进一步离线评估才能实现。

5.1.4.4 系统维护及自检(F204)

系统维护及自检的数据流程如图 5.1-15 所示。

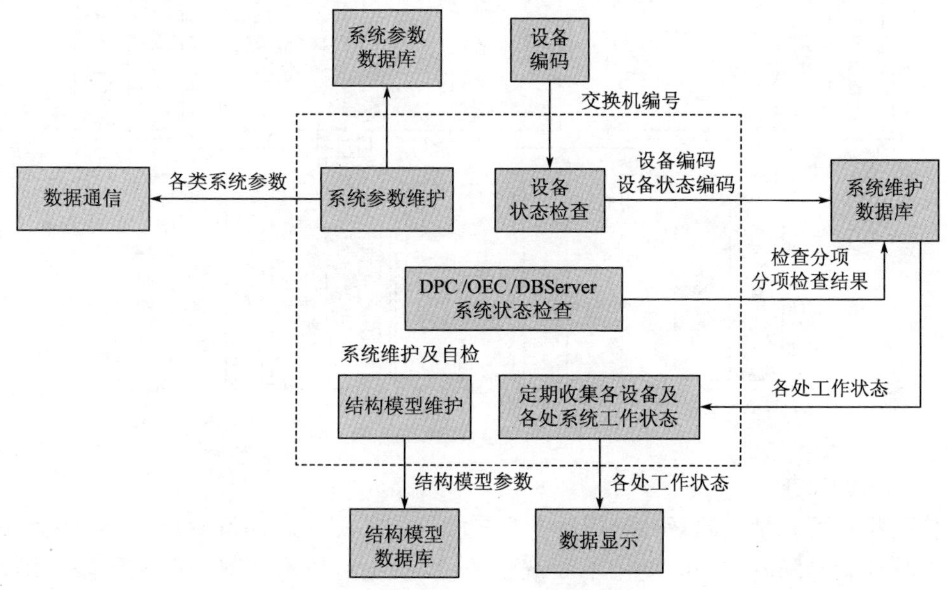

图 5.1-15 系统维护及自检数据流程图

系统维护及自检主要实现两大块功能,一是系统参数和结构模型的维护,二是 DPC 及 WEB 相连设备和系统的工作状态自检及结果存储。其各子功能可以用如表 5.1-26 所示。

系统维护及自检的业务功能 表 5.1-26

编号	业务功能名称	业务功能描述
F204-01	设备状态检查	定期检查光纤环网所有交换机的工作状态,按照预定的设备状态编码描述设备工作状态。设备状态编码如:0(正常)、1(异常)
F204-02	DPC/WEB/DBServer系统状态检查	定期检查 DPC、WEB 和 DBServer 系统的工作状态,采用检查分项的方式检查,检查分项如:系统 CPU、内存、硬盘的使用情况,网络、数据采集卡、数据发送程序的工作状态等等
F204-03	定期收集各设备及各处系统工作状态	定期收集各设备(传感器、数据采集设备、交换机)及各处系统(DAU/DPC/WEB/DBServer)的工作状态
F204-04	系统参数维护	维护系统参数,系统参数的具体描述见下文
F204-05	结构模型维护	维护结构模型,具体描述见下文

以下分别详细描述系统维护的业务功能。

1)系统参数维护

系统参数指要维持健康监测正常运行所必须的各类参数,这些参数包括各种设备信息

(监测范围、传感器、工作站、通道)、传感器采样参数、健康状态设置参数、设备工作状态参数、系统存储参数、数据处理类型参数等。系统参数维护的内容如图5.1-16所示。

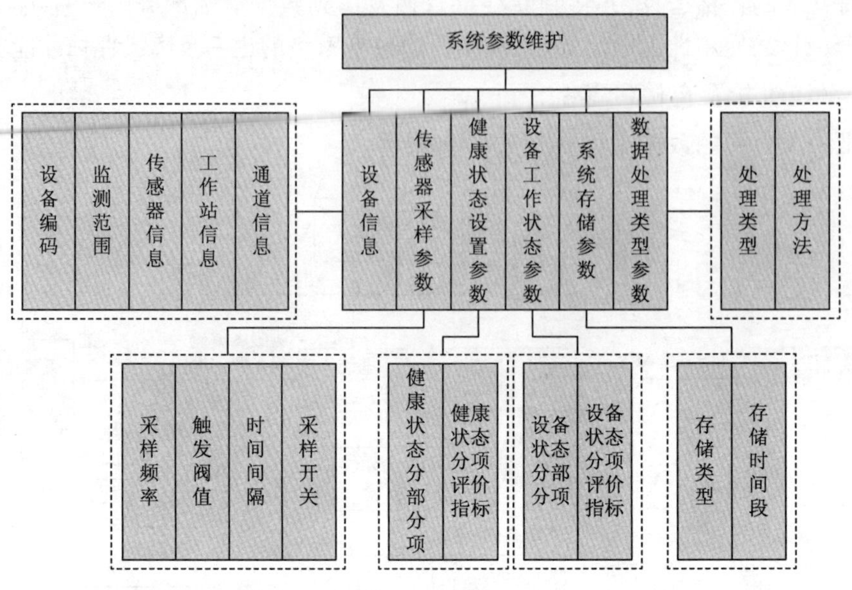

图5.1-16　系统参数维护功能示意图

2)结构模型维护

结构模型指可以量化的青岛胶州湾大桥各类结构监测状态评价参数和评价模型的计算方式。结构模型是随着结构的使用不断调整的,本系统对结构模型进行3年修正维护。影响结构模型的因素有:设计允许值、初始采集数据、成桥试验结果、后期采集数据。结构模型修正如图5.1-17所示。

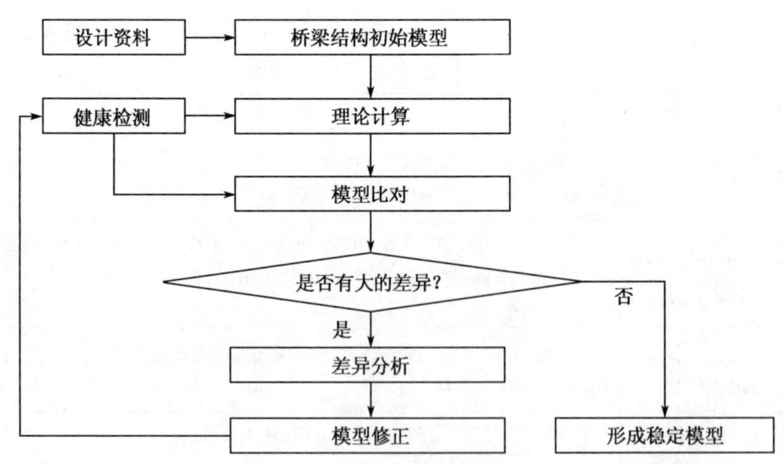

图5.1-17　桥梁结构模型修正示意图

5.1.4.5　数据显示(F205)

数据显示的数据流程如图5.1-18所示。

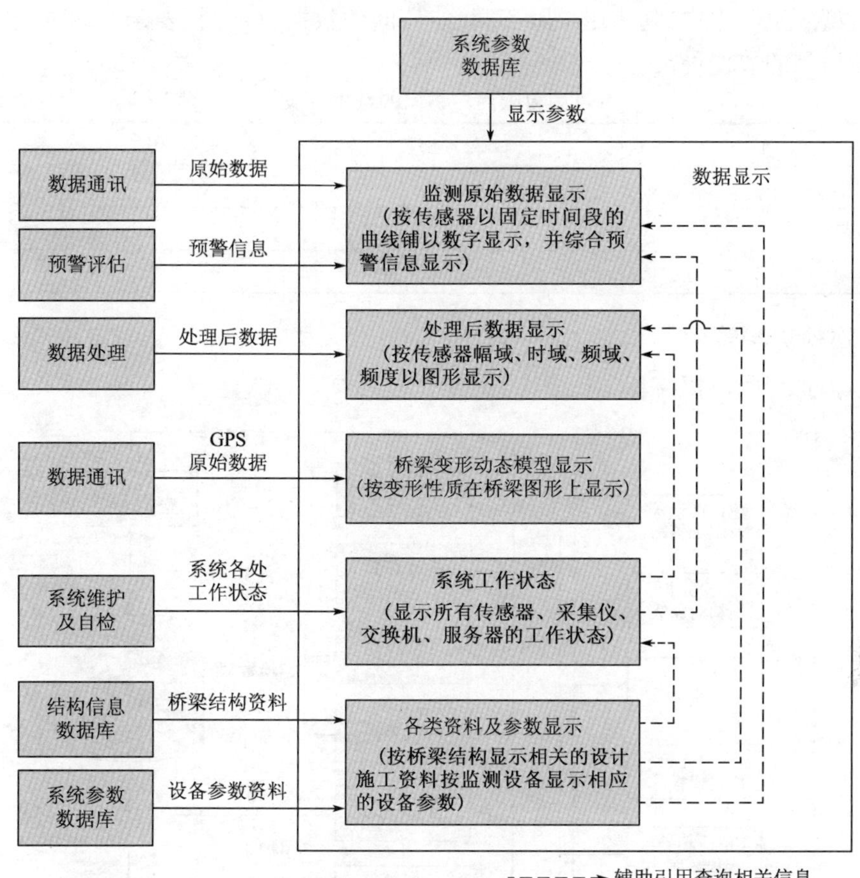

图 5.1-18　数据显示数据流程图

数据显示的主要功能是集中显示系统各类数据及资料，主要实现 5 个方面的数据或资料的显示，这 5 个方面与数据显示的子功能如图 5.1-27 所示。

数据显示的 5 个业务功能　　表 5.1-27

编号	业务功能名称	业务功能描述
F205-01	监测原始数据显示	在各监测区段、监测截面的背景图上，按传感器以固定时间段的曲线辅以数字显示监测的原始数据，并综合预警信息显示，此外还可以选择查看传感器本身的参数资料及其相应部位结构的设计和施工资料
F205-02	处理后数据显示	在各监测区段、监测截面的背景图上，按传感器幅域、时域、频域、频度以图形显示处理后数据，此外还可以选择查看传感器本身的参数资料及其相应部位结构的设计和施工资料
F205-03	桥梁变形动态模型显示	按变形性质在桥梁图形上显示，实现桥梁 XYZ 三个视角的变化投影曲线，用以示意桥梁整体的变形情况
F205-04	系统工作状态	以桥梁图片为背景，显示所有传感器、采集仪、交换机、服务器的位置及工作状态，并可查询相应采集仪、交换机、服务器上运行系统的工作状态及查询各设备本身的参数资料
F205-05	各类资料及参数显示	按结构显示相关的设计施工资料 按监测设备显示相应的设备参数 按监测内容显示各类监测报告和评估报告

不同类型的系统用户，其使用权限不同，能访问的数据也不同，表5.1-28描述了不同权限用户所能访问的数据种类。

不同权限用户访问的数据种类　　表5.1-28

用户级别	原始数据	处理后数据	数据利用	系统参数
最高权限	√	√	√	√
次高权限	√	√	√	
最低权限	√	√		

5.1.4.6 巡检养护管理

巡检养护管理的数据流程如图5.1-19所示。

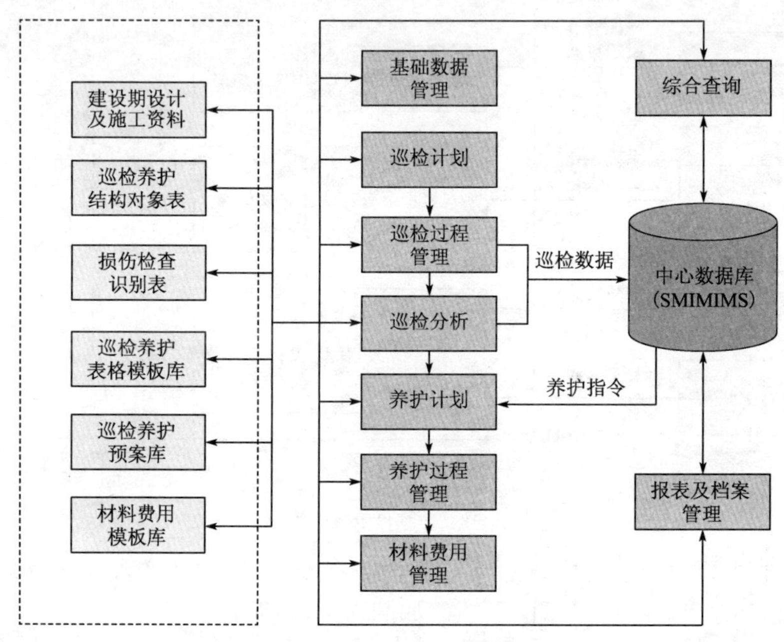

图5.1-19　巡检养护管理数据流程图

电子化人工巡检养护管理子系统主要实现5个功能模块，如表5.1-29所示。

巡检养护管理的业务功能　　表5.1-29

编号	业务功能名称	业务功能描述
F206-01	基础数据管理	系统管理员对子系统的基础数据进行管理。具体包括建设期设计施工资料、巡检养护结构对象表、损伤检查识别表、巡检养护表格模板库、巡检养护预案库以及材料费用模板库
F206-02	巡检管理	对人工巡检工作进行管理。具体包括巡检计划、巡检过程管理和巡检分析
F206-03	养护管理	对养护工作进行管理。具体包括养护计划、养护过程管理和材料费用管理
F206-04	综合查询	用户可以通过信息查询模块，对巡检记录和结构档案等信息进行查询。在查询方式上，除提供传统的基于数据的查询方式外，还将与大桥的三维模型相结合，提供一种直观的、可视化的查询方式
F206-05	报表及档案管理	系统通过对巡检养护数据进行统计分析，生成相应的统计分析报表。巡检养护过程产生的各种文档资料，系统通过档案管理功能对其进行归档处理

5.1.4.7 与其他系统的接口数据流程描述

数据处理服务器需要从其他系统获取相关数据，其他系统主要有：公共信息源（气象、水文、地震）、航道监控、交通监控和青岛胶州湾大桥工程项目管理信息系统（其中的设计及施工数据）。

5.1.5 数据库服务器数据流程

数据库服务器集中负责各类数据和参数的维护，按功能用途可以将数据库分为如表5.1-30所示的9类。

数据库分类及功能　　表5.1-30

编号	数据库名称	数据库功能描述
F401	原始数据数据库	存储传感器实时监测和定期监测的原始数据（传感器相关的部分） 存储人工定期或临时检测生成的原始数据（全桥墩台沉降和挠度等） 存储其他系统获取的原始数据（气象、水文、地震、航道监控、交通监控）
F402	处理后数据数据库	存储原始数据的预处理数据和二次处理数据
F403	结构状态数据库	存储各评估层次的评价及结构离线分析后的结论
F404	结构信息数据库	存储结构设计、施工资料
F405	超阈值事件数据库	存储在线评估的逐级预警中判断的超阈值事件的记录
F406	巡检养护数据库	存储巡检管理数据、养护手册数据、养护管理数据
F407	结构模型数据库	存储桥梁初始状态、成桥1年后和成桥3年后的结构模型参数，这些参数时根据桥梁的设计允许值指标、初始采集数据指标、成桥试验结果数据和后期采集数据共同推导出来的，并且随着桥梁使用时间进行修正
F408	系统参数数据库	存储系统正常运行所必需的各类参数，包括设备编号、监测参数、采样参数、设备状态参数等等
F409	系统维护数据库	存储系统运行期间所有设备和系统的历史工作状态

5.2 软件系统划分与设计

系统的功能完整性主要是指系统的各项功能是否能满足青岛胶州湾大桥结构监测巡检养护管理系统的需要，是否满足招标文件及实施方案的需求。

青岛胶州湾大桥结构监测巡检养护管理系统主要功能包括：数据获取功能、数据处理功能、在线评估功能、在线预警功能、构件评级功能、巡检养护管理功能以及系统自身管理功能等，涵盖了桥梁结构监测巡检养护管理所需要的基本功能，能满足青岛胶州湾大桥在桥梁整个寿命期的关键结构性能监测与及时预警、定期和不定期的结构安全性能评估、规范化和有数据依据的巡检养护管理和效率化的巡养工作执行等需要，最终实现大桥的安全运营。

5.2.1 软件功能总览

授权用户可通过IP地址：58.58.32.56访问青岛胶州湾大桥结构健康监测巡检养护系统，系统首页如图5.2-1所示，不同角色用户访问的系统功能菜单不一致，图5.2-2为其中一例。

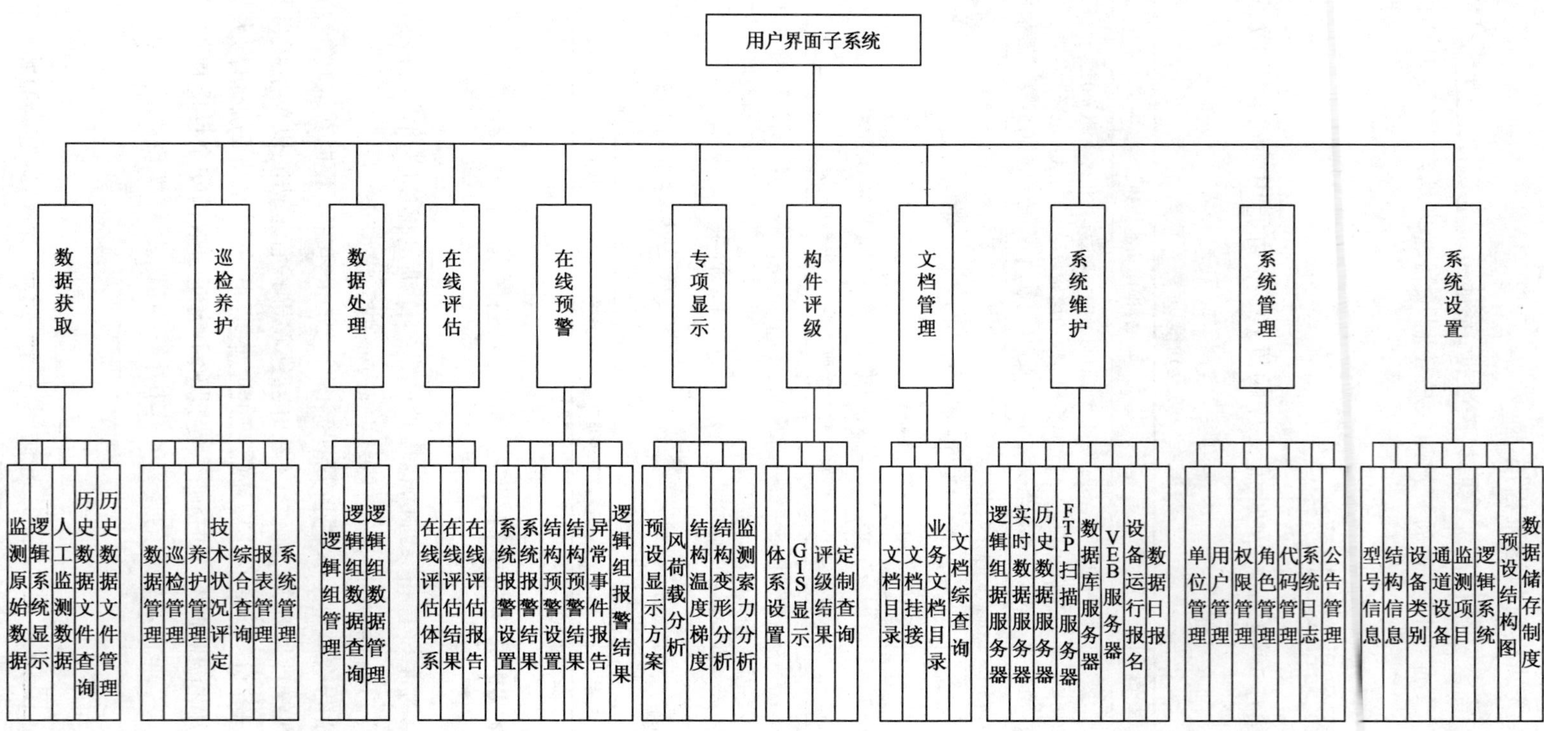

图5.2-1　系统主要功能菜单

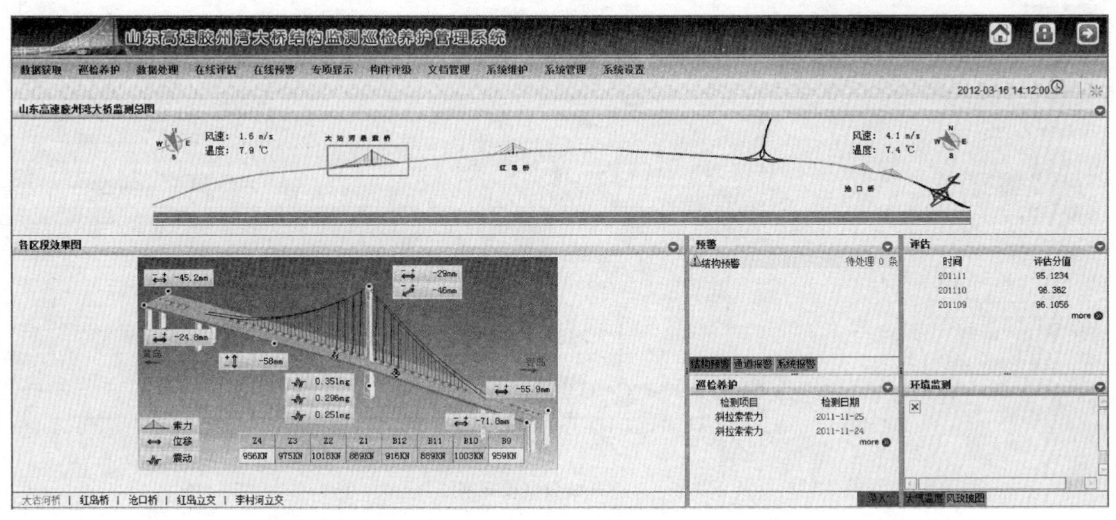

图 5.2-2　健康监测巡检养护管理系统界面

5.2.2　监测相关功能

系统的主要监测功能包括:数据获取、数据处理、在线评估、在线预警、专项显示及构件评级功能等。

5.2.2.1　数据获取

数据获取模块的主要是对系统中的通道的实时数据、历史数据进行统计性的显示,以及逻辑系统、结构、设备等信息的预设结构显示,还包括数据文件的管理。

数据获取模块的主要功能有:动态称重数据,监测原始数据、逻辑系统显示、人工检测数据、历史数据文件查询、历史数据文件管理。进入主页面,点击主菜单上的"数据获取"菜单(图 5.2-3)。

数据获取　巡检养护　数据处理　在线评估　在线预警　专项显示　构件评级　文档管理　系统维护　系统管理　系统设置

实时数据显示　逻辑系统显示　人工检测数据　历史数据文件查询　历史数据文件管理

图 5.2-3　数据获取功能菜单

1)监测原始数据

点击"监测原始数据"子菜单,则进入实时数据显示主页面(图 5.2-4 和图 5.2-5)。

实时数据显示主页面上的树形结构有两种形式:设备类别和结构信息。在设备类别树上的节点依次是:设备总类、设备分类、设备以及通道信息;在结构树上的节点依次是:结构、设备以及数据通道(在此只列出设备类别树)。点击树形结构树上的非根、非数据通道节点,将显示该项目的预设结构图。

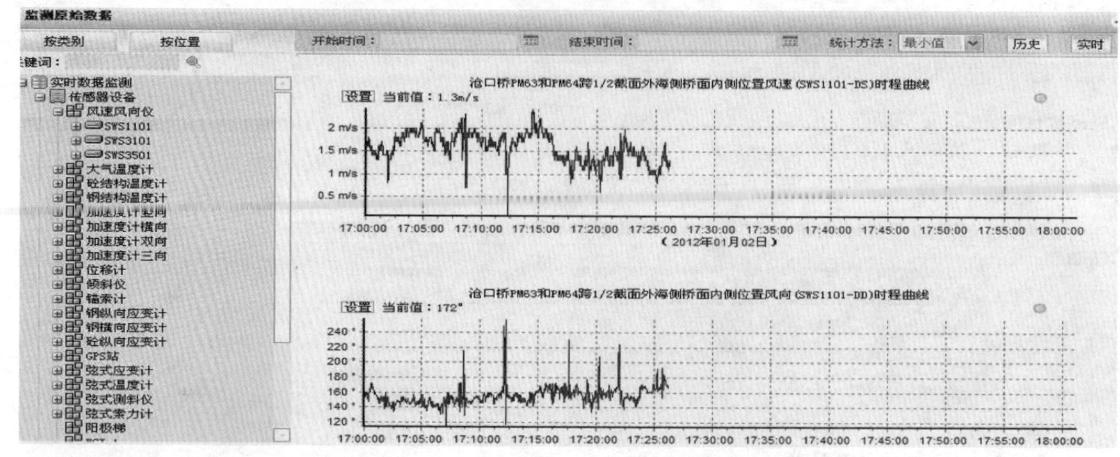

图 5.2-4　监测原始数据按类别显示页面

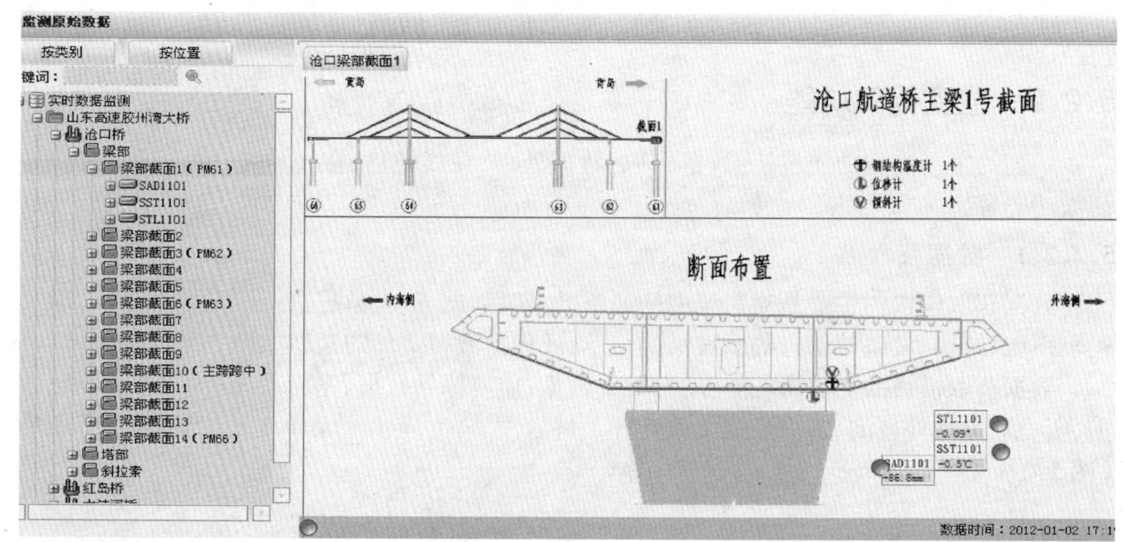

图 5.2-5　监测原始数据按位置显示页面

点击树形结构上的数据通道节点，进入实时数据显示，如图 5.2-6 所示的页面。

如果通道类型是字符型或者状态通道，则会显示如图 5.2-7 页面。

在页面上可以查询历史数据，对数据进行统计显示，查看数据列表，以及预设结构图。

2）逻辑系统显示

点击“逻辑系统显示”子菜单，进入逻辑系统显示界面（图 5.2-8）。

在逻辑系统主页面上，树形结构显示的是系统中的逻辑系统，点击逻辑系统节点，将显示该逻辑系统的预设结构图（图 5.2-9）。

如果一个逻辑组对应有多个预设结构图，将显示下拉列表，选择显示的预设结构图。也可以查看历史数据。

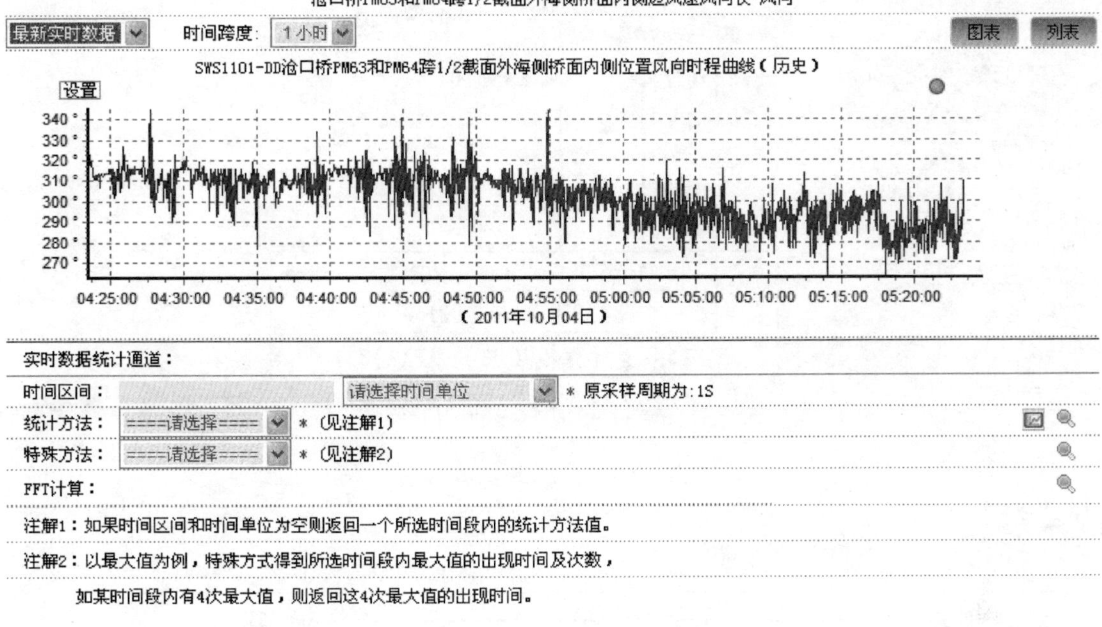

图 5.2-6　监测原始数据显示页面

查看历史数据　开始时间：2011-12-02 09:24:48　结束时间：2011-12-02 10:24:48　列表

#	日期	时间	状态	描述
1	2011-12-02	09:30:00		正常
2	2011-12-02	09:40:00		正常
3	2011-12-02	09:50:00		正常
4	2011-12-02	10:00:00		正常
5	2011-12-02	10:10:00		正常
6	2011-12-02	10:20:00		正常

1　第 1 页　共1页6条纪录　100

图 5.2-7　监测原始数据通道显示页面

3）人工检测数据

点击“人工检测数据”子菜单，进入人工检测数据主页面（图 5.2-10）。

在人工检测项目页面中，检测项目以两种形式显示：检测项目和检测日期，在检测项目页面中，树形结构显示系统中所有的人工监测项目；节点依次是：检测类型和检测项目。

4）历史数据文件查询

点击“历史数据文件查询”子菜单，进入历史数据文件查询主页面（图 5.2-11）。

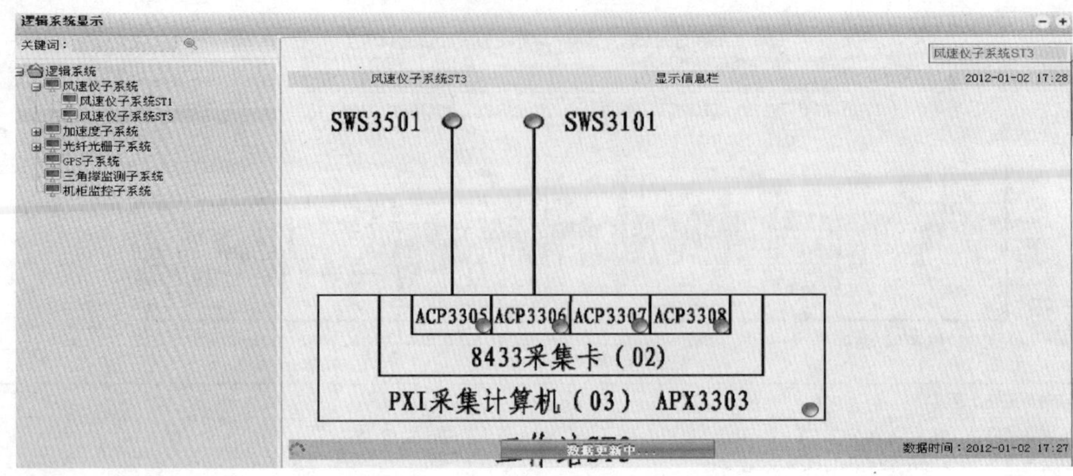

图 5.2-8　逻辑系统显示页面

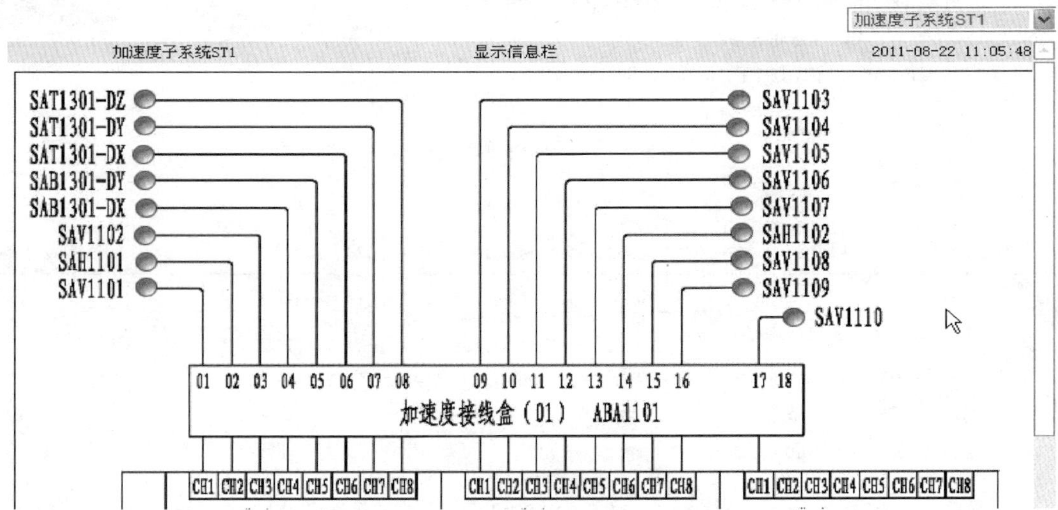

图 5.2-9　预设结构图显示

人工检测数据

检测项目　检测日期

检测项目
健康评估
全桥线形
主塔塔顶变位
主缆线形
索股张力
吊索索力
斜拉索索力
伸缩缝缝宽
基础冲刷
混凝土强度与碳化深度

	检测项目	报告数量	最近一期报告时间	2011年
1	全桥线形	0		
2	主塔塔顶变位	0		
3	主缆线形	0		
4	索股张力	0		
5	吊索索力	0		
6	斜拉索索力	2	2011-11-25	2
7	伸缩缝缝宽	0		
8	基础冲刷	0		
9	混凝土强度与碳化深度	0		

图 5.2-10　人工检测数据显示页面

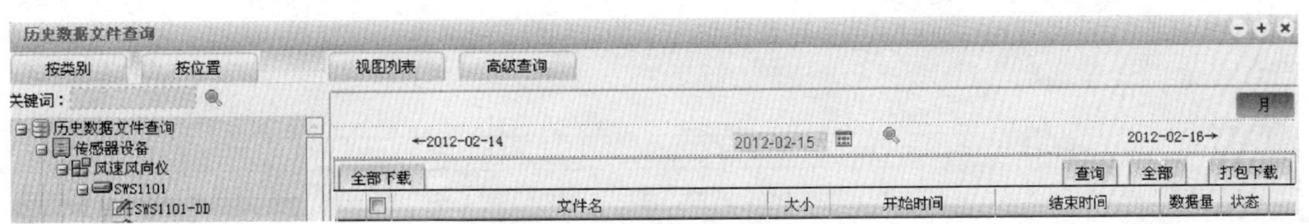

图 5.2-11　历史数据查询显示页面

在历史数据文件查询主页面上，树形结构有两种：设备类别和结构。设备类别树的节点依次为：设备总类、设备分类、设备以及数据通道；结构树的节点依次为：结构、设备以及数据通道。在此以设备类别为例，点击树形结构的总的数据通道节点（图 5.2-12）。

图 5.2-12　历史数据设备类别查询显示页面

在历史数据文件查询页面中，共有两种方式实现历史数据文件的查询，一种是视图列表，一种是高级查询。在视图列表中可以根据日期来查询历史数据文件，并可以将数据文件打包下载。

在高级查询页面（图 5.2-13）中，填写查询条件，点击“确定”，则进入查询结果列表（图 5.2-14）。

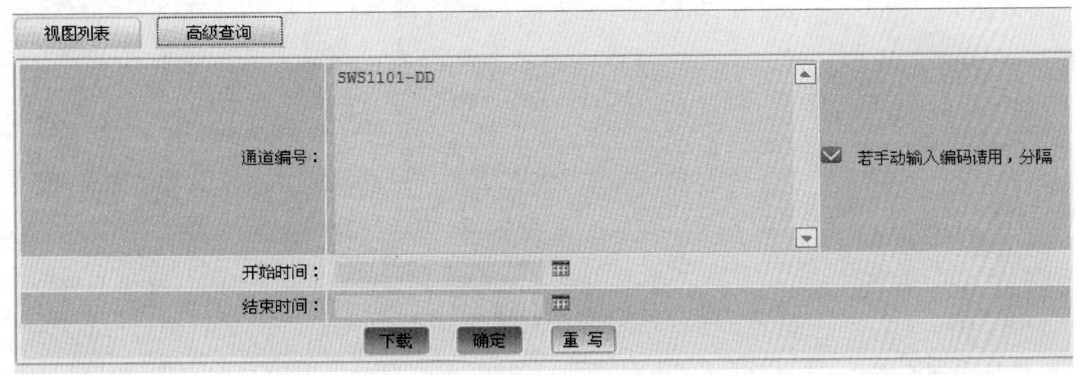

图 5.2-13　历史数据高级查询显示页面

历史数据文件查询

按类别 按位置 视图列表 高级查询

键词：

全部下载 查询 全部 打包下载

	文件名	大小	开始时间	结束时间	数据量	状态
1	SWS1101-DS#20111202100000000#Y#D#1S	46824	2011-12-02 10:00:00	2011-12-02 10:59:59	3902	正常
2	SWS1101-DD#20111202100000000#Y#D#1S	46824	2011-12-02 10:00:00	2011-12-02 10:59:59	3902	正常
3	SWS1101-SS#20111202100000000#Y#S#10M	204	2011-12-02 10:00:00	2011-12-02 10:50:00	6	正常
4	SWS1101-SD#20111202100000000#Y#S#10M	162	2011-12-02 10:00:00	2011-12-02 10:50:00	6	正常

历史数据文件查询 / 传感器设备 / 风速风向仪 / SWS1101 / SWS1101-DD / SWS1101-DS / SWS1101-SD / SWS1101-SS / SWS3101 / SWS3501 / 大气温度计

第1页 共1页 第1条到4条记录--共4条 显示 15

图 5.2-14 历史数据按条件查询显示页面

在显示了列表之后可以点击具体的文件名，显示文件里的内容；如果是数据通道则会显示历史时程曲线（图 5.2-15），如果是状态通道则会显示具体的状态（图 5.2-16）。

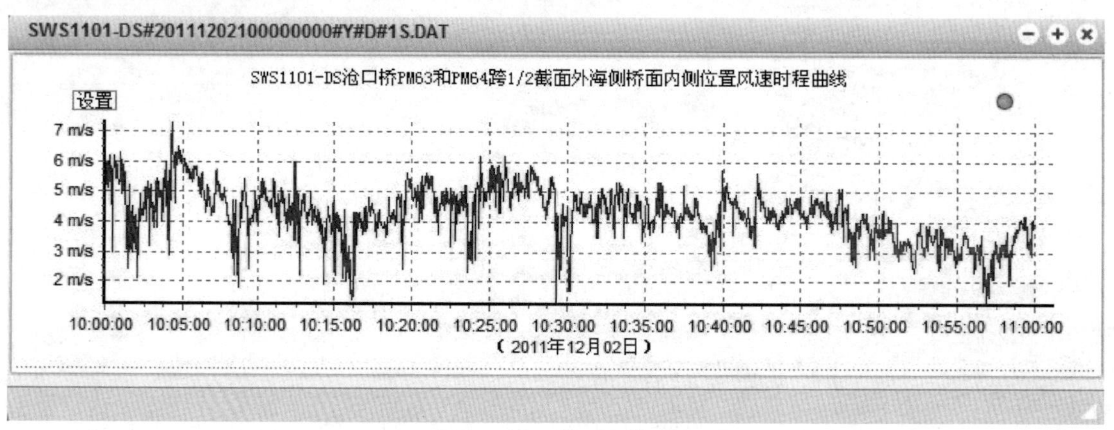

图 5.2-15 历史数据按数据通道查询显示页面

SWS1101-SD#20111202100000000#Y#S#10M.DAT

日期	时间	状态	描述
2011-12-02	10:00:00		??
2011-12-02	10:10:00		??
2011-12-02	10:20:00		??
2011-12-02	10:30:00		??
2011-12-02	10:40:00		??
2011-12-02	10:50:00		??

图 5.2-16 历史数据查询历史状态数据显示页面

在视图列表显示的时候可以点击右边的月按钮，查看该通道 1 个月的数据统计信息，如图 5.2-17 所示。

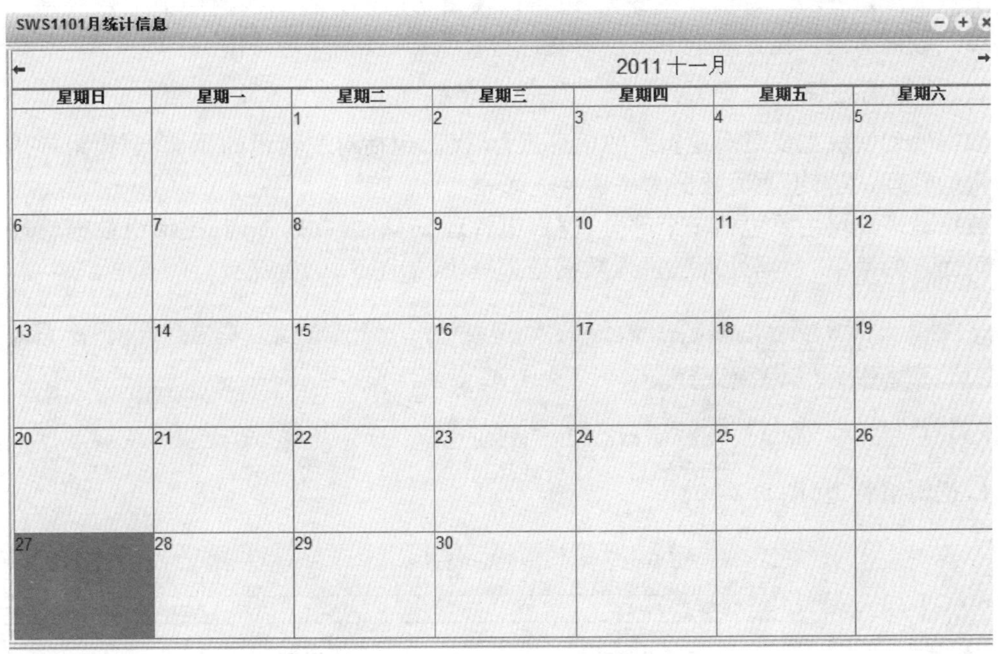

图 5.2-17 历史数据查询一月数据状态显示页面

白色代表完整，黄色代表缺失，红色代表缺失很多，蓝色表示当天。

5）历史数据文件管理

点击“历史数据文件管理”子菜单，进入历史数据文件管理页面，如图 5.2-18 所示。

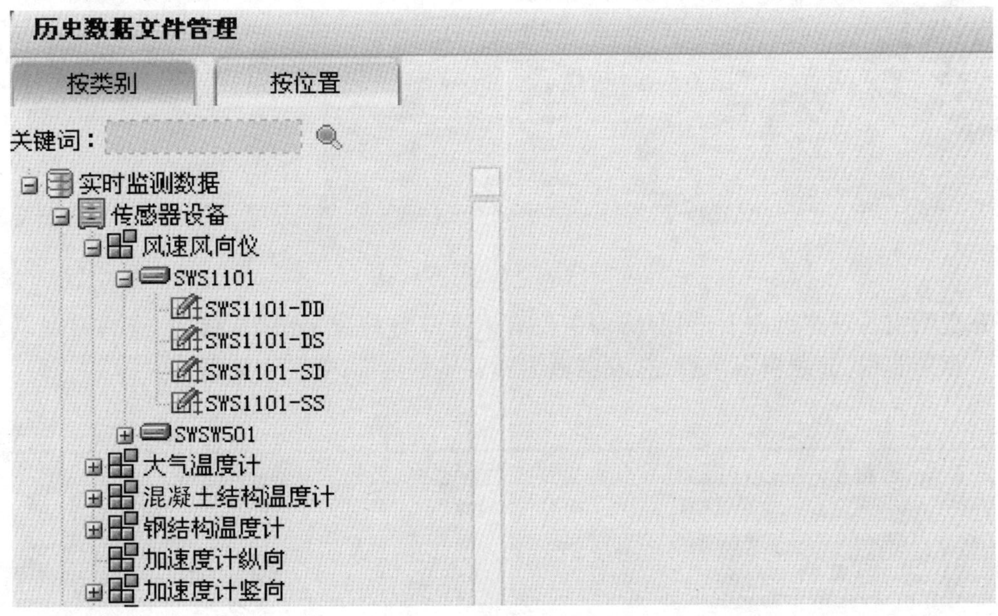

图 5.2-18 历史数据管理显示页面

在历史数据文件管理页面中，树形结构共有两种，分别为设备类别和结构。在设备类别树中节点依次是:设备总类、设备分类、设备以及设备通道。在结构树中节点依次是:结构、设备以及数据通道。在各通道中可进行文件检查、合并及删除等操作。

5.2.2.2 数据处理

数据处理模块主要是对逻辑组的信息进行管理,包括对逻辑组的添加、逻辑组导出量和指标量的管理,逻辑组通道数据的显示及查询等。

数据处埋模块主要包括三个部分,逻辑组管理,逻辑组数据查询,逻辑组数据管理。点击主页面上的菜单“数据处理”,进入数据处理模块,如图 5.2-19 所示。

数据获取 巡检养护 数据处理 在线评估 在线预警 专项显示 构件评级 文档管理 系统维护 系统管理 系统设置

逻辑组管理 逻辑组数据查询 逻辑组数据管理

图 5.2-19 数据处理功能菜单

1)逻辑组管理(图 5.2-20)

逻辑组管理

关键词:

- 逻辑组信息
  - 山东高速胶州湾大桥
    - 沧口桥
      - 梁部
        - 梁部截面1(PM61)
        - 梁部截面2
        - 梁部截面3(PM62)
        - 梁部截面4
        - 梁部截面5
        - 梁部截面6(PM63)
        - 梁部截面7
        - 梁部截面8
        - 梁部截面9
        - 梁部截面10(主跨跨中)
        - 梁部截面11
        - 梁部截面12
        - 梁部截面13
        - 梁部截面14(PM66)
      - 塔部
      - 斜拉索
    - 红岛桥
    - 大沽河桥
  - 采集设备

汇总表 查询 全部 添加

	代码	结构位置	名称	分类	时间区间	状态	激活日期	类别	操作
1	L1FSS	梁部截...	桥面风速	自动	10M	激活	2011-06-01	风载类	
2	L1KBS	梁部截...	截面10位移(预警)	自动	10M	激活	2011-06-01	位移类	
3	L1KBS10	梁部截...	截面10位移	自动	10M	激活	2011-06-01	位移类	
4	L1LCS10	梁部截...	主梁截面10温差	自动	10M	激活	2011-06-01	振动类	
5	L1LLS02	梁部截面2	截面2应力	自动	10M	激活	2011-06-01	应力类	
6	L1LLS03	梁部截...	截面3应力	自动	10M	激活	2011-06-01	应力类	
7	L1LLS04	梁部截面4	截面4应力	自动	10M	激活	2011-06-01	应力类	
8	L1LLS05	梁部截面5	截面5应力	自动	10M	激活	2011-06-01	应力类	
9	L1LLS06	梁部截...	截面6应力	自动	10M	激活	2011-06-01	应力类	
10	L1LLS10	梁部截...	截面10应力	自动	10M	激活	2011-06-01	应力类	
11	L1QXS01	梁部截...	截面1倾斜	自动	10M	激活	2011-06-01	位移类	
12	L1QXS14	梁部截...	截面14倾斜	自动	10M	激活	2011-06-01	位移类	
13	L1SW01	梁部截...	沧口桥外海测桥面风...	自动	10M	激活	2011-06-01	风载类	
14	L1WS01	梁部截...	沧口航道桥主跨跨中GPS	自动	1M	激活	2011-06-01	位移类	设置
15	L1WYS01	梁部截	截面1位移	自动	10M	激活	2011-06-01	位移类	

图 5.2-20 逻辑组管理主页面

在逻辑组管理主页面上,树形结构主要有以下部分组成,分别是结构、监测类别以及逻辑组。点击非根、非逻辑组节点,进入逻辑组列表显示页面,如图 5.2-21 所示。

汇总表 查询 全部 添加

	代码	结构位置	名称	分类	时间区间	状态	激活日期	类别	操作
1	L1QXS01	梁部截...	截面1倾斜	自动	10M	激活	2011-06-01	位移类	
2	L1WYS01	梁部截...	截面1位移	自动	10M	激活	2011-06-01	位移类	

第 1 页 共 1 页　　第 1 条到 2 条记录--共 2 条 显示 15

图 5.2-21 逻辑组列表显示页面

点击汇总表,查看当前结构下的所有逻辑组统计详细信息,如图 5.2-22 所示。

梁部截面1（PM61）-逻辑组汇总表

刷新

	逻辑组	名称	分类	时间区间	导出量	指标量
1	L1QXS01	截面1倾斜	自动	10M	L1QXS01-QX	EVA_L1QXS01-QX
2	L1WYS01	截面1位移	自动	10M	L1WYS01-WY	EVA_L1WYS01-WY

图 5.2-22　逻辑组统计详细信息显示页面

在逻辑组列表页面上可以实现逻辑组的添加、查询、更新、删除、查看等操作。点击“添加”按钮或者修改图标，则进入逻辑组信息维护页面，如图 5.2-23 所示。

代码：	L1QXS01 *
名称：	截面1倾斜 *
分类：	自动
时间区间：	10M *
站点：	梁部截面1（PM61）
状态：	☑
激活日期：	2011-06-01
逻辑程序：	out_QX=avg("STL1101-D");
	说明　测试
指标算法：	可靠度算法
类别：	位移类
备注：	郭龙电话询问（2011-9-21）

历史修改记录列表

逻辑程序	指标算法	结束时间

保 存　重 写　返 回

图 5.2-23　逻辑组维护信息显示页面

2）逻辑组数据查询

点击“逻辑组数据查询”子菜单，进入逻辑组数据查询主页面，如图 5.2-24 所示。

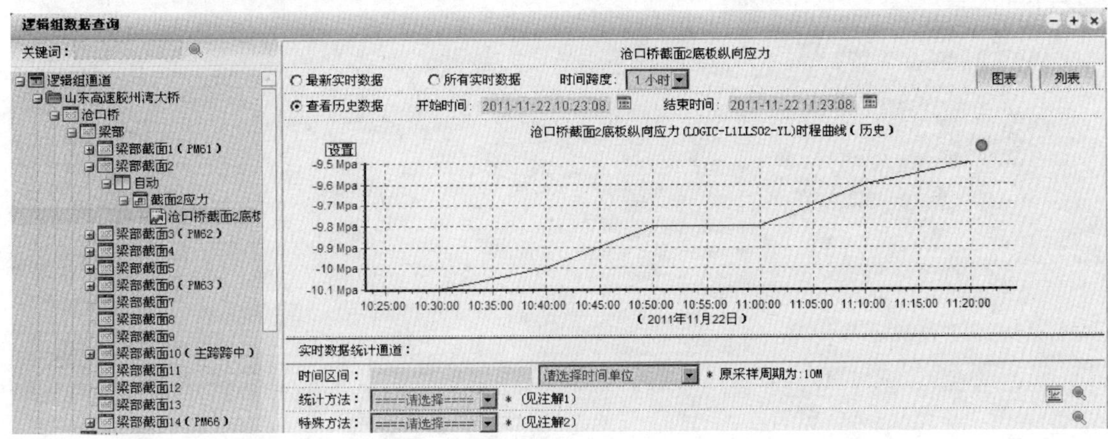

图 5.2-24　逻辑组数据查询主页面

在逻辑组数据查询主页面上的树形结构中，信息的层次依次为：结构信息、监测类型、逻辑组以及逻辑通道，点击逻辑组通道节点，进入逻辑组通道数据显示页面，如图 5.2-25 所示。

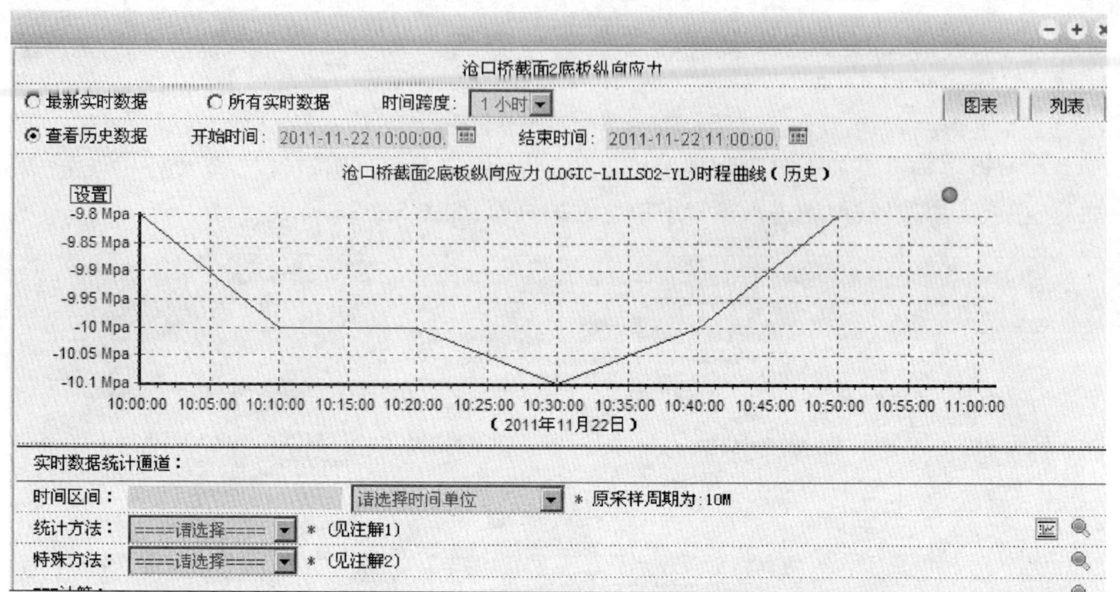

图 5.2-25　逻辑组数据数据通道查询显示页面

在逻辑组数据显示页面中可以动态的显示对应逻辑组通道的实时数据，可以查询指定时间段内的历史、实时数据，可以对数据进行统计查询。

3）逻辑组数据管理

点击“逻辑组数据管理”子菜单，进入逻辑组数据管理主页面，如图 5.2-26 所示。

逻辑组数据管理

关键词：

数据管理　管理记录

逻辑组信息
山东高速胶州湾大桥
沧口桥
大沽河桥
红岛桥
塔部
PM233外海侧塔断面1（塔顶）
PM233外海侧塔断面2
PM233外海侧塔断面3
PM233外海侧塔断面4
PM233外海侧塔断面5（承台）
自动
红岛桥索塔承台处强震
红岛桥索塔承台处强震
斜拉索
梁部
采集设备

重新计算　查询　全部　删除

	时间戳	红岛桥索塔承台处纵向...	红岛桥索塔承台处横向...	红岛桥索塔承台处竖向...	状态
1	2011-08-22 11:10:00.0	0.434	0.057	0.329	实时
2	2011-08-22 11:00:00.0	0.51	0.071	0.323	实时
3	2011-08-22 10:50:00.0	0.383	0.044	0.357	历史
4	2011-08-22 10:40:00.0	0.562	0.051	0.362	历史
5	2011-08-22 10:30:00.0	0.776	0.067	0.397	历史
6	2011-08-22 10:20:00.0	0.408	0.047	0.296	历史
7	2011-08-22 10:10:00.0	0.441	0.08	0.282	历史
8	2011-08-22 10:00:00.0	0.376	0.041	0.278	历史
9	2011-08-22 09:50:00.0	0.417	0.035	0.537	历史
10	2011-08-22 09:40:00.0	0.456	0.052	0.557	历史
11	2011-08-22 09:30:00.0	0.588	0.043	0.289	历史
12	2011-08-22 09:20:00.0	0.501	0.048	0.388	历史
13	2011-08-22 09:10:00.0	0.446	0.051	0.444	历史
14	2011-08-22 09:00:00.0	0.259	0.119	0.24	历史
15	2011-08-22 08:50:00.0	0.73	0.065	0.362	历史

第 1 页 共 455 页　　第 1 条到 15 条记录--共 6819 条 显示 15

图 5.2-26　逻辑组数据管理主页面

在逻辑组数据管理主页面中的树形结构中，节点层次依次为：结构信息、监测类型、逻辑组信息，点击逻辑组节点，将显示该逻辑组下的所有导出量的数据，可对数据进行重新计算、查询、全部、删除等操作。

5.2.2.3 在线评估

在线评估，是对青岛胶州湾大桥的综合性能进行月度和年度的评估，评估结果将对青岛胶州湾大桥的健康状况起到定量的评估作用，在线评估模块的主要功能有评估体系的构建，评估结果的生成，评估报告的确定等。

其中共有3个子模块：在线评估体系、在线评估结果以及在线评估报告。进入主页面，点击主菜单的“在线评估”菜单，进入在线评估功能模块，如图5.2-27所示。

图5.2-27 在线评估功能菜单

1）在线评估体系

在在线评估体系主页面上，在线评估体系被分为月度和年度及临时3种，如图5.2-28所示。

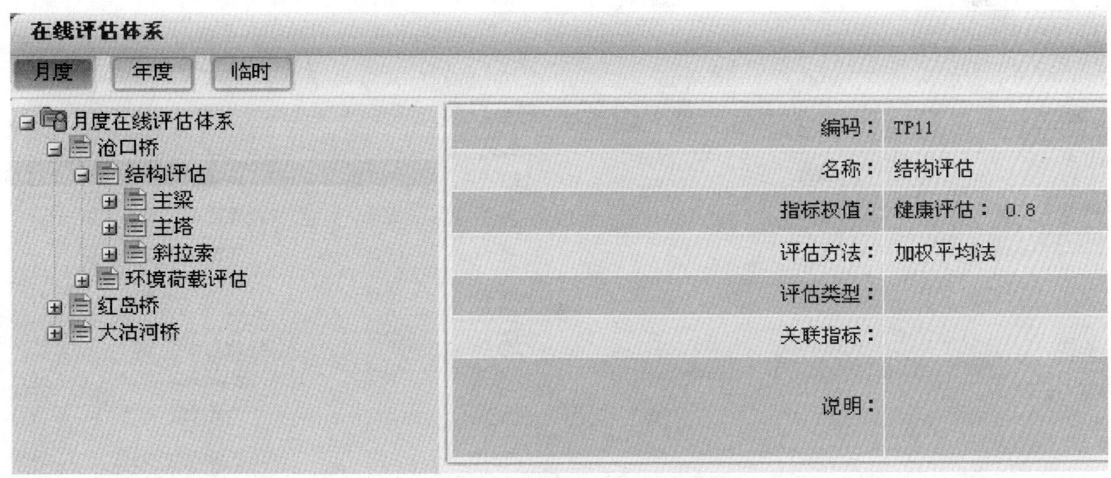

图5.2-28 在线评估方法显示页面

2）在线评估结果

在线评估结果分为月度和年度及临时3种，如图5.2-29、图5.2-30和图5.2-31所示。

3）在线评估报告

在线评估报告的主页面如图5.2-32所示。

和在线评估体系相同，在线评估报告也分为月度、年度和临时3种。

5.2.2.4 在线预警

在线预警模块是对通过各类传感器获取的数据，进行分析，将异常的情况以预警的形式表现出来，使得管理人员能够及时了解和排除青岛胶州湾大桥存在的警戒情况，预警共有3种：系统预警、逻辑组报警和结构预警。

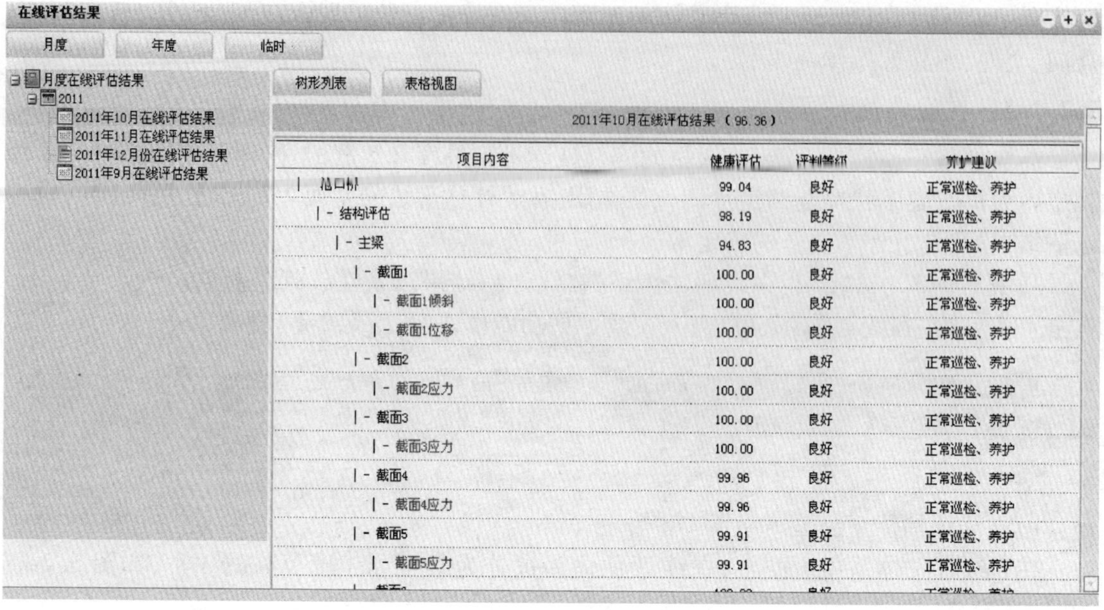

在线评估结果

月度　年度　临时

月度在线评估结果
- 2011
  - 2011年10月在线评估结果
  - 2011年11月在线评估结果
  - 2011年12月份在线评估结果
  - 2011年9月在线评估结果

树形列表　表格视图

2011年10月在线评估结果（96.36）

项目内容	健康评估	评判等级	养护建议
|－沧口桥	99.04	良好	正常巡检、养护
|－结构评估	98.19	良好	正常巡检、养护
|－主梁	94.83	良好	正常巡检、养护
|－截面1	100.00	良好	正常巡检、养护
|－截面1倾斜	100.00	良好	正常巡检、养护
|－截面1位移	100.00	良好	正常巡检、养护
|－截面2	100.00	良好	正常巡检、养护
|－截面2应力	100.00	良好	正常巡检、养护
|－截面3	100.00	良好	正常巡检、养护
|－截面3应力	100.00	良好	正常巡检、养护
|－截面4	99.96	良好	正常巡检、养护
|－截面4应力	99.96	良好	正常巡检、养护
|－截面5	99.91	良好	正常巡检、养护
|－截面5应力	99.91	良好	正常巡检、养护

图 5.2-29　在线评估结果查询显示页面

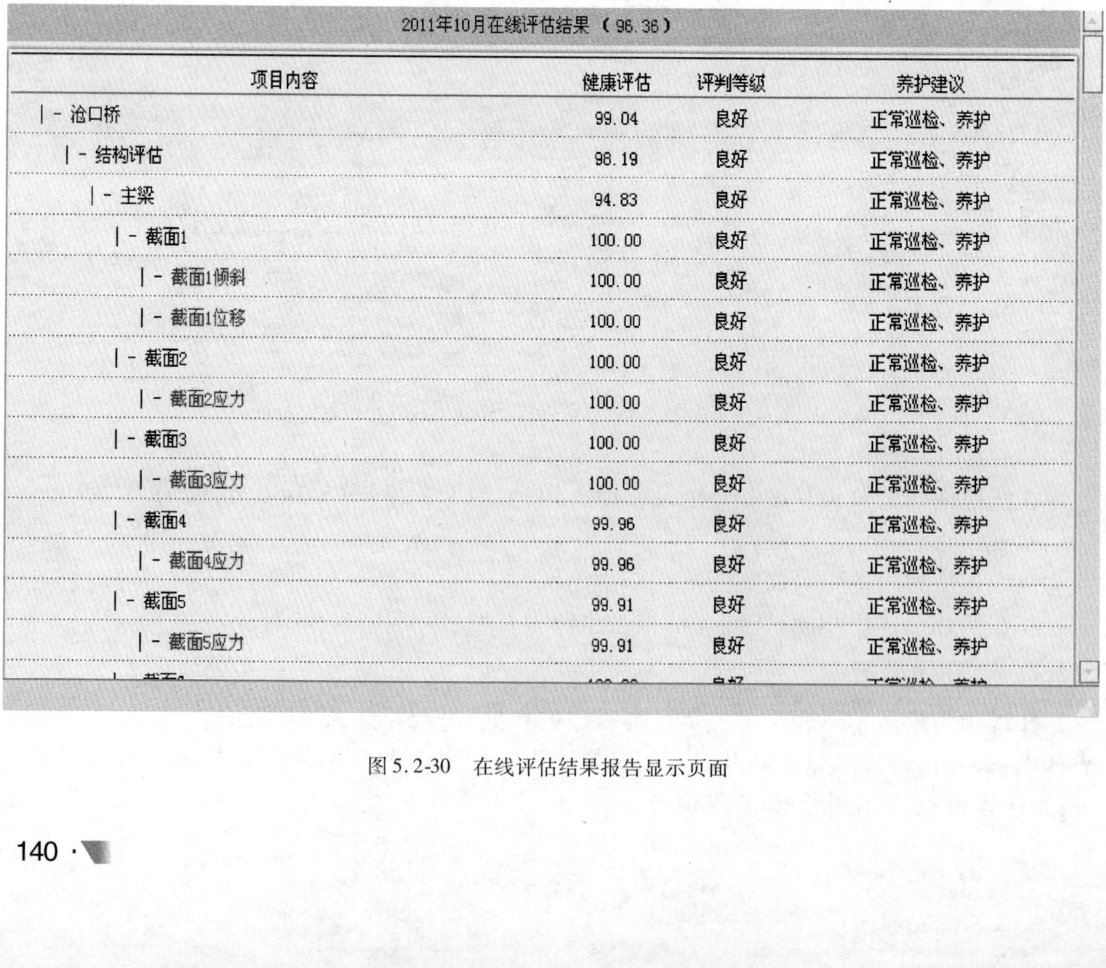

2011年10月在线评估结果（96.36）

项目内容	健康评估	评判等级	养护建议
|－沧口桥	99.04	良好	正常巡检、养护
|－结构评估	98.19	良好	正常巡检、养护
|－主梁	94.83	良好	正常巡检、养护
|－截面1	100.00	良好	正常巡检、养护
|－截面1倾斜	100.00	良好	正常巡检、养护
|－截面1位移	100.00	良好	正常巡检、养护
|－截面2	100.00	良好	正常巡检、养护
|－截面2应力	100.00	良好	正常巡检、养护
|－截面3	100.00	良好	正常巡检、养护
|－截面3应力	100.00	良好	正常巡检、养护
|－截面4	99.96	良好	正常巡检、养护
|－截面4应力	99.96	良好	正常巡检、养护
|－截面5	99.91	良好	正常巡检、养护
|－截面5应力	99.91	良好	正常巡检、养护

图 5.2-30　在线评估结果报告显示页面

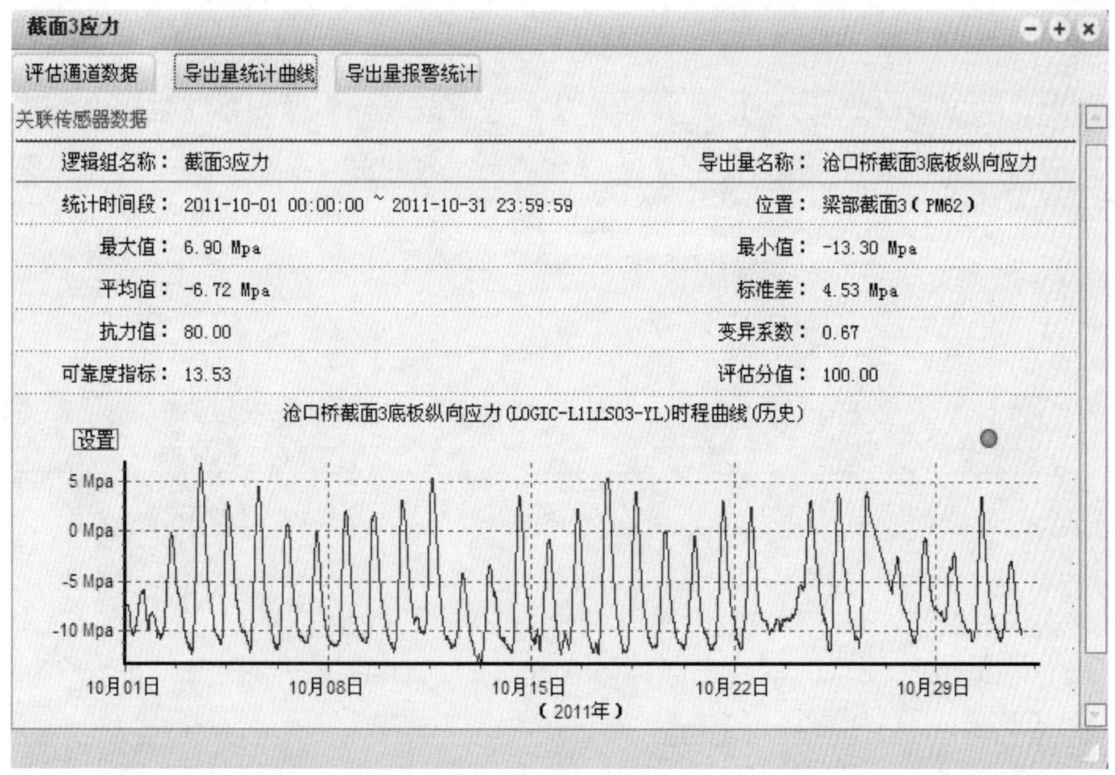

图 5.2-31　在线评估结果查询逻辑组的所有导出量在评估时间段内的历史数据曲线

图 5.2-32　在线评估报告主页面

在线预警模块涉及 6 个子模块：逻辑组报警结果、系统预警设置、系统预警结果、结构预警设置、结构预警结果、异常事件报告。进入主菜单，点击“在线预警”菜单，进入在线预警功能模块,如图 5.2-33 所示。

数据获取　巡检养护　数据处理　在线评估　在线预警　专项显示　构件评级　文档管理　系统维护　系统管理　系统设置

系统报警设置　系统报警结果　结构预警设置　结构预警结果　异常事件报告　逻辑组报警结果

图 5.2-33　在线预警功能菜单

1)系统报警设置(图 5.2-34)

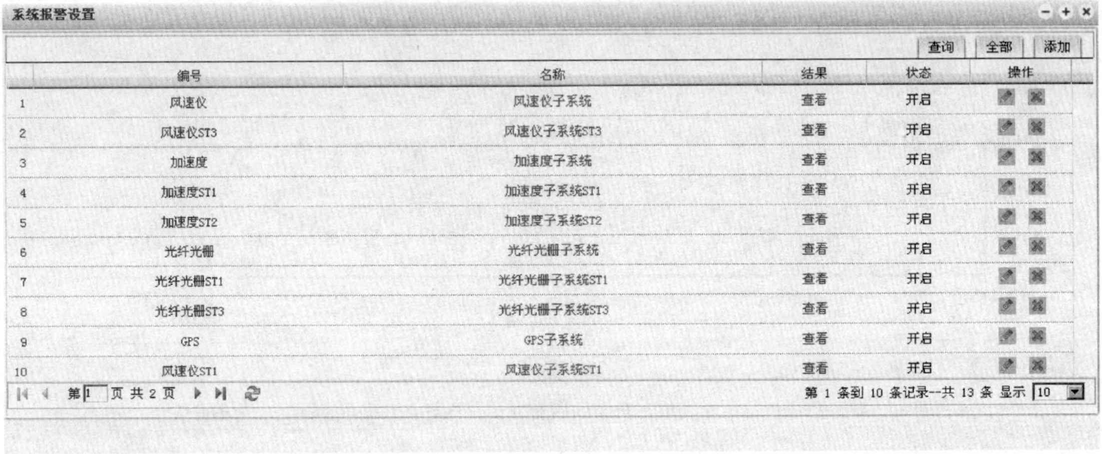

系统报警设置

查询　全部　添加

	编号	名称	结果	状态	操作
1	风速仪	风速仪子系统	查看	开启	
2	风速仪ST3	风速仪子系统ST3	查看	开启	
3	加速度	加速度子系统	查看	开启	
4	加速度ST1	加速度子系统ST1	查看	开启	
5	加速度ST2	加速度子系统ST2	查看	开启	
6	光纤光栅	光纤光栅子系统	查看	开启	
7	光纤光栅ST1	光纤光栅子系统ST1	查看	开启	
8	光纤光栅ST3	光纤光栅子系统ST3	查看	开启	
9	GPS	GPS子系统	查看	开启	
10	风速仪ST1	风速仪子系统ST1	查看	开启	

第 1 页 共 2 页　　第 1 条到 10 条记录--共 13 条 显示 10

图 5.2-34　系统报警设置主页面

2)系统报警结果(图 5.2-35)

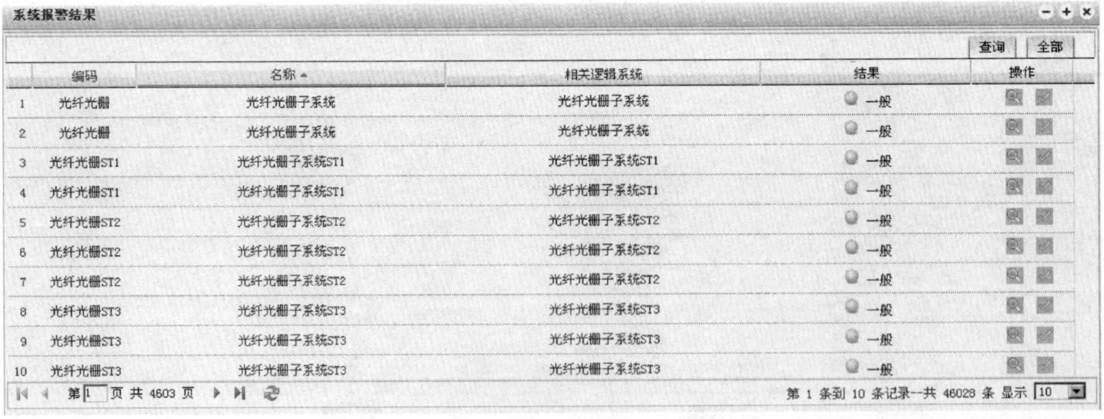

系统报警结果

查询　全部

	编码	名称 ▲	相关逻辑系统	结果	操作
1	光纤光栅	光纤光栅子系统	光纤光栅子系统	一般	
2	光纤光栅	光纤光栅子系统	光纤光栅子系统	一般	
3	光纤光栅ST1	光纤光栅子系统ST1	光纤光栅子系统ST1	一般	
4	光纤光栅ST1	光纤光栅子系统ST1	光纤光栅子系统ST1	一般	
5	光纤光栅ST2	光纤光栅子系统ST2	光纤光栅子系统ST2	一般	
6	光纤光栅ST2	光纤光栅子系统ST2	光纤光栅子系统ST2	一般	
7	光纤光栅ST2	光纤光栅子系统ST2	光纤光栅子系统ST2	一般	
8	光纤光栅ST3	光纤光栅子系统ST3	光纤光栅子系统ST3	一般	
9	光纤光栅ST3	光纤光栅子系统ST3	光纤光栅子系统ST3	一般	
10	光纤光栅ST3	光纤光栅子系统ST3	光纤光栅子系统ST3	一般	

第 1 页 共 4603 页　　第 1 条到 10 条记录--共 46028 条 显示 10

图 5.2-35　系统报警结果页面

主页面显示系统报警的实时结果列表信息,严重的用红色表示,一般的用黄色表示。

3）结构预警设置（图5.2-36）

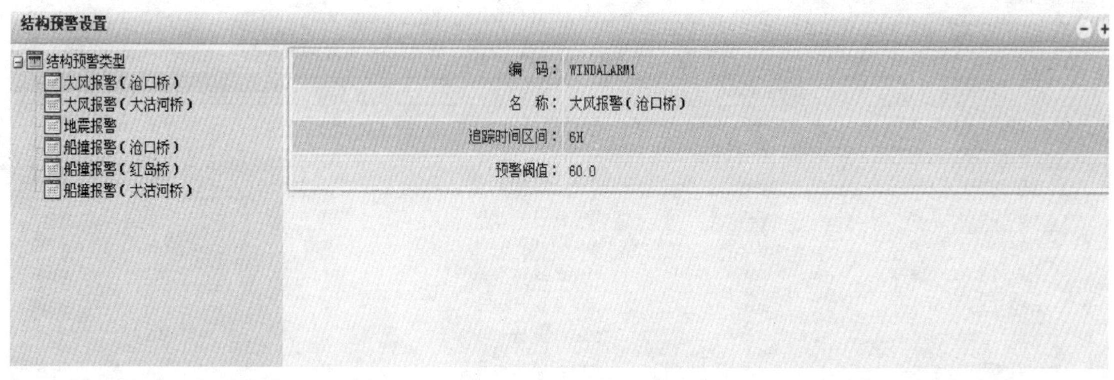

图5.2-36 结构预警设置主页面

4）结构预警结果（图5.2-37）

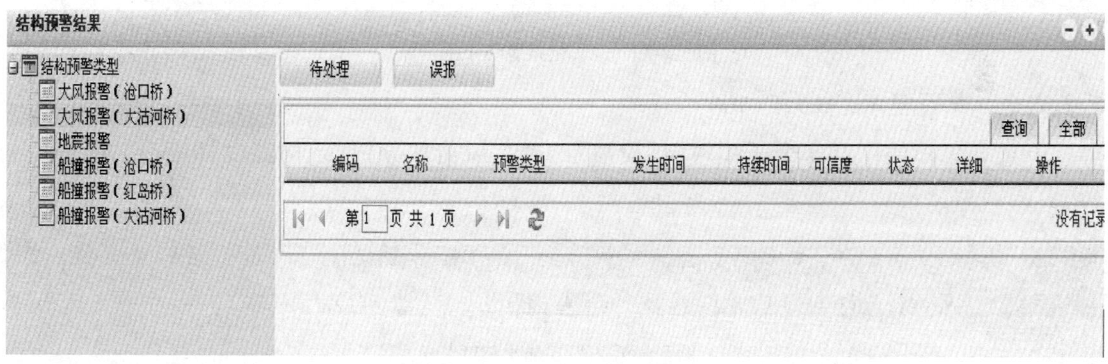

图5.2-37 结构预警结果主页面

5）异常事件报告（图5.2-38）

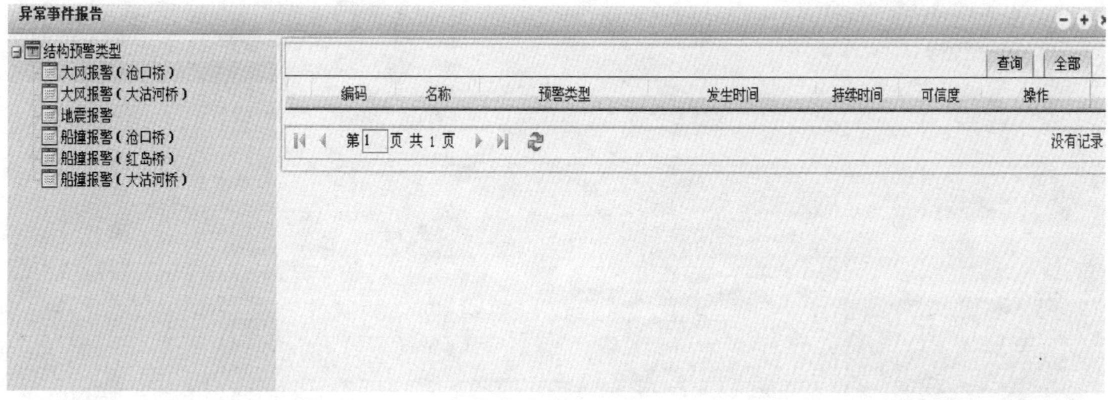

图5.2-38 进入异常事件报告主页面

6）逻辑组报警结果（图 5.2-39）

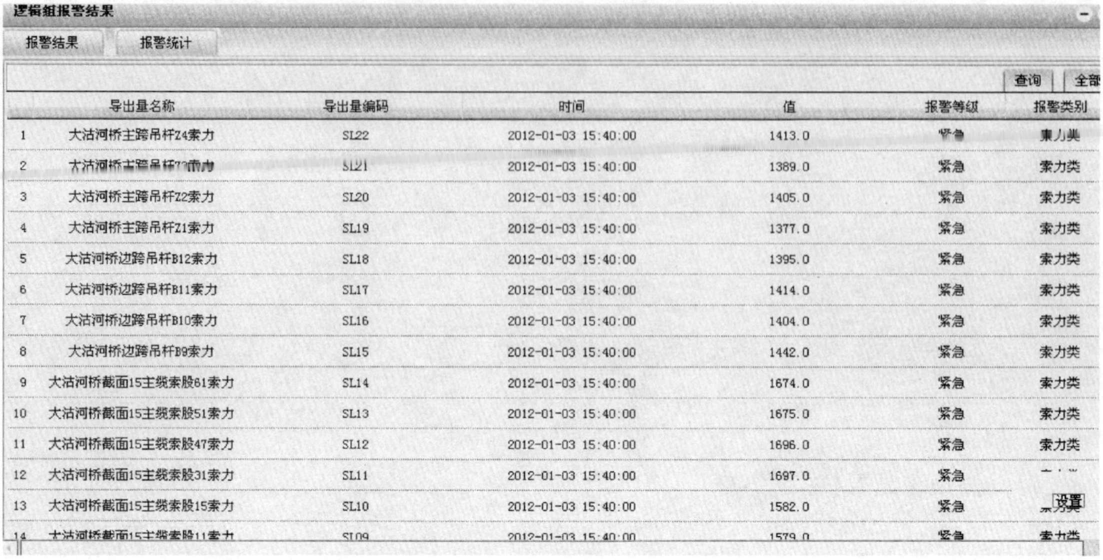

逻辑组报警结果

报警结果　报警统计

查询　全部

	导出量名称	导出量编码	时间	值	报警等级	报警类别
1	大沽河桥主跨吊杆Z4索力	SL22	2012-01-03 15:40:00	1413.0	紧急	索力类
2	大沽河桥主跨吊杆Z3索力	SL21	2012-01-03 15:40:00	1389.0	紧急	索力类
3	大沽河桥主跨吊杆Z2索力	SL20	2012-01-03 15:40:00	1405.0	紧急	索力类
4	大沽河桥主跨吊杆Z1索力	SL19	2012-01-03 15:40:00	1377.0	紧急	索力类
5	大沽河桥边跨吊杆B12索力	SL18	2012-01-03 15:40:00	1395.0	紧急	索力类
6	大沽河桥边跨吊杆B11索力	SL17	2012-01-03 15:40:00	1414.0	紧急	索力类
7	大沽河桥边跨吊杆B10索力	SL16	2012-01-03 15:40:00	1404.0	紧急	索力类
8	大沽河桥边跨吊杆B9索力	SL15	2012-01-03 15:40:00	1442.0	紧急	索力类
9	大沽河桥截面15主缆索股61索力	SL14	2012-01-03 15:40:00	1674.0	紧急	索力类
10	大沽河桥截面15主缆索股51索力	SL13	2012-01-03 15:40:00	1675.0	紧急	索力类
11	大沽河桥截面15主缆索股47索力	SL12	2012-01-03 15:40:00	1696.0	紧急	索力类
12	大沽河桥截面15主缆索股31索力	SL11	2012-01-03 15:40:00	1697.0	紧急	[illegible]
13	大沽河桥截面15主缆索股15索力	SL10	2012-01-03 15:40:00	1582.0	紧急	设置
14	大沽河桥截面15主缆索股11索力	SL09	2012-01-03 15:40:00	1579.0	紧急	索力类

图 5.2-39　逻辑组报警结果主页面

5.2.2.5　专项显示（图 5.2-40）

专项显示模块中有 5 个子模块：预设显示方案、风荷载分析、结构温度梯度、结构变形分析、监测索力分析。

数据获取　巡检养护　数据处理　在线评估　在线预警　专项显示　构件评级　文档管理　系统维护　系统管理　系统设置

预设显示方案　风荷载分析　结构温度梯度　结构变形分析　监测索力分析

图 5.2-40　专项显示功能菜单

1）预设显示方案（图 5.2-41）

预设显示方案

综合查询

共享查询条件

无共享查询条件

自定义查询条件

无自定义查询条件

结构

设备

设备分类

设备总类

逻辑子系统

名称：　分类：=====请选择=====　查询　保存

	名称	分类	维护用户	常用查询设置
1	大沽河桥	结构	系统管理员	
2	沧口斜拉索	结构	系统管理员	
3	沧口桥	结构	系统管理员	
4	总图	结构	系统管理员	
5	红岛桥	结构	系统管理员	
6	红岛斜拉索	结构	系统管理员	
7	红岛塔部	结构	系统管理员	
8	大沽河塔部	结构	系统管理员	
9	大沽河桥位移计	设备分类	系统管理员	
10	沧口梁部截面14	结构	系统管理员	
11	大沽河梁部截面7	结构	系统管理员	
12	大沽河梁部截面11	结构	系统管理员	
13	红岛梁部截面6	结构	系统管理员	
14	沧口桥塔部	结构	系统管理员	
15	大沽河塔部断面二	结构	系统管理员	

第 1 页 共 9 页　第 1 条到 15 条记录--共 129 条 显示 15

图 5.2-41　预设显示方案显示主页面

可以根据各个分类查询符合条件的预设结构图。

2)风荷载分析(图5.2-42)

在页面中用户可以通过选择位置和时间区间查看对应的风玫瑰图。

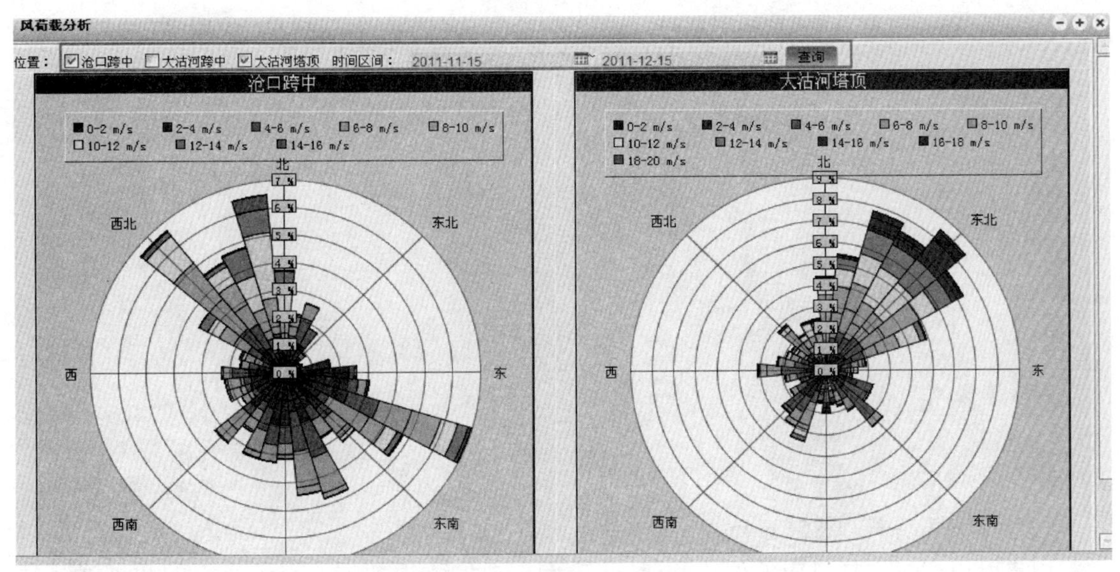

图5.2-42　风荷载分析显示主页面

3)结构温度梯度(图5.2-43)

用户可以通过选择位置和时间,查看需要的温度数据。

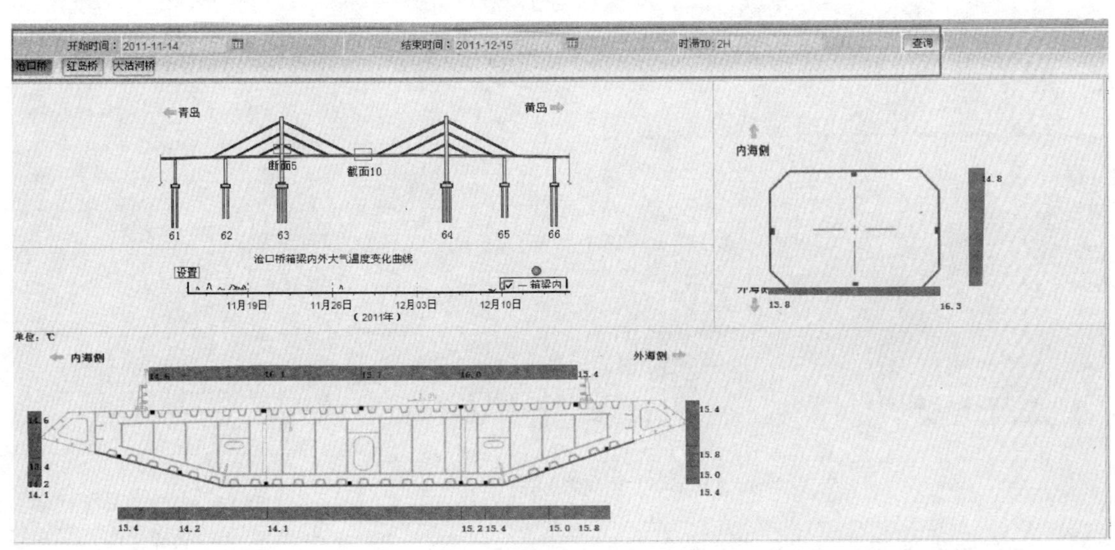

图5.2-43　结构温度梯度显示主页面

4)结构变形分析(图5.2-44)

用户可以通过选择位置和时间,查看结构数据的布点图。

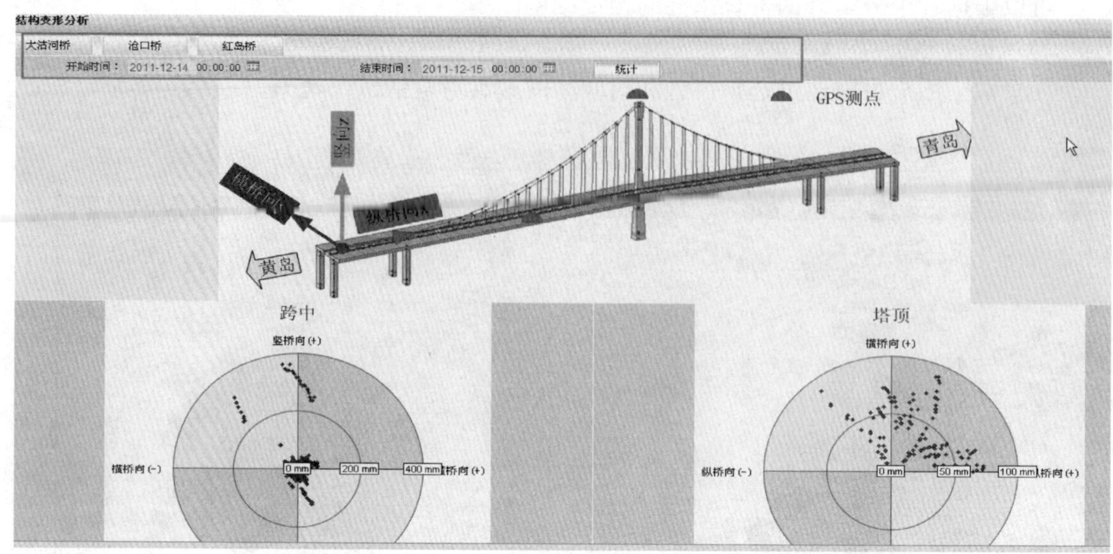

图 5.2-44 结构变形分析显示主页面

5）监测索力分析（图 5.2-45）

用户可以通过选择对应的位置和时间，查看需要的索力数据。查询出来的数据通过柱状图的形式表现出来。

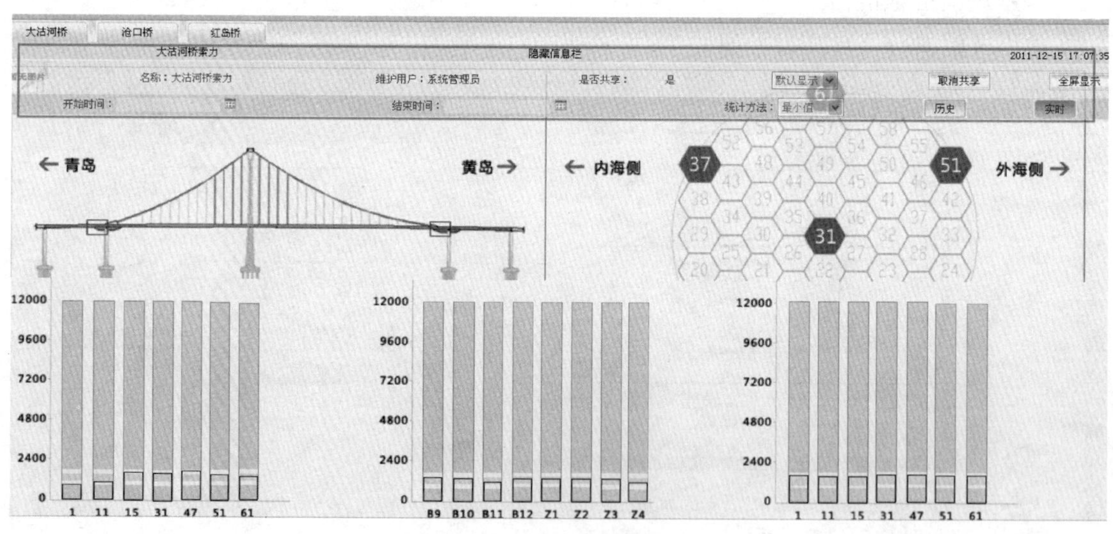

图 5.2-45 监测索力分析显示主页面

2.2.2.6 构件评级

桥梁构件评级的直接用途就是确定哪些构件最重要，最易受到损伤和最具危险性，然后在桥梁日常的检查和养护中，首先关注这些构件的状况，及时维修保证桥梁安全使用。点击“构件评级”主菜单，进入构件评级主页面，如图 5.2-46 所示。

数据获取 巡检养护 数据处理 在线评估 在线预警 专项显示 构件评级 文档管理 系统维护 系统管理 系统设置

体系设置 GIS显示 评级结果 定制查询

图 5.2-46 构件评级功能菜单

1）体系设置

该页面对管理单元进行分类，右边显示的是对应的构件详细信息。如果直接点击管理单元，则右边会对应显示出其结构图，如图 5.2-47 所示。

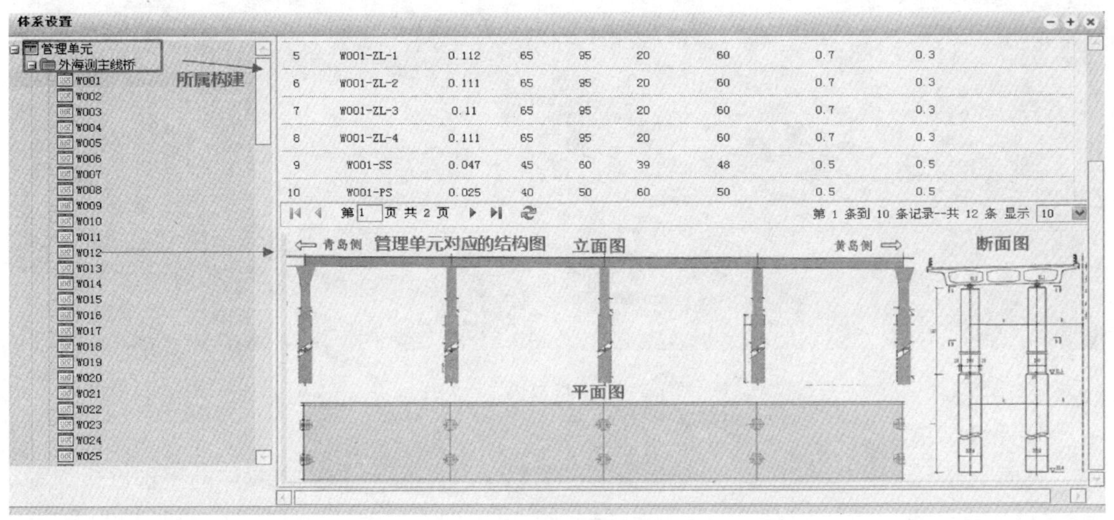

图 5.2-47 体系设置主页面

2）GIS 显示

系统会加载出 GIS 图像，如图 5.2-48 所示。左边是 GIS 控制区，可以对图像进行放大、缩小和移动。右边是构件系统数据查看区域，用户可以选择对应的报告时间进行查看，同时在下方有类型过滤，用户可以选择需要的类型进行查看。中间则是 GIS 加载区。

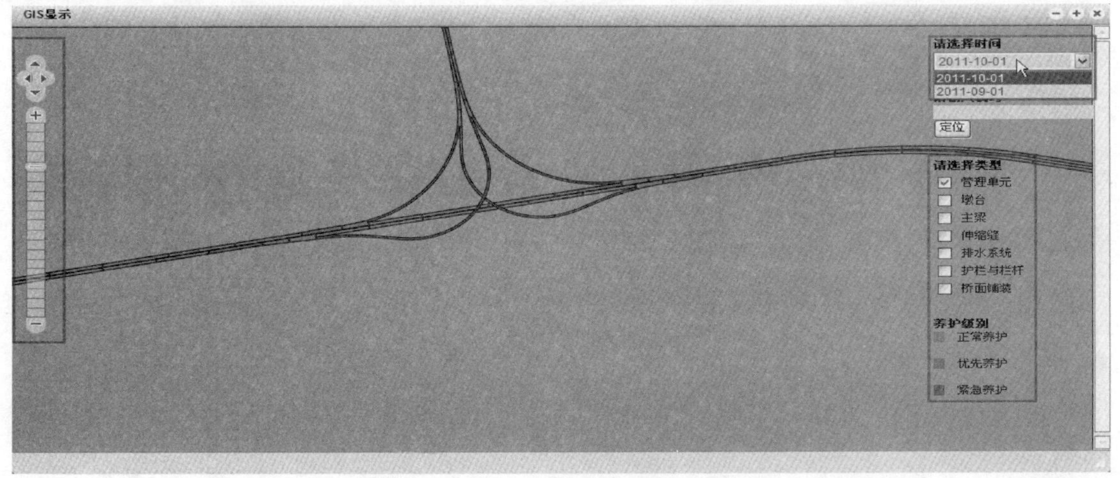

图 5.2-48 GIS 显示主页面

当放大图像后(图5.2-49),用户可以通过单击具体构件查看其详细信息。该系统还具有自动定位的功能。

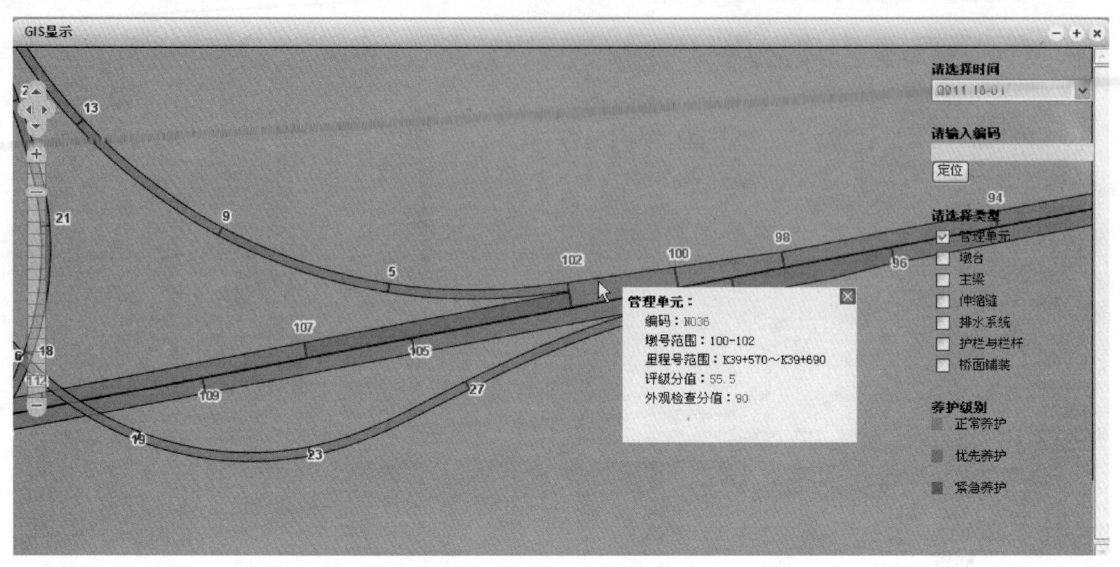

图5.2-49　GIS放大显示页面

3)评级结果

页面上显示了用户添加的评级结果报告(图5.2-50),用户可以点击具体的报告进行查看。

评级结果

查询　全部　添加

	名称	评级时间	操作人	操作
1	2011-12-1	2011-12-01	史晓贞	
2	2011-11-1	2011-11-01	史晓贞	
3	2011-10-1	2011-10-01	史晓贞	
4	2011-9-1	2011-09-01	史晓贞	

第1页共1页　　第1条到4条记录--共4条 显示 15

图5.2-50　评级结果显示页面

评级结果的详细信息如图5.2-51所示。

2011-12-1

构件	评级分值	初始三性分值	外观检查分值	结构监测分值
内海测主线桥				
N001	54.1		38.0	
N001-DT-P1	68.6	63.3	19.0	
N001-DT-P2	44.4	61.7	96.0	
N001-DT-P3	47.4	61.7	86.0	
N001-DT-P4	73.2	61.7	0.0	
N001-HL	64.2	45.3	17.0	
N001-PS	28.5	50.0	93.0	
N001-PZ	36.5	48.0	75.0	

图5.2-51　评级结果显示详细页面

用户可以点击具体的分值,查看其趋势图如图 5.2-52 所示。

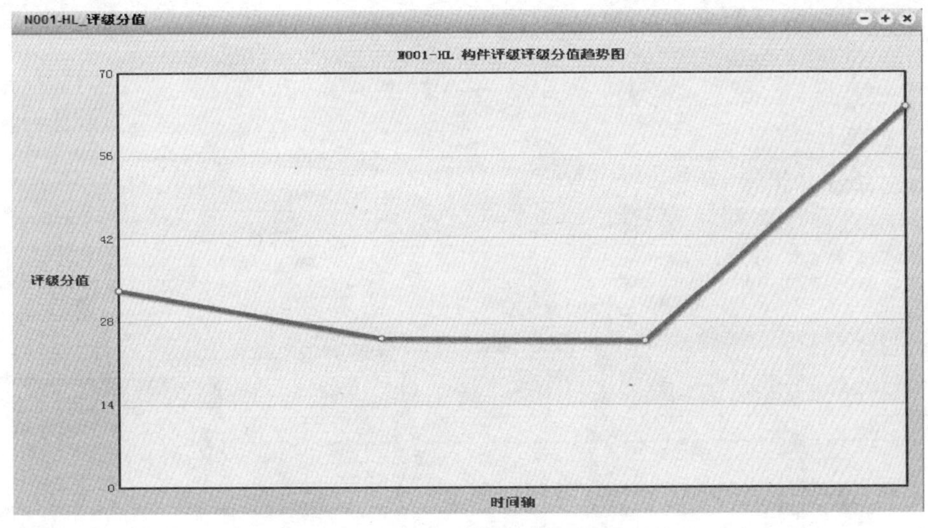

图 5.2-52　评级结果显示具体分值趋势

4)定制查询

该菜单可以对用户需要的信息进行定制查询(图 5.2-53)。用户可以通过左边的查询条件:报告时间、构件类型来查找需要的构件及其分值。

定制查询

请选择时间

2011-12-01

请选择类型

- 管理单元
- 墩台
- 主梁
- 伸缩缝
- 排水系统
- 护栏与栏杆
- 桥面铺装
- 斜拉索
- 吊杆
- 主缆

查询　全部

	构件编码	评级分值	初始三性分值	外观检查分值	结构监测分值
1	W103	48.2		77	
2	HC10	48.2		42	
3	HC11	49.6		85	
4	W109	49.7		30	
5	W034	50.4		83	
6	N055	50.8		25	
7	LJ05	51		38	
8	W009	51.3		25	
9	N018	51.4		0	

图 5.2-53　定制查询主页面

如果用户查看的是管理单元,则右边会显示出对应的结构图。用户点击分值时也可以查看其对应的趋势图,如图 5.2-54 所示。

5.2.3　巡检养护相关功能

巡检养护相关功能包括数据管理、巡检管理、养护管理、技术状况评定、综合查询、报表管理、系统管理等,如图 5.2-55 所示。

5.2.3.1　数据管理

数据管理包括桥梁文档、桥梁构件、构件病害定义、桥梁基础信息构件权重值、评定公式、材料费用、养护手册,如图 5.2-56 所示。

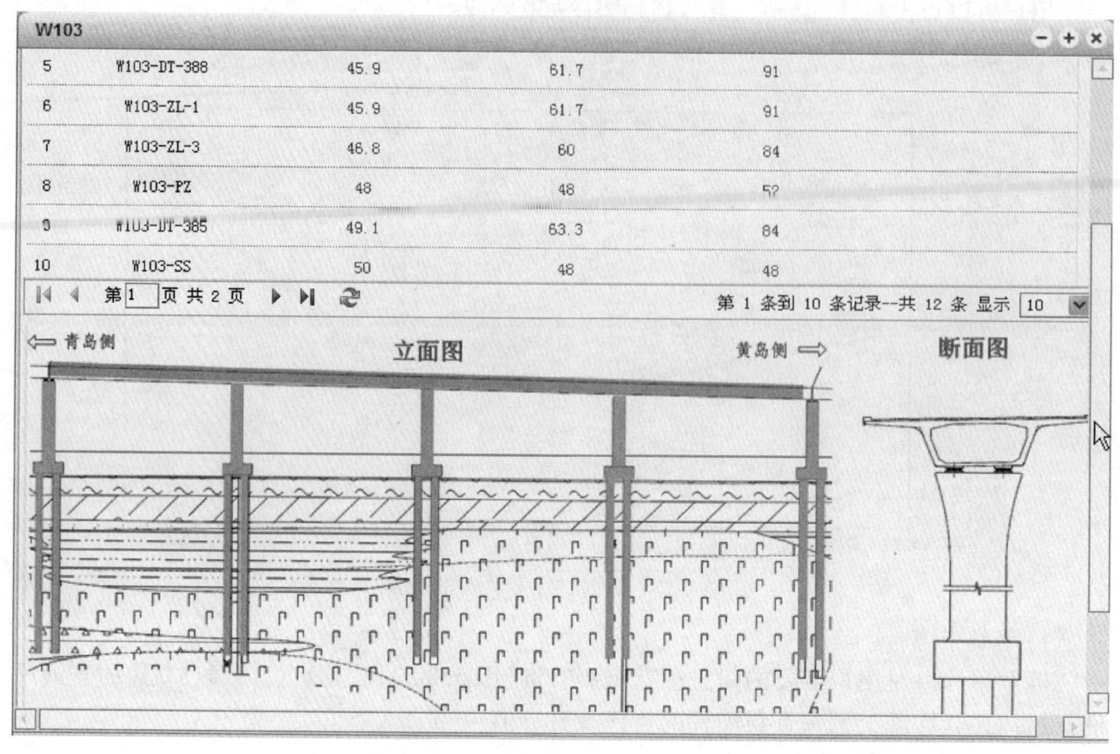

图 5.2-54 定制查询数值对应趋势

数据获取 巡检养护 数据处理 在线评估 在线预警 专项显示 构件评级 文档管理 系统维护 系统管理 系统设置

数据管理▾ 巡检管理▾ 养护管理▾ 技术状况评定▾ 综合查询▾ 报表管理▾ 系统管理▾

图 5.2-55 巡检养护功能菜单

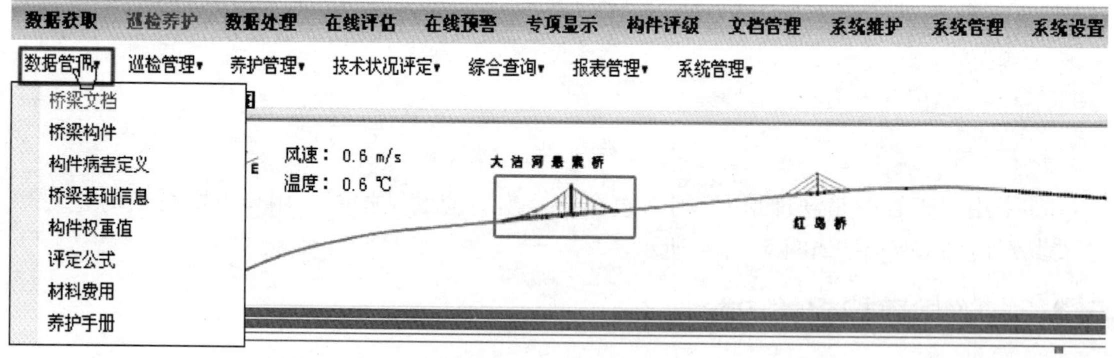

图 5.2-56 数据管理子菜单

1）桥梁文档

桥梁文档，界面如图 5.2-57，单击【添加桥梁文档】可以对文档进行信息的增加，【高级搜索】可以对文档进行条件搜索，还可以对文档进行增加，修改，删除等。

桥梁文档资料管理
大沽河航道桥
桥梁基础资料
桥梁设计施工图及竣工图
试验检测及科研资料
工程事故处理资料
结构位移或者变形测试资料
观测或者监测点(部件)资料
交(竣)工验收资料
管理资料
养护维修资料
特殊情况资料
沧口航道桥
桥梁基础资料
桥梁设计施工图及竣工图
试验检测及科研资料
工程事故处理资料
结构位移或者变形测试资料
观测或者监测点(部件)资料
交(竣)工验收资料
管理资料
养护维修资料
特殊情况资料
红岛航道桥
桥梁基础资料
桥梁设计施工图及竣工图
试验检测及科研资料

桥梁文档列表 添加桥梁文档 高级搜索

序号	分类名称	编号	资料名称	文档类型	上传时间	上传人员	操作
1	加劲梁	SGT07-2-3-499	SGT07-2-3-499 加劲梁工地临时连接构造2	.pdf	2011-06-13 17:47:36	郑志超	
2	加劲梁	SGT07-2-3-498	SGT07-2-3-498 加劲梁工地临时连接构造1	.pdf	2011-06-13 17:47:36	郑志超	
3	加劲梁	SGT07-2-3-497	SGT07-2-3-497加劲梁B类临时吊点构造（二）	.pdf	2011-06-13 17:47:36	郑志超	
4	加劲梁	SGT07-2-3-496	SGT07-2-3-496加劲梁B类临时吊点构造（一）	.pdf	2011-06-13 17:47:36	郑志超	
5	加劲梁	SGT07-2-3-495	SGT07-2-3-495 加劲梁A类临时吊点构造（二）	.pdf	2011-06-13 17:47:36	郑志超	
6	加劲梁	SGT07-2-3-475	SGT07-2-3-475 主跨侧散索鞍构造及展开图（三）	.pdf	2011-06-13 17:47:35	郑志超	
7	加劲梁	SGT07-2-3-474	SGT07-2-3-474 主跨侧散索鞍构造及展开图（二）	.pdf	2011-06-13 17:47:35	郑志超	
8	加劲梁	SGT07-2-3-473	SGT07-2-3-473 主跨侧散索鞍构造及展开图（一）	.pdf	2011-06-13 17:47:35	郑志超	
9	加劲梁	SGT07-2-3-415	SGT07-2-3-415 纵隔板材料数量表L(1-3)	.pdf	2011-06-13 17:47:33	郑志超	
10	加劲梁	SGT07-2-3-414	SGT07-2-3-414 纵隔板材料数量表K(1-3)	.pdf	2011-06-13 17:47:33	郑志超	
11	加劲梁	SGT07-2-3-413	SGT07-2-3-413 纵隔板材料数量表J(1-4)	.pdf	2011-06-13 17:47:33	郑志超	

图 5.2-57　桥梁文档显示页面

2）桥梁构件

桥梁构件界面如图 5.2-58 所示。单击【添加构件】可以对构件进行新增，还可以对构件进行查看，修改及删除等。

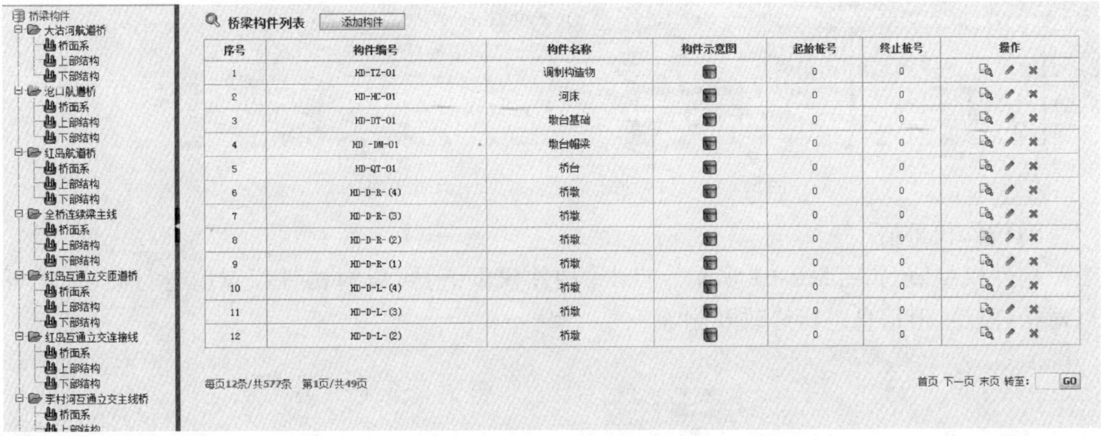

桥梁构件
大沽河航道桥
桥面系
上部结构
下部结构
沧口航道桥
桥面系
上部结构
下部结构
红岛航道桥
桥面系
上部结构
下部结构
全桥连续梁主线
桥面系
上部结构
下部结构
红岛互通立交匝道桥
桥面系
上部结构
下部结构
红岛互通立交连接线
桥面系
上部结构
下部结构
李村河互通立交主线桥
桥面系

桥梁构件列表 添加构件

序号	构件编号	构件名称	构件示意图	起始桩号	终止桩号	操作
1	HD-TZ-01	调制构造物		0	0	
2	HD-HC-01	河床		0	0	
3	HD-DT-01	墩台基础		0	0	
4	HD -DM-01	墩台帽梁		0	0	
5	HD-QT-01	桥台		0	0	
6	HD-D-R-(4)	桥墩		0	0	
7	HD-D-R-(3)	桥墩		0	0	
8	HD-D-R-(2)	桥墩		0	0	
9	HD-D-R-(1)	桥墩		0	0	
10	HD-D-L-(4)	桥墩		0	0	
11	HD-D-L-(3)	桥墩		0	0	
12	HD-D-L-(2)	桥墩		0	0	

每页12条/共577条　第1页/共49页　　首页 下一页 末页 转至: GO

图 5.2-58　桥梁构件显示页面

3）构件病害定义

构件病害定义，界面如图 5.2-59。单击【添加构件病害】可以对构件的病害进行添加，还可以对构件进行详细信息的查看，修改及删除等。

4）桥梁基础信息

桥梁基础信息，如图 5.2-60 所示。主要对通航孔桥及非通航孔桥的基本信息介绍及描述。

构件病害列表　添加构件病害　高级查询

序号	桥梁构件病害定义识别号	构件名称	病害类型	病害程度	扣分	病害处理办法	查看详情
1	disease_identify226	耳背翼墙	翼墙大贯通缝	大量	35		
2	disease_identify225	耳背翼墙	翼墙大贯通缝	少量	15		
3	disease_identify224	耳背翼墙	翼墙大贯通缝	无	0		
4	disease_identify223	耳背翼墙	挡土功能	完全散失	35		
5	disease_identify222	耳背翼墙	挡土功能	失去部分	25		
6	disease_identify221	耳背翼墙	挡土功能	完好	0		
7	disease_identify220	耳背翼墙	翼墙前结合处	脱开	25		
8	disease_identify219	耳背翼墙	翼墙前结合处	开裂	15		
9	disease_identify218	耳背翼墙	翼墙前结合处	完好	0		
10	disease_identify217	耳背翼墙	剥离脱落	严重	20		
11	disease_identify216	耳背翼墙	剥离脱落	轻微	10		
12	disease_identify215	耳背翼墙	剥离脱落	无	0		

每页12条/共225条　第1页/共19页　　首页 下一页 末页 转至：GO

图 5.2-59　构件病害定义显示页面

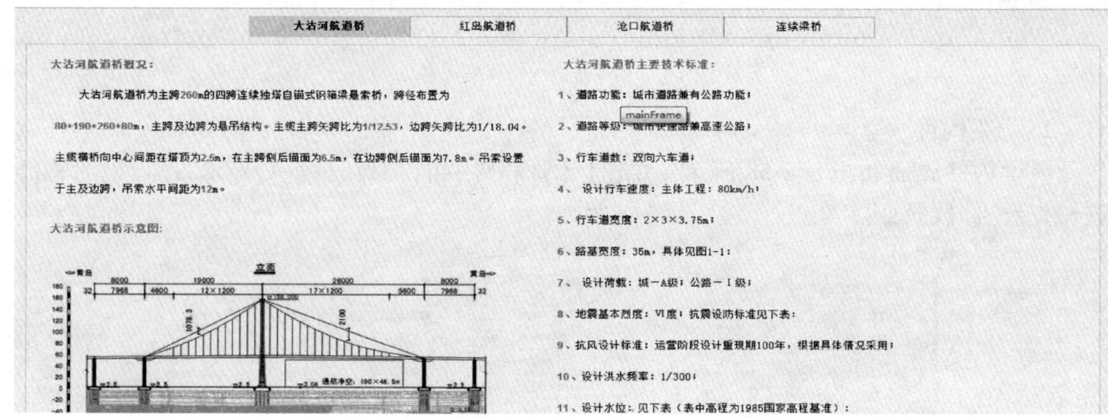

图 5.2-60　桥梁基础信息显示页面(尺寸单位:cm)

5)构件权重值

构件权重值,如图 5.2-61 所示。点击【构件权重值】可以对构件权重值进行新增,还可以对构件权重值信息进行修改及删除。

部件权重值列表　添加部件权重值

序号	类别	部件名称	权重	备注	操作
1	8	调治构造物	0.05	斜拉桥	
2	7	河床	0.1	斜拉桥	
3	6	墩台基础	0.25	斜拉桥	
4	5	墩台帽梁	0.1	斜拉桥	
5	4	桥台	0.2	斜拉桥	
6	3	桥墩	0.2	斜拉桥	
7	2	锥坡、护坡	0.05	斜拉桥	
8	1	翼墙、耳墙	0.05	斜拉桥	
9	5	散索鞍	0.15	悬索桥	
10	4	调治构造物	0.05	悬索桥	
11	3	河床	0.1	悬索桥	
12	2	索塔基础	0.3	悬索桥	

每页12条/共31条　第1页/共3页　　首页 下一页 末页 转至：GO

图 5.2-61　构件权重值显示页面

6）评定公式

评定公式主要是对桥梁各构件及上部结构，下部结构，桥面系进行相应计算的公式及方法展示及介绍如图 5.2-62 所示。

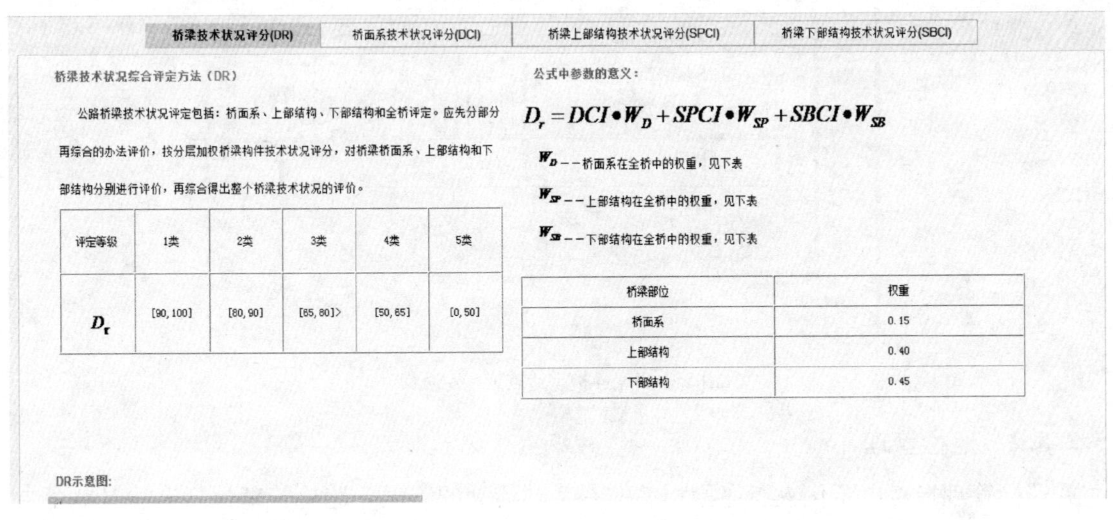

图 5.2-62　评定公式显示页面

7）材料费用

点击【添加材料费用】可以对材料费用进行相应的增加，平、【高级查询】可以对材料费用进行名称，单价，材料规格，单位进行详细的查询及搜索，如图 5.2-63 所示。

材料费用列表　添加材料费用　高级查询

序号	材料名称	材料规格	材料数量	材料单价	操作
1	塑钢推拉窗	85系列单玻	㎡	230	✎ ✖
2	塑钢平开窗	50系列单玻	㎡	185	✎ ✖
3	混凝土	C40	t	385	✎ ✖
4	混凝土	C30	t	360	✎ ✖
5	混凝土	C20	t	330	✎ ✖
6	水泥	P.C32.5MP袋装	t	270	✎ ✖
7	水泥	P.042.5MP袋装	t	380	✎ ✖
8	红松原木	6m以上等内径18－23cm	m3	1600	✎ ✖
9	螺纹钢	φ16－φ25Ⅱ级	t	3790	✎ ✖
10	螺纹钢	φ12Ⅱ级	t	3890	✎ ✖
11	圆钢	φ12-φ14mm	t	4035	✎ ✖
12	普线	φ6.5-φ8、Q>35	t	3740	✎ ✖

每页12条/共15条　第1页/共2页　　首页 下一页 末页 转至：GO

图 5.2-63　材料费用显示页面

8）养护手册

在对养护手册文档进行处理后，利用 Lucene 技术实现对养护手册的任意全文检索，展现形式包括关键字检索和树形目录展示，如图 5.2-64 所示。

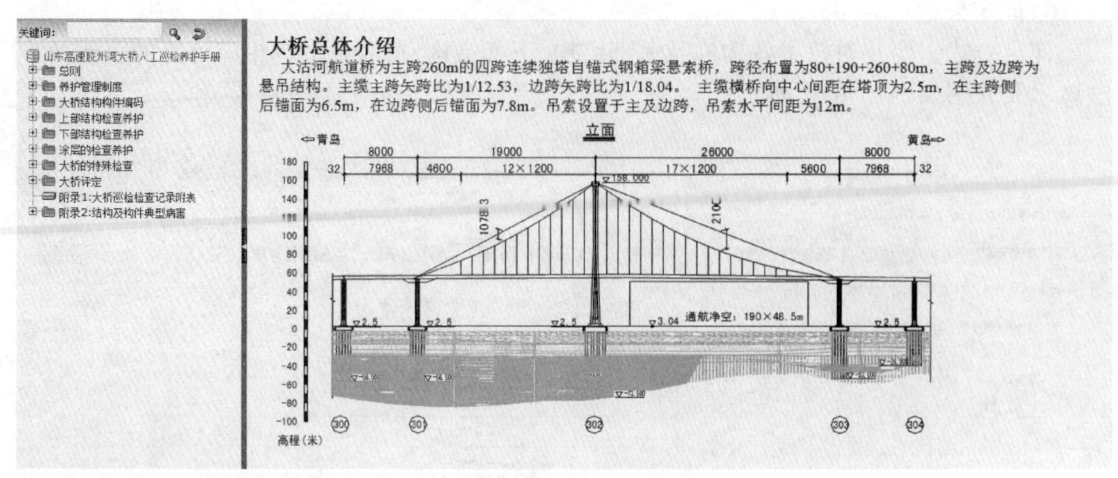

图 5.2-64　养护手册查询显示页面

5.2.3.2　巡检管理

巡检管理指对电子化人工巡检相关的一系列活动的管理。巡检管理包括巡检计划的制定,巡检记录的管理,巡检终端上传的构件病害记录的管理,桥梁构件病害的在线添加等,巡检管理与桥梁巡检养护人员的外业紧密相关。巡检管理子菜单如图 5.2-65 所示。

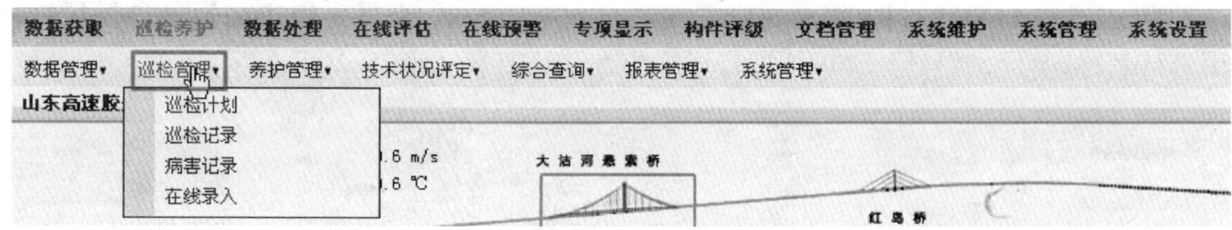

图 5.2-65　巡检管理子菜单

1)巡检计划

内业人员根据桥梁、养护人员的实际情况,制定桥梁的巡检计划,巡检计划包括巡检的人员,巡检的时间以及巡检的内容。巡检计划通过审核后,巡检人员通过巡检终端无线的进行同步,然后按照该巡检计划进行执行。点击【添加】可以新增巡检计划任务,点击【查询】可以按照指定查询条件进行查询,如图 5.2-66 所示。

巡检计划列表　添加　查询

编号	巡检项目名称	巡检记录编号	检测级别	检测时间	手机号	制定人员	制定时间	审核状态	审核人	操作
1089	yyy	65656	日常巡检	2011-08-23	43545345	google	2011-08-23	未审核	55	

每页12条/共1条　第1页/共1页　　首页 末页 转至：GO

图 5.2-66　巡检计划显示页面

2)巡检记录

巡检人员根据巡检计划,上桥进行巡查,采集桥梁构架病害信息,通过无线或者连接电脑把采集的信息发送到业务平台,在巡检记录中可以对信息进行查看。【添加】可以通过管理员对巡检记录进行录入,【查询】可以对巡检记录进行指定条件的查询,如图5.2-67所示。

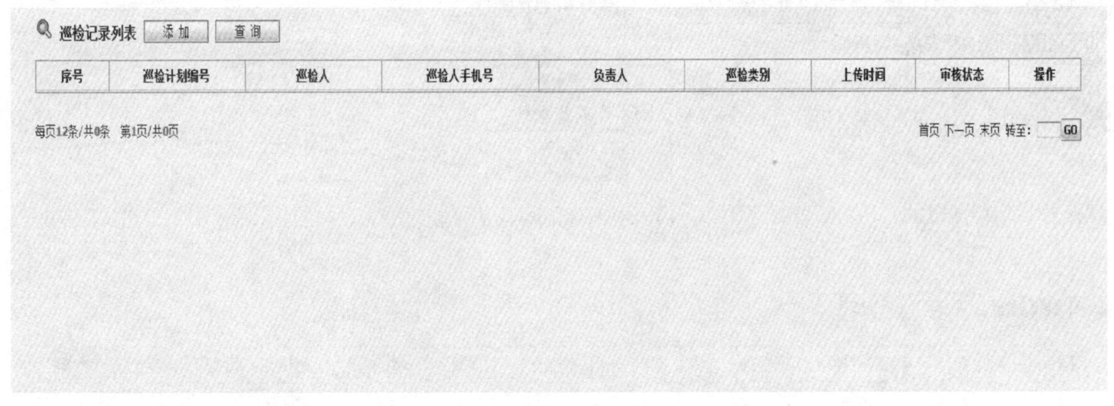

图5.2-67 巡检记录显示页面

3)病害记录

桥梁构件病害数据的来源除了通过巡检终端采集外,内业人员也可以根据填写的纸质采集报告,通过PC在线进行录入。【添加】可以通过管理员对病害信息进行添加,【查询】可以通过指定的查询条件对病害记录的信息进行详细查询,如图5.2-68所示。

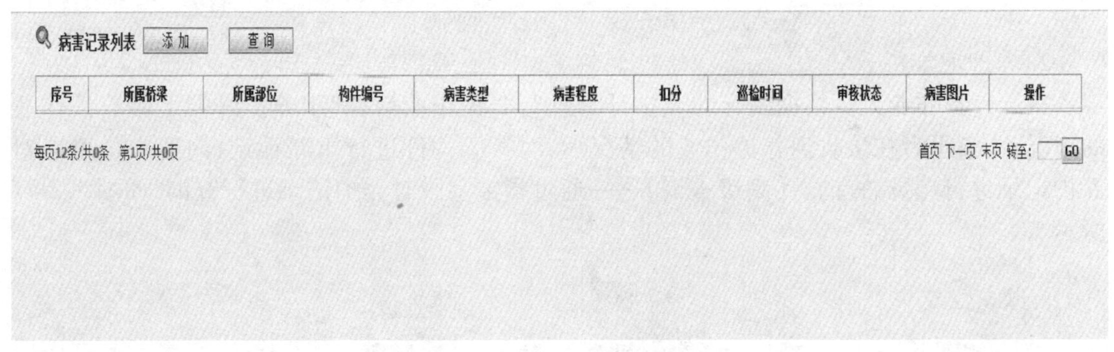

图5.2-68 病害记录显示页面

5.2.3.3 养护管理

养护管理(图5.2-69)是指对养护维修作业过程的管理,与巡检管理有相似之处。两者的主要区别在于,巡检过程是“发现问题”,而养护过程是“解决问题”。科学的养护管理体现了“问题解决并且反馈”的思想。

1)养护计划

在采集桥梁构件病害信息之后,系统根据病害数据库定义的病害类型,在匹配相应的记录之后,根据巡检养护手册制定的养护策略和安排,自动或者手工制定详细、周密的养护计划。该计划旨在为养护人员提供一个行动指南,在规定的时间内,按照计划的要求,有秩序的完成养护任务。【高级查询】——通过指定条件对养护计划进行详细的查询,【生成养护计划】——根据后台病害信息生成相应的养护计划,如图 5.2-70 所示。

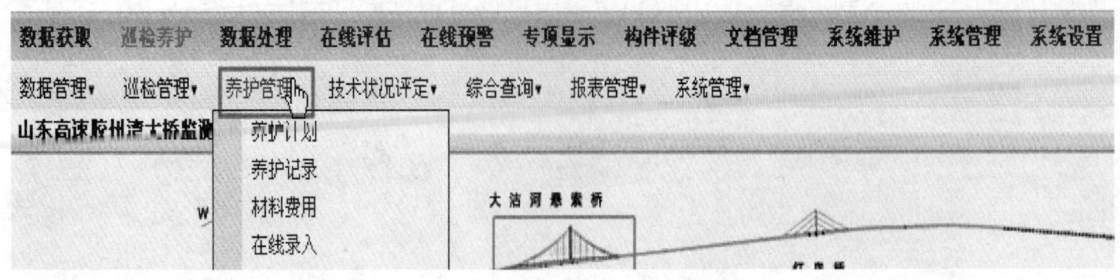

图 5.2-69　养护管理子菜单

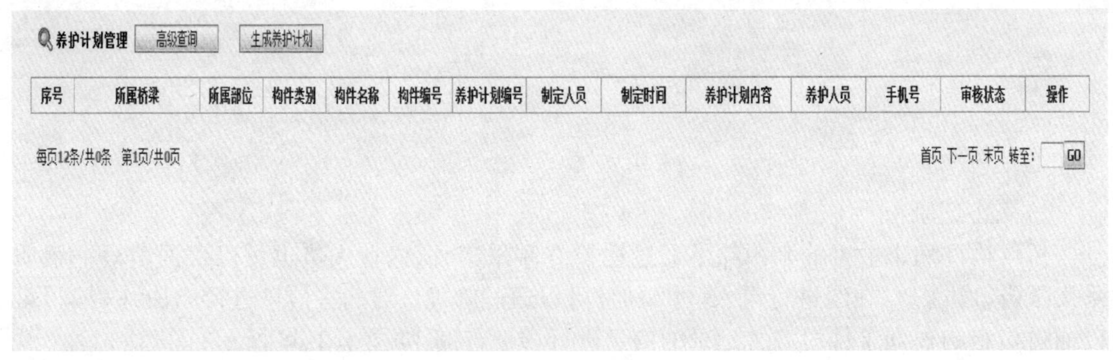

图 5.2-70　养护计划显示页面

2)养护记录

桥梁养护作业人员根据制定的养护计划进行养护作业后,利用养护终端上传养护作业的情况,业务平台在接收到养护作业的情况后,对桥梁构件进行重新评定,内业人员可以对养护记录进行浏览、查询。【高级查询】——通过指定字段对养护记录进行查询,如图 5.2-71 所示。

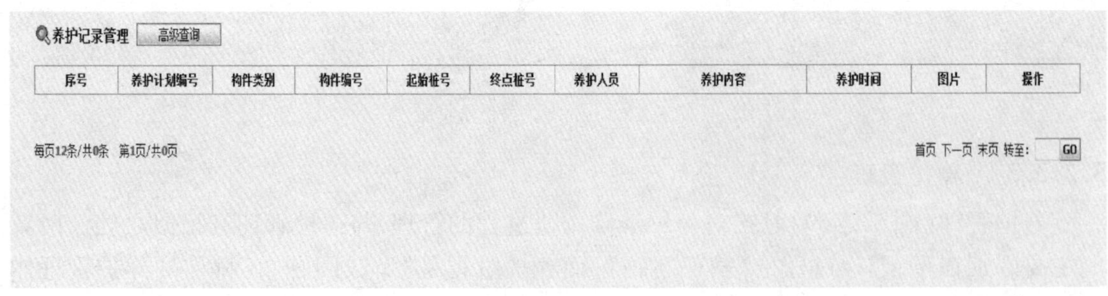

图 5.2-71　养护计划显示页面

3)材料费用

材料费用管理是指在养护过程中,对所耗用的实体原材料,辅助材料,构配件,零部件产生的各项直接的,或者间接的材料费用进行管理,材料费用管理分为根据养护计划产生的材料费用预算和实际养护作业后产生的材料费用。【高级查询】——通过指定字段对材料费用进行查询,如图 5.2-72 所示。

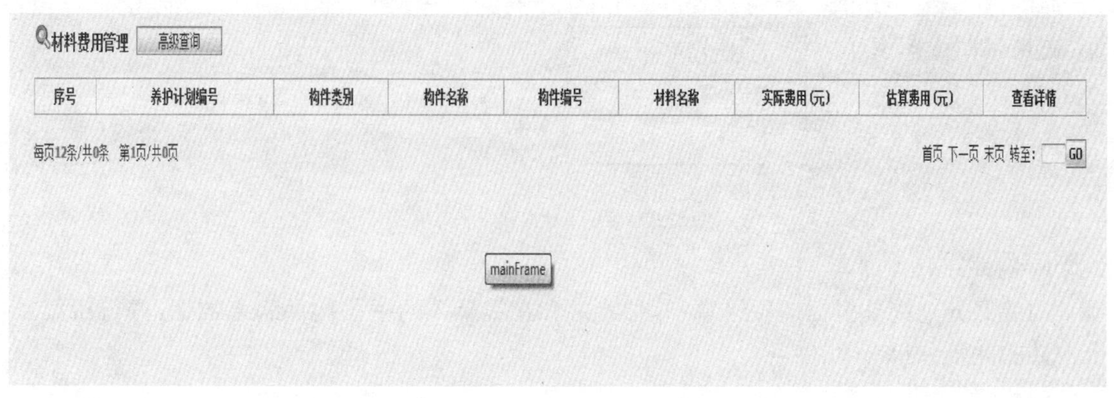

图 5.2-72　养护费用显示页面

4)在线录入

当养护终端临时不能用时,可以先用纸质方式先记录作业情况,再在 PC 上进行养护记录的添加,如图 5.2-73 所示。

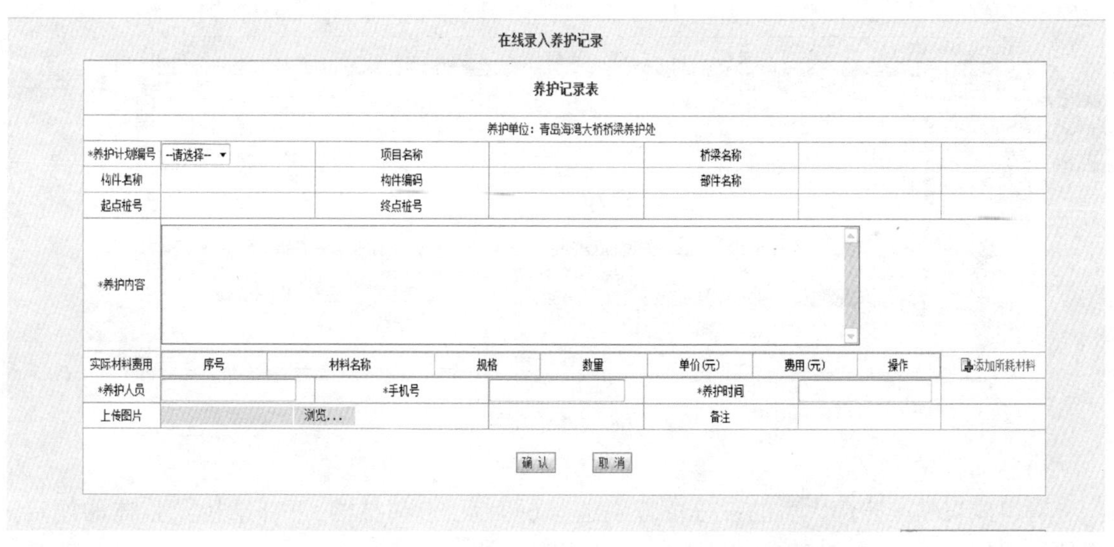

图 5.2-73　在线录入显示页面

5.2.3.4　技术状况评定

桥梁技术状况评定分为 3 类:

(1)桥梁具体构件的打分。

(2)某个桩号范围内的桥梁打分。

(3)对桥梁桥面系、上部结构、下部结构、分桥、整桥的技术评定,如图 5.2-74 所示。采用图标展示、数据汇总等方式进行显示。

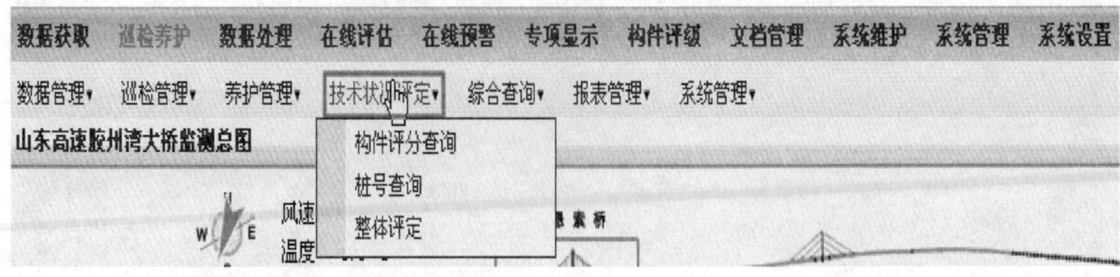

图 5.2-74　技术状况评定子菜单

1）构件评分查询

构件评分查询是根据巡检终端、养护终端和在线录入的桥梁构件病害数据，进行桥梁单个构件的评定分析。

2）桩号查询

用户在输入某个桩号范围（图 5.2-75）后，系统选择该桩号范围的构件，进行由构件打分→桥面系、上部结构、下部结构→整体的技术状况评定，让桥梁管理者能够重点关注桥梁局部范围的技术指标情况。

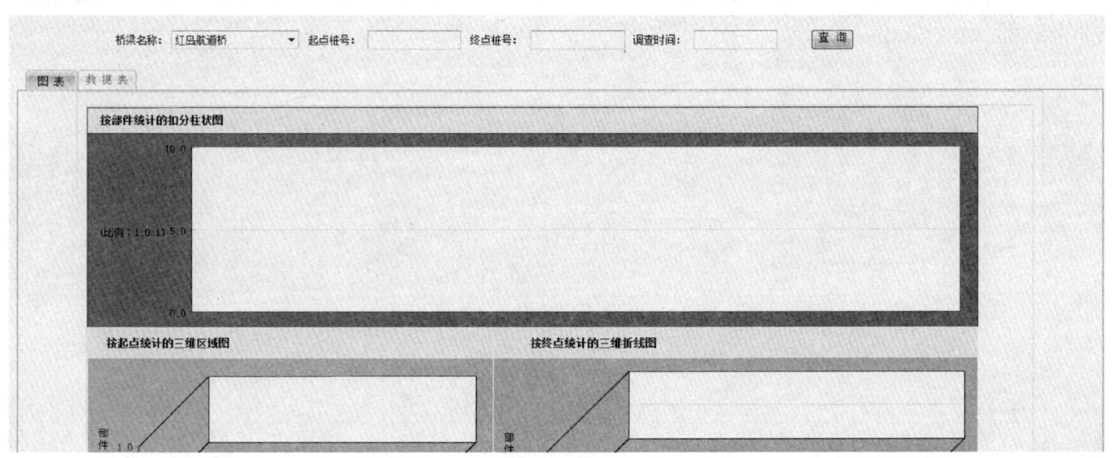

图 5.2-75　桩号查询显示页面

3）整体评定

对组成青岛胶州湾大桥的各分桥分别进行桥面系、上部结构、下部结构及整体的评定，以便直观的了解大桥的整体技术状况，如图 5.2-76 所示。

5.2.3.5　综合查询

综合查询模块的目的主要是在该功能模块进行电子化人工巡检养护管理子系统主要数据的全部查询，用户不用再进入各子功能模块进行对应信息的查询。综合查询不涉及到对查询记录的变动，仅仅是信息的显示。综合查询时更注重各类信息的联动，如查询构件时，可以关联到构件对应的巡检记录、养护记录；查询巡检记录时，可以关联到对应的养护记录；查询养护记录时，可以查看构件的信息、历史养护记录、桥梁文档资料等信息。综合查询子菜单如图 5.2-77 所示。

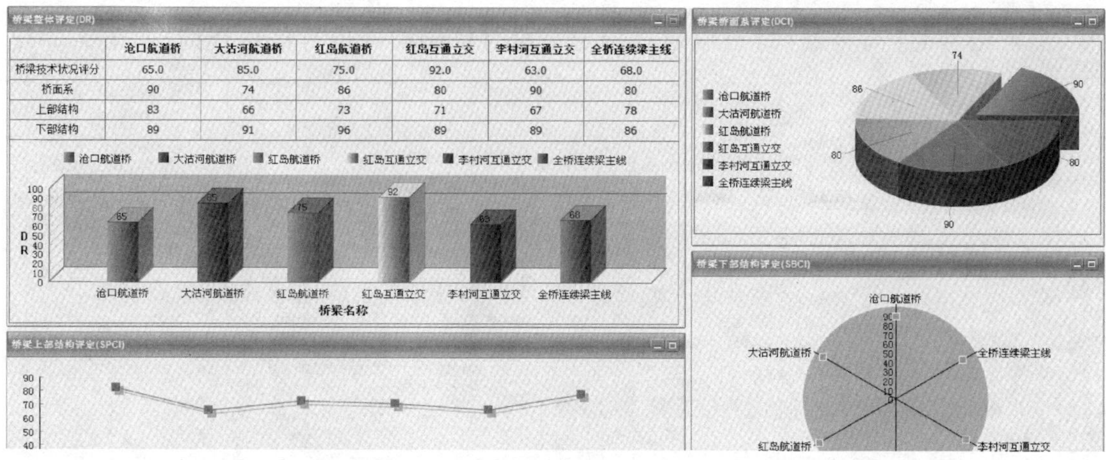

	沧口航道桥	大沽河航道桥	红岛航道桥	红岛互通立交	李村河互通立交	全桥连续梁主线
桥梁技术状况评分	65.0	85.0	75.0	92.0	63.0	68.0
桥面系	90	74	86	80	90	80
上部结构	83	66	73	71	67	78
下部结构	89	91	96	89	89	86

图 5.2-76　整体评定显示页面

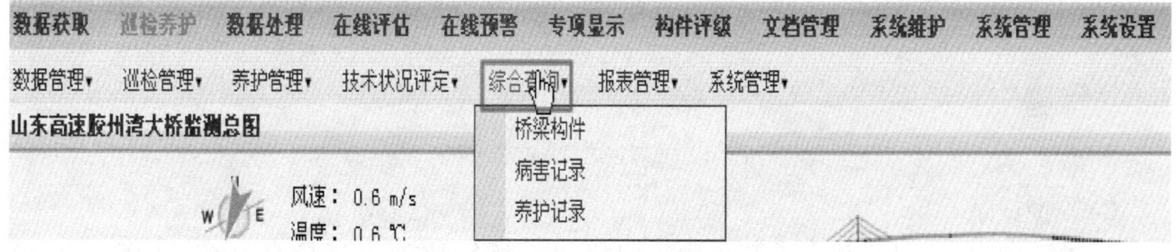

图 5.2-77　综合查询子菜单

1）桥梁构件

桥梁构件的【高级查询】可以通过指定字段对桥梁构件进行信息查询，如图 5.2-78 所示。

桥梁构件综合查询　高级查询

序号	所属桥梁	所属部位	构件类别	构件名称	构件编号	起始桩号	终点桩号
2855	大沽河航道桥	上部结构	吊索及钢护筒	吊索及钢护筒	DGH-S-R-B(03)	0	0
2856	大沽河航道桥	上部结构	吊索及钢护筒	吊索及钢护筒	DGH-S-R-B(04)	0	0
2857	大沽河航道桥	上部结构	吊索及钢护筒	吊索及钢护筒	DGH-S-R-B(05)	0	0
2858	大沽河航道桥	上部结构	吊索及钢护筒	吊索及钢护筒	DGH-S-R-B(06)	0	0
2859	大沽河航道桥	上部结构	吊索及钢护筒	吊索及钢护筒	DGH-S-R-B(07)	0	0
2860	大沽河航道桥	上部结构	吊索及钢护筒	吊索及钢护筒	DGH-S-R-B(08)	0	0

每页6条/共577条　第1页/共97页　首页 下一页 末页 转至： GO

构件示意图　构件附件资料列表

图 5.2-78　桥梁构件查询显示页面

2)病害记录

病害记录的【高级查询】可以通过指定字段对桥梁构件进行信息查询,如图 5.2-79 所示。

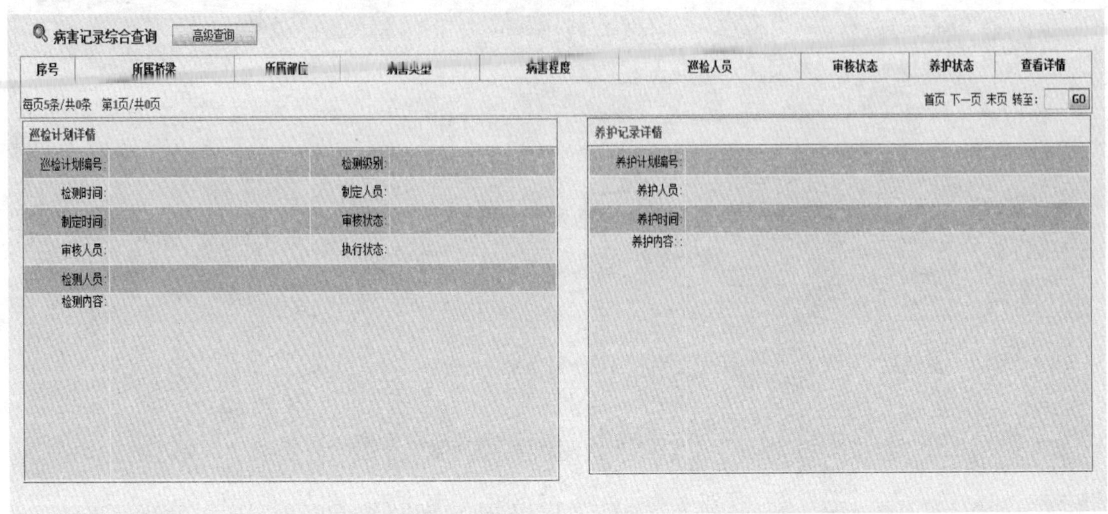

图 5.2-79 病害记录查询显示页面

3)养护记录

养护记录的【高级查询】可以通过指定字段对桥梁构件进行信息查询,如图 5.2-80 所示。

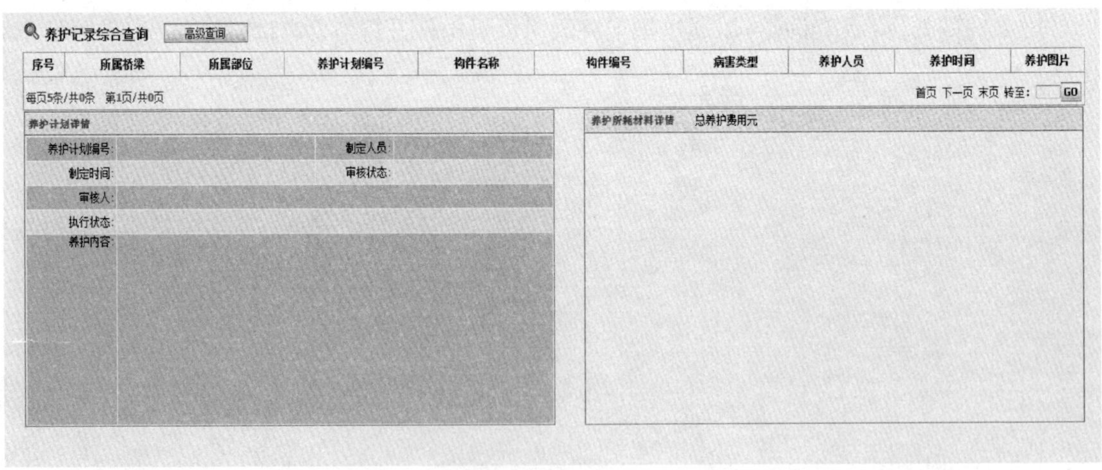

图 5.2-80 养护记录查询显示页面

4)养护费用分析

养护费用分析是对养护构件病害时使用材料花费的费用进行图标展示分析,如图 5.2-81 所示。

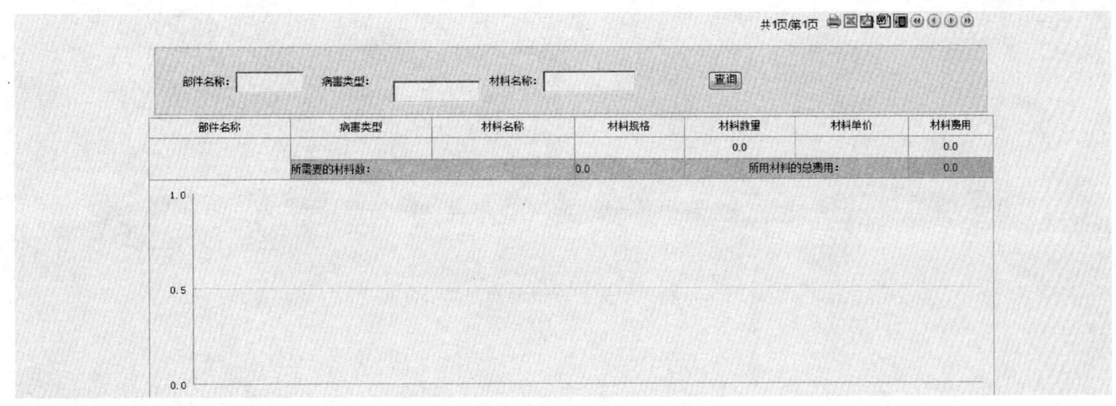

图 5.2-81　养护费用分析显示页面

5.2.3.6　报表管理

报表模块采用了业界广为应用的国产报表工具——润乾报表，进行报表的定制及制作，如图 5.2-82 所示。

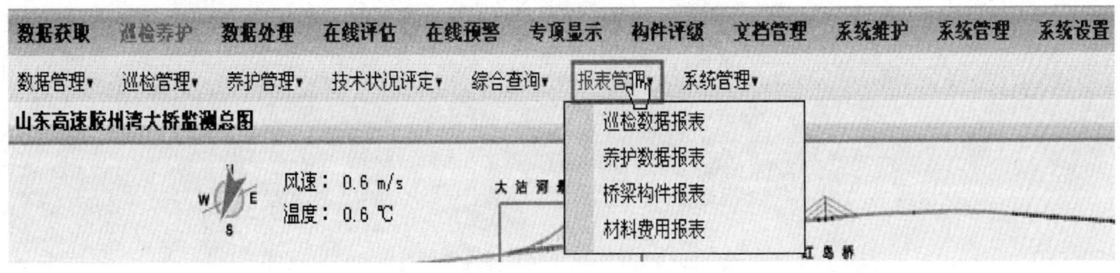

图 5.2-82　报表管理子菜单

1）巡检数据报表

巡检数据报表（图 5.2-83）主要是对巡检数据的展示和对巡检数据的打印，可以下载为 word，excel，pdf 等格式。

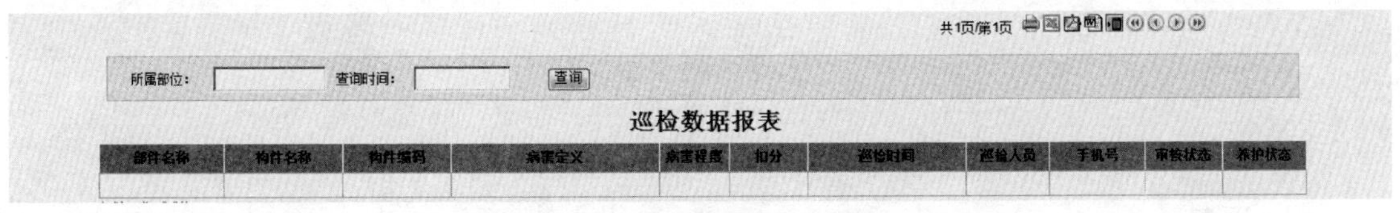

图 5.2-83　巡检数据报表管理显示页面

2）养护数据报表

养护数据报表（图 5.2-84）主要是对养护数据的展示和对养护数据的打印，可以下载为 word，excel，pdf 等格式。

3）桥梁构件报表

桥梁构件报表（图 5.2-85）主要是对桥梁构件数据的展示和对桥梁构件数据的打印，可以下载为 word，excel，pdf 等格式。

共1页/第1页

所属部件： 查询月份： 查 询

养护数据报表

养护计划编号	构件自定义编码	构件病害定义识别号	巡检时间	巡检人员	巡检人员手机号	养护状态	病害位置信息

图 5.2-84 养护数据报表管理显示页面

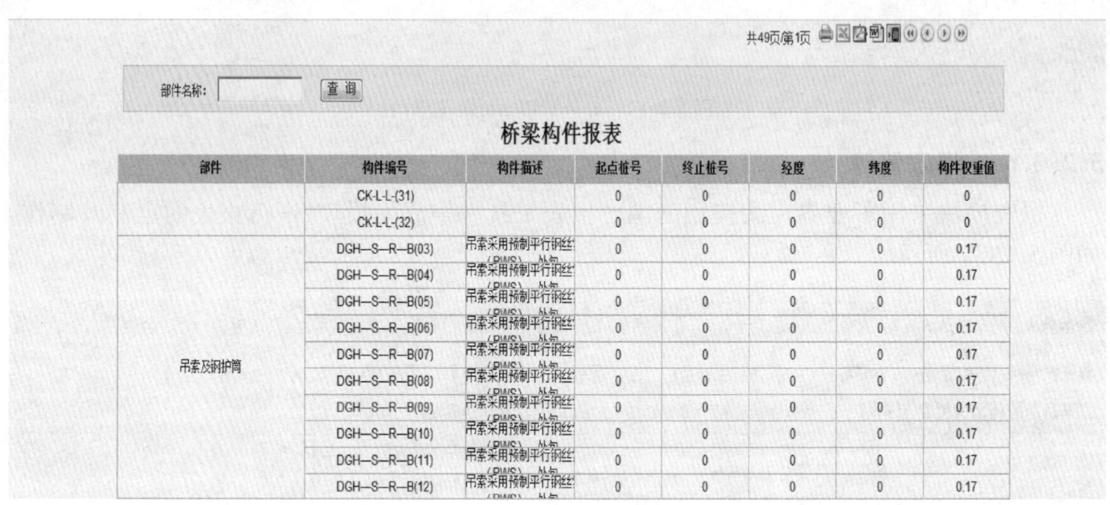

共49页/第1页

部件名称： 查 询

桥梁构件报表

部件	构件编号	构件描述	起点桩号	终止桩号	经度	纬度	构件权重值
	CK-L-L-(31)		0	0	0	0	0
	CK-L-L-(32)		0	0	0	0	0
吊索及钢护筒	DGH—S—R—B(03)	吊索采用预制平行钢丝	0	0	0	0	0.17
	DGH—S—R—B(04)	吊索采用预制平行钢丝	0	0	0	0	0.17
	DGH—S—R—B(05)	吊索采用预制平行钢丝	0	0	0	0	0.17
	DGH—S—R—B(06)	吊索采用预制平行钢丝	0	0	0	0	0.17
	DGH—S—R—B(07)	吊索采用预制平行钢丝	0	0	0	0	0.17
	DGH—S—R—B(08)	吊索采用预制平行钢丝	0	0	0	0	0.17
	DGH—S—R—B(09)	吊索采用预制平行钢丝	0	0	0	0	0.17
	DGH—S—R—B(10)	吊索采用预制平行钢丝	0	0	0	0	0.17
	DGH—S—R—B(11)	吊索采用预制平行钢丝	0	0	0	0	0.17
	DGH—S—R—B(12)	吊索采用预制平行钢丝	0	0	0	0	0.17

图 5.2-85 桥梁构件报表管理显示页面

4)技术评定报表

技术评定报表(图 5.2-86)主要是对通航孔桥及非通航孔桥的各个技术指标的获取及图表的展示。

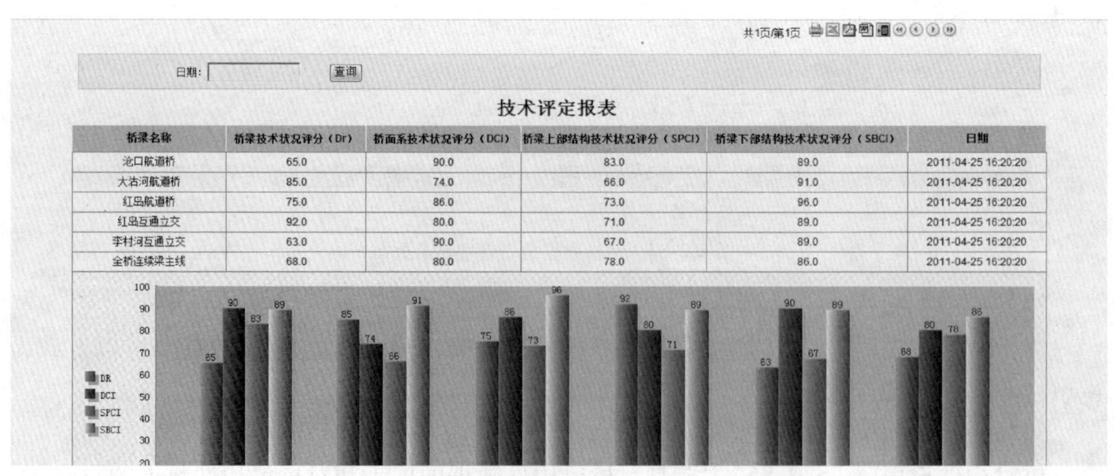

共1页/第1页

日期： 查询

技术评定报表

桥梁名称	桥梁技术状况评分（Dr）	桥面系技术状况评分（DCI）	桥梁上部结构技术状况评分（SPCI）	桥梁下部结构技术状况评分（SBCI）	日期
沧口航道桥	65.0	90.0	83.0	89.0	2011-04-25 16:20:20
大沽河航道桥	85.0	74.0	66.0	91.0	2011-04-25 16:20:20
红岛航道桥	75.0	86.0	73.0	96.0	2011-04-25 16:20:20
红岛互通立交	92.0	80.0	71.0	89.0	2011-04-25 16:20:20
李村河互通立交	63.0	90.0	67.0	89.0	2011-04-25 16:20:20
全桥连续梁主线	68.0	80.0	78.0	86.0	2011-04-25 16:20:20

图 5.2-86 技术评定报表管理显示页面

5.2.3.7 系统管理

系统管理包括作业人员管理,系统日志操作两个模块,如图5.2-87所示。

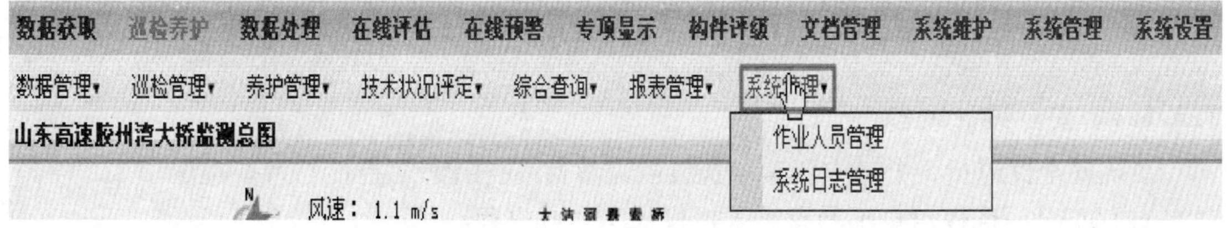

图5.2-87 系统管理子菜单

1)作业人员管理

作业人员管理(图5.2-88)模块主要是对手机终端用户的信息统计及记录,【添加】可以增加手机养护及巡检终端人员信息,【高级查询】可以根据指定字段查找终端人员的信息。

作业人员管理 添加 高级查询

序号	姓名	管养单位名称	手机号码	手机型号	登记时间	查看详情
1	dddddd	巡检部门	53535353	35435353	2011-09-14	
2	康荣彩	红岛桥部	5666	h	2011-08-23	

每页5条/共2条 第1页/共1页　　首页 末页 转至: GO

图5.2-88 作业人员管理显示页面

2)系统日志管理

系统日志管理(图5.2-89)主要记录用户在系统中对各种增加,修改,删除等操作进行详细的记录。【高级查询】可以根据指定字段查询系统日志中的信息。

系统日志管理 高级查询

序号	用户真实姓名	操作内容	操作时间	操作系统版本	浏览器	IP地址/手机号码	查看详情
1	经理	经理0.45	2011-06-10	Windows XP	IE8.0浏览器	127.0.0.1	
2	经理	经理25.0	2011-06-09	Windows XP	IE8.0浏览器	127.0.0.1	
3	经理	经理20.0	2011-06-09	Windows XP	IE8.0浏览器	127.0.0.1	
4	经理	经理0.45	2011-06-10	Windows XP	IE8.0浏览器	127.0.0.1	
5	经理	经理0.45	2011-06-10	Windows 7	IE9.0浏览器	123.122.64.51	
6	经理	经理0.1	2011-06-10	Windows 7	IE9.0浏览器	123.122.64.51	
7	经理	经理0.45	2011-06-10	Windows XP	IE8.0浏览器	127.0.0.1	
8	经理	经理0.45	2011-06-10	Windows XP	IE8.0浏览器	127.0.0.1	
9	经理	经理0.45	2011-06-13	Windows 7	IE9.0浏览器	123.123.108.66	
10	经理	经理0.45	2011-06-15	Windows 7	IE9.0浏览器	114.246.66.17	
11	经理	经理0.05	2011-06-20	Windows 7	IE9.0浏览器	0:0:0:0:0:0:0:1	
12	经理	经理0.45	2011-07-26	Windows 7	谷歌浏览器	115.170.28.18	

每页12条/共433条 第1页/共37页　　首页 下一页 末页 转至: GO

图5.2-89 系统日志管理显示页面

5.3 软件安全性、可靠性

5.3.1 软件安全性

5.3.1.1 安全设计内容

系统安全性包括 5 个基本要素:机密性、完整性、可用性、可控性与可审查性。

(1)机密性:确保信息不暴露给未授权的实体或进程。

(2)完整性:只有得到允许的人才能修改数据,并且能够判别出数据是否已被篡改。

(3)可用性:得到授权的实体在需要时可访问数据,即攻击者不能占用所有的资源而阻碍授权者的工作。

(4)可控性:可以控制授权范围内的信息流向及行为方式。

(5)可审查性:对出现的网络安全问题提供调查的依据和手段。

5.3.1.2 安全风险分析

网络存在的安全威胁主要表现在 5 个方面。

1)非授权访问

没有预先经过同意,就使用网络或计算机资源被看作非授权访问,如有意避开系统访问控制机制,对网络设备及资源进行非正常使用,或擅自扩大权限,越权访问信息。主要有以下几种形式:假冒、身份攻击、非法用户进入网络系统进行违法操作、合法用户以未授权方式进行操作等。

2)信息泄漏或丢失

指敏感数据在有意或无意中被泄漏或丢失。通常包括:信息在传输中丢失或泄漏,信息在存储介质中丢失或泄漏,通过建立隐蔽隧道等窃取敏感信息等。

3)破坏数据完整性

以非法手段窃得对数据的使用权,删除、修改、插入或重发某些重要信息,以取得有益于攻击者的响应;恶意添加,修改数据,以干扰用户的正常使用。

4)拒绝服务攻击

不断对网络服务系统进行干扰,改变其正常的作业流程,执行无关程序使系统响应减慢甚至瘫痪,影响正常用户的使用,甚至使合法用户被排斥而不能进入计算机网络系统或不能得到相应的服务。

5)利用网络传播病毒

通过网络传播计算机病毒,其破坏性大大高于单机系统,而且用户很难防范。

5.3.1.3 安全措施

针对以上对安全风险的分析,在本系统中就以下方面采取有效措施。

1)数据通信的保密性与可靠性

应用系统之间和内部通信是通过应用程序服务器来进行交换,对于关键数据以密文的方式通信,确保通信的保密性。对口令信息进行单项不可逆加密。对于批量数据的传输以队列方式传输,可以保证数据传输的可靠性。

2)操作系统、数据库、中间件安全特性与权限控制

我们为本系统配备的LINUX/UNIX主机操作系统能够提供C2级的安全特性,是成熟可靠的软件系统,完全能够满足关键业务系统的一般安全要求。

数据库选用ORACLE数据库。ORACLE数据库在安全控制与权限控制上具有以下特点:

(1)支持C2级安全标准。Oracle在C2级的操作系统上(如商用LINUX/UNIX,VMS操作系统),不仅满足NCSC C2级安全标准,而且已经正式通过了NCSC C2标准的测试。

(2)多级数据库安全控制。数据库权限授权用户可以进行特定的SQL操作,例如在选定的数据库对象上插入、更改或删除操作。Oracle有效的权限管理使你能精确的实施数据库的安全策略,确保各级用户只得到应有的权限。

(3)灵活可靠的审计功能。Oracle提供集成、灵活且可靠的审计功能,可以确保对数据库适当规模的操作都被记录。

3)系统备份与恢复

为了保证系统稳定、可靠地运行,防范各种突发事件系统信息造成损坏,需要对重要数据和文件进行定期备份,并能够利用备份文件进行故障和灾难恢复处理。备份文件和原有系统进行物理分隔、异地存放,减少原有系统和备份同时破坏的可能性。提供多种备份和恢复的策略(如定时备份/恢复,增量备份/恢复,分区备份/恢复)。采用系统级(硬件)备份和应用级(软件)备份相结合的手段。系统级备份是指用专用磁带硬件设备并配合相关备份软件进行备份。这种备份方法简单,效率高,可靠性强。应用级备份是指利用数据库本身自带的备份功能结合不同的备份策略进行数据备份。该备份方法具有很大的灵活性。

4)日志

建立三级日志体系,即在用户界面层、应用服务层和数据库分别设有日志机制,根据操作权限为日志设立多种级别,对于关键事件予以记录,为非法登陆控制、事故追查等提供多种手段。在本系统中将通过应用审计功能对三级日志进行管理:

(1)在用户界面层,主要针对用户进入界面的时间、离开时间、连接信息、重要操作等信息进行记录。

(2)在应用服务层,主要针对用户对业务对象的访问、操作等信息进行记录。

(3)在数据层,主要针对用户对数据库对象(如表,字段等)的访问、操作等信息进行记录。

系统将提供三类审计API(界面审计API,应用审计API,数据库审计API)分别实现上述的审计功能。

通过用户自行定义审计规则来实现灵活的审计策略。

将审计和报警功能结合起来,达到实时预防的效果。

提供完善的应用审计查询、分析、统计功能,不仅能对各种以发生的安全问题进行取证,还能对潜在的安全问题进行预防。

5)病毒防治

随着信息技术的发展,计算机病毒层出不穷,防病毒技术的发展也是日新月异。网络防

病毒系统采取基于策略集中管理的方式和一流的病毒检测和清除能力,使得移动、分布式的企业级病毒防护不再困难。同时防病毒系统具备病毒定义的实时自动更新功能,使得用户无需担心由于忘记更新病毒而引发病毒事件的问题。

一般情况下,计算机病毒程序由病毒安装模块、病毒传染模块和病毒激发模块三部分组成。主要通过软盘、硬盘和通过计算机网络进入到服务器中,一旦在网上蔓延,其威胁性和破坏力不可估量。

计算机网络反病毒技术包括:

(1)切断传播途径。需严格管理控制软、硬盘和程序的安装使用。

(2)用反病毒软件和硬件工具实时检测和防治计算机病毒。

(3)增强防病毒意识,加强宣传教育、严格管理。建立严格的防病毒技术管理体系。

(4)网络反病毒技术还包括频繁扫描和检测服务器文件及其各项操作;同网络监控管理链接,一旦发现病毒迹象,立即切断连接;严格设置各级网络资源访问权限,特别是规范网络系统管理及其操作等。

作为网络版的防病毒软件,要从网络的各个层次、各个方面来防杀病毒。包括对工作站上的磁盘、可移动磁盘、光盘以及网络所收发文件和电子邮件的防护,对文件服务器的网络共享文件的防护,对邮件服务器中的邮件附件病毒的防护等。它应该涵盖对 DOS、Windows 3. x, Windows 95/98/NT/2000, WindowsXP, Vista 等各种主流的操作系统的支持,对他们进行实时的保护。

本系统中推荐用户选用趋势中小企业包(Windows 系统),具体配置为 50 客户端、5 服务器端。对于每一台服务器和客户机安装网络防病毒产品客户端软件,并在网管服务器、系统服务器到客户端的范围内,实行网络化集中管理,可以建造一个集中控制、分级管理、多重防护的防病毒网络。

5.3.1.4 安全管理与权限控制

信息安全是一个系统工程,管理性和技术性的安全措施是相辅相成的,诸多的不安全因素恰恰反映在组织管理和人员使用方面,在对技术性措施进行设计的同时,必须考虑安全管理措施。因此在本系统权限管理模块的实现中将遵循以下三个原则:

(1)多人负责原则:关键业务多人参与。

(2)任期有限原则。

(3)职责分离原则:严格分离系统权限和业务权限。

依照上述的原则,本系统将采用以下措施:

(1)对关键业务处理设计成多人操作和稽核过程,减少大量误操作和恶意操作的可能。

(2)用户权限正确划分:根据用户的职责和职能,划分其能够操作的功能模块。

(3)用户权限控制:在应用系统中对应用户的权限制订用户权限控制表,限制用户的各种非授权操作。

(4)对于系统的操作人员的访问权限进行分级管理。

(5)将业务权限和系统维护权限严格分开。

(6)提供多种安全认证方式相结合的手段。

5.3.2 软件可靠性

系统的可靠性是指在规定的条件下、规定的时间内完成规定功能的能力。系统可靠性的目标在于避免出现故障,系统即具有高的平均无故障时间。系统的可靠性包括硬件系统可靠性和软件系统可靠性,是两者的综合体现。

硬件系统的可靠性是指硬件系统在规定的时间下,避免出现故障的指标,一般体现为平均无故障时间。

软件的可靠性是指"在规定的时间内,软件不引起系统失效的概率。该概率是系统输入和系统使用的函数也是软件中存在的故障的函数",软件的可靠性是软件质量的一个重要技术指标。

为了保证系统的可靠性,系统将采用以下可靠性技术:

(1)严格做好各分系统的可靠性分配与设计。

(2)采用冗余设计,系统关键设备有热备份,设备切换时应有提示或警告。计算机设备尽量选用具有"可热拔插"性能的型号,主要设备采用"双工"方式工作。在本系统中,在以下方面使用了冗余技术:

①数据处理系统的群集技术,三台 Linux/Unix 服务器组成群集系统,保证任一台机器出现故障都不影响整个系统的运行。

②传感器采集的原始数据除在服务器端端统一存储外,还在各采集终端按时间滚动存储,保证数据不丢失。

③数据传输过程采用实时传输和整点二次传输技术,既保证数据的实时性,又保证数据的可靠性。

(3)应用软件采用面向对象技术与模块化设计方法,联试阶段的故障情况应有记录。所有应用软件和数据有备份,重要数据有热备份。数据备份是保证系统安全性和可靠性的有效措施。

(4)采用功能替代技术。功能相似的分系统之间、设备之间在必要时能相互替代,完成一定的功能。

(5)系统具备自我保护功能,重要文件、数据的删改应有确认步骤,不致因软件故障或误操作而导致系统瘫痪。

(6)信息中心和指挥中心要备有系统维修备件、仪器、仪表和工具等。

(7)系统中的自制设备应便于维修,故障部件易更换。

(8)系统连接方式应使故障设备易更换。

(9)软件可靠性保证。软件可靠性是软件质量的一个重要指标,软件测试是从软件质量控制角度保证软件质量,提高软件可靠性的最有效方法。

第 6 章

青岛胶州湾大桥养护手册

6.1 总则

6.1.1 目的

为加强青岛胶州湾大桥的维护管理工作，提高维护技术和维护管理水平，更加充分有效地利用资金和现有设备实施维护作业，保证大桥结构安全耐久、行车快速、舒适、畅通，根据《中华人民共和国公路法》及有关技术规范、规章、政策的要求，特制定本手册。

大桥养护应以创精品养护为目标，贯彻"预防为主，防治结合"的方针，加强桥况的日常性、周期性检查和养护维修工作，建立、健全桥况技术档案，制定符合实际的养护维修措施，使大桥及其附属设施处于良好的技术状态。

大桥养护手册的开发充分考虑青岛胶州湾大桥工程规模、耐久体系、施工工艺、设计创新等特点，并与健康监测系统和人工巡检养护系统相结合，以大桥结构构件为主线，可以更加直观方便地指导养护人员开展养护工作。

为了进一步提高维护管理水平，规范管理的方法和程序，并与计算机维护管理系统的建立相配套，在本手册试行过程中，应结合工作实践和已有的经验，及时反馈修改建议和意见，提高手册的操作性和实用性，切实将大桥维护管理水平提升到一个新台阶。

本手册未涉及的内容均按交通部现行有关标准、规定执行。

6.1.2 术语

养护：为保持桥梁及其附属物的正常使用而进行的经常性维护及维修作业；预防和修复桥梁的灾害性损坏及为提高桥梁使用质量和服务水平而进行的维修。

小修维护：对公路桥涵及其附属构造进行预防性维护和修补其轻微损坏部分，使其保持完好状态的工程项目。

中修工程：对公路桥涵及其附属构造物一般性磨损和局部损坏进行定期的修理加固，以恢复原状况的小型工程项目。

大修工程：对桥涵及其附属构造物的较大损坏进行周期性的综合修理，以全面恢复到原设计标准的技术状况,或在原技术等级范围内进行局部改善和个别增建,以逐步提高其通行能力的工程项目。

经常检查:经常检查是以目测为主,检查从外表可见到的病害和缺陷等,为小修维护计划提供依据。

定期检查:定期检查和经常检查均有目测,但定期检查强调"必须接近各部件仔细检查其缺损情况"。定期检查分为常规定期检查和结构定期检查。定期检查前必须创造接近各部件的条件,如使用桥梁检查车、搭设临时支架等。定期检查为评定桥梁使用功能,制定管理养护计划提供基本数据,对桥梁主题结构及其附属构造物的技术状况进行全面检查,为桥梁养护管理系统搜集结构技术状态的动态数据,针对青岛胶州湾大桥设有实时健康监测系统,可在做定期检查时查看健康监测系统的结果,并做进一步分析,确定定期检查的主要工作和安排,可进一步提高工作效率。

特殊检查:特殊检查是查清桥梁的病害原因、破损程度、承载能力、抗灾能力,确定桥梁技术状况的工作。依据检查目的可划分为专门检查和应急检查两种。依据检查工作的性质可划分为现场检查和实验室测试分析两大部分。检查方法分为目测检查和简单物理测量方法以及无破损或半破损检查方法。同时在做检查时可充分利用健康监测系统的监测数据,确定检查的重点部位。

6.2 养护管理制度

6.2.1 养护安全要求

6.2.1.1 总体要求

(1)工程部门要加强对全体养护人员和有关施工单位人员的安全教育,认真组织学习国家和省颁发的相关法律、法规及管理中心制定的各种规章制度、各种设备的操作规程,提高养护人员和管理人员的安全生产意识和责任意识。

(2)严格遵守大桥养护施工作业有关规定及养护作业操作规程,坚决服从调度和指挥。

(3)建立健全有关安全生产责任制,坚持实行主要负责人为第一责任人制度、安全生产例会制度、安全生产教育制度、安全生产检查制度、安全生产奖惩制度、安全生产台账制度、安全生产整改制度等。

(4)在养护施工作业前,工程部门要编制施工任务书,制定出详细的施工养护计划和安全监督预案,并明确职责。

(5)凡不符合安全要求有严重危险的设备、设施,职工有权向上级部门报告。遇有严重危及生命安全的情况,职工有权停止操作,并及时报告领导进行处理。

(6)养护施工作业前要实行严格的任务书制度。

6.2.1.2 桥面施工作业

(1)进入大桥桥面养护施工作业的车辆,车身必须有明显的养护作业标志,车后必须悬挂警告标志,并开启车顶黄色警示灯,同时驾驶员必须持有效证件。未按规定配备标志的其他工程车辆一律不准进入大桥桥面进行施工作业(应急抢险车除外)。

(2)进入大桥桥面施工的养护作业人员必须按规定着安全标志服,穿戴好防护用品。不准穿短裤、裙裤和凉鞋,不准赤脚、赤膊。作业前要设置标志牌、标志筒,作业中禁止作业人员及车辆设备超出标志牌、标志筒的设置范围。作业人员禁止随意横穿行车道,坚决杜绝一切危及车辆行驶安全和影响畅通的行为,并时刻注意自我人身安全的保护。

(3)在桥面进行各种养护作业前,应先检查设备或工作场地,排除故障和隐患,确保安全防护信号连锁,装置齐全、灵敏、可靠。

(4)养护作业中,作业人员应集中精力,坚守岗位,不准擅自把自己的工作交给他人。两人以上共同工作时,必须有主有从,统一指挥。工作场地不准打闹、睡觉和做与本职工作无关的事。操作过程中不准吸烟。严禁酗酒后进入工作岗位。不得在有毒、尘粉作业场所进餐、饮水。

(5)小型养护作业现场由养护科与施工单位按规定和安全施工预案要求设置临时标志和施工范围。工程管理人员和养护安全员有权进行现场监督、检查,落实安全措施。

(6)规模较大的施工作业现场,由工程部门根据施工作业任务书,落实现场安全措施。必要时,可请求路政、公安交警给予配合,进行现场交通维护管理。

(7)雨、雾、雪天气或桥面有结冰情况时,除影响行车安全的抢修工程外一般不施工。

(8)一般日常养护作业施工应在白天进行,并尽量在白天完成。如白天未完成,确需在夜间加班施工的,养护科和施工单位必须做好夜间施工现场的安全管理,标志、照明等按夜间施工标准设置,直至施工人员撤离现场。

(9)养护作业现场标志设置应规范。在离施工作业现场500m处设提示“前面施工,减速慢行”标志,在恰当距离设置“60”、“禁超”、“40”、“下行”等标志,作业区域用标志筒封闭。工程结束后,及时收回各类标志、标牌。

(10)在桥面养护施工中,各类重型机械设备(压路机、摊铺机、载重运输车辆)要按秩序靠边停放在标志筒、标志牌设置范围内,倒车时要有专人指挥。施工中确要逆向行驶时,必须有路政、公安、交警一起进行现场交通管理指挥,或封闭车道后方可,禁止违规行驶。施工作业车辆进行作业时,不得超出标志设置范围,养护部门要派专人进行现场安全管理。

(11)桥面铺设沥青施工时,施工人员要按规定穿戴保护工作服。施工过程中,要尽量站在上风方向,防止吸入过量的热沥青原料中散发出的热气。沥青加热不要过度,防止引起火灾等事故。

(12)养护施工结束后,要做好生产作业中的环境保护。现场物料堆放整齐、有序、稳妥、不超高,符合定置管理要求,并及时清除工作场所中散落的粉尘、物料和垃圾。

6.2.1.3 高空养护施工

(1)高空养护作业施工时,应先检查作业场地的平整情况。养护作业人员工必须随身携带手套、安全保险带、安全帽、工具包、步话机等。夏冬季节要根据天气情况,妥善安排作业时间,防止中暑、冻伤。

(2)使用登高车、桥检车作业时,除按规定设置标志牌、标志筒外,车辆停靠要拉好手闸,前后轮胎要垫好三角木。作业人员要系好安全带,戴好安全帽,背好工具包,并增派专职瞭望员。操作人员要按车辆操作程序进行操作,禁止违章操作,操作时应随时注意人身安全。

(3)养护作业时,工具配件要抓牢放好,禁止随手乱扔。

(4)高空行走时,脚要踩稳,手要抓牢,禁止嬉闹。

(5)患有恐高症的工作人员禁止进行高空作业。

(6)禁止酒后高空作业。

(7)禁止吸烟和做与工作无关的事情。

(8)使用桥梁专用检测车时,要严格按操作规程进行操作。进入桥检车内,要及时系好安全带,戴好安全帽,妥善放置和保管好工具。严禁随手乱扔物品。

(9)进行汽车起重吊装作业时,要按规定设置作业区。汽车起重机要根据地形安全停靠。要有专人指挥,并设置瞭望员。操作人员要戴好安全帽,严格按吊装操作规程操作,禁止违章操作。操作时,应平稳、和缓,严禁猛拉、猛操作,严禁带载伸缩,严格执行"十不吊"制度。

6.2.1.4 养护涂装作业

(1)油漆和稀释剂大都是易燃、易爆化学品,有的原料对人体神经系统、呼吸系统和皮肤有刺激性,甚至有毒性。为此,养护人员在涂装作业过程中,要牢固树立劳动保护和安全防火意识;

(2)养护施工人员在涂装操作前应检查所带工具,并穿戴好各种防护用具,如手套、面具、口罩、眼镜和鞋帽。操作结束后,要洗澡,清洗全身;

(3)施工中,若感觉身体不适,呼吸困难,应立即停止操作并立即到医务室及时检查、治疗,如情况严重要送医院及时进行治疗;

(4)涂装材料必须存放在危险品仓库,禁止各种烟火进入库房。库房内要配备足够的消防器材,保证库房通风自如;

(5)养护作业人员进入涂装作业区,不得携带打火机、火柴等火种,禁止吸烟,不得同时使用电焊、气割作业,不得穿化纤工作服及带有铁钉的鞋;

(6)使用喷涂设备作业前,要认真检查喷涂设备软管是否有断裂、泄漏、划破、膨胀和接头损坏情况,如存在上述任何一项情况,都要立即更换,严禁用胶带粘补软管;

(7)喷涂作业时,禁止用软管拖拉设备,不得使软管扭曲打结;

(8)喷涂作业时,不得将涂料随地乱洒而破坏生态环境;

(9)在密闭空间喷涂油漆作业时,要穿戴防毒面具和采取循环通风措施;

(10)涂装材料不能随意混放,必须分类妥善存放,并设专人管理。

6.2.1.5 恶劣气候养护作业

(1)根据季节变化的有关信息提前做好相应准备工作。

(2)夏季要做好防台、防汛工作,加强桥面巡查,及时清除桥面大块抛洒物和其他物品,清除下水管道堵塞物,做好桥面洒水降温工作。

(3)认真检查防雷击装置是否完好。

(4)认真检查灯光、情报板显示是否完好。

(5)冬季要做好桥面扫雪除冰准备工作,配齐人工扫雪除冰等相关器材,保证扫地车、除冰装置正常完好。

(6)进入冬季要给除冰车加装液化气,确保天气突变时能够及时清除桥面冰雪。

(7)冬季下雪天气,桥面开始积雪但不影响车辆通行时,养护科要及时组织人员进行机械、人工扫雪。实施除雪作业时应设置相应限速牌和标志筒,作业人员必须着橘黄色标志服或反光标志服,重点部位是桥面坡道、弯道、匝道、收费站区。大雪时要集中精力确保一个车道畅通。

(8)冬季雨雪天气,当温度接近零度时,要及时采取抛洒除雪剂等措施,防止桥面结冻、结冰。

(9)冰雪、大风危害严重,直接影响车辆行驶安全时,由管理中心会同公安、交警下达局部或全部封闭交通指令。在封闭交通期间,养护部门要抓紧进行扫雪除冰工作,确保一个车道畅通。

(10)雨、雾、冰、雪等恶劣天气上桥驾驶工程车辆务必谨慎驾驶。

6.2.1.6 日常养护作业

(1)日常上桥养护巡视的工作人员,必须身着标志服。在桥上巡查时要走紧急停车道,控制车速40km/h。发现有影响车辆安全行驶的障碍物,要及时清除,如一时清除不了的要设置标志筒、标志牌、限速牌,及时提醒驾乘人员。

(2)桥面洒水、除冰、除雪时,需报知监控中心,由监控中心在情报板上发布相关信息,并在作业车辆后方100m处设置流动标志车。标志车后需悬挂限速标志,开启警示灯和箭头灯,同时作业车辆需开启车顶黄色警示灯。作业人员必须提高警惕,注意观察,不得影响通行车辆的安全行车。

(3)小型作业现场设置临时标志由施工作业单位按规定和预案要求设置,工程管理人员和路政人员有权现场监督,检查落实。

(4)专项工程或大修工程养护作业时的交通控制应符合如下要求:

①设立交通控制区。交通控制区分为6个部分:

a. 警告区:警告区长度不得低于1500m。警告区内每隔一定距离应设置有关标志,第一个警告标志到下一个标志的间距不得超过300m,最后一个标志离上游过渡区的第一个渠化装置的间距不得小于150m,其余各标志的间距在100~300m之间。警告区内应设置限制速度的标志、前方施工的标志、前方车道变窄标志、禁止通行标志。

b. 过渡区:一般分上游过渡区和下游过渡区。当车辆行驶至上游过渡区时,车速应小于40km/h。该区长度为65~100m,在上游过渡区前应设置禁止驶入标志。下游过渡区的长度应大于30m。

c. 缓冲区:缓冲区长度应为80m。其与上游过渡区之间应设置路障。

d. 作业区:作业区是养护作业人员活动和工作的地方。其长度一般根据养护作业或施工的需要而定。车道与作业区之间必须设置隔离装置。作业区还应为工程车辆提供安全的进、出口。

e. 终止区:终止区的长度不应小于30m。在终止区的末端应解除所设限制标志。

②交通控制方式。有不改变交通流向和改变交通流向两种。

③交通控制区内设置交通标志的位置,应符合下列规定:

a. 作业区在右侧车道时，应将交通标志设在公路右侧路肩上和作业区边界的左侧。

b. 作业区在左侧车道时，应将交通标志设在中央分隔带上和作业区边界的右侧。

c. 作业区在中间车道时，应将交通标志设在同一方向公路的两侧和作业区边界的两侧。

④在上游过渡区内应设置作业标志车，车尾朝着车流来向，车尾必须挂有导向性标志和限速牌。车身颜色为醒目的橘黄色，车本身必须安装黄色频闪灯和防冲撞装置。

⑤各种交通标志的设置位置应符合下列规定：

a. 禁止标志

禁止通行标志：设在上游过渡区的前方；

禁止超车标志：设在禁止超车路段的起点处；

解除禁止超车标志：设在禁止超车路段的终点处；

限制速度标志：设在限制车速路段的起点，标志牌上标明所限制的速度。

解除限制速度标志：设在限制车速路段的终点处。

b. 警告标志

前方施工标志：设在警告区的起点处。

前方车道变窄标志：设在车道变窄点前至少200m处。

双向通行标志：设在双向通行路段前至少400m处。

c. 指示标志

前方绕行标志：设在需要绕行的车道进出处前至少200m处。

各种直行、转弯和单向行驶标志：设在需要直行、转弯和单向行驶路段前200m处。

⑥渠化装置

渠化装置应醒目、稳定、轻便，其主要包括：

a. 锥形路标：是组成渠化渐变区的主要渠化装置，也常用作分隔车道。锥形路标必须从上游过渡区开始顺车流方向布置，间距10～20m。作业完成后，必须逆着车流拆除。

b. 交通安全带：是宽度为10cm的塑料带。带上有红白相间色，且有反光功能。交通安全带通常与锥形路标组合在一起使用，主要用于分隔车辆与作业区或双向车流的车道。

c. 导向标：设在车流方向改变的地方。

d. 路栏：设在需要隔离车流的地方。

⑦路面标线

高速公路养护作业时的路面标线为临时性标线，应与交通标志配合使用。

(5)一般日常养护作业施工应当在白天进行，并尽量在白天完成。如白天未完成，需在夜间加班施工，施工单位必须做好夜间施工现场的安全管理。

(6)养护作业必须在夜间施工时，应在上游过渡区内设置黄色频闪灯。作业区内应设置照明。

(7)需昼夜连续施工的养护作业，其施工方案、安全保障方案应完备，并经路政审查、批准，通报公安交警后报公司路政处备案，实施中严格按拟定的方案执行。

(8)作业中，工作人员不得随意嬉闹，必须集中精力，谨慎驾驶。严禁吸烟，严禁带病出车。

(9)除影响行车安全抢修工程外，雨、雪、雾天气或路面有结冰情况下一般不施工。

(10)清扫车上桥进行清扫作业时,要及时打开黄色警示灯和车辆双跳灯,减速慢行。

(11)清扫超车道时,要先行设置标志牌、标致筒,方能进行清扫。

(12)桥面清扫作业车辆,不得逆向行驶。

(13)当桥面车辆发生翻车、火灾事故时,养护人员要迅速协助公安、交警进行抢险,尽快恢复车道畅通。

(14)作业结束后,要及时对现场进行清洗,保证行车安全。养护施工作业工程机械应立即撤离桥面。确需次日使用的重型机械设备(压路机、摊铺机等)应有序靠边停放,并按夜间施工要求设置标志、灯饰,施工单位必须派专人看管。

6.2.2 养护专用设备

6.2.2.1 桥梁检查车

桥梁检查车是一种在汽车底盘上安装多节工作臂和平台,用于检查桥梁有无损伤的专用机械。这种检查车的多节工作臂可以按一定方向旋转、折叠或伸缩,人可在臂端的升降台中检查桥梁的侧面、底部、桥墩等部位的裂缝、剥落、露筋、锈蚀等情况,并进行养护维修作业,也可向上弯曲进行高空作业。

这种检查车目前有两类:桁架式桥梁检查车和电视式桥梁检查车。后者可把电视摄像机送到检查部位拍摄图像,通过电视检查、磁带录像机录像,达到迅速准确地检查桥梁的目的,尤其是对不便人工检查的部位更为快捷、方便、有效且可以缩短检查时间,便于记录和保存,确保检查作业安全进行。但它不能像前者那样,检查人员可直接到走廊上进行养护维修作业。

6.2.2.2 高空作业车

这种高空作业车一般可升高12m。应保持全桥路灯有效工作,随时更换和修理失效的路灯。为此,必须配备可以为工作人员提供检查、修理和更换路灯的高空作业车。

6.2.2.3 缆索系统专用检修平台

专用检修平台骑挂在主缆两侧,一侧配重起平衡作用,另一侧为一名检查人员提供工作平台,可沿主缆检查其底部的锈蚀情况,亦可沿吊索检查其生锈和断丝等情况。

为使斜拉索及主塔检修方便,可利用桥梁检查车或设计制造主塔和斜拉索的塔索专用检修车。

6.2.2.4 供电设备

在有电源的地方,应在桥的两侧,沿桥长方向每隔一定距离(如50m)设动力电源(380V)和照明电源(220V);两侧应交错设置。

在无电源的地方,则应有移动式的小型发电装置(如10kW)一台或数台。

6.2.2.5 供水设备和防火

在桥上应设供水管路,以便维修和消防用。水管路在桥梁伸缩缝处要相应地设伸缩装置。在特大桥和大桥上每隔一定距离(如50m)设闸阀、灭火栓、消防水带及水嘴、消防用斧、叉等工具。还可考虑配备洒水车(兼作消防车)。

6.2.2.6 其他工具

电焊机、砂轮机、切割机、除锈机、小型千斤顶、导链、滑车、钢丝绳、千斤顶、撬棍、绳索、各式扳手、检查梯、脚手板、手推建筑斗车、镐、铲、大锤、小锤、冲击钻等。

6.2.2.7 注意事项

各类仪器仪表必须有出厂合格证或检验证。按规定,每年应由国家计量认证(CMA)单位复检一次。国家认证计量单位不能检验的仪器,应由资深技术人员定期(如一年)进行校验。在这些检验完毕后,应在被检验的仪器仪表上贴上可应用的标志。

各类机具设备、管道及电器、线路等,均应经常维修,保证它们的完好工作状态。为防止机械、电器及人身事故发生,保证工作质量,须制定机具设备及装吊安全操作规定。有关工作人员要培训上岗。

6.2.3 检查养护计划

6.2.3.1 经常性检查养护计划

(1)经常性检查分为日常检查和经常检查,应由经过培训的专职桥梁管理人员负责,日常检查应每日一次(日常检查包括夜间巡查,夜间巡查的频率每月不小于4次),经常检查每月至少一次。

(2)检查目的是对桥面车行道范围内各种病害、障碍物和保护区域范围进行巡视,及时发现不安全因素。

(3)日常检查内容为对桥面铺装、行车道、泄水孔、伸缩装置、栏杆、钢结构构件表面、主缆、吊索、阻尼器、主塔、斜拉索及锚具、机电、监控箱盖、大桥保护区域内的施工作业等进行循环检查,及时发现异常与缺损,以便进行维护。

(4)经常检查的主要内容

①桥面系及附属结构物的外观情况:

铺装的平整性、裂纹、局部坑槽、壅包、车辙、桥头跳车;

桥面泄水孔的堵塞、缺损;

栏杆等部位的破损、翘起、缺失、锈蚀等。

②伸缩缝的阻塞、破损、连接松动等。

③上下部结构的外观缺陷,支座损坏,钢构件表面涂层剥落、锈蚀。

④其他较明显的损坏及不正常现象。

⑤桥梁限载标志及交通标志设施等各类标志完好情况。

⑥在桥梁保护区内的施工作业情况。

⑦城市道路管理条例中规定的各类违章现象。

⑧大桥车行道及附属设施的保洁状况。

(5)经常性检查采用目测方法,也可配以简单工具进行测量。巡检过程中发现设施明显损坏,应及时采取相应措施。

(6)检查中发现结构或部件有严重变形或重大缺损时,可提前进行定期检查或立即作特殊检查(专门检查)。

(7)经常性检查应按现场填写附表1-4《桥梁经常性检查记录表》、附表1-6《连续梁桥上部承重构件检查汇总表》、附表1-8《斜拉桥上部承重构件检查汇总表》、附表1-9《悬索桥上部承重构件检查汇总表》,登记所检查结构的缺损类型、范围或数量,提出相应的养护措施。经常性检查记录应每月定期整理归档,提出评价意见。

(8)养护部门应制定经常性检查维修费用计划,并上报上级部门进行审批。

6.2.3.2 常规定期检查和养护计划

(1)常规定期检查应在前3年每年至少1次。以后每2~5年1次。

(2)常规定期检查由青岛胶州湾大桥养护工程部承担。检查负责人应由中级或以上职称,具备5年以上的桥梁养护或设计工作经验的桥梁结构工程师担任。

(3)常规定期检查应包括下列范围。

①桥面系:桥面铺装、伸缩装置、排水设施、行车道、护栏及其他设施;

②上部结构:钢结构构件表面、主缆、吊索、阻尼器、主塔、斜拉索及锚具、主梁、主要支座和限位装置等;

③下部结构:墩台、基础;

④其他附属设施。

(4)常规定期检查以目检为主,并配备照相机、裂纹观测仪、漆膜测厚仪、探查工具及现场辅助器材等必要的仪器设备。

(5)常规定期检查前,应制定详细的常规定期检测计划和实施方案,预先熟悉检测部位的构造,判断可能病害的类型和位置。检查时应认真仔细,实地判断损坏程度、原因;对难以判断其损坏程度和原因的构件,向主管部门提出做特殊检查的请示;当发现结构严重损坏或危及运行安全时,应及时报告主管部门,并立即采取相应的措施。

(6)常规定期检查发现难以判断损坏程度和原因的构件加速退化的桥梁构件需要补充检测评定时,或全桥的结构安全状态评估为不合格级别时,应提出进行特殊检查(专门检查)的请示。

(7)常规定期检查完后,根据本次检查结果制定下次常规定期检查的时间,并上报上级管理部门进行审批。

(8)养护部门应制定常规定期检查维修费用计划,并上报上级部门进行审批。

6.2.3.3 结构定期检查和养护计划

(1)结构定期检查应在前3年每年至少1次。以后每2~5年1次。

(2)结构定期检查频率宜根据结构当前的技术状态进行相应的调整,在设施出现较严重损伤或接近设计使用寿命时均宜加密检测频率。

(3)结构定期检查应由具有桥梁检测资质的专业单位承担,由养护管理单位负责配合,检测人员应由具有桥梁养护、管理、设计、施工经验的桥梁结构工程师组成,检测负责人应具有高级职称,并具备5年以上的桥梁检测评定工作经验。

(4)结构定期检查应包括下列范围。

①桥面系:桥面铺装、伸缩装置、排水设施、行车道、护栏及其他设施;

②上部结构:钢结构构件表面、主缆、吊索、阻尼器、主塔、斜拉索及锚具、主梁、主要支座和限位装置等;

③下部结构:墩台、基础;

(5)结构定期检查内容如下。

①查阅经常性检查和常规定期检查报告,核对其中提出的结论与建议,对发现病害的结构构件进行深入检测;

②通过材料取样试验和无损检测技术,确认材料特性、退化的程度和退化的性质,分析确定退化的原因以及对结构性能和耐久性的影响;

③检测可能影响结构正常工作的构件,评价其在下一次检测之前的退化程度;

④必要时按相关标准进行荷载试验和分析评估;

⑤通过综合检测评定,确定具有潜在退化可能的桥梁构件,提出相应的处治措施;

⑥对比分析设施设计指标,评定设施的安全技术状况,提出解决病害的措施,对难以判断损坏原因和程度的部件,提出特殊检查、专项检查、检验的要求;检查过程中发现损坏严重、危及安全运行的危险病害,要立即采取应急措施;召开专门汇报会议,提交结构运营安全评估报告。

(6)结构定期检查采用专用设备对结构进行检测。检测可采用表面检测、无损检测、局部取样试验及荷载试验方法。试样应在代表性构件的次要位置选取,结构或部件的材性试验应委托具有专业检测资质的单位实施。

(7)承担结构定期检查任务的专业单位应制定详细的检测技术方案和技术状态评定方法,经行业管理单位组织设计单位、施工单位、养护管理单位、技术咨询单位的专家会商,上报主管部门审批后方可实施。

(8)结构定期检查应进行现场记录,对不同养护管理单元,应采用不同形式的记录表格,并应符合下列要求。

①结构状态评定应根据相关评定标准进行评价,并应特别规定构件不合格级的评定指标。

a. 按强度、稳定、疲劳、老化、锈蚀、磨损、其他、复合病害等8种类型判断构件的退化原因;

b. 详细说明构件的缺陷类型和严重程度。

②对常规定期检测评为不合格级的构件,在结构缺陷记录表中记录下列相关内容:

a. 构件编号;

b. 构件描述;

c. 构件在结构空间中的位置;

d. 缺陷描述,包括缺陷位置、程度、产生的原因和可能的退化趋势、照片编号、所有材料试验的细节和试验用材料在结构中的部位。

③照片记录。表中的照片应针对构件缺陷拍摄,表中记录拍摄的内容、时间、地点,并按顺序编号,照片应清晰可辨。

(9)所有现场记录资料以及结构定期检查报告应以电子文档和书面形式在现场调查完成后45个工作日内提交给主管部门。结构定期检查报告应包括下列内容:

①检测技术方案和技术状态评定方法;

②检测时需要采取的交通配合措施，其中包括限载、限速、机动车通行或车道数限制；

③检测评价结论，包括对不合格结构及局部构件提出进行维修、加固的建议方案，大桥安全状态的综合评定，对结构进一步补充检测、试验、分析评估的建议；

④今后养护工作的注意事项和建议。

（10）养护部门应制定结构定期检查维修费用计划，并上报上级部门进行审批。

6.2.3.4 特殊检查计划

（1）特殊检查时限：自然灾害或异常情况发生后24h内。

（2）在下列情况下应进行特殊检查：

①大桥遭受车辆严重撞击、地震、风灾、水灾、化学剂腐蚀、外界施工等特殊作用，可能导致结构损伤时；

②经常性检查或定期检查难以判明结构是否安全时；

③经常性检查或定期检查发现加速退化的桥梁构件需要补充检测时；

④经常性检查或定期检查判定养护管理单元为不合格时；

⑤在更换吊索、斜拉索、支座及限位装置等构件前；

⑥拟采用加固措施提高桥梁荷载等级者；

⑦桥梁业主或主管单位要求检测，评估单位建议并决定进行专项检测者；

⑧超过设计使用年限，需要延长使用期限。

特殊检查应由具有桥梁检测资质的专业单位承担，由养护管理单位负责配合，检测人员应由具有桥梁养护、管理、设计、施工经验的桥梁结构工程师构成，检测负责人应具有高级职称，并具备5年以上的桥梁检测评定工作经验。

（3）特殊检查应包括下列内容：

①结构材料退化程度诊断。应根据材料病害的类型、位置和检测要求，采取表面测量、无损检测技术和局部取样等方法，检测结构或部件的材料质量，掌握材料的物理、化学性能。当采用局部取样方法时，试样宜在有代表性构件的次要部位获取。检测与评估应依照相关的标准进行。

②结构整体性能、功能状况评估。应根据结构实际断面尺寸和测量的实际强度、弹性模量等材料性能，运用有限元建模分析进行结构验算，对结构整体性能和功能状况做出鉴定，为制定修补或加固措施提供理论依据。如果验算结构不满足或难以确定，可考虑采用荷载试验方法评估结构承载能力。

③桥梁的防灾能力。包括桥梁抵抗洪水、流冰、风、地震及其他地质灾害的能力检测鉴定。

（4）根据损坏情况提出结构部件和总体的维修、加固或改建的建议方案。

（5）检测单位在实施特殊检查前应制定详细的检测方案，包括检测原理、方法、仪器、步骤、预期成果、检测时间、交通组织方案等，经行业管理单位组织设计单位、施工单位、养护管理单位、技术咨询单位的专家会商，上报主管部门审批后方可实施。

（6）特殊检查应尽快得出初步结论，详细的检测报告应以电子文档和书面形式在检测结束后45个工作日内提交给主管部门，报告应包括以下主要内容：

①概述、桥梁基本情况、检测组织、时间、背景和工作过程。

②目前桥梁技术状况、试验与检测项目及方法、检测数据与分析结果、桥梁技术状况评价。

③阐述检测部位的损坏原因及程度，评定桥梁继续使用的安全性以及构件的耐久性。

④提出结构及局部构件的维修、加固的建议方案，提出改进的养护管理措施。

(7)特殊检查评定认为大桥不满足使用要求时，管理单位在维修加固施工前，应根据特殊检测报告采取限载、限速或其他交通管制措施，并应继续监测结构变化。

6.3 大桥结构构件编码

6.3.1 编码原则

由于巡检养护的所有动态信息都是附着在构件上的，针对超长跨海桥梁结构的巡检养护管理要想达到资产管理的级别，需要对整体结构进行合理划分。胶州湾大桥共进行2个层次的划分：

(1)管理单元划分：源于电子化、网格化、高效化巡检管理的理念，提出桥梁管理单元的概念是为了划分长距离桥梁结构巡检养护的最小单元对大桥而言，一跨简支梁、一联连续梁、一联刚构、主通航孔桥可作为基本的管理单元。管理单元编码实现了整个管理区域范围内的桥梁网络中定位该桥跨。

(2)构件划分：每个管理单元又可细分为不同类型的构件，各类构件有着不同的受力行为和退化路径。桥梁检测养护信息应关联到具体构件，以保证繁冗的检测数据具备快速的定位性、描述的一致性和存储的相容性。在巡检管理中，必须明确记录检测中发现的结构缺陷所处的构件编码，通过编码来使得病害有明确的主体，同时便于统计和分析。

(3)胶州湾大桥的构件编码规则为：管理单元编码 + 构件编码，其中管理单元编码为4位定长编码，构件编码为不定长编码，其编码格式如图6.3-1所示。

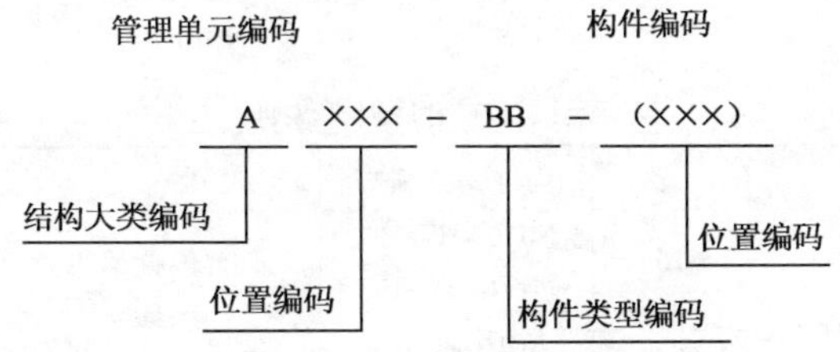

图6.3-1 构件编码规则

结构大类编码：1位字母，可区分内海侧主线(W)、外海侧主线(N)、红岛立交(H)、李村河互通立交(L)；

管理单元中的位置编码：主线桥3位数字，从001开始，按墩号增加方向递增；立交为1位字母加2位数字，其中字母用于区分立交的不同匝道，每匝道数字从01开始，按墩号增加方向递增。

构件类型编码：2位字母，区分管理单元中的构件类型，如主梁、桥墩等，各构件类型对应的编码如表6.3-1所示。

构件类型编码 表 6.3-1

桥梁结构	构件类型	编码	桥梁结构	构件类型	编码
上部结构	主梁	ZL	下部结构	墩台	DT
	斜拉索	LS		散索鞍	SA
	主缆	ZA	桥面系	桥面铺装	PZ
	主鞍	ZN		伸缩缝	SS
	吊杆	DG		护栏与栏杆	HL
	索夹	SJ		排水系统	PS
	索塔	ST		照明与标志	ZB
	支座	ZZ			

构件中的位置编码：不定长字母或数字，区分同一管理单元不同位置的同类构件，如果该管理单元中只有一个构件，则可不用位置编码。

根据上述管理单元和构件的划分原则把胶州湾大桥共划分为 303 个管理单元，7818 个构件，如表 6.3-2 所示。

胶州湾大桥管理单元和构件的数量 表 6.3-2

桥梁类型	管理单元数量	构件数量
外海侧主线桥	115	3162
内海侧主线桥	114	3052
红岛立交	40	824
李村河互通立交	34	780
合计	303	7818

6.3.2 编码示例

以管理单元 N016 为例，该联连续梁桥根据上述编码规则（表 6.3-3）的构件编码如图 6.3-2 所示。

连续梁桥的编码规则 表 6.3-3

管理单元	构件类型	位置	构件完整编码	说明
N016（两个伸缩缝之间的一联连续梁桥为一个管理单元，编号按墩号增加方向递增）	DT	13～16	N016-DT-13～N016-DT-16	墩台位置编码为原有墩号
	ZL	1～4	N016-ZL-1～N016-ZL-4	两个墩台之间为一个主梁，每个管理单元主梁位置编号都从 1 开始，按墩号增加方向递增
	ZZ	01～10	N016-ZZ-01～N016-ZZ-10	每个支座为一个编码，每个管理单元的支座位置从 01 开始，按墩号增加方向递增
	SS	—	N016-SS	每个管理单元起始墩号的伸缩缝为该管理单元的伸缩缝，一般一个管理单元有一个伸缩缝
	PS	—	N016-PS	每个管理单元的排水系统为一个编码
	HL	—	N016-HL	每个管理单元的护栏与栏杆为一个编码
	PZ	—	N016-PZ	每个管理单元的桥面铺装为一个编码
	ZB	—	N016-ZB	每个管理单元的照明与标志为一个编码

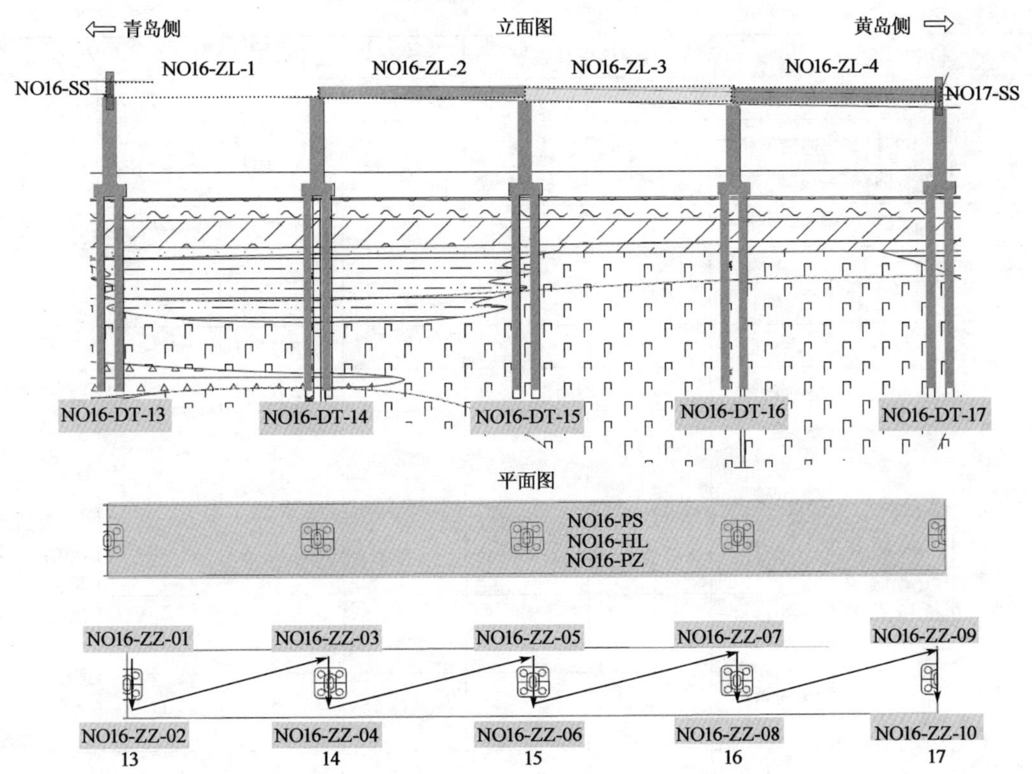

图 6.3-2 构件编码示例

注:支座编码规:由内海侧向外海侧,由墩号增加方向编。

6.4 上部结构检查养护

6.4.1 概述

对青岛胶州湾大桥检查养护按照相关规范分为上部结构检查养护和下部结构检查养护,其中上部结构包含了青岛胶州湾大桥的大多数构件,也是检查和养护的重点。

按照《公路桥涵养护规范》以及相关规定,提出上部结构的具体检查项目、频率以及检查类型,使养护人员对于检查对象有明确认识。青岛胶州湾大桥上部结构检查项目汇总表如表 6.4-1 所示。

青岛胶州湾大桥桥梁上部结构检查项目汇总表 表 6.4-1

检查项目		日常检查及频率		经常检查及频率		定期检查及频率	
序号	检查结构编码	是否需要	检查频率	是否需要	检查频率	是否需要	检查频率
1	桥面系	是	1 次/天	是	1 次/1~2 月	是	新桥建成前3年每年1次以后每2~5年检查1次
2	支座	否	—	是	1 次/6 月	是	
3	预应力混凝土连续梁桥的检查与养护	否	—	是	1 次/3 月	是	

续上表

检查项目			日常检查及频率		经常检查及频率		定期检查及频率	
序号	检查结构编码		是否需要	检查频率	是否需要	检查频率	是否需要	检查频率
4	钢筋混凝土连续梁桥的检查与养护		否	—	是	1 次/3 月	是	
5	钢箱梁的检查与养护		否	—	是	1 次/2 月	是	
6	沧口及红岛航道桥检查与养护	斜拉索及锚具	否	—	是	1 ~ 2 次/月	是	新桥建成前 3 年每年 1 次以后每 2 ~ 5 年检查 1 次
		阻尼器	否	—	是	1 ~ 2 次/月	是	
		索塔	否	—	是	1 ~ 2 次/月	是	
		☆主桥(塔)墩沉降及变位	否	—	否	—	是	
		☆主梁竖向挠度变形	否	—	否	—	是	
		☆主塔塔顶变位	否	—	否	—	是	
		☆主桥动力特性	否	—	否	—	是	
		☆斜拉索索力	否	—	否	—	是	
		☆斜拉索风雨振	否	—	否	—	是	
		☆主梁应力	否	—	否	—	是	
7	大沽河航道桥检查与养护	主缆系统	否	—	是	1 ~ 2 次/月	是	新桥建成前 3 年每年 1 次以后每 2 ~ 5 年检查 1 次
		吊索系统	否	—	是	1 ~ 2 次/月	是	
		加劲梁约束系统	否	—	是	1 ~ 2 次/月	是	
		主塔	否	—	是	1 ~ 2 次/月	是	
		☆主桥(塔)墩沉降及变位	否	—	否	—	是	
		☆加劲梁竖向挠度变形	否	—	否	—	是	
		☆主塔塔顶变位	否	—	否	—	是	
		☆吊索索力	否	—	否	—	是	
		☆主梁应力	否	—	否	—	是	
		☆主桥动力	否	—	否	—	是	

续上表

检查项目			日常检查及频率		经常检查及频率		定期检查及频率	
序号	检查结构编码		是否需要	检查频率	是否需要	检查频率	是否需要	检查频率
8	连续梁桥委托检查项目	☆主梁应力	否	—	否	—	是	
		☆主梁竖向挠度变形	否	—	否	—	是	
		☆主桥动力	否	—	否	—	是	新桥建成前3年每年1次以后每2～5年检查1次

注:1. 对于沧口航道桥、红岛航道桥、大沽河航道桥中检查只介绍各个桥型特有结构或者不同结构,对于相同结构可参见前面内容。

2. 带☆表示委托有资质单位完成的检测项目。

3. 新桥建成的前3年每年进行1次定期检查,并且至少前2年获得基准值,后面检查年限可根据桥梁运行状态等在2～5年内检查1次。

4. 新建桥梁缺陷责任期满时,进行1次全面检查。在经常性检查中发现重要构件的缺损明显达到3、4、5类技术状况时,应安排1次定期检查。

6.4.2 桥面系检查与养护

对于桥面系的检查主要是通过快速目视检查,针对青岛胶州湾大桥里程长的特点,养护队伍可设置桥梁日常检查车巡视检查。并填写附表1-2、附表1-3。对于检查中发现的问题,养护人员可根据手册中的内容或者结合实际情况进行修补,损坏严重的可向上级部门申请安排小修或者中修。桥面系检查养护内容如表6.4-2所示。

青岛胶州湾大桥桥面系检查养护内容表 表6.4-2

序号	桥面系检查项	频率
1	桥面铺装	日常检查1次/天
2	钢桥面环氧沥青铺装层	日常检查1次/天
3	伸缩缝	日常检查1次/天 经常检查1次/2月 定期检查1次/2年
4	防撞护栏	1次/天
5	排水设施	1次/天
6	桥头搭板	1次/天
7	全桥供电照明交通标志	经常检查1次/月 定期检查1次/年
8	冬季除雪	冬季下雪需要时
9	机电系统及服务设施	定期检查1次/6月

6.4.2.1 桥面铺装

1)桥面铺装检查

(1)除每日定时清扫保洁(以机械为主)外,对桥面铺装层还应加强检查与维护。检查是否有路面污染、路障和脱落的预拌碎石等杂物。

(2)经常检查沥青面层是否平整,平整度有无改变,是否有车辙、推移壅包、波浪等造成的跳车现象;是否有松散、露骨、泛油、开裂(纵裂、横裂、线状裂缝或龟裂)现象;桥面是否出现沉陷(均匀沉陷、不均匀沉陷、局部沉陷)、啃边(边缘破裂破坏)、锯齿状的粗糙状态;

①每年的2、3、4月份应加强桥面铺装裂缝等缺陷的检查,在本年春天气温回升时进行修补。

②每年的8、9、10月应加强桥面铺装车辙、路面鼓包等缺陷的检查,在本年天气不冷的11月份之前进行修补。

(3)沥青路面是否有异物,是否存在小范围的滴漏,如燃油、油漆、化学品等。一经发现,应视其病害情况及时进行相应的修补和整治;当路面有泥浆影响路面色泽均匀时,必须及时用水冲洗干净。

(4)应经常观察行车道和铺装面层下的泄水孔的排水效果,须保持排水畅通。雨量大时,应注意观察桥面有无积水,桥面防水层是否有损坏。

(5)收费广场水泥混凝土铺装层是否有磨光、脱皮、露骨或破裂等缺陷。

(6)检查路缘石及中央分隔带水泥混凝土预制块是否有脱皮、露骨或破裂等缺陷;检查路边缘、中央分隔带边缘与桥面铺装接缝处密封状况。

(7)严禁履带车和铁轮车在沥青路面上直接行驶,如必须行驶应采取相应保护措施。

(8)一旦大型储罐车倾覆,油料或强酸等化学品外溢意外事故发生,在路面清洁处理后,应着手检查外部溶剂是否造成较大的凹坑,溶剂是否已渗透至沥青砂胶深处,据此进行相应的处理。

2)桥面铺装的记录评定

对于桥面铺装检查后及时填写桥面铺装记录表6.4-3。

桥面铺装层检查记录 表6.4-3

大桥名称		桥梁名称		管养单位	
检查人		记录人		日期	年 月 日
梁段	方法	范围	频率	单位	结论
	观察	整个桥面	1次/天	mm	
检查内容	检查铺装层是否又裂缝、坑槽、松散、沉陷、车辙、波浪、壅包泛油等现象				
龟裂数量及情况					
块状裂缝数量及情况					
纵向裂缝数量及情况					
横向裂缝数量及情况					
坑槽数量及情况					
松散数量及情况					
沉陷数量及情况					
车辙数量及情况					
波浪壅包数量及情况					
泛油面积					

续上表

标准	5 分	1. 铺装层完好、平整、清洁，或有个别细裂缝； 2. 防水层完好、清洁； 3. 桥头平顺，无跳车现象
	4 分	1. 铺装层 10% 以内的表面有纵横裂缝、浅坑槽、破浪； 2. 防水层基本完好； 3. 桥头轻度跳车，台背路面下沉在 2cm 以内
	3 分	1. 铺装层 10% ~20% 的表面有严重的龟裂、深坑槽、破浪； 2. 桥面板接缝处防水层断裂渗水； 3. 桥头跳车明显，台背路面下沉 2 ~ 5cm
	2 分	1. 铺装层 20% 以上表面有严重的破坏，桥面普遍坑洼不平积水； 2. 防水层老化失效，普遍断裂、渗水，泄水管脱落，泄水孔堵塞； 3. 桥头跳车严重，台背路面下沉大于 5cm
	1 分	1. 铺装层 30% 以上表面有严重的破坏，桥面严重损坏； 2. 防水层彻底失效，断裂、渗水，泄水管全部脱落，泄水孔全部堵塞； 3. 桥头跳车严重，台背路面下沉大于 10cm

注：1. 标有空白处为需检测者填入项。
2. "龟裂数量及情况"应填以下内容：龟裂裂缝数量、宽度、块度，裂区有无变形、散落，损坏按面积计算。
3. "块状裂缝数量及情况"应填以下内容：块状裂缝数量、宽度、块度，裂缝区有无散落，损坏按面积计算。
4. "纵向裂缝数量及情况"应填以下内容：纵向裂缝数量、宽度，裂缝壁有无散落，有无支缝，损坏按长度计算。
5. "横向裂缝数量及情况"应填以下内容：横向裂缝数量、宽度，裂缝壁有无散落，有无支缝，损坏按长度计算。
6. "坑槽数量及情况"应填以下内容：坑槽数量，面积，损坏按面积计算。
7. "松散数量及情况"应填以下内容：路面集料是否散失、脱皮、麻面、露骨，表面是否剥落，是否有小坑洞，损坏按面积计算。
8. "沉陷数量及情况"应填以下内容：沉陷数量及深度，损坏按面积计算。
9. "车辙数量及情况"应填以下内容：车辙数量、深度，损坏按长度计算。
10. "波浪壅包数量及情况"应填以下内容：波浪壅包数量、高差，损坏按面积计算。

3）桥面铺装处理养护

病害的维修事先应有周密的计划，采用机械作业，所使用的沥青混合料应集中厂拌，并采取保温措施。对于挖除后进行机械修补作业的病害，宜当日开挖当日修补，并设置警示标志保障行车安全。摊铺压实后的热拌沥青混合料路面，待摊铺层自然冷却，视表面成型情况开放交通。在满足强度要求的前提下，路面损坏状况指数（PCI）、路面行驶质量指数（RQI）评价为优、良并且抗滑能力 SFC > 40 时，以日常养护为主；相反，应采取罩面等措施改善路面。

（1）日常清扫采用机械清扫与人工拾捡相结合的方法。清扫车每天上、下午对全桥清扫 1 次，对收费广场每周清扫 2 次。人工拾捡垃圾必须每天 1 次。夜间配备值班人员，随时清理各种突发时间形成的道路污染。清扫的范围包括路面、桥面、紧急停车带、收费广场、路肩、边坡等。清扫做到无纸屑、烟盒等飘撒废弃物。

（2）表面油污、油漆、化学品等。

如果仅在表面，没有造成安全隐患，没有严重损害路面美观，或没有对路面造成实质性的损坏，则不予处理，否则用性质温和的清洁剂和水冲洗以清洁路面；必要时，用火枪将污迹温和加热，再用手工工具将表面污迹刮除。如果污迹已渗进沥青砂胶里，则加热并除去受污的材料，检查以确定是否所有的受污物料已被清除以及防水层、黏结层是否受到了损坏；如果没有损坏则修复沥青面层，如果防水黏结层受到损坏，则应重新修复整个沥青铺装结构。

(3)表面凹痕。

检查压痕是否已经导致渗水，如果是则参阅裂缝修复，否则处理如下：如果凹痕细小，则应先除去碎石，然后加热沥青砂胶，并将凹痕周围的沥青推挤到凹痕处使它与周围水平，最后进行表面处治；如果凹陷面积很大或表面很不平整，则应稍稍加热沥青砂胶，然后除去沥青碎石，将降起的材料压挤下或除去多出的材料，加入新的沥青材料使其平整，完成表面处治。

(4)局部气泡。

如果在某个路段出现了多个气泡，或短期内气泡问题连续出现在同一个路段，则说明该路段的沥青铺装体系很可能存有问题，应该打开气泡进行检查，如果是则应该对该路段的沥青铺装层进行处治。如果气泡的密集程度较小且分布范围小，可只对气泡处理而不必触及沥青铺装结构，其具体做法为：首先在沥青面层上钻孔来排放气泡内的气体，吸除钻孔内的灰尘(例如利用真空洗尘器)，将密封胶灌入气泡底部，等待至少半个小时，用红外加热器对沥青砂胶徐徐加热使其软化，再用锤子和铁垫块夯实或小型钢轮压路机滚压气孔以完成表面处治。

(5)裂缝。

检查裂缝的严重性，并做到"即裂即填"、"即裂即补"，及时填补、灌浆。

①微裂缝：建议采用"灌缝"措施。具体做法为：首先用性质温和的清洁剂对微裂缝处进行清洗，确保裂缝部位清洁、干净，然后根据需要灌注聚合物黏结剂或填充缝隙的密封胶。

②细小裂缝：此类裂缝是由于表面的凹陷或撕裂所造成，水暂时还没有进入铺装体系内部。具体的处置方法为：对于宽度 1 ~ 2mm 的裂缝，可用注入环氧树脂胶/密封胶的方法处理；对于宽度大于 2mm 的裂缝，宜用注入环氧沥青黏结料的方法处理。

③大面积开裂或裂缝的分布较集中：建议采用局部挖除，重新铺装的办法。具体为：首先根据开裂的面积和形状，将修补面积向四周适当扩展 50 ~ 100mm，形成相对规则的长方形或正方形，以消除"隐性滑移"的影响，然后对裂缝处进行清洗并修复损坏的沥青铺装层结构。

(6)表面碎石脱落。

由于车辆在路面上急转弯或重物的重压等原因往往引起表面沥青碎石脱落，如果没有引发其他的缺陷，则清理已脱落的碎石和压碎的石子(可稍稍加热沥青以便能容易地除去物体)，但需注意避免因对外部物体加热引起安全问题，如引起火情或产生有毒气体或导致更多的沥青损坏。如果引发其他的缺陷病害则参阅相应的修补建议。

(7)桥面铺装全系统修复。

有关清除全系统桥面铺装可参阅有关规定。用红外线发热器对材料进行加热(非常小的面积用火焰喷枪)；垂直面可以用机械锯切割，切除细小松散的材料应用小型手工工具(例如錾子)。应注意检查钢桥面与表层系统的黏结。大多数情况下，目视检查足够确定钢桥面与表层系统的黏结是否完好。如有任何怀疑，就应清除防水黏结层重新铺设。对于明显不良的情况，清除旧防水黏结层，可用加热方法进行。残余的黏结底剂不会对修补构成损坏。

(8)油罐车倾覆处理措施。

一旦油罐车倾覆，应尽可能防止受污面积的扩大，将油污清除，再用清洁剂和水洗刷受污染区域。如果污染的面积较大，则应借助机械清洗机和扫地机。沥青砂胶的闪点为300℃，所以防火措施应针对溢出的油品。

(9)强腐蚀性原料倾覆处理措施。

如遇强腐蚀性原料(如强酸)倾覆应上报上级，交由有资质的专业单位尽快处理。如能尽快清除污染，沥青砂胶的无空隙特性可阻止污染物进入桥面铺装深处。表面残余的酸应按照有关规定予以消除。清除溢出物后应检查表面层是否损坏，及时处理。

(10)修补时应以“圆坑方补、斜坑正补”为修补原则，其纵横边线应分别于路面中心线平行或垂直，并在病害面积以外100～150mm。面层修补，要求密实平整，接茬平顺，形状规则，修补面平整度不得大于5mm，修补面与原路面接茬处高度差不得大于3mm。当开槽面积大于1m^{2}时，填补后应用压路机压实，其平整度、压实度、外观必须达到原水平。

(11)对路缘石及中央分隔带水泥混凝土预制块应经常检查，损坏部分要及时维修。修补材料应与原有路缘石形状、材料、规格相同，修补后应线形平顺美观。

(12)对收费广场水泥混凝土路面的养护，要求混凝土路面保持平顺，板块完好，接缝材料无破损，灌缝高低适度，行车不颠跳。对出现的裂缝或破碎板块应加强养护，防止积水渗入基层。对接缝处应重点养护，当填缝料老化、开裂时，应及时更换。当气温下降，接缝扩大有空隙时，宜选择在最低气温时进行灌缝。当气温上升时，应及时铲除挤出的填缝料，并防止泥、砂土挤压进接缝内，影响板块的正常伸缩。当水泥混凝土路面出现裂缝时，必须对其进行观测；如为非扩展性裂缝，可直接注入灌缝材料；如果是扩展性裂缝，则沿裂缝凿槽，再注入灌缝材料。灌缝时，应用低黏性沥青或环氧树脂等灌缝材料灌注。灌缝后用水泥浆封面，并喷洒养护剂。当路面板块发生脱空、断角等破坏影响行车安全时，应凿出损坏部分，处理好基层后，用同种材料采用快速修补方法进行修补。

(13)严禁在雨天和气候恶劣的环境下进行路面修补，室外温度低于5℃的情况下，不允许采用冷挖热补的方式进行沥青路面修补，而应采用沥青路面就地热再生技术或热挖的方式进行。

6.4.2.2 钢桥面环氧沥青铺装

1)钢桥面铺装层的检查

环氧沥青混凝土钢桥面错装的病害主要分为裂缝类，鼓包类(鼓起开裂)以及外伤等3大类。其主要病害、症状及成因如表6.4-4所示。

钢桥面铺装病害及成因表 表6.4-4

病害名称	主要症状	成因
鼓包	铺装层局部范围的“隆起”现象，还伴有隆起铺装表面的开裂。不及时处理将导致裂缝加速发展	施工时无法避免的雨水、汗水等逐渐蒸发而形成一定的压力，将铺装层顶起
外伤(凹槽、坑洞)	铺装层表面凹坑、划痕等	车辆安全问题引起的硬物冲击铺装层表面而导致的铺装层外伤
开裂	铺装层表面的无规则非结构裂缝	—
其他	铺装层出现不同程度的缺陷	燃油等对铺装表面的污染，或火灾对铺装层的不良影响等

对环氧沥青混凝土桥面铺装的调查主要需要检测铺装层表面状况,包括桥面铺装层温度调查、破损状况调查、桥面铺装平整度调查与桥面铺装层的抗滑能力几个部分。如有必要可以钻芯取样,检测环氧沥青混凝土铺装强度值。环氧沥青混凝土钢桥面检查内容和频率如表 6.4-5 所示。

环氧沥青混凝土钢桥面检查内容和频率 表 6.4-5

调查内容	检查频率	备注
铺装层温度	每年高低温季节月份集中调查	人工检查 备案存档
铺装层破损状况	每月 1 次,一旦发现病害应该增加检查频率	人工检查 拍照存档
铺装层平整度	每半年 1 次	测试车 备案存档
铺装层抗滑性能	每半年 1 次	摆式仪 备案存档

2)钢桥面铺装层的养护

(1)日常养护

由于大跨径钢箱梁桥桥面铺装的重要性,必须加强对铺装层的日常养护。可以参照下面的规定进行。

①加强铺装状况调查,对发现的病害状况进行及时的总结,并进行相关维护处理,杜绝病害加剧发展。由于大跨径钢箱梁桥桥面铺装的特殊作用,对其铺装层所出现的病害(鼓包、开裂等)必须及时、快速地处理,所选择的材料必须具备高强、耐久、固化快以及施工操作简便等特性,以尽量减小由维修操作而对交通所造成的影响。

②对于铺装层上的异物要及时清扫,特别是过往车辆上掉落的螺丝钉等杂物,以杜绝异物在车辆荷载作用下使铺装层出现坑洞病害。

③由于大跨径钢箱梁桥的特殊位置,受环境污染(灰尘等)影响较小,因此,对于桥面铺装的养护过程,除特殊情况外(如化学溶剂或燃油洒落等),最好不要洒水,特别是在高温季节。铺装层夏季高温的表面最高温度一般在 60℃以上,洒水会导致表面温度骤降,导致铺装层产生较大的温度应力,对铺装受力不利。

④虽然环氧沥青混凝土能够抵燃油与化学物质的侵蚀,同时能抵抗高温的作用,但是对于由交通事故(车祸、火灾等)导致的铺装表面被燃油或化学物质污染,必须及时进行处理,以防止污染邻近结构。对于化学品污染的处理方法可以先撒砂、木屑或化学中和剂进行处理,清扫后再用大量的水进行冲洗,直至铺装表面洁净为止。对于火灾的处理方法,则需要根据火灾严重程度选样适宜的修复方法与工艺。

⑤严禁履带车或铁粉车直接在环氧沥青混凝土桥面铺装上行驶。

⑥严寒降雪季节来临时,应立刻按照部署计划进行除雪与防冻工作。由于大跨径钢箱梁桥桥面纵坡较大($>2\%$ 等),而且环氧沥青混凝土桥面铺装的空隙率较小($<3\%$),能够有效防渗。因此,可以采取撒布特殊融雪剂等防冻防滑材料,不建议撒布氧化钠化雪,以防对桥梁附属结构的腐蚀。

(2)病害处理

由于环氧沥青混凝土的高强特性,对所出现的病害进行处理时应该选择适当强度或强度更高的修复材料进行局部缺陷的修复。

①裂缝修补

a. 施工处理

因为环氧沥青混凝土铺装层所出现的裂缝病害毫无规律可循,其裂缝的形状和发展速度均较慢。可以采用低黏度灌缝材料填充裂缝内部空隙,降低铺装层的应力集中现象,以彻底消除铺装层所出现的开裂病害,杜绝雨水下渗。

水分是影响大部分快速固化修复材料性能的至关重要因素。水分的存在不仅仅会加速材料固化,使得灌缝材料在没有到达裂缝底部时即已经由于反应剧烈而导致黏度过大无法下渗,还会大大降低黏结材料的力学性能,降低其黏结强度,导致固化后的黏结剂脆性大大增加。另外,油脂的存在也会影响黏结剂与基层环氧沥青混凝土材料的黏结强度。为此,现场修复时必须消除缝内水分并清除裂缝内部油污等影响黏结强度的杂质。

为了彻底清除铺装层裂缝内部的水分,可以选择在铺装层经连续烈日暴晒后进行,但需要注意避免高温时分进行灌注操作,以防铺装层裂缝由于温度较高而发生“自愈”现象,力求达到最佳的灌缝密实效果。

b. 特殊灌缝处理

特殊灌缝处理主要针对某些较为特殊的裂缝,这主要包括放射性裂缝、缝内部含有较多油污、汽车燃油等无法处理的裂缝,以及裂缝内存在水分(潮湿或过湿状态)的裂缝。放射性裂缝是指裂缝表面宽度较宽,而导致水分下渗较深难以靠暴晒干燥处理的裂缝,这种裂缝内部可能存在部分唧浆病害。主要是由于高速行车荷载引起的高压导致裂缝内部的水分不断冲刷裂缝周壁,从而引起混合料内部细质填料剥落,形成唧浆现象。油污以及裂缝内部唧浆形成的灰粉的存在会影响黏结剂与裂缝周壁的黏结强度,因而,必须对放射性裂缝进行特殊处理,彻底清除裂缝内部的油污。

对于潜藏唧浆病害的放射性裂缝,应该用小型切割机先将裂缝切割,加宽裂缝表面宽度,以尽量将裂缝内存在的油污或唧浆形成的灰粉与松动部分割除。应该对切割完成后的裂缝进行简单处理,可以采用吹风机将裂缝内部的灰尘与浮粒吹走。再采用鬃毛刷将裂缝内部刷干净,以便于进行灌缝处理,确保黏结剂与裂缝周壁的黏结强度。

②鼓包修补

处理环氧沥青混凝土铺装鼓包病害所选择的修复材料,必须能够适合不同时期的病害特性与施工操作特性(修复处理方法)。

a. 初期鼓包病害

初期鼓包是在铺装层刚摊铺完成所表现出的病害。由于环氧沥青混凝土摊铺一般在温度较高的正午进行,而摊铺完后气温降低,内部残留的水汽在次日高温时刻(正午)汽化,体积膨胀,加上刚摊铺完成的环氧沥青混凝土铺装强度仍较低,因此水汽的体积膨胀将铺装层顶起,形成表面开裂迹象。对于初期出现的鼓包病害,最简单的补救方法是在气温较高的正午加强对铺装层检查,对发现的鼓包及时采用钢针刺穿鼓包将水汽排尽后再将铺装层击实;另外,还可以选择低黏度材料进行简单密封处理,也可以将鼓包处挖除,重新填充新的混合料,具体措施根据现场病害面积、严重程度等情况决定。

b. 使用早期鼓包

使用期间出现的鼓包病害主要是施工时的少量水分引起的。由于初期鼓包开裂程度较轻,且已经投入使用后的环氧沥青混凝土强度等均已经达到最终要求值,在修复时开挖回填的处理方式显得不符合实际,因此经济可行的方法是选取低黏度材料对鼓包开裂病害进行处理。对早期的鼓包开裂处理所选用的材料是建立在裂缝处理病害的研究基础上,所选用的修复材料必须能够达到修复裂缝,并增强缺陷处的功效。

c. 中期鼓包

如果不及时对环氧沥青混凝土铺装层进行勘测、调查,某些早期的鼓包开裂现象可能会较难以察觉,在荷载的重复作用下将恶化为中期鼓包病害。

对恶化后铺装层的中期鼓包病害,可以根据鼓包范围根部的裂缝闭合情况确定中期鼓包病害的严重程度,再根据不同的严重程度采用灌缝密封处理或开挖回填处理。

d. 晚期鼓包坑洞

出现晚期鼓包坑洞病害的铺装层已基本丧失承载力,丧失铺装层使用功能,是鼓包病害发展过程中最严重的阶段。这个阶段会影响其他完好铺装的使用寿命,甚至影响钢板的使用寿命,因此,必须对晚期鼓包坑洞及时进行处理,适宜的处理方法也只有将坑洞破损处的残缺铺装层开挖后,再重新回填。

③特殊处理

a. 燃油与化学污染

由于固化后的沥青材料被分散到环氧大分子铰链体系中,因而基本不会出现普通沥青混凝土那种高温流动迁移、遇溶剂溶解的现象。化学污染主要是由于某些化学品运输车滴漏等原因而残留在铺装层,虽然环氧沥青混凝土对汽车燃油以及化学品等有较好的抵抗能力,但是为了避免存在的燃油等对行车安全造成影响以及潜在的隐患(火灾等)对铺装层的损坏,必须适时的将铺装层表面燃油污染物清除。

清洗化学品或汽车燃油时,先在污染面积内撒布大量的砂、木屑或矿粉填料等,以充分吸附污染物,待污染物基本被吸附后,清扫表面的砂或其他吸附材料,然后利用清洗剂擦洗污染区域,再用大量的清水冲洗,冲洗到目测表面基本无污染时为止。

b. 火灾影响

这里所指的火灾是指由于过往桥面上的交通车辆事故而导致的燃烧。虽然环氧沥青混凝土能够抵抗一定的温度影响,但是由于这种火灾的发生一般持续较长时间,且温度较使用条件下高得多。为此,必须在火灾发生后对铺装层进行适当处理,以防止火灾对铺装层使用性能产生不必要的影响。

对于由火灾而导致的铺装层修复,主要需要根据火灾的持续时间和火灾的严重程度而定。短时间的小范围火灾可能只是影响铺装层的表面,但长时间持续的火灾会导致较大面积范围的破损。因此,对不同程度的火灾影响的铺装层的修复需要采取不同的方法。在此规定,对于铺装层影响深度小于5mm的火灾称为小范围火灾,影响深度大于5mm的火灾称为严重火灾。

对于影响深度小于5mm的小范围火灾,修复时可以先将表面受火灾影响而松动的混合料挖除，然后采用与鼓包开挖修复相同的材料（不含集料）进行回填修复。

对于影响深度大于5mm的严重火灾，可以沿破损区域向外加宽至少50mm切割，将破损区域内的混合料凿除，注意必须再沿深度方向上加深至少25mm，然后采用鼓包修复混合料类型进行回填修复。注意修复区域的压实度以及与邻近铺装层的衔接平顺情况，杜绝渗水或跳车情况的发生。

c. 凹坑修补

铺装层表面出现凹坑外伤主要是由于过往车辆坠物磨损或冲击铺装层而导致的。凹坑外伤的面积以及深度与车辆坠物的大小及质量有关。另外，在环氧沥青混凝土摊铺过程中，由于矿粉结团而形成铺装层表面拉皮，没有及时进行检查和处理，投入使用后表面矿粉团松散剥落而导致铺装层表面出现凹坑。

凹坑病害的出现使得行车荷载对该区域的铺装层形成冲击荷载，导致凹坑病害不断扩展恶化。因此，需要在使用期间定期检查铺装层使用情况，对所发现的凹坑病害进行及时处理。

处理凹坑所采用的修复材料与修复方法应该根据凹坑的面积深度尺寸选取。对于尺寸较小的凹坑病害，可以先用钢丝刷与鬃毛刷将凹坑内的浮动颗粒与灰尘清理干净，然后预埋细质集料，与邻近铺装层表面齐平。再将黏结剂灌入凹坑内，待黏结剂完全固化后即可放开交通。

对于破损面积较大的凹坑，应该根据实际情况将凹坑的尺寸与深度扩展到能够回填为准。回填料应是与原环氧沥青混凝土类似级配的混合料。尺寸扩展可以利用手持式切割机进行，切割深度应根据回填混合料对铺装层深度的要求来确定。

6.4.2.3 伸缩缝

1）伸缩缝日常检查

（1）检查伸缩缝是否堵塞、挤死、漏水、失效；

（2）检查锚固连接是否牢固，连接件是否松动，有无局部破损；

（3）检查密封橡胶带是否老化、失去弹性、异常变形或开裂；

（4）检查伸缩缝是否有不正常的响声或异常的伸缩量；

（5）检查伸缩缝各基本单元间隙是否均匀；

（6）检查钢构件是否锈蚀、变形，伸缩缝处是否平整，有无跳车现象等。

2）伸缩缝经常检查

（1）检查频率：每年1次。

（2）密封条：检查时略清扫伸缩缝，注意检查密封条的污染、损坏、密封条与型钢的连接、密封性、缝间均匀等。

（3）滑动原件：检查滑动面的污染、磨损、表面损伤、松动等。

（4）滑动支座和滑动弹簧：检查滑动件的中间梁与承载梁的连接、型钢对接的焊缝、承载梁下的混凝土等。

（5）重点检查：承载构件焊缝连接处是否有裂缝，结构是否稳固。具体部位是：中间梁与承载梁的连接、型钢对接焊缝、承载箱下的混凝土、承载梁的移动等。

3）伸缩缝定期检查

(1)检查频率:每2年1次。

(2)密封条:检查时,粗略清扫伸缩缝间隙,注意检查密封条的污染、老化、硫化对接、损坏、密封条与型钢的连接、密封性等。

(3)滑动原件:检查滑动面的污染、磨损、表面损伤、松动、滑动自如、锈蚀等。

(4)滑动支座和滑动弹簧:检查其位置、损伤、裂缝、足够的预紧等。

(5)车行道的防锈层通车后短期内即被磨去,但不影响寿命,须定期检查伸缩缝的下表面、嵌密封条的凹槽等部位的防锈层。

(6)重点检查:承载构件焊缝连接处是否有裂缝,结构是否稳固。具体部位是:中间梁与承载梁的连接、型钢对接焊缝、控制机构、边梁的锚固、承载箱下的混凝土、承载梁的移动等。

4)伸缩缝养护

伸缩缝应经常养护,及时清除缝内的沉积物,勿使杂物堵塞或嵌入,使其发挥正常作用。伸缩缝具体的维护方法为:

(1)一般规定:

①伸缩装置应平整、直顺、伸缩自如,处于良好的工作状态。有堵塞时应及时清除,出现渗漏、变形、开裂、行车有异常响声、跳车时应及时维修。维护周期每年2次。

②橡胶板式伸缩装置的固定螺栓应每季度维护一次,松动应及时拧紧;橡胶板丢失应及时补上,弹簧(止退)垫不得省略。严重破损的橡胶板,应及时按同型号进行更换。

③异型钢类伸缩装置的密封橡胶带(止水带),损坏后应及时更换。密封橡胶带的选择,应满足原设计的规格和性能要求。

④钢板伸缩装置的钢板开焊、翘曲和脱落时,应及时发现并及时补焊。

(2)伸缩装置出现损坏面无法修复时,宜选用原型号伸缩装置产品进行整体更换。选用其他类型(型号)伸缩装置产品时,应符合下列规定:

①新型伸缩装置的伸缩量和承载能力应满足原设计要求,并应满足防水要求。伸缩装置的安装高度应小于桥面板至桥面层表面间的高度差。

②当无伸缩装置设计资料时,应对伸缩量值进行重新计算。

(3)伸缩装置的更换施工应符合下列规定:

①伸缩装置的安装宽度,应根据施工时的气温计算确定。安装放线时间,应选择在一天中温差变化最小的时间段内。

②应满足新伸缩装置的安装技术要求。在安装连接点处,桥面板(梁)的锚固预埋件有缺损时,应打孔补植连接锚筋。

③伸缩装置在安装焊接时,连接筋与锚筋的搭接长度应符合焊接要求,严禁点焊连接。

④安装伸缩装置所使用的水泥混凝土保护带,其设计强度应符合设计要求,但不得小于C40,且应具有早强性能;保护带宜采用钢纤维混凝土。

⑤应保证伸缩装置中间和梁头与桥台(梁端头)之间充分隔离、封闭,宜采用硬塑料泡沫板进行充填;伸缩装置的型钢下部和后部,应保证混凝土完全充满。

⑥混凝土达到设计强度,且伸缩装置全部安装完好后,方可恢复交通。

(4)板式橡胶伸缩装置的更换时间,宜选择在春秋两季进行。

(5)伸缩装置保护带应完好,不得有开裂、松散,坑洞的面积不得大于0.1m^2,深度不得大于20mm。已松散和有坑洞的保护带,应及时修复。

(6)在每年气温最高最低时,应及时测量伸缩装置的间隙,且不得小于设计最小间距和大于设计最大间距。

(7)每季度对伸缩装置的水平错位、竖向升降进行观测。

6.4.2.4 防撞护栏

(1)对桥梁防撞护栏、防护栅、隔离带、遮光板等应经常检查是否牢固、变形、缺失等损坏,及时修复或更换。检查连接螺栓有无变形、丢失、断裂、撞坏、锈蚀现象。检查各变形缝是否有间隙。

(2)检查护栏外观是否整齐、美观,应保持其干净、完好状态,护栏立柱竖立正直,横梁能自由伸缩。如有损害应及时修复或更换,必要时要进行清洗,保证结构物轮廓清晰。

(3)检查活动护栏各部零件是否安装牢固,如有缺损,应及时补齐。

(4)检查伸缩缝处防撞护栏是否满足主桥较大的伸缩和变位,其横梁是否可在螺柱上滑动和转动。

(5)因栏杆损坏而采用的临时防护措施应牢固、醒目,使用时间不得超过7d。

(6)钢质护栏、防护栅、遮光板等应涂漆防锈,一般每年1次或根据条件确定。任何形式涂层的损伤,均应在24h内给予修补。

(7)混凝土防撞护栏若有撞坏、断裂、错位、剥落,宜在3~7d内恢复。养护应符合下列规定:

①混凝土裂缝大于3mm小于5mm,可灌缝封闭。

②表面露筋、钢筋未变形、拉断的,可做防腐处理后,用水泥砂浆修补。

③混凝土裂缝大于5mm,可清除被撞坏的混凝土,重新浇筑。

6.4.2.5 排水设施

(1)桥面的泄水管、排水管要及时疏通。不得有积水和渗水现象,排水沟应及时疏通。每月定期检查,雨后应重点检查,确保排水畅通。

(2)泄水管损坏要及时修补,接头已掉落的要重新安装接上,损坏严重的要予以更换。栅盖及落水管缺损时应补装。

(3)泄水管、排水槽每年雨季前应全面检查、疏通。跨海桥梁泄水管下端露出不应少于10cm;立交桥泄水管出口宜高出地面50~100cm或直接接入雨水系统,除泄水管排水外,其他地方不得往桥下排水。

(4)排水设施中的边沟、排水沟、截水沟、急流槽等应无淤塞、积水、杂物,日常养护应经常清理、疏通。遇到大雨应加强检查。如有冲刷、损坏应及时修理、清淤;对于排水设施产生的砂浆剥落等病害,每半年全线集中修复一次。

(5)在春融期,应对排水设施进行全面检查并疏通。

6.4.2.6 照明与交通标志

(1)经常检查桥上的交通信号标志,水上助航标志及照明设施是否完好并正常工作,路面标线是否清晰,交通标志是否齐全,是否需要调整。

(2)对各种标志、标线、轮廓标等的反光情况、完好状况及夜间照明情况要进行夜间巡查,发现问题及时做好记录,尽快修复。

(3)对配电房内的变压器、配电盘及开关工作状态进行经常检查,注意检查由配电盘引出的电线及配件的完好程度及电源、转换器的工作可靠性。

(4)检查照明灯具电压是否稳定,灯亮度是否正常,配电盘有无积水,自动开关装置定时是否准确、动作状态是否正常等。

(5)应保持桥梁所有的照明设施处于良好状态,如有损坏或不正常应及时维修或更换,确保行车、航空、航运的安全。

(6)为保障大桥周围水域船舶通航作业的安全,以及大桥自身及其附近码头的安全,应注意对本桥的桥涵标志进行管理和维护,保持航道的畅通和助航标志明显、有效。对全桥桥涵标的日常维护、修理应符合《中国海区水上助航标志》(GB 4696—99)及交通部有关标准要求。水上助航浮标信号灯的养护维修可委托有关航道管理部门负责维护。

(7)桥面、道路交通标志和标线要经常保持明显、清晰,确保行车安全。标志牌架应保持清洁,做好油漆防腐工作,保证设施完好、结构安全。当交通条件有变化时应进行相应的变更和增补。

(8)巡视检查人员在检查中发现交通信号、标志及照明设施不正常时,应详细记录及时处理,及时反映给有关管理部门处理。

(9)标线应结合日常养护经常清扫或冲洗。当发现因剥落、污染、磨损而影响识别性能的标线在该路段中占标线一半以上时,应予以重画;局部损坏的则进行修补,同时要注意避免与原标线错位。

(10)电线电缆的养护:维修作业人员不得损坏光缆或其他电线、电缆,如有损坏或发现损伤时必须汇报,并通知有关单位进行检查维修。

(11)桥涵标(灯)、桥柱灯、航行障碍灯等,必须每日观察,发生故障,及时采取应急措施。

(12)遭遇自然灾害、发生交通事故后出现其他异常情况时,应及时进行检查;设施更新改造后,应进行全面的专项检查。

6.4.2.7 冬季除雪

1)不同降雪量应采取的措施

(1)小雪:24h 内自然降雪积雪厚度在 0.5cm 以内,因风力或行车作用,道路的大部分仍保持黑色路面,部分匝道可能有积雪覆盖,需要机械配合人工除雪。

(2)中雪:24h 内自然降雪积雪厚度在 0.5cm ~ 3cm 以内,公路路面仅有局部露出条状的黑色路面,大部分被积雪覆盖,需要及时组织融雪及除雪,一般情况下只需几次反复除雪,机械除雪后,需要继续组织人力清除边缘积雪。

(3)大雪:24h 内自然降雪积雪厚度在 3cm ~ 8cm 以内,公路路面全部被积雪覆盖,需要及时组织融雪及除雪机械反复多次除雪。机械除雪后,仍需人力清除路侧的积雪。

(4)暴雪:24h 内自然降雪积雪厚度 8cm 以上。由于风积作用,部分路段可能发生雪阻,无法安全通行。需要尽可能多地投入融雪和除雪设备,不间断除雪,及时对已上路车辆组织疏散、救援,防止人员冻伤。尽快打通道路,清除积雪,恢复交通。

(5)结冰:遇有先降雨雪后降温天气,路面可能结冰,应积极组织打冰防滑,必要时封闭交通。

2)时限要求和除雪标准

(1)小雪随时清理,中雪 12h 内清理完毕,大雪 24h 内清理完毕,暴雪 36h 内清理完毕。

(2)除雪标准:除雪后,道路90%以上露出黑色路面,标线露出,没有露出黑色路面的部位应不连续。

3)撒布融雪剂的要求

撒布融雪剂时要视气温、路面情况、降雪情况适时撒布。撒布融雪剂的量控制在30g/m^2 ~159g/m^2 左右。

钢箱梁桥面严禁用"氯盐"为主要成分的无机融雪剂,应采用以醋酸钾或醇类为主要成分对构造物基本没有腐蚀损害的融雪剂;对于混凝土梁桥面可考虑采用加有缓蚀剂的氯盐类融雪剂,从而降低氯离子的破坏作用。

可采用预湿撒布的方式,即融雪剂在撒布到路面上之前,撒布设备已经将融雪剂预融,使融雪剂快速有效地发挥效率。

可采用雪前撒布办法。降雪之前1~2h,为防止路面结冰,路表温度在-20℃~0℃一般在路面上快速均匀撒布5~10g/m^2 左右的融雪剂;路表温度低于-20℃时,撒布砂子、细石、炉灰或碎木屑等防滑材料。

每次除雪完成后,应立即对除雪机械设备进行维护、维修并根据库存情况及时补充融雪防滑材料,以备下次使用。

各单位要充分利用报刊、电台、网络等新闻媒体,加大除雪防滑工作的宣传力度,及时向社会发布路况信息,正确引导社会公众及时调整出行路线。

6.4.3 支座的检查与养护

6.4.3.1 支座检查

主桥支座检查可借助检查小车进行。其检查内容包括:

(1)检查支座功能是否完好,组件是否完整、清洁。

(2)检查支座位移是否正常,是否脱空。

(3)检查地脚螺栓是否剪断,上下各部分是否密贴。

(4)检查固定端是否松动、剪断、开裂,表面材料的磨耗与锈蚀情况等。

(5)若支座表面接触油污,应检查橡胶是否老化、变质。

(6)还应检查支座附近梁体有无裂缝以及支座滑移面的磨耗情况等。

(7)检查支座防尘罩是否完整。

6.4.3.2 支座养护

1)支座的养护

(1)支座各部应保持完整、清洁、位置准确、梁体伸缩正常。除桥面日常保洁之外,清除支座周围的垃圾杂物,排除墩帽积水,冬季应及时清除积雪和冰块,应每年维护一次。

(2)支座与梁底、支座与砂浆垫层之间的接触面应平整。梁体位移及转角应不受阻碍。支座垫板与锚螺栓应紧密接触,并不得有锈蚀。

(3)支座或支座组件如有连接螺栓松动,垫板破损或裂纹,支座滑动面干涩、锈蚀、变形、破裂,支座垫板翘曲,断裂等缺陷,或产生故障不能正常工作,则应及时予以修整或更换,并进行防锈处理。

(4)固定支座每2年应检查锚栓牢固程度,对固定支座应注意支座垫板要平整紧密,及时拧紧安全螺栓。

(5)支座橡胶层不应开裂、变硬、老化,支座各层加劲钢板之间的橡胶外凸应均匀和正常,否则及时更换;

(6)盆式橡胶支座,固定螺栓不得有剪断损坏,应及时拧紧松动的螺母。

(7)球形支座应每年更换润滑油一次。橡胶密封圈不得龟裂、老化。支座高度变化不应超过3mm。

(8)对于四氟滑板支座,必须保证其不锈钢板与硅脂板间的润滑功能。定期检查支座高度变化,以便校核支座内聚四氟乙烯的磨损情况,当支座高度变化超过2mm时,应由专业人员决定是否需要更换。

(9)板式橡胶支座不得产生超过设计要求的压缩变形;支撑垫石顶面不应开裂、积水;进行清洁和修补工作时,应防止橡胶支座与油脂接触。

(10)及时维护支座防尘罩,如出现孔洞或压扁现象,应更换上部盖罩和基部护罩。

(11)支座外露部分应定期按原涂层做防锈处理。

2)支座的维修与更换

(1)板式橡胶支座若损坏、失效应及时更换。

(2)梁支点若承压不均匀,应进行调整。

(3)支座座板若翘曲、断裂,应予更换和补充,若焊缝开裂应予维修。

(4)滑移的支座应及时恢复原位;脱空支座应及时维修。

6.4.4 预应力混凝土连续梁的检查与养护

6.4.4.1 检查与养护频率

对于预应力混凝土连续梁进行检查,其检查频率、人员要求及检查范围等参照表6.4-6所示进行检查。

预应力连续梁检查汇总表　　表6.4-6

桥梁检查项	人员	频率	检查范围	经常	定期	备注
主梁	由经过培训的专职桥梁管理人员或有一定经验的工程技术人员2至3人负责。	经常检查以1次/3月检查完全桥,即可根据连续梁桥检查养护计划每天检查1km桥段; 定期检查1次/2年	主要检查主梁外部以及箱内部分。	√	√	经常检查及常规定期检查主要以目测检查为主,并辅以照相机、摄像机等工具进行记录。检查完并填写检查记录表附表1-4、附表1-5及附表1-6; 结构定期检查由管理部门申请有资质单位进行

注:1. √表示需要该类型的检查。

2. ×表示不需要该类型的检查。

6.4.4.2 预应力梁的检查与养护

1)预应力梁的经常检查

(1)检查主梁表面是否干燥、有无污垢;主梁外部有无锈蚀,特别是主梁的隐蔽部位、构件易积雨水处。

(2)检查混凝土有无渗水、表面风化、剥落、露筋、空洞和钢筋锈蚀等损坏,有无硅碱反应引起整体龟裂现象。

(3)梁端头有无破坏、位移现象,箱梁有无进水现象。

(4)重点检查:检查箱梁跨中、支点、变截面处、受剪区域、预应力锚固端、横隔板、施工接缝混凝土是否开裂、缺损,有无钢筋锈蚀迹象等。

(5)重点检查:海水区、浪溅区、海雾区混凝土构件的锈斑、顺筋裂缝及保护层的脱落状况,必要时请有资质的相关人员检测混凝土中氯离子浓度、钢筋锈蚀率等。

(6)重点检查:发现主梁竖向裂缝应立即报告上级部门进行应急处理;发现主梁其他损伤裂缝,应经常观察其发展情况,做出明显标记,并对裂缝起始位置、缝宽等情况进行详细记录,并及时报告。

2)预应力梁的定期检查

除以上经常检查的6项内容外,还包括:

(1)箱梁内横隔板表面有无积水、裂缝,箱梁通风情况是否良好。

(2)过人孔钢板是否开裂、锈蚀、脱漆。

(3)重点检查:桥梁总体是否有异常变形、振动或摆动,上部结构竖曲线是否平顺,桥跨是否异常竖向摆动或横向摆动。

(4)需要委托有资质单位进行的结构定期检查项目和内容如表6.4-7所示。

预应力连续梁定期检查需要有资质单位进行的项目 表6.4-7

结构	频率	检查内容	备注
☆主梁应力	成桥通车之后进行1次,以后1次/2年。	主梁应力检测属静载试验项目,根据计划及需要由管理部门申请有资质单位进行	试验梁段选择:非通航孔道桥选三联、红岛立交主线、李村河立交主线各选一联连续梁作为固定的试验梁;若结合经常检查结果,结构定期检查有必要增加试验梁,应予以补充
☆主梁挠度与变形	建成后前3年每年1次,3年后1次/2年。若常规定期检查情况异常,由管理部门决策,增加结构定期检查次数	1.测试断面为连续梁各墩顶、各跨跨中及主跨其他关键部位。 2.由于温度、日照对线形影响较大,所以线形测量应在日出之前温度较恒定的时段内进行。并考虑温度修正	
☆主桥动力特性	成桥通车之后进行1次,以后1次/2年	1.主桥动力特性检测属动载试验项目,根据计划及需要由管理部门申请有资质单位进行。 2.主桥动力特性检测可得出结构的自振频率、振型和阻尼比,了解结构在运营阶段自由振动特性,及其横、竖向刚度的变化,验证抗风、抗震性能,确定使用条件	

注:带☆表示委托有资质单位完成的检测项目。

3)预应力梁桥的养护

(1)清除表面污垢,对梁体混凝土的空洞、蜂窝、麻面、表面风化、剥落等应先将松散部分清除，再根据破损面积大小，采用环氧树脂砂浆或高一级强度细石混凝土进行修补，新补混凝土要密实，与原结构应结合牢固、表面平整，并按规范进行养生。

(2)梁(板)端头、梁体底面、隔板表面应适时清扫，保持清洁，排除积土，梁体污垢应用清水洗刷，不得使用有腐蚀性的化学清洗剂。

(3)保持箱梁的箱内通风，减少因箱内外温差可能引起的裂缝。

(4)仅表面涂层缺损钢筋尚未锈蚀，依据第6.4节混凝土结构的防护内容修复混凝土表面涂层。

(5)梁体若发现锈斑、露筋或保护层剥落，应先将松动的混凝土凿去，清除钢筋锈迹并作防锈处理(可涂环氧富锌底漆一道，厚度80μm)，然后恢复保护层(面积不大时可用环氧砂浆修补，面积大时可采用高一级强度细石混凝土填补)；钢筋锈蚀严重，应及时上报主管部门处理。

(6)梁体的裂缝处理采用表6.4-8所示的方法维修。

梁桥梁体裂缝养护维修表 表6.4-8

病害、缺陷	养护维修对策
受拉区裂缝、挠度	1. 当裂缝宽度 <0.10mm 时，宜用封闭材料(如环氧树脂等)进行封闭处理。 2. 当裂缝宽度 >0.10mm 而 <0.30mm 时，将裂缝凿成V型槽，深度 >2cm，再用环氧腻子嵌缝填补。 3. 当裂缝宽度 >0.30mm 时，采用环氧灌缝胶灌注裂缝。 4. 当梁体变形及裂缝发展严重(恒载裂缝最大限值为0.1mm)，或挠度超过规定值(1/600L)时，应加强桥梁观测并申请特殊检查，根据检查结果，分析原因，制定加固处理方案。对承载能力、刚度不足的梁体，首选灌缝胶灌注处理裂缝，也可采用以下加固措施： (1)梁底黏贴法，如黏贴钢板、碳纤维等； (2)确认预应力失效过多时，可考虑增加体外预应力； (3)梁体内钢架加固法
受压区裂缝	一旦发现裂缝，应立即封闭交通，并委托相应资质的检测单位进行结构可靠性评估，提出处理措施

(7)当预应力混凝土构件锚固端的封端混凝土出现裂缝、剥落、渗漏、穿孔、预应力锚具暴露时，应及时对预应力锚具刷防锈漆，重做封端混凝土。

(8)梁体的纵、横向联结件开裂、断裂、开焊，可采用现浇横隔板或更换联结件加固、补焊、帮焊等措施修补。

(9)在昼夜平均气温低于5℃的冬季维修桥梁时，对修补的混凝土构件应采取保温措施，保证混凝土的凝固硬化；用于修补的混凝土、钢材，其强度或其他质量指标应不低于原桥材料，修补用的混凝土，应比原混凝土提高一个等级；受拉区修补用的混凝土宜用环氧树脂配制，受压区修补用的混凝土可用膨胀水泥配制。用水泥混凝土或砂浆修补的构件应加强养生。

(10)预应力混凝土桥梁出现明显的损伤或产生明显的变形、位移，应申请特殊检查，依据其评估结果，进行修复或加固。

6.4.5 钢箱梁的检查与养护

钢箱梁的检查养护内容如表6.4-9所示。对于钢箱梁的检查主要检查钢箱梁涂层及裂纹情况,如不及时修复,会引起严重后果,及时发现并采取妥善的工艺将其修复至关重要。

青岛胶州湾大桥钢箱梁检查养护内容表　　表6.4-9

序　号	钢箱梁检查项	频　率	备　注
1	钢箱梁	经常检查1次/2月 定期检查1次/2年	经常检查由桥梁工程师按每周不重复抽查15%,两个月全面检查一遍
2	水密门	经常检查1次/2月	无
3	钢箱梁压重处	同上	无
4	钢箱梁除湿系统	同上	无
5	钢箱梁照明系统	同上	无

6.4.5.1　钢箱梁主体的检查与养护

1)钢箱梁的检查

(1)重点检查:钢箱梁的涂层劣化检查参见第六篇涂层的检查养护。

(2)检查钢箱梁表面是否干燥、有无污垢。

(3)外部焊缝是否完好,有无裂缝。细节位置:焊缝接头、轧制钢板、型钢的端部、趾部及边缘处、角焊缝、让焊孔、纵向断续焊缝的间隙处。

(4)非焊接处是否完好,有无裂缝。细节位置:表面不平处、变截面连接处、开孔挖洞或有内凹角处,连接紧固件的根部等自身薄弱处。

(5)重点检查:裂缝部位

①对接焊缝处,尤其是顶板、底板对接焊缝处,不等厚、不等宽对接及焊缝交叉点;

②交变应力影响杆件焊缝热影响区;

③加劲肋、横隔板、加劲盖板端;

④构造复杂及断面突变处,底板与侧板折角处横隔板的搭接焊缝;

⑤纵横梁连接板焊缝;

⑥经校核,已产生塑形变形处,加固过的地方;

⑦斜拉桥锚箱的弯曲焊缝和受剪焊缝;

⑧箱梁隔板搭接拼接处,桥面板与横隔板的双侧角焊缝、底板与侧板折角处横隔板的搭接焊缝;

⑨U型肋、T型肋工地拼接焊缝、与桥面板间的焊缝及横梁焊接处;

⑩桥面板与桥底板纵向拼接焊缝。

(6)检查部位如发现钢箱梁有裂缝,对有损伤裂缝的构件和焊缝等,应经常观察其发展情况,做出明显标记,并对裂缝起始位置、缝宽、长度、裂纹发展方向等情况进行详细记录,拍照,注明日期,以备观察,并及时报告,予以修补。

(7)检查抽湿机的运转情况,是否与其健康监控信息一致,同时检查钢箱内空气湿度。

2)钢箱梁的养护

(1)定期对钢箱梁防锈、油漆,一般1~2年进行1次。具体油漆涂层养护参见第6.6节涂层的检查与养护。

(2)及时清除钢箱梁的表面污垢,保持清洁。

(3)及时拧紧、更换松动和损坏的铆钉、螺栓。在有活载情况下更换铆钉,应拆除一个铆钉,同时上紧一个螺栓。高强螺栓的施工预拉力应符合设计要求,欠拧值或超拧值均不应超过规定值的10%。对结构承载力至关重要的构件在更换时,应禁止车辆通行。

(4)对钢箱梁的焊接部位应注意保持焊接的正常状态。若发现桥梁在使用过程中焊接处有异常情况应引起注意,并做出明显标记。因焊缝开裂而使构件处于不合格状态时,必须及时上报管理部门将情况通知原设计单位,予以协商。钢箱梁需及时维修的破损限制可参考 CJJ99—2009《城市桥梁养护技术规范》5.6.6 款。

(5)出现裂纹时要及时处理。开裂修复应由专业单位完成,修复后的焊缝列入今后定期检测内容。具体修复方法:

①由专业技术焊工及时用手电钻在裂纹端部钻一个直径与钢板厚度相等的圆孔(不得超过32mm),制止裂纹的扩展,然后用碳弧气刨清除裂纹部位,在确认裂纹已清除后,用砂轮打磨干净、预热后手工焊修复。修复完毕应进行无损检查,确信焊缝缺陷不复存在,否则应重新修补。焊缝修补次数应控制不超过2次。

②当承受拉力部位的裂纹不能闭合时,应先烧码板,设法将裂纹拉拢,然后预热及焊接。

③修复工作进行前,应制定相应的修补方案及焊接修复工艺,焊接工艺应进行必要的测试和评定。

④对于重要部位处焊缝的修复,为慎重起见,应征得有关专家的认可后方能进行。

6.4.5.2 水密门的检查与养护

(1)检查水密门的密封橡胶条是否老化失效,对于老化的橡胶条应联系厂家予以更换。

(2)定期转动手轮,并且要经常性的涂刷润滑油,以防止锈死。

(3)检查水密门螺栓是否松动、剪断,对于松动螺栓及时拧紧,严重损坏的螺栓立即更换。

(4)水密门中的门锁要防止锁口锈蚀,定期对其做润滑处理,可通过灌入铅笔芯粉末予以润滑。

(5)检查水密门中角焊缝是否开裂,对于开裂焊缝及时补焊。

(6)水密门门体属于钢构件,其防腐养护参见第6.6节。

6.4.5.3 钢箱梁压重处的检查与养护

(1)检查压重挡板处的高强度螺栓是否被剪断、松动、或者锈蚀,对于严重损坏的高强度螺栓要予以更换。

(2)检查A类和B类压重块的锈蚀程度,并且要定期对其进行防腐处理,具体参见第6.6节。

(3)定期检查压重处梁的挠度变形。

(4)对于钢箱梁压重段加紧构造处的焊缝定期检查,对于开裂焊缝予以及时修补。

6.4.5.4 钢箱梁除湿系统的检查与养护

青岛胶州湾大桥的监控中心可随时监控除湿机的运行情况及钢箱梁内部相对湿度。应定期对除湿系统进行维护,除湿系统应由经过培训的专门人员进行操作及养护维修,检查养护内容包括:

(1)检查主要设备如配电盘、鼓风机、电动机、过滤器、阻尼器、除湿组件及温、湿度显示记录系统。

(2)保持各构件的清洁以及转动构件的润滑状态。

(3)要求钢箱梁内的湿度小于50%。

6.4.6 斜拉索及锚具的检查养护

6.4.6.1 斜拉索及锚具的检查

(1)斜拉索检查周期:斜拉索必须经常检查。第1、2年内每2个月检查1次,以后每半年检查1次,在损坏处做出标记,做好记录。

(2)斜拉索的检查顺序为索套、减振系统、锚具和钢索。

(3)重点检查:对斜拉索的PE护套应经常检查,包括索端出索处钢管护套以及钢管护套与PE护套连接处的外观情况。检查拉索的PE护套有无裂纹、划伤破损、老化和积水,若套管破裂,斜拉索可能会因雨水的渗入而受到腐蚀。

(4)重点检查:根据外观检查情况,适时抽检索座处斜拉索及减振器的防水、防尘、防锈和橡胶老化变质情况。每半年应对斜拉索导筒内的积水情况进行一次开筒检查,发现积水应及时排除,同时检查内部螺栓及其他铁件的松动、锈蚀情况。

(5)重点检查:定期清查斜拉索已锈蚀的钢丝数及其锈蚀程度,必要时委托具有该项技术资质的单位用电磁无损检测仪器沿吊索行走,给出断丝位置及数目以及锈蚀的位置和实际有效面积。

(6)重点检查:对锚头、锚板、钢护筒等进行检查,观察其外表是否有锈蚀及裂纹、位移、变形等异常情况。锚头盖板固定螺栓是否松动脱落,水汽侵入。在检测之前,搭设检测平台,卸除锚杯端盖,方便检查锚固构造。

(7)利用健康检测系统的检测数据,对拉索的振动进行观测。观察斜拉索振动是否明显(特别是在大风、下雨时),减振措施(阻尼器)是否损坏失效。当桥上发生10级以上(包括10级)大风后,应检查拉索有无异常。为了分析拉索的振动,当拉索振幅较大或发生异常情况时,应注意记录并积累当时的风力、风速、风向、雨量和温度、湿度、拉索的振动情况的资料。

6.4.6.2 斜拉索及锚具的养护

(1)斜拉索的检查、养护和维修要有专用设备,如索塔检修车等。

(2)拉索两端锚具、斜拉索出口密封处、钢护筒、减振器等应做好防潮、防锈处理,经常保持干净、清洁和干燥。发现若漏水、渗水应及时用防水材料封堵、脱漆、锈蚀时,应及时处治。

(3)应定期清洗更换两端锚杯内的防护油。应委托专业单位对锚具进行运营期防护处理。

(4)应定期更换钢护筒与套管连接处的密封条,作好搭接处的防水处理。

(5)若拉索护套发现开裂、漏水、渗水、钢丝锈蚀现象应及时处理。必要时,可剥开已损坏护套,对已潮湿的钢丝应吹干,对已有轻微锈蚀的钢丝应作好除锈处理,再涂刷防护漆及防护油,并用双层PE修补。

(6)冷铸锚头和螺栓是暴露在大气中的,要注意防水防锈,丝扣暴露在空气部分应经常涂润滑油防腐。安装锚头盖板必须牢固可靠。固定螺栓应有防松动措施。应定期对斜拉索系统涂漆防锈,补刷防锈漆。每半年进行一次维护。

(7)对斜拉索端部应力较集中处发现钢丝有应力腐蚀或氢致腐蚀迹象(如钢丝上有腐蚀凹坑、剥蚀等)应立即更换拉索。当冷铸锚出现裂缝或破损,应更换此斜拉索。

(8)对外置式减振器的养护维修方法参见有关技术要求。应注意检查与养护,对松脱的焊缝应及时补焊,必要时可更换。检查必须注意是否发生阻尼外溢的现象,并及时予以处理。

(9)必须注意,斜拉索锚头与支承结构间,不可发生位移和变形。

(10)在酸雨、大风(10 级及以上)、雨淋环境和拉索振动频率失常、索力变化异常时,应依据健康检测系统实时数据,加强对斜拉索损坏情况的监测。

(11)在特殊气候条件下,通行应符合下列规定:

①桥上应有交通信息显示屏。

②雾天桥上行车时速宜符合下面表 6.4-10 的规定。

雾天桥上行车时速 表 6.4-10

能见度(m)	干燥路面(km/h)		潮湿路面(km/h)	
	直线	弯道	直线	弯道
80	60	40	55	35
50	40	30	35	25
30	20	20	25	15
20	15	15	10	10

③当风速大于 19m/s 时,大风雨中桥上行车时速宜符合下面表 6.4-11 规定。当风速大于 21m/s 时,严禁货运车上桥行驶。

大风雨中桥上行车时速 表 6.4-11

风速(m/s)	风中限速(km/h)	风雨中限速(km/h)
19	60	50
21	50	40
23	40	30
25	封桥禁行	封桥禁行

6.4.6.3 斜拉索系统病害处理

1)护套更换

斜拉桥 PE 管的养护和维修应区别对待:

(1)对 PE 护套受到机械性损伤,或有局部老化开裂,但没有失去防护功能,雨水未进入斜拉索钢丝的情况,可用 PE 护套材质对开裂部分进行热成型修补,或局部电热成型修补。

(2)对已老化开裂并环状断开失去防护功能,有雨水进入钢丝,部分钢丝锈蚀和断丝,但断丝及锈蚀程度等级叠加后相当断丝根数不超过总丝数的 5% 的情况,进行护套更换。在无雨、露、雾天气剥除外护套,干燥处理,清除钢丝的油污及锈迹,并涂上防护油,然后修补局部破损缠包橡胶防腐带,用原来热挤PE护套的塑性粒料,在24h内加热成型。加热时的温度应根据材质要求而定。端部密封处理。更换PE护套,最好找原制索厂家或其他有资质的单位完成。

2)护套开裂处理

PE护套开裂,雨水进入索内,断丝及锈蚀程度等级叠加后相当断丝根数超过总丝数的5%时,一般应更换索。具体是换索或换PE护套,上报上级研究决定。当一根拉索内已断裂的钢丝面积超过拉索钢丝总面积的2%时,或钢丝锈蚀造成该拉索钢丝总面积损失超过10%时,必须换索。

3)下锚护筒防水处理

(1)取掉拉索下锚筒上端护罩、解除内置式减振圈,排干积水,清除油污杂物、泥土等。必要时可在筒底前低处设置排水孔;

(2)确认彻底干燥、清洁后,进行聚氨酯泡沫塑料填充施工,发泡视不同情况可选择1~3次,每次间隔3~5s,高度至减振圈;修整后安装内置式减振圈,恢复上部密封盖。卸掉后盖帽或不锈钢保护罩,清理、干燥后复原并重新注油。

4)破损护套修复工艺

PE护套开裂应按以下步骤进行护套修复(图6.4-1):首先用机械方法剔除PE护套破损部位,直至露出完好聚乙烯;然后用丙酮对待修补部位进行清洗,加工坡口;接下来用与原护套材料相同的焊条进行加压堆焊,直至恢复护套厚度,最后用抛光机对焊接部位进行抛光。修补后的PE护套应光滑、平整、牢固、无裂痕,修复后可在护套表面涂刷特制的颜料,还可用绕包带密封。

图6.4-1　护套修复流程

此外,也可以采用热缩带对护套进行修复,这套系统的防腐原理为:用缠绕机按一定的缠绕角度将带状热缩材料缠绕在外层PE管上,再经加热装置处理,使缠绕材料与PE管相结合,从而实现拉索的二次防腐。这种方法具有以下优点:无须对桥梁进行全封闭,且工程量少、成本低、工期短、无污染。采用热缩带修复护套须注意以下要点:

(1)施工前首先用丙酮将索体清洗干净;

(2)选用品质优良且规格合格的热缩带。缠绕机应按一定的螺距均匀地将热缩带缠绕在拉索外层PE管上,并留有足够的搭接空间,使热封后,在相邻匝间形成合适的接缝,即沿拉索轴向形成均匀的双层缠绕物。

(3)选用合适的缠包螺距。为保证防腐带之间有足够的黏合力,施工前应作全比例工艺验证,以确定加热装置的最佳温度和匹配速度。

5)锈蚀钢丝修复

钢丝锈蚀一旦经过评估认为拉索可继续使用时应采取以下修复步骤:首先切除部分护套,露出锈蚀钢丝,用钢丝刷清除钢丝表面浮锈,并涂刷环氧富锌底漆两道;用防锈油脂填充钢丝间空隙;最后修复护套,将索体密封。

6.4.7 主缆系统检查与养护

6.4.7.1 主缆检查

(1)主缆表面涂层检查时间每年安排2次:1~2月份和7~8月份。

(2)重点检查:外观检查以散索鞍为起点沿主缆全长进行涂膜检查。检查有无粉化、开裂、起泡、脱落、锈蚀、机械碰损,并对检查结果进行分类评定。检查重点是主缆鞍座进出口段、主缆边跨、中跨最低点索夹两侧、主索鞍两侧部位有无进水的现象。检查涂膜是否有机械损伤,必要时可触摸、摩擦、轻微敲击等。必要时应利用无损检测仪器沿主缆行走检测钢丝的锈蚀情况。

(3)重点检查:如发现涂膜严重破损或缠丝严重锈蚀或断裂,可能危及主缆钢丝腐烛,在报请主管部门同意的情况下,可在破坏处和主边跨主缆最低点打开缠丝,将主缆暴露出来以进行更深入的检查。用木楔撑开主缆钢丝进行内部检查,重点检查主缆截面顶部、两侧和底部的钢丝是否锈蚀及锈蚀程度。具体检测步骤如下:

①选择至少3处锈蚀措施失效最严重的部位作为测点。

②解开测点处的缆索匝丝,按图6.4-2所示方法在主缆中打入硬木楔块。

③检测每一楔块断面上的主缆锈蚀状况,并在柔光环境下拍照。可依据以下的标准记录每根钢丝的锈蚀程度。钢丝锈蚀程度分级标准图谱如图6.4-3所示,分级描述如表6.4-12所示。

图6.4-2 木块嵌入示意图

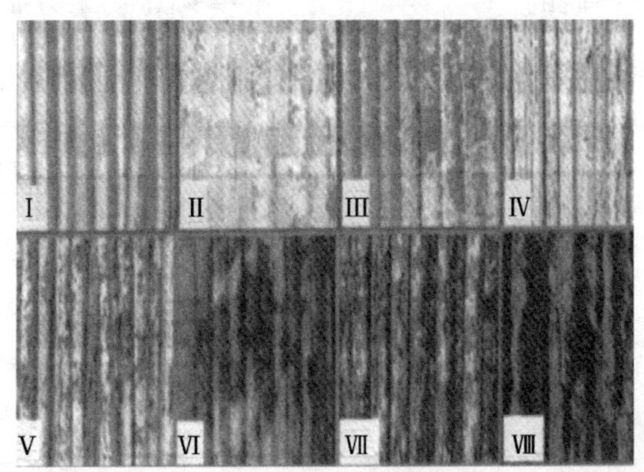

图6.4-3 钢丝锈蚀程度分级标准图谱

钢丝锈蚀程度分级描述表 表6.4-12

锈蚀等级	描述
Ⅰ	钢丝完好无锈,表面泛着金属光泽
Ⅱ	钢丝表面出现白色镀锌锈蚀粉末,但钢丝基质没有锈蚀
Ⅲ	钢丝表面局部镀锌耗尽,基质锈蚀导致黄色斑点出现。用钢丝刷、抹布清洁这些黄色斑点后,钢丝恢复光滑外表,无肉眼可见的锈蚀痕迹
Ⅳ	钢丝表面出现黄色锈蚀斑点,且无法用钢丝刷清除
Ⅴ	钢丝表面黄色锈斑颜色变深,数量增多,部分锈斑连接成片,但铁锈覆盖的面积比锌粉面积小。锈斑中心出现易剥落的锈蚀产物,除锈后可见浅坑

续上表

锈蚀等级	描述
Ⅵ	钢丝表面锈斑成片出现,铁锈覆盖的面积比锌粉的面积大。锈蚀产物膨胀隆起,抽修后钢丝表面出现明显凹坑
Ⅶ	镀锌耗尽,钢丝严重锈蚀,除锈前即可发现明显截面损失
Ⅷ	钢丝截面损失80%以上,可视为断裂

④根据检测记录绘制主缆截面锈蚀分布云图(如图6.4-4所示),用于深入分析与评估。

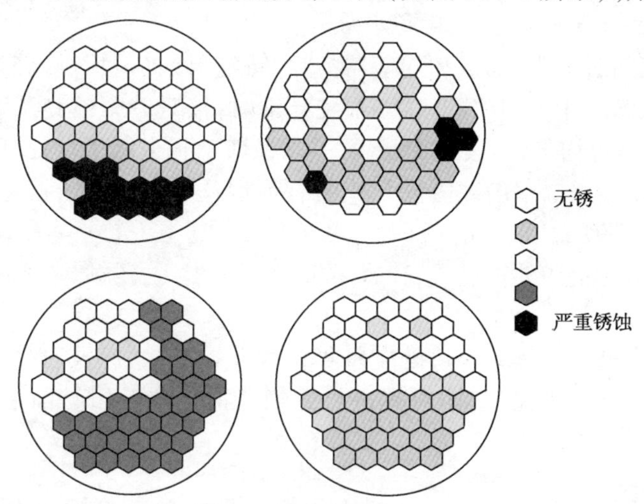

图6.4-4 主缆锈蚀云图

⑤检测过程中应注意主缆避雨,避免因检测工作使主缆的锈蚀程度进一步恶化。检查时应采取措施防雨露及冷凝水进入,在复原时,采用吹入干燥空气的方式干燥钢丝。如在检测中发现主缆钢丝存在Ⅳ级以上锈蚀,则说明承载力可能降低。此时为更精确地评定缆索的承载力,应根据规定追加锈蚀检测截面,追加检测截面的数量如表6.4-13所示,并在可能情况下截取不同锈蚀程度的主缆钢丝

追加的检测截面数量 表6.4-13

数量(处/每根主缆)	应用条件
>4	仅发现Ⅳ级及以下锈蚀程度的钢丝
>6	发现Ⅴ级以上锈蚀程度的钢丝,但这些钢丝均位于截面最外三层
>20%索夹数量	发现Ⅴ级以上锈蚀程度的钢丝,且部分严重锈蚀钢丝位于表面三层钢丝以内

测量其力学性能指标。为保证主缆安全,取丝应遵循以下规定:

a. 每截面取丝数不得超过截面钢丝总数的1%。

b. 相邻取丝截面间距不得少于3个索夹间距。

c. 取丝后用钢丝连接器连接断丝。

⑥检测结束后建议采用以下公式计算主缆剩余承载能力:

$$F = k\sum_{j=1}^{7}\mu_{Fj}N_j \tag{6.4-1}$$

式中:k——考虑缆索钢丝Daniel效应的系数,当钢丝数量超过200根时为0.8,100~200根

时为 0.9，小于 100 根为 1.0；

μ_{Fj}——第 j 级锈蚀钢丝的平均承载力折减系数，当数据缺乏时 μ_{Fj} 可按表 6.4-14 取值；

N_j——截面中锈蚀程度达到 7 级的钢丝数量。

退化钢丝强度折减率系数 表 6.4-14

钢丝锈蚀等级	Ⅰ	Ⅱ	Ⅲ	Ⅳ	Ⅴ	Ⅵ	Ⅶ
强度折减率(%)	0.0	0.0	0.4	2.0	7.8	19.0	75.0

⑦视主缆钢丝的腐蚀损伤程度进行处理，处理完毕后须用新的缠丝重新缠绕，并在表面再行涂装，以确保主缆的防护层完好，避免水分进入。

（4）重点检查：定期对锚头、锚板和连接器的涂装进行检查，及时修补损坏的保护涂层；检查螺杆、螺母是否松动。检查中发现锚固系统异常时，核对健康检测系统的检测数据，注意数据中各索股受力是否均匀，索股摆动是否一致，及时上报上级进行处理。

（5）由散索鞍开始检查锚室内裸露散开丝股有无钢丝尘污、锈蚀，松弛、凸出和断丝，有无钢丝锈蚀，并对腐蚀等级做出评估。

（6）对主鞍座鞍罩内主缆外观检查，检查主缆丝有无尘污、锈蚀，紧固螺栓及锚螺栓、锌滑块有无滑移。

（7）缆套端口主缆进入锚体的入口处应每年检查养护一次，应及时处理漏水、积水和脱漆、锈蚀。密封条若有老化情况，定期对其进行更换。最好在散索鞍前墙与主缆间设防水罩，以防雨水沿主缆流入散索鞍。

6.4.7.2 钢锚箱检查

（1）重点检查：对索股锚固端进行外观检查，包括热铸锚头、锚板、纵横加劲板等，看表面是否有尘垢，油漆脱落、锈蚀以及位移、变形；必要时做出涂膜劣化及锈蚀等级评定，并及时维修。

（2）锚室是大沽河桥的关键部位，闲杂人员不得入内。应设置相应的围护，并保持其清洁，经常检查锚室内的通风是否良好除湿机系统运转是否正常，读取和记录锚室内的湿度值，湿度保持在 45% ~50% 以内。

（3）经常检查锚室内有无雨水渗漏或积水，锚室顶板、侧板有无开裂渗漏。

（4）检查锚室内各种照明、通信标志是否齐全完好。

6.4.7.3 散索套系统检查

（1）检查索鞍的辊轴不锈钢板-聚四氟乙烯板滑动副是否正常工作，出现问题报上级及时处理。

（2）重点检查：检查高强度螺栓是否松动、螺杆表面涂层是否破损、断裂而失效；及时用扭矩扳手紧固或更换，对螺杆表面涂层破损，按原涂装要求及时修复。

（3）保持散索套系统清洁干燥，检查接缝处橡胶防水条是否失效，及时更换。

（4）检查散索鞍防水罩是否密封良好，以及散索鞍前墙是否开裂、漏水，及时处理。

（5）重点检查：检查散索套鞍座、鞍套内外表面防腐涂层是否失效，若失效按原涂装要求修复。

（6）重点检查：经常检查散索鞍座是否局部出现裂纹，应采用探伤方法查清裂缝部位、形状、深度和产生裂纹原因并记录，经上级同意可采用钻孔止裂、磨除、补焊或者更换索鞍。

（7）重点检查：定期检查固定在散索鞍鞍槽内的主缆与主鞍座是否发生相对滑移；检查方法：

①大桥正式交付运营前，在检查部位（散索鞍入端）做出标记环线。

②标记环线应垂直该处主缆中心线，线宽5mm，并沿主缆外层钢丝做成整环。全桥各处的标记环线应在同一天的凌晨2:00～5:00内一次做出。

③标记线可用醇酸调和漆绘制，颜色为大红色。涂漆前绘线处主缆表面应用稀料清洁干净。

④绘出标记环线后，记录主缆横断面典型位置。

⑤每月检查一次各处标记环线上的钢丝有无相对位移，并记录位置和数值。

6.4.7.4 主索鞍系统检查

由于主索鞍结构是整桥中受力集中区域，因此应进行重点检查。

（1）重点检查：检查主鞍座上夹紧主缆拉杆螺栓及其他固定螺栓是否松动、断裂而失效，采用扭矩扳手或张拉千斤顶使其恢复至设计预拉力；及时更换已开裂或断裂的部件，更换后按原涂装要求修补。

（2）重点检查：经常检查主索鞍鞍座是否局部出现裂纹，必要时应采用无损探伤方法查清裂缝部位、形状、深度和产生裂纹原因并记录，修复方法同散索鞍座要求。

（3）检查鞍罩有无开裂漏水，密封门橡胶条密封是否完好，本身材质有无老化，将其密封修补完好，当材质损坏时应及时更换；鞍罩内相对湿度是否在45%～50%范围内。

（4）检查主索鞍内外表面、格栅外露钢件防腐涂层是否失效，及时按原涂装修复。

（5）重点检查：定期检查固定在主索鞍鞍槽内的主缆与主鞍座发生相对滑移；检查方法：同6.4.7.3中第（7）项，标记环线绘制在主鞍两端。

（6）检查主索鞍是否密封，接缝处橡胶防水条是否失效，及时更换。

（7）定期测量主鞍座上下座板有无相对位移，保证上下座板安装完毕后不得有任何相对滑移。

6.4.7.5 主缆检查通道检查

（1）主缆检查通道应每季度检查维护1次。在上塔前应先检查其可靠性，严禁非检测人员登梯。宜每5年除锈涂漆养护1次。

（2）重点检查：主缆检查通道在塔顶和锚固处的联结如有松动应重新紧固，松弛的扶手索应重新拉紧，并调整至原拉力。

（3）检查扶手绳和护栏绳子表面涂层，对锈蚀的钢丝应在除锈后再涂刷防锈漆，若腐蚀严重或擦伤断裂，则应予更换。

（4）扶手索的撑杆如有弯曲扭转或失效，应予校正或更换。

6.4.7.6 主缆系统的养护

主缆系统的涂装是为了防止主缆系统构件的锈蚀，因为对涂层的养护即是对主缆系统的养护，日常养护是养护维修工作的重要部分。

（1）主缆涂层维护性涂装：在涂层寿命前5年内，或锈蚀以及涂层劣化为1级时，涂层只需养护而不需维修。检查与养护方法详见6.6.3节。

(2)保持主缆清洁,经常清除上面的积灰和油污。

(3)保持主鞍室、锚室无漏水、积水,除湿机正常运行且相对湿度控制在45%~50%范围。

(4)定期对主缆限位拉杆及限位索夹的销轴润滑进行修复。

6.4.7.7 主缆的修复

1)主缆缠丝修复

主缆缠丝的破坏,意味着涂装层的破坏和失去主要防护能力。缠丝更换及修复工艺:

(1)废弃缠丝之前,在维修段两端保留缠丝2~3圈,采用铜钎焊固定,钎焊温度应不影响缠丝下的主缆钢丝,且要有足够的钎焊长度并质量良好,然后剪除待换缠丝。

(2)清洁主缆钢丝表面,除去腻子(注意不可损伤主缆钢丝)。

(3)涂底漆,涂腻子。

(4)重新缠丝,再将新缠丝的头尾2~3圈用铜钎焊固定;缠丝拉力不低于2kN。

(5)清洁处理缠丝表面。

(6)按主缆原涂装工艺复原涂装层。

(7)局部更换缠丝,可利用主缆检修车或在主缆下方吊挂临时挂篮;当大范围重新缠丝时,应架施工锚道。

2)索股维修

对于下述病害:断丝、鼓丝、腐坑削弱,以及长期腐蚀介质作用,材质失去塑韧性,可采取单根钢丝拼接,有时甚至要整条索股重新拼接。对于裂纹已扩展至50%直径,或腐坑已削弱界面至50%的钢丝,均应考虑拼接和更换。若遇到更严重的危害,报上级管理部门与设计单位协商后确定。

具体拼接方法如下:

(1)断丝拼接:先将断丝处丝股绑扎松开,拉出断丝两端头,剪除两端头部分受损段,再剪一段新钢丝,长度大于剪掉段;处理接头部分(磨掉锈蚀锌层,去油污),以套筒挤压接头与一端相接;处理另端钢丝接头部位,拉紧钢丝至规定拉力(通过计算),剪除多余钢丝,以套筒挤压连接接头,复位钢丝并两侧扎紧索股。

(2)索股拼接:整条断裂索股一般均在散索鞍和钢锚板之间。新旧索股间采用热铸锚接头连接,新旧丝股热铸锚间可采用螺杆以丝扣连接,再将索股张拉至要求的索力后锚固。

(3)锚固系统损坏:可在夜间行车较少时进行。维护时,将损坏的索股拉杆螺母放松,并记录螺母松离瞬间的索股拉力,更换损坏部位后,重新将索股拉至原来拉力,加以锚固。索股锚固是悬索桥“重中之重”,如出现大面积问题,应立即封闭交通,报请主管部门会同有关方面研究处理。

6.4.8 吊索系统检查与养护

6.4.8.1 吊索检查

吊索表面涂层检查时间每年安排2次:1~2月份和7~8月份。吊索的防腐涂层检查与主缆系统同时进行，检查方法及结果评定、分级标准同主缆。检查项目如下：

(1)吊索本身是否有机械损伤、锈蚀、涂膜是否完好；叉耳、销子等是否腐蚀、松动。

(2)重点检查：检查索端出索处钢管护套以及钢管护套与PE护套连接处的外观情况，钢管与吊索之间是否松动、密封是否完好；密封圈橡胶是否老化。

(3)重点检查：利用吊索检查车检查索体双层PE管的完好情况，有无裂纹、划伤破损、老化和积水、失去弹性甚至出现环向开裂等；检查PE管的滑移情况，并做详细记录，一旦发现PE套有从锚杯中拉出的现象，应及时采取防护措施，报上级主管部门，并尽快通知生产厂家来现场补修。

(4)重点检查：定期清查吊索已锈蚀的钢丝数及其锈蚀程度，必要时应利用电磁无损检测仪器沿吊索行走检测钢丝的锈蚀情况。

(5)重点检查：吊杆有无明显摆动、倾斜，并与健康监测系统中的加速仪监测数据对比。

(6)远塔侧的短吊索由于结构上的特点，容易因疲劳等问题而成为结构的薄弱环节，因此在吊索巡检中，应重点加强对短吊索的检查。

(7)重点检查：检查叉耳与锚杯螺纹连接处、叉耳与索夹耳板、索夹端部与主缆之间的密封填料是否有破损、剥落、开裂等现象。

6.4.8.2 索夹的检查

(1)检查索夹关节轴承、防水螺母是否失效，检查接缝处密封条是否老化、破损，索夹的泄水孔是否通畅。

(2)检查高强度螺栓是否锈蚀松动、断裂而失效。检查松动的方法是用左手手指紧按螺母，同时以0.3kg小锤轻轻敲击螺母对面。在酷暑、严寒季节应加强检查。

(3)重点检查：定期检查索夹是否在主缆上滑移。方法是在主缆和索夹上分别做出相对明显的标记，定期采用游标卡尺或钢尺检查测量两个标记之间的相对位移。

(4)重点检查：经常检查索夹内、外表面的防腐涂层是否脱落、起皮、开裂等；重点检查螺纹根部、索夹螺杆连接部分与索夹圆弧部分顶点、眼板垂直受力方向的孔边缘等连接件裂纹。裂纹处，油漆会有变形痕迹或有锈迹。采用无损检测手段如磁粉、超声波等作进一步检测确认，查清裂缝部位、形状、深度和产生裂纹原因并记录。

6.4.8.3 吊索锚头检查

(1)吊索锚杯口处设置套筒，与锚头相连，钢管与吊索之间密封是否完好；套筒处密封压环是否失效。

(2)叉形耳板及销子等涂膜是否完好，吊索下端承压式热铸锚锚头与螺母涂装是否老化；易锈蚀的部位如吊索夹具铸块内，大螺杆与加劲梁间的间隙内(不便涂漆且会沿缝渗水)，应当特别仔细检查；上、下端锚杯表面涂层是否完好；防水盖表面涂层是否完好。

(3)重点检查：锚固部位是否渗水；锚头、螺栓是否锈蚀、松动、裂缝或破损。酷暑、严寒季节应加强检查和养护。

6.4.8.4 吊索系统的养护

(1)定期对吊索系统锚头、叉耳、销子等涂刷防锈漆，应保持漆膜完好。对已有锈蚀的吊索及各有关零部件应及时除锈，涂刷防锈漆。

(2)清查吊索已腐蚀的钢丝数及其腐蚀程度。当腐蚀根数和受腐蚀的程度等级叠加后相当的断丝根数超过总丝数5%,或吊索由锚头中有明显拔出迹象时,应更换此索。

(3)当吊索的热铸锚头发生裂纹和破损时,也应该更换此索。

(4)更换吊索宜逐根进行,即使有时需要同时更换,每次也不得超过3根,且这些吊索不能彼此相邻。

(5)当PE套管破裂,但没有失去防护功能,雨水未进入钢丝的情况,应用醒目颜色标记,加强观测,集中维修;当护套出现穿透性开裂或钢丝锈蚀,应先采取临时性防蚀措施,再进行相应的评估和鉴定。如吊索断丝不超过5%,或锈蚀面积不超过5%,应及时联系厂家,设法先排干积水修复PE护套,在修复位置用醒目颜色标记,并纳入定期检测计划;当PE护套开裂、断丝或锈蚀削弱面积超过5%,一般应更换吊索。

(6)吊索的叉形耳板及挡板应保持完好,发现锈蚀及时除锈并重新涂装。发现耳板及挡板、耳孔开裂应加强监测,及时报上级部门同意,并委托专业单位及时进行修复。

(7)索夹已严重锈蚀,夹壁开裂,索夹眼板开裂,应更换索夹。

(8)索夹对接缝隙处、索夹两侧与主缆接触的缝隙处、加劲梁上吊索防护筒内、吊索夹具内防锈封闭材料若有破损则应及时处理。

(9)吊索的止水密封圈、防雨罩等应保持良好,若发现老化、开裂、破损应及时修补、更换;应将受损的填封料清除干净,重新填封。

(10)吊杆的减震装置应保持正常的工作状态,发现异常或失效时应及时检修。

6.4.8.5 吊索系统的更换

1)吊索更换

可在索夹上端安装支承座板,使用液压提升器或卷扬机滑轮组将梁提升,使原吊索卸载,再拆除原吊索,安装新吊索,最后卸除临时提升装置。拆除原吊索,必要时可割断拆除,但需证明吊索已完全卸载。吊索更换应在限载限速下逐根进行,由具有资质的专业人员计算后进行更换并符合设计和技术规范规定。

2)索夹更换

索夹更换时应先将被换索夹两端的缠绕钢丝拆除,安装两组临时索夹和吊索,将梁提升使原吊索卸载,再拆除吊索和索夹,更换新索夹,安装吊索,拆除临时吊索和索夹。吊索更换应在限载限速下逐根进行,由具有资质的专业人员计算后进行更换并符合设计和技术规范规定。

3)索夹高强度螺杆的更换

当发现螺杆、螺母或垫圈腐蚀、断裂或损坏时,应更换螺杆或螺母、垫圈。更换应逐只进行。应通过计算确定,被更换螺杆的卸载是否应将附近螺杆轮流适当卸载,以确保索夹和附近螺杆受力安全。应由具有资质的专业人员计算后进行更换并符合设计和技术规范规定。

6.4.9 阻尼器的检查与养护

6.4.9.1 阻尼器检查与养护

(1)检查阻尼器左右球铰座、左右双耳环座表面是否有油漆剥离及腐蚀情况;若发现油漆剥离及腐蚀情况，采集信息（拍照留底）并查找造成原因，及时向上级申报情况。将油漆剥离及腐蚀部分油漆彻底清除并重新补漆，补漆时应按阻尼器原来的涂装要求进行，同时用测厚仪测量记录数据，补漆完毕后应作相应记号，以便以后的日常维护检查。

（2）检查阻尼器主体未涂漆部分（缸体不锈钢护套）表面是否清洁，若有污垢，用清洁布擦洗干净。应每年清污1次。

（3）检查销轴并给销轴连接处（如图6.4-5所示）加注润滑油脂，加注前检查连接处是否清洁，若有污垢请先清理干净。

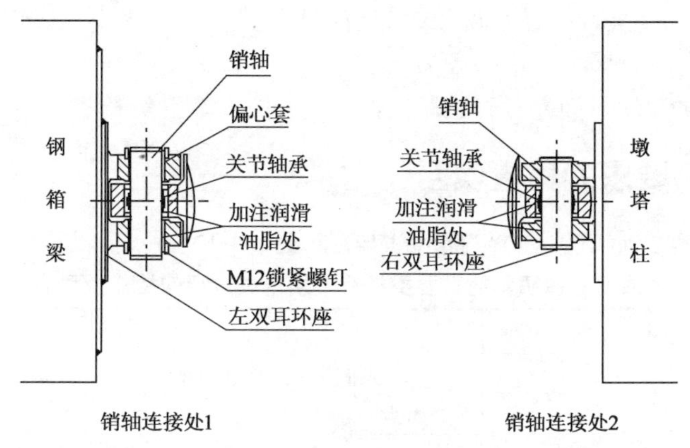

图6.4-5　销轴连接处示意图

（4）检查左右球铰中关节轴承是否变形，与销轴之间是否存在间隙，若发现问题请现场采集信息（拍照留底）并向上级申报情况。

（5）检查阻尼器中心距尺寸 L 并记录。检查该尺寸是否在有效尺寸范围（沧口航道桥阻尼器中心距有效尺寸为 2250 ± 200mm）内；若超出上述范围，应及时采集信息（拍照留底），向上级申报情况，可通知生产厂家协助解决问题。

（6）观察左双耳环座四周焊缝，若发现有疑似裂纹处，请用磁粉探伤仪器检查焊缝处是否有裂缝，若有，采集信息并及时向上级申报，重新处理焊缝。

（7）检查传感器是否工作正常。首先从外观上察看传感器是否工作正常，是否有超过行程、卡死、锈蚀、机械损伤等现象，若有，采集信息并及时向上级申报。其次调看健康监测数据，检查其数据是否正常，若有异常现象，采集信息并及时向上级申报，可通知生产厂家协助解决问题。

6.4.9.2　严重灾害后阻尼器的养护方案

（1）阻尼器外观是否变形、裂纹、漏油、散架等，若发现问题应现场采集信息（拍照留底）并向上级申报情况。

（2）检查销轴等连接件是否变形、裂缝，做好记录，若发现问题应现场采集信息（拍照留底）并向上级申报情况。

（3）检查左右球铰中关节轴承是否变形、与销轴之间是否存在间隙，若发现问题应现场采集信息（拍照留底）并向上级申报情况。

（4）检查阻尼器中心距尺寸 L 并记录。检查该尺寸是否在有效尺寸范围（沧口航道桥阻尼器中心距有效尺寸为 2 250 ± 200mm 内；大沽河航道桥中心距有效尺寸为 6 425 ± 250mm 内）。若超出上述范围，应及时采集信息（拍照留底），向上级申报情况，可通知生产厂家协助解决问题。

(5)用磁粉探伤仪器检查双耳环座四周焊缝是否有裂缝，若发现问题，采集信息并及时向上级申报，重新处理焊缝。

(6)检查传感器是否工作正常。首先从外观上察看传感器是否工作正常，是否有超过行程、卡死、锈蚀、机械损伤等现象，若有，采集信息并及时向上级申报。其次调看健康监测数据，检查其数据是否正常，若有异常现象，采集信息并及时向上级申报，并通知生产厂家协助解决问题。

(7)若以上 6 项没任何问题，可按日常维护与维护方案继续检查。

6.4.10 有资质要求的检查项目

其他需要委托有资质单位进行的检查内容如表 6.4-15 所示。

大沽河航道桥其他需要委托有资质单位进行的检查项目表 表 6.4-15

结构	频率	检查养护内容
☆主塔基础的沉降、倾斜观测	建成后前 3 年每年 1 次，3 年后每 2 年/次。若健康监测系统监测数据有异常，由管理部门决策，增加检查次数	具体要求同 4.7.1 沧口及红岛航道桥主桥墩顶变位及主桥塔墩沉降变位要求
☆主塔塔顶变位		1. 主塔塔顶变位检测根据需要由管理部门申请有资质单位进行。每塔顶各设 1 个测点，测量顺桥向和横桥向 2 个方向变位值，掌握塔柱的变位幅度大小和变位规律。 2. 塔顶变位观测点的高程测定应符合在已知高程基准点上并且牢固可靠。 3. 塔顶变位观测（墩顶、跨中、1/4L 等典型断面）
☆主缆和加劲梁竖曲线观测		1. 将永久观测点分别设置在跨中断面上下游主缆索底及相应的人行道栏上，用全站仪同时测量 4 点的高程读数，并与竣工时测量得到的高程相比较。 2. 线形测量时，桥上应无活载荷、无风，且宜在温度变化不大的时间内进行（如夜间 1 ~ 3 点），并考虑温度、塔顶偏移等修正。 3. 主缆线形、加劲梁受季节变换和日照温度变化的影响，会发生可恢复的变化，可不作调整。只有仔细检测和反复核实，不可恢复尚未线形变化，调整。 4. 与健康监测系统的对比校核。 5. 加劲梁竖向挠度观测
☆主缆索股张力测试		1. 通过安装在散索鞍至锚头的裸露索股上的传感器，测量索股内力。 2. 与健康监测系统的对比校核
☆吊索索力检测		1. 吊索索力是桥梁结构内力状态的决定性因素。为防止吊索索力突然变化引起其他结构构件内力重分配或吊索本身的提前断裂，须定期对斜拉索索力进行测量。索力测量由管理部门申请有资质单位进行。 2. 索力的测定在建成后前 3 年每年 1 次，3 年后每两年 1 次。做好记录并将成桥初始值和现记值进行对比、分析，判断索力值是否在设计指标允许误差范围之内。 3. 索力测量应与主梁线形测量同步进行。 4. 与健康监测系统的对比校核

续上表

结构	频率	检查养护内容
☆吊索高强度拉杆轴力检测	建成后前3年每年1次,3年后每2年/次。若健康监测系统监测数据有异常,由管理部门决策,增加检查次数	采用长效传感器法或者无损测试仪检测。 采用长效传感器法:用特制千斤顶对螺杆张拉,当拉至螺母与索夹间出现间隙时所对应的拉力为当时高强度拉杆的预拉力。同时测量螺帽与索夹耳板间间距的变化,根据拉力与间距变化曲线确定预拉力
☆主桥桥塔应力检测	成桥通车之后进行1次,以后1次/2年	同斜拉桥
☆主桥动力特性检测		

6.5 下部结构及基础检查养护

6.5.1 墩台检查养护频率

按照《公路桥涵养护规范》以及相关规定,提出下部结构的具体检查项目、频率以及检查类型。青岛胶州湾大桥下部结构检查项目汇总表如表6.5-1所示。

青岛胶州湾大桥桥梁下部结构检查项目汇总表 表6.5-1

检查项目			日常检查及频率		经常检查及频率		定期检查及频率	
序号	检查结构		是否需要	检查频率	是否需要	检查频率	是否需要	检查频率
1	墩台		否	—	是	1次/3月	是	1次/2年
2	基础	承台	否	—	是	1次/3月	是	1次/2年
		桩基	否	—	是	1次/3月	是	1次/2年
3	☆桥墩变位		否	—	否	—	是	2次/年
4	☆基础冲刷深度		否	—	否	—	是	1次/2年

注:1. 带☆表示委托有资质单位完成的检测项目。

2. 新桥建成的第一年对3座航道桥进行1次定期检查,后面检查年限可根据桥梁运行状态等在1~3年内检查1次,在经常性检查中发现重要部构件的缺损明显达到3、4、5类技术状况时,应安排1次定期检查。

6.5.2 主塔检查与养护

6.5.2.1 主塔检查

(1)检查主塔、横梁、斜拉索锚固区有无尘垢、杂物、积水,是否清洁,以致影响到支座的正常功能;承台顶面是否清洁、有无泥土杂物堆积;

(2)检查塔身承台混凝土是否有蜂窝麻面、保护层脱落、锈迹、露筋等劣化缺陷;主塔中各预埋钢件是否缺漆、锈蚀、脱焊、松动或缺损,重点检查锚固区的外露钢件;对塔内爬梯等钢构件注意观察有无脱焊现象,检修梯连接是否可靠,表面是否有锈蚀、脱漆等现象;

(3)重点检查:检查塔身、承台混凝土是否开裂,特别是主鞍座固定处界面、承台后浇段、各截面突变处有无硅碱反应引起的龟裂现象。当发现裂纹时应作详细的记录;观察索塔塔

壁是否渗水,混凝土表面有无风化、露筋现象,索塔表面防腐涂层是否剥落粉化、老化、失效;

(4)重点检查:观察索塔塔壁是否渗水,混凝土表面有无风化、露筋现象,索塔表面防腐涂层是否剥落粉化、老化、失效;

(5)查看承台顶面是否清洁、有无泥土杂物堆积;

(6)重点检查:塔顶避雷系统的引线及避雷针连接是否可靠,接地部位有无异常物品堆放。在雷雨季节前,避雷针和引下线及地线应检测;

(7)重点检查:加强检查红岛航道桥斜拉桥索塔锚固区(耳板式锚固属于钢混结构),耳板、补强板、底板等的焊缝、涂层、变形,检查埋在混凝土塔柱中剪力钉和剪力键区注意混凝土裂缝、剥落、渗水等破损,及时上报上级管理部门。

6.5.2.2 索塔三角撑的重点检查

(1)检查主塔三角撑有无尘垢、杂物、积水,是否清洁,以致影响到其正常功能;

(2)应每年检查一次结构尺寸及线形,不得有超过规定的变形;

(3)重点检查:检查在三角撑索塔区域内塔身表面混凝土裂纹和锈蚀以及内部钢桁架与混凝土相对位移,当出现上述情况时,应做记录并上报上级联系相关单位,协商后确定修复方案;

(4)重点检查:检查剪力钉区域是否产生纵向或斜向裂缝,有否纵向滑移及掀起,记录裂缝的宽度、长度、位置、密度及发展趋势等,及时上报上级管理部门;

(5)重点检查:检查高强度螺栓是否松动、失效,加劲板表面涂装、变形,加劲板与相邻钢板焊缝是否有裂纹,螺栓处的钢板涂装、裂纹(如有裂纹及时上报);

(6)重点检查:检查主塔三角撑根部与预埋板连接处是否有横向裂纹由于施工接缝处应力集中,并记录其长度、位置、发展趋势;

(7)检查外露钢构件是否缺漆、锈蚀、脱焊、缺损;

(8)检查支座钢垫石处钢板的涂装、焊缝、支座顶板是否水平。

6.5.2.3 索塔养护

(1)保持索塔表面清洁,及时清除污物。

(2)发现塔壁渗水,混凝土表面分化、劣化,保护层剥落,应及时进行防腐处理。处理方法可参考下面处理方法:

①凿出已损坏的混凝土,并扩展到钢筋除锈所需范围,保持混凝土表面湿润,清洁。

②用喷砂或钢丝刷等对钢筋作除锈处理,必要时在除锈后对钢筋作防锈处理。

③在清除好的混凝土与钢筋表面涂上环氧胶液等增强黏结剂(环氧树脂细石混凝土或环氧砂浆可不涂基层增强黏结剂)。

④采用比原混凝土强度高一级的细石混凝土修补。当修补部位较深时,可掺入适量砾料。水泥混凝土和砾浆中必须掺用钢筋阻锈剂。

⑤采用原设计的涂层防护(参见6.6涂层检查与养护)。

(3)索塔纵、横向裂缝以及大量的不规则裂缝,处理方法如下:

①表面处理法

对于变形引起的,不再发展的细而浅的裂缝,因其对结构承载力无影响,一般可采用表面处理法。通常根据裂缝的扩展程度确定相应的表面处理方法,如表6.5-2所示。

裂缝表面处理法 表6.5-2

裂纹	处理方法
裂缝宽度 <0.10mm	宜用封闭材料(如环氧树脂等)进行封闭处理
裂缝宽度为0.10~0.3mm	将裂缝凿成V型槽,深度 >2cm,再用环氧腻子嵌缝填补
当裂缝宽度 >0.30mm	采用防水型化学灌浆处理。采用环氧灌缝胶灌注裂缝

②结构补强法

由荷载作用所引起严重裂缝,可能导致桥梁结构承载力下降,养护维修必须委托有资质的相关单位完成。结构补强措施大致有如表6.5-3所示几种方法。

裂缝结构补强法 表6.5-3

处理方法	备注
补强型化学灌浆	适用于不规则裂缝处理
黏贴钢板	钢板锚固到混凝土体内,并且与裂缝方向基本垂直
增加预应力钢筋	新增的预应力钢筋应与混凝土结构中原有的钢筋连接,或采用体外预应力筋补强的方法,布筋方向应与裂缝方向基本垂直
增加一层钢丝网	适用于数量较多、面积较大的裂缝处理
黏贴碳纤维片	用环氧树脂黏贴到混凝土的表面即可,适用于数量较多、面积较大且不规则的裂缝处理
梁下加八字撑或混凝土围带式钢箍加固法	—

(4)基础若有沉降、偏位,则上报上级协同设计部门研究,可利用地基加固措施纠偏。

(5)当预应力混凝土构件锚固端的封端混凝土出现裂缝、剥落、渗漏、穿孔、预应力锚具暴露时,应及时对预应力锚具刷防锈漆,重做封端混凝土。

(6)保持斜拉索锚固区索塔表面清洁、无油污及尘垢、无杂物和积水,及时清除杂草。

(7)锚固螺栓无松动、拉索锚头无锈蚀,对油漆局部破损及时修补。

(8)由于红岛航道桥锚固区拉索支撑于抗剪钢板上,局部应力集中,可能产生劈裂裂缝。经分析裂缝影响到斜拉索受力安全时,应及时报告上级,与设计单位联系进行处理;

(9)主鞍部混凝土修复,经上报上级协同设计部门研究后,可采用压力灌浆、环氧混凝土或钢纤维混凝土修复。

6.5.2.4 索塔三角撑的养护

(1)保持索塔三角撑区域清洁。

(2)外漏部分的涂层养护维修详见6.6.2款内容。

(3)三角撑区域混凝土裂缝处理,经上报上级协同设计部门研究后,可采用压力灌浆、环氧混凝土或钢纤维混凝土修复。

(4)高强度螺栓出现松动或断裂,应将松动的高强度螺栓复位,断裂的高强度螺栓予以更换。

(5)钢垫石处钢板的涂装出现问题时,予以及时修补;焊缝、支座顶板不再水平时予以焊补矫正。

6.5.3 墩台检查养护

墩台的检查主要以目测检查为主,养护队伍可配置日常检查车及吊篮或借助船只巡视检查。对于检查中发现的问题,养护人员可结合实际情况进行修补,损坏严重的向上级部门申请安排小修或者中修。墩台检查内容如表6.5-4所示。

墩台检查项目表 表6.5-4

检查范围	人员	经常	定期	备注
主要检查桥墩的墩身和桥台的锥坡、侧墙以及台身	由经过培训的专职桥梁管理人员或有一定经验的工程技术人员负责	√	√	1.经常性检查以3月/次检查完全桥,即可根据连续梁桥检查养护计划每天检查1km桥段;定期检查1次/2年。 2.主要以目测检查为主,检查完并填写附表1-7

注:√表示需要该类型的检查,×表示不需要该类型的检查。

6.5.3.1 墩台经常检查及养护

1)墩台的经常检查

(1)墩台顶面是否清洁、有无泥土杂物堆积、杂生草木。

(2)墩台是否涂层是否完好,有生物腐蚀和污水、碱水等化学侵蚀;有钢围堰护面的墩台检查方法依据青岛胶州湾大桥相关防腐课题的研究结果进行。

(3)墩台混凝土(外露部分)是否开裂;有无硅碱反应引起的龟裂现象。

(4)混凝土表面有无冻胀、渗水、风化剥落、露筋、空洞和钢筋锈蚀。

(5)抗震挡块混凝土有无开裂、剥落、松动和渗水。

(6)桥台翼墙、侧墙有否开裂、倾斜、滑移、沉陷等丧失或降低挡土能力状况,锥坡、护坡有否冲刷滑塌、沉陷,造成坡顶高度显著下降;圬工砌体表面灰缝是否脱落。

(7)其他有可能影响正常使用的病害。

2)墩台经常养护

(1)保持墩台表面整洁,及时清除墩台表面的青苔、杂草、灌木和污秽。有钢围堰护面的墩台养护方法依据青岛胶州湾大桥相关防腐课题的研究结果进行。

(2)涂层养护维修详见6.6.4,依据该条款处理。

(3)对发生灰缝脱落的圬工砌体,应及时清除缝内杂物,重新用水泥砂浆勾缝。

(4)墩、台身混凝土表面发生侵蚀剥落、蜂窝麻面、裂缝、露筋等病害时,沧口及红岛航道桥主塔养护维修处理方法1~4款。仅表面处理法的裂缝宽度限制及处理方法稍有不同,如表6.5-5所示。

裂缝表面处理法 表6.5-5

裂纹	处理方法
裂缝宽度<0.20mm	宜用封闭材料(如环氧树脂等)进行封闭处理
裂缝宽度为0.20~0.5mm	采用防水型化学灌浆处理。采用环氧灌缝胶灌注裂缝
裂缝宽度>0.50mm时	将裂缝凿成V型槽,深度>2cm,再用环氧腻子嵌缝填补

(5)圬工砌体镶面部分严重风化和损坏时,应用石料或混凝土预制块补砌、更换,新老部分要结合牢固,色泽质地应与原砌体基本一致;若填土沉落,修复时应先夯实填土。

(6)当活动支座失灵造成墩台拉裂时,应修复或更换支座,并维修裂缝。

(7)有钢围堰护面的墩台养护方法依据青岛胶州湾大桥相关防腐课题的研究结果进行。

6.5.3.2 墩台定期检查及养护

1)墩台的定期检查

(1)墩台是否有滑动、倾斜、下沉或冻拔。

(2)台背填土有无沉降、裂缝,有无挤压隆起。

(3)混凝土墩台有无冻胀、风化、腐蚀、开裂、剥落、露筋等。

(4)墩台有无砌块断裂、变形、砌体泄水孔堵塞,防水层损坏等。

(5)其他检查项目与墩台经常性检查相同。

2)墩台定期检查方法

墩台定期检查的项目及方法如表6.5-6所示。

墩台的检查方法 表6.5-6

检查项目	检查方法	备注
墩身(台)缺陷及裂缝检查	采用目测或借助于一些工具(例如用小锤轻敲以检查表面风化程度、剥落情况及内部空洞;用读数显微镜检查裂缝最大宽度等)来完成	恒载裂缝最大限值有筋0.2mm,无筋0.3mm(不允许贯通墩台身截面一半)
☆墩台沉降、位移、倾斜状况检查	1.先由目测并结合桥梁上部结构检查进行初步判断。桥梁墩台的沉降量详细检验用精密水准仪测量,严格按国家一、二等水准测量规定进行,并应闭合在两岸的永久水准点上。观测点一般选在墩台顶面的两端,其观测标志可用在墩台上埋置的铆钉头作为水准观测点。桥梁墩台的倾斜情况详细检查可以在墩台上设置固定的铅垂线测点(倾斜度测点应用于上下相距0.5~1m的两点标记测量),用全站仪、吊垂球或测斜仪测定墩台倾斜度。 2.对于桥墩台水平位移的观测,可用特制的钢线尺固定拉力作悬空丈量,直接将丈量结果与竣工资料比较。 3.当桥梁墩台有倾斜、位移或在活载作用下墩顶位移较大时,可以初步推断基础存在严重缺陷,应立即申请特殊检查(专门检查)	测量点为每墩1~2点,并且每次测量时均应在同一固定点处进行,测量周期为2次/年,选择夏季、冬季各测1次

注:带☆项目表示委托有资质单位完成的检测项目。

3)墩台定期养护

(1)墩台病害修补办法参照索塔养护维修处理方法进行。

(2)涂层养护维修详见6.6.4。

(3)墩台发生水平位移、不均匀沉降、倾斜,超过设计允许变形或结构强度不足时,应上报上级协同设计单位,查明原因,及时处理。

(4)严寒季节,为使流冰从桥下顺利通过,流冰临近时,应清除桥下冰层。

(5)在昼夜平均气温低于5℃的冬季维修桥梁时,对修补的混凝土构件应采取保温措施,保证混凝土的凝固硬化。用于修补的钢材,其强度及其他质量指标应不低于原桥材料;

修补用的混凝土,并应比原混凝土提高一个等级。

(6)墩台发生严重病害时(船、车碰撞损坏),应组织专门鉴定,检查原因、制定处理方案。对原有的防撞、导航警示等附属设施要经常维护,采取防腐措施,并保持良好状态。

6.5.4 基础检查养护

大桥基础根据通航水位不同,分为水面以上以及水面以下的检查。对于水面以上部分可采用目视的方法。结合上部结构检查结果和健康检测系统实时数据分析,必要时可以通过潜水员潜水检查水面以下部分。基础检查项目内容如表6.5-7所示。

基础的检查项目表　　表6.5-7

检查范围	人员	经常	定期	备注
主要检查墩台基础的承台和桩基部分	由经过培训的专职桥梁管理人员或有一定经验的工程技术人员负责	√	√	1.经常性检查3月/次检查完全桥,即可根据连续梁桥检查养护计划每天检查1km桥段;定期检查1次/2年; 2.主要以目测检查为主,检查完并填写附表1-7

注:√表示需要该类型的检查,×表示不需要该类型的检查。

6.5.4.1 基础的经常检查及养护

1)基础的经常检查

(1)重点检查:检查桩基混凝土(外露部分)是否开裂,特别时浪溅区、海雾区的桩基、承台后浇段、各截面突变处,检查有无硅碱反应引起的龟裂现象。

(2)查看基础是否受到冲刷而损坏、外露、悬空;是否有生物腐蚀和污水、碱水等化学侵蚀。

(3)重点检查:查看桩基顶段在水位涨落、干湿交替变化处有无冲刷磨损、颈缩、露筋、环状冻裂。

2)基础的经常养护

(1)应采取措施保持桥梁墩台基础附近海床的稳定,对桥梁附近各500m的范围内要求适时地进行海床疏浚;在桥下树立警告标牌,禁止任何人或单位在上述范围内挖砂、取土、倾倒废弃物,禁止进行爆破作业及其他危及公路桥梁安全的活动。

(2)桥下铺砌出现损坏时应及时维修。

(3)为防止浅桩冻拔或深桩环状冻裂,应在冰冻开始前进行保温防护。

(4)对附属设施应经常检查、维护,保持良好状态。

6.5.4.2 基础的定期检查及养护

1)基础的定期检查

(1)检查基础墩台是否出现水平位移和沉降。

(2)检查基础是否被冲刷或被局部掏空。

(3)其他检查项目与经常检查相同。

2)基础定期检查方法

基础定期检查的检查项目及方法如表6.5-8所示。

基础定期检查项目表　　表 6.5-8

检查项目	检查方法	备　注
☆基础冲刷深度	基础冲刷深度年度检测以多波束测量的方法进行，冲刷深度测量按照水下地形测量要求进行。	建成后前 3 年 1 次/年，3 年后 1 次/2 年
☆墩台基础腐蚀检查	1. 氯离子含量：可由 Ag/AgCl 电极测定。 2. pH 值：是影响钢筋耐蚀性的重要参数，可用 pH 测量表或电位法测量主要结构部位表面的 pH 值。 3. 保护电位：借助于数字万用表（内阻 $>10\Omega$）和便携式 CSE 电极，定期地测定各主要构件的保护电位。 4. 保护度：通过现场焊装挂片（试板），采用失重法计量绝缘挂片（无保护）和电性联通挂片（保护）的失重，进而计算其保护度。 5. 腐蚀现状	保护度 5 年、20 年、35 年共进行 3 次检测，其他项目每年进行 1 次检测

注：带☆项目表示委托有资质单位完成的检测项目。

3）基础定期养护

（1）当基础冲刷过深或基础局部掏空，应及时填补冲空部分。可以用编织袋盛装干硬性混凝土，每袋装置重量为袋容积的 2/3，通过潜水将袋装混凝土分层填塞冲空部分，并注意比基础边缘宽 0.4m 以上。基础周围被冲空范围较大时，除填补基底被冲空部分外，基础四周也应采取防护措施。

（2）检查基础是否出现水平位移和沉降，如果超过设计要求，上报上级协同设计单位研究处理。可采取以下加固措施：

桥台：可采用置换台背轻质材料回填，加厚桥台胸墙等加固措施；

基础：可以采用墩台扩大基础加固法、增补桩基加固法、地基注浆加固法等措施。

（3）其他养护内容与基础经常养护部分相同。

6.6 涂层检查与养护

6.6.1 涂层检查养护频率

钢箱梁系统的涂层维护分为红岛及沧口航道桥、大沽河航道桥两大部分，主要内容包括钢箱梁系统涂层的技术要求、涂层漆的维护方案及工艺要点。青岛胶州湾大桥涂层养护检查项目及频率如表 6.6-1 所示。

青岛胶州湾大桥涂层检查项目汇总表　　表 6.6-1

<table>
<tr><th>序　号</th><th colspan="3">检查结构</th><th>经常检查及频率</th><th>定期检查及频率</th></tr>
<tr><td rowspan="4">1</td><td rowspan="4">沧口、红岛及大沽河航道桥涂层检查与养护</td><td rowspan="4">钢箱梁（加劲梁）系统涂层检查</td><td>主梁钢箱梁涂层劣化检查</td><td rowspan="4">1 次/季度</td><td rowspan="4">1 次/3 年</td></tr>
<tr><td>风嘴涂层劣化检查</td></tr>
<tr><td>主桥钢箱梁内部涂层劣化检查</td></tr>
<tr><td>主桥锚箱涂层劣化检查</td></tr>
</table>

续上表

<table>
<tr><th>序号</th><th colspan="3">检查结构</th><th>经常检查及频率</th><th>定期检查及频率</th></tr>
<tr><td rowspan="4">1</td><td rowspan="4">沧口、红岛及大沽河航道桥涂层检查与养护</td><td rowspan="3">钢箱梁(加劲梁)系统涂层检查</td><td>栏杆、灯柱等金属构件涂层劣化检查</td><td rowspan="3">1次/季度</td><td rowspan="3">1次/3年</td></tr>
<tr><td>桥梁检测车及轨道系统涂层劣化检查</td></tr>
<tr><td>三角撑涂层检查</td></tr>
<tr><td colspan="2">缆(拉)索系统涂装检查</td><td>1次/季度</td><td>1次/3年</td></tr>
<tr><td>2</td><td colspan="3">预应力混凝土连续梁桥浪溅区、潮差区涂层检查与养护</td><td>1次/季度</td><td>1次/3年</td></tr>
<tr><td>3</td><td colspan="3">钢筋混凝土连续梁桥涂层检查与养护</td><td>1次/季度</td><td>1次/3年</td></tr>
</table>

注:新桥建成的第1年对3座航道桥进行1次定期检查,第2~5年1次/2年,5~8年1次/3年。

6.6.2 钢箱梁及附属结构的涂装维护

6.6.2.1 劣化检查内容

钢箱梁(加劲梁)的检查内容包括如下:

(1)主梁钢箱梁内(外)部涂层劣化检查。

(2)风嘴涂层劣化检查。

(3)主桥锚箱涂层劣化检查。

(4)栏杆、灯柱等金属构件涂层劣化检查。

(5)桥梁检测车及轨道系统涂层劣化检查。

(6)三角撑涂层检查。

以上检查项目完成后必须填写记录表格(表6.6-2)。其他表格见附录附表1-10~表1-15。

钢箱梁(加劲梁)、三角撑防腐等涂层检查表 表6.6-2

<table>
<tr><td>桥梁编码</td><td colspan="4"></td><td>梁段编码</td><td colspan="2"></td></tr>
<tr><td>检查日期</td><td colspan="2"></td><td colspan="2">检查人</td><td></td><td>记录人</td><td></td></tr>
<tr><td>当日环境条件</td><td>气温</td><td></td><td colspan="2">相对湿度</td><td></td><td>特征环境条件</td><td></td></tr>
<tr><td>检查部位</td><td colspan="2"></td><td colspan="2">梁段编号</td><td></td><td>具体部位</td><td></td></tr>
<tr><td>检查内容</td><td colspan="5">检查结果</td><td colspan="2" rowspan="2">处理意见</td></tr>
<tr><td>涂膜色泽</td><td colspan="3">涂膜劣化状况等级</td><td colspan="2">损坏面积(m^2)</td></tr>
<tr><td>涂膜光泽</td><td colspan="3"></td><td colspan="2"></td><td colspan="2"></td></tr>
<tr><td>机械损伤</td><td colspan="3"></td><td colspan="2"></td><td colspan="2"></td></tr>
<tr><td>粉化</td><td colspan="3"></td><td colspan="2"></td><td colspan="2"></td></tr>
<tr><td>起泡</td><td colspan="3"></td><td colspan="2"></td><td colspan="2"></td></tr>
<tr><td>裂纹</td><td colspan="3"></td><td colspan="2"></td><td colspan="2"></td></tr>
<tr><td>脱落</td><td colspan="3"></td><td colspan="2"></td><td colspan="2"></td></tr>
<tr><td>生锈</td><td colspan="3"></td><td colspan="2"></td><td colspan="2"></td></tr>
<tr><td>针孔测试</td><td colspan="3"></td><td colspan="2"></td><td colspan="2"></td></tr>
<tr><td>硬度测量</td><td colspan="3"></td><td colspan="2"></td><td colspan="2"></td></tr>
</table>

续上表

检查内容	检查结果		处理意见
涂膜色泽	涂膜劣化状况等级	损坏面积(m^2)	
膜厚测量			
其他			

注:此检查表为钢箱梁(加劲梁)与索塔三角撑、栏杆、灯柱等金属构件涂层、桥梁检测车及轨道系统涂层等公用。

6.6.2.2 涂层检查手段

涂层检查除通过目测、手摸手段外,尚可进行一些无破坏性的仪器检测。检查手段主要有以下几种:

(1)外观检查:通过目测、手摸并借助于放大镜,观察涂层表面的损坏情况。

(2)硬度检查:用巴柯尔硬度计,测试涂膜硬度保持情况或用少量溶剂擦拭表面,观察涂层是否变软。

(3)针孔测试:采用放电式针孔检测仪,检查涂膜表面损坏处。

(4)厚度检测:采用电磁测厚仪和电阻漏电测量仪,检查涂膜厚度变化和老化情况。

6.6.2.3 经常检查与处理

(1)巡检周期:1 次/季度。

(2)检查手段:通过目测、手摸、放大镜等手段,对大桥油漆涂层表面质量状态、损坏情况进行检查。要特别注意焊缝部位、钢箱梁与引桥连接部位及检修车轨道等容易忽略的部位,作认真观察,做好检查记录,检查记录表。

由于大桥跨径长,不可能在一次巡检中将全部桥梁梁段检查完毕。每次巡检可任选15~20个梁段,一年全部检查完毕。在巡检过程中,不得做涂膜破坏性检查。

(3)经常检查结果处理:目的是通过涂层检查,记录涂层的损坏情况。

①各类涂层劣化等级为 1~2 级时,不作维修涂装安排,但一定要做好巡检记录,以备在下次巡检时,检查其损坏发展情况。

②对于 2 级以上的涂膜损坏,需上报上级处理。

6.6.2.4 定期检查与维修涂装

(1)检查周期:1 次/3 年。

(2)检查内容:大桥在运营一个阶段之后(定为 3 年),需对钢箱梁防腐涂层和大沽河航道桥索塔三角撑、红岛航道桥耳板锚固区、检查车、轨道系统表面、栏杆、灯柱等金属构件进行一次借助仪器的定期检查。但不要求对每个梁段都作检查,一般每次定期检查可以选择涂层损坏最严重的 5~6 个梁段进行代表性检查。并根据检查结果,做出维修涂装作业安排。

(3)检查手段:除了通过目测、手摸进行外观检测外,也可进行一些无破损性仪器检测,包括硬度检查、针孔测试、厚度检测等。一般不主张对桥梁涂层做破坏性仪器测试。

6.6.2.5 大修前检查与重新涂装

大型钢箱梁防腐涂层大修涂装的概念,是指经历了十几年的运营(接近防腐涂层设计寿命年限)之后,而且涂膜劣化等级为 4 级,应进行重新涂装。

所用的工具与设备须符合现场施工的要求。一般在大修前 1 ~2 年,应反复对涂层的损坏情况作全面彻底的检查。决定是否大修并安排重新涂装,不应以涂层是否已到达设计寿命年限,而应以大修前对涂层所进行的检查结果而定。大修前涂层检查表如表 6.6-2 所示。

检查内容:涂膜色泽、机械损伤、粉化、起泡、裂纹、脱落、生锈,以上面积总计,硬度检查、针孔测试、厚度检测及其他。

6.6.2.6 特殊检查与处理

特殊检查必须及时认真,因为检查结果不仅是事后维修涂装的依据,在某种情况下甚至可能成为司法仲裁的技术依据。因此,它不属于大桥正常维修检查的范畴。

检查内容:涂膜色泽、机械损伤、粉化、起泡、裂纹、脱落、生锈面积总计,以及硬度检查、针孔测试、厚度检测及其他。

6.6.3 缆索系统涂装维护

6.6.3.1 涂膜检查计划

1)主缆表面涂膜检查

(1)第 1 年内:重点检查主缆最低点部位(即跨中)和两端,观察是否有涂膜起泡或脱落。

(2)第 3、6、8、10 年内:检查整个缆索系统涂膜是否有起泡、开裂、脱落、粉化或生锈。

(3)第 11 年及以后的每年内:检查整个缆索系统涂膜是否有起泡、开裂、脱落、粉化或生锈。

第 8、10 年内及以后的每年内:检查漆膜外观装饰效果,决定是否需重新涂装。

2)吊索锚头、索夹以及缆索检修道护栏涂膜等检查

(1)第 3、6、8、10 年内:检查各部位涂膜是否有起泡、开裂、脱落、粉化或生锈。

(2)第 11 年及以后的每年内:检查整个缆索系统涂膜是否有起泡、开裂、脱落、粉化或生锈。

第 8、10 年内及以后的每年内:检查漆膜外观装饰效果,决定是否需重新涂装。

6.6.3.2 检查方式

检查方式均为现场检查,以检修人员目测及触摸为主要方法。对于检修人员无法直接目测的部位,可借助高倍望远镜观察。

6.6.3.3 检查内容

检查内容为主缆涂膜是否有粉化、起泡、脱落、生锈、失光、人为损坏。主缆涂装体系必须在正常使用情况下和一定时期内保证涂膜的完好性,同时,主缆位置的特殊决定了对其检查的难度。

1)一般性检查

借助高倍望远镜,对主缆表面、索夹及其他钢制构件、主缆检查道护栏、吊索(斜拉索)锚头涂膜状况每年观察 2 次,具体安排在每年的 1 月和 7 月,并做好记录。每次检查可选择有代表性区域,如主缆两端最低点、最高点及数个中间部位。

(1)各类涂层劣化等级在 1 ~2 级时,不作维修涂装安排,但一定要做好巡检记录,以备

在下次巡检时,检查其损坏发展情况。

(2)对于2级以上的涂膜损坏,需上报上级处理。

2)整体性检查

要求检查人员对主缆通过目测、触摸和借助放大镜观察涂膜的劣化情况。检查完成并填写定期检查表。

整体检查从大桥运行的第3年开始。具体检查周期如表6.6-3。

缆索系统涂装的整体性检查周期　　表6.6-3

部　位	第3年	第3~10年	第11年以后
主缆	1次	1次/2年	1次/年
索夹及其他钢制构件	1次	1次/3年	1次/年
主缆检查道护栏	1次	1次/3年	1次/年
吊索(斜拉索)锚头	1次	1次/3年	1次/年

劣化等级达到3级以上(含3级),劣化面积≤20%,应进行局部维修;劣化面积>20%应进行大面积维修。

6.6.3.4　表面涂膜养护

1)涂膜维护性涂装

(1)在涂膜寿命期前5年以内,锈蚀或涂膜劣化评定1级时,涂膜只需养护而不需维修。

(2)应经常清除构件上的积灰和油污,尤其注意海洋大气下的积尘含有大量氯离子,具有极强的腐蚀性。

2)涂膜局部修补

涂膜局部修补分为4种类型,各种类型的适用条件分别见下表6.6-4所示。

主缆涂膜局部修补检查类型表　　表6.6-4

类　型	适用条件
维护性涂装	当缆索系统防护涂装寿命在5年以上、12年以下时,经锈蚀评定和涂膜劣化评定等级均在2~3级时
局部维修	涂膜局部修补和重涂一样,需采用与本桥成桥时相同的材料和工艺
大面积维修	劣化等级达到3级以上(含3级),劣化面积<20%,应进行局部维修;劣化面积>20%应进行大面积维修
重新涂装	涂膜在15年以上时,基本接近或达到寿命期,或涂膜劣化达到4级或锈蚀达到4级时,应将缆索系统重新进行涂装

注:1. 对于2级以上涂膜劣化,应向上级部门提出报告,决定是否进行维修。
2. 重涂工艺、材料和质量要求,与本桥成桥时相同。

6.6.4　混凝土结构的防护

6.6.4.1　混凝土防护体系介绍

(1)通航孔桥、水位变动区索塔、承台采用聚氨酯面漆外涂层涂装防护体系如表6.6-5所示。

通航孔桥混凝土防护体系表 表 6.6-5

涂层名称	配套涂料名称	涂层干膜最小平均厚度(μm)
底层	环氧树脂封闭漆	无厚度要求
腻子	氧化腻子	找平,对模板引起的错台以及混凝土干燥过程中产生的裂纹、孔洞用腻子修复、填补
中间层	环氧云母氧化铁	300
面层	氟碳树脂面漆	40~60

(2)非通航孔桥涂装防护体系如表 6.6-6 所示。

非通航孔桥混凝土防护体系表 表 6.6-6

涂层名称	配套涂料名称	涂层干膜最小平均厚度(μm)
底层	湿固化环氧树脂封闭漆	无厚度要求
中间层	湿固化环氧云母氧化铁	250~300
面层	脂肪族丙烯酸聚氨酯面漆	90

(3)非通孔桥 60m 混凝土湿接头采用水泥基渗透结晶型混凝土外涂层或有机硅烷浸渍型混凝土外涂层。水泥基渗透结晶型混凝土外涂层技术规范参照 GB 18455—2001《水泥基渗透结晶型防水材料》。其技术指标及质量检验标准如表 6.6-7 所示。

水泥基渗透结晶型混凝土外涂层性能表 表 6.6-7

序号	试验项目		性能指标
1	安定性		合格
2	凝结时间	初凝时间≥	20min
		终凝时间≤	24h
3	抗折强度≥	7d	2.80MPa
		28d	3.50MPa
4	抗压强度≤	7d	12.0MPa
		28d	18.0MPa
5	湿基面黏结强度≥		1.0MPa
6	抗渗压力(28d)≥		1.2MPa
7	第二次抗渗压力(56d)≥		0.8MPa
8	渗透压力比(28d)≥		300%

有机硅烷浸渍型混凝土外涂层技术规范符合 JTJ 275—2000《海港工程混凝土结构防腐蚀技术规范》的 7.2 中要求。其技术指标及质量检验标准要求如表 6.6-8 所示。混凝土硅烷浸渍施工涂装工艺、质量控制、验收及其测试方法参照 JTJ 275—2000 中附录 D 的要求。

(4)电流阴极保护系统的技术规范参照 NACE RP 0176—94《美国腐蚀工程师协会标准》和 DNV RP B401—1993 挪威标准。

6.6.4.2 大桥涂层检查

(1)涂层检查周期参考大桥上、下部检查,检查时应与大桥上、下部结构检查同步进行;

涂层检查应结合青岛胶州湾大桥涂装研究课题成果。

有机硅烷浸渍型混凝土外涂层性能表　　表 6.6-8

序　号	试 验 项 目	指 标 要 求	
1	吸水率≤	0.01mm/min$^{1/2}$	
2	浸渍深度≥	混凝土强度等级不大于 C45	3mm
		混凝土强度等级大于 C45	2mm
3	氧化物吸收量的降低效果≥	90%	

（2）重点检查：大桥混凝土涂层检查以目视为主，检查涂层是否有起皮、剥落、裂纹、粉化、裂缝等缺陷；特别是浪溅区、海雾区。

（3）电流阴极保护系统、牺牲阳极阴极保护系统检查应委托有资质单位进行；防护套的老化、变形、颜色均匀检查。

（4）模板布外观检查，初次使用后受到损坏或者被水泥颗粒所阻塞，应该进行修补。

（5）混凝土涂层检查完后填写检查表。

6.6.4.3　混凝土涂层维护工艺

混凝土涂层维护工艺：混凝土基层检查→混凝土基层处理→涂装封闭漆→刮腻子→涂装中间漆→涂装面漆。所有工序应按自上而下的顺序进行。具体施工及参数和标准如表 6.6-9所示。

混凝土涂层维护施工工艺及参数　　表 6.6-9

内　　容	参　　数	施工方法及检测方法	相 应 标 准
混凝土基层清理污； 表面打磨； 钢筋头切除及防护； 预埋件防护	表面无油污； 除去浮浆、浮尘； 环氧富锌 1 道，厚度 30μm； 环氧云铁中间漆，厚度 50μm	用去油清洗剂清洗； 电动打磨水泥表面； 喷砂或电动打磨； 刷涂	《建筑装饰工程施工及验收规范》（GB 50210—2001）； 《涂装前钢材表面锈蚀等级和除锈等级》（GB/T 8923—2011）
封闭漆	1 道，厚度 20μm	刷漆	—
用专用腻子对缺陷修补及打磨	腻子修补至平整	人工刮涂	
涂装中间漆	2 道，厚度 80μm	喷涂或滚涂	
涂装面漆	2 道，厚度 80μm	喷涂或滚涂	

6.7　特殊检查

6.7.1　概述

本节主要是对青岛胶州湾大桥各种可能的特殊情况检查进行说明，特殊情况包括大风进行时和大风过后的检查、火灾过后的检查、地震后的检查、船只及大型漂浮物撞击后的检查、定期检查中不能判定原因情况下的检查。具体检查内容如表 6.7-1 所示。

青岛胶州湾大桥特殊检查项目汇总 表 6.7-1

序号	特殊检查情况	桥型及特殊检查项目		
		预应力、钢筋混凝土连续梁桥	大沽河桥航道桥	红岛及沧口航道桥
1	大风进行时和大风过后	加劲梁各接缝、各锚固装置及支座、照明管线	加劲梁各接缝、主塔偏移、缆索系统、各鞍座及支座、照明管线、三角撑	加劲梁各接缝、主塔偏移、斜拉索系统、各锚固装置及支座、照明管线
2	火灾过后的检查	桥面系、加劲梁、伸缩缝、火灾影响范围内的涂层	桥面系、加劲梁、伸缩缝、吊索及有关连接件、缆索系统涂层、火灾影响范围内的各吊索索力及涂层	桥面系、加劲梁、伸缩缝、吊索及有关连接件、斜拉索系统涂层、火灾影响范围内的各索力及涂层
3	地震后的检查	桥面铺装、桥面伸缩缝和加劲梁、梁段间接缝、锚固装置、支座、照明线路及其他电器设施、防震设施	桥面铺装、桥面伸缩缝和加劲梁、梁段接缝、鞍座、支座、缆索系统、锚箱、索塔三角撑、主塔、防震设施、照明线路及其他电器设施、防震设施	桥面铺装、桥面伸缩缝和钢箱梁、梁段间接缝、支座、锚箱、斜拉索、主塔、照明线路及其他电器设施、防震设施
4	☆船只及大型漂浮物撞击后的检查	混凝土表层及破碎状况、☆无损探伤仪器对被撞区域进行超声波无损探伤、☆测定主塔墩动力特性、☆碰撞力估算		
5	☆定期检查中不能判定原因情况下的检查	对于定期检查健康监测中不能判定原因的损伤，提出申请，进行特殊检查		

注：标注☆项目，需要由管理部门委托有资质单位进行。

6.7.2 大风检查

6.7.2.1 风速仪的启用

接到大风即将到来的预报时，应该检查确认设在桥上的风速观测仪的工作状态，自动记录风速随时间变化的历程曲线，可得到最大风速以及来风的方向。

6.7.2.2 大桥各部位的大风响应

健康监测系统在大桥各跨及加劲梁上安装了加速度计及位移计，大风到来后应启动，自动记录加劲梁的加速度和振幅随时间的响应历程。大风过后对记录到的信号进行处理分析，确定结构在本次大风期的最大响应。

此外，还应在主塔塔基（承台）上架设高速摄像机，自动记录大风过程中，中跨跨中的最大挠度（包括竖向和横向）迹线，以及主塔顶偏移时间历程。

通过对上述信号的处理分析，可以得到结构的最大响应，为验算结构的有关特性提供依据。

6.7.2.3 桥梁大风过后各部位表现情况

对大风过后，由于桥梁异常振动（悬索桥、斜拉桥）的特殊检查，建议按照本手册 6.4.7、

6.4.8 节,对悬索桥、斜拉桥的关键部位进行。

(1)检查索塔高程、塔柱倾斜度、桥面高程及梁体纵向位移,注意是否有异常变位。对塔顶偏移的时间历程(安放在主塔承台上的高速摄像机测得的主塔偏移)的记录进行分析,确定分析结果。

(2)检测索体振动频率、索力有无异常变化,依据健康监测系统数据。必要时,进行人工索力检测。

(3)混凝土梁、预应力混凝土梁或钢箱梁的检查,按预应力混凝土及钢结构的相应要求进行。

(4)桥面、伸缩缝、支座等部位,检查其是否开裂,是否具有不可恢复的变形。

(5)逐个检查锚具及周围混凝土的情况,锚具是否有变化,周围混凝土是否开裂。必要时可打开锚具后盖抽查锚杯内情况。锚箱有无开裂、变形、积水,温湿度是否符合要求。

(6)检查悬索桥的主缆、吊索及斜拉桥的斜拉索的表面封闭、防护是否完好,有无破损,必要时可剥开护套检查钢索的情况,有无损伤、断丝。

(7)检查主索鞍、散索鞍是否有异常的错位、卡死、辊轴歪斜,构件是否有锈蚀、破损,主缆索跨过索鞍部分是否有挤扁现象。

(8)检查悬索桥吊杆上端与主缆索的索夹是否有松动、移位和破损,下端与梁连接的螺栓有无松动。

(9)检查主缆和吊索系统是否有损坏。主要内容包括:大螺帽和索夹的高强度拉杆、螺母等是否变形和松动。

(10)逐个检查索端出索处护筒、钢管与索套管连接处的外观情况。检查钢护筒是否松动脱落、渗水,筒内是否潮湿积水。

(11)检查索塔的爬梯、检查门、工作电梯是否可靠安全,塔内的照明系统是否完好,航空障碍灯、避雷设施、安全标志等是否完好、有效。

6.7.2.4 大风检查报告

上述各项检查有的是在大风期间,有的是在大风过后进行,每项检查都应有检查报告,并按统一的格式填报表6.7-2大风检查记录表。

大风检查记录表 表6.7-2

<table>
<tr><td>大桥名称</td><td colspan="4"></td></tr>
<tr><td>瞬时最大风速</td><td></td><td colspan="2">风向</td><td></td></tr>
<tr><td>平均风速(km/h)</td><td></td><td colspan="2">持续时间(h)</td><td></td></tr>
<tr><td colspan="5">大沽河航道桥</td></tr>
<tr><td>钢箱梁外观</td><td></td><td rowspan="2">主塔偏移</td><td>顺桥向(mm)</td><td></td></tr>
<tr><td>钢箱梁的最大动应变(με)</td><td></td><td>横桥向(mm)</td><td></td></tr>
<tr><td>钢箱梁的平均动应变(με)</td><td></td><td rowspan="3">缆索系统</td><td>主缆</td><td></td></tr>
<tr><td>最大水平挠度(mm)</td><td></td><td>吊索</td><td></td></tr>
<tr><td>最大竖向挠度(mm)</td><td></td><td>其他</td><td></td></tr>
</table>

续上表

<table>
<tr><td colspan="5">沧口航道桥</td></tr>
<tr><td>钢箱梁外观</td><td></td><td rowspan="2">主塔偏移</td><td>顺桥向(mm)</td><td></td></tr>
<tr><td>钢箱梁的最大动应变(με)</td><td></td><td>横桥向(mm)</td><td></td></tr>
<tr><td>钢箱梁的平均动应变(με)</td><td></td><td rowspan="3">斜拉索</td><td>斜拉索</td><td></td></tr>
<tr><td>最大水平挠度(mm)</td><td></td><td>锚头、锚箱</td><td></td></tr>
<tr><td>最大竖向挠度(mm)</td><td></td><td>其他</td><td></td></tr>
<tr><td colspan="5">红岛航道桥</td></tr>
<tr><td>钢箱梁外观</td><td></td><td rowspan="2">主塔偏移</td><td>顺桥向(mm)</td><td></td></tr>
<tr><td>钢箱梁的最大动应变(με)</td><td></td><td>横桥向(mm)</td><td></td></tr>
<tr><td>钢箱梁的平均动应变(με)</td><td></td><td rowspan="3">斜拉索</td><td>斜拉索</td><td></td></tr>
<tr><td>最大水平挠度(mm)</td><td></td><td>锚头、锚箱</td><td></td></tr>
<tr><td>最大竖向挠度(mm)</td><td></td><td>其他</td><td></td></tr>
<tr><td>混凝土梁及预应力混凝土梁</td><td colspan="4"></td></tr>
<tr><td>桥面铺装</td><td colspan="4"></td></tr>
<tr><td>伸缩缝</td><td colspan="4"></td></tr>
<tr><td>支座</td><td colspan="4"></td></tr>
<tr><td>大风起止时间</td><td colspan="4">年　月　日　时　分至　年　月　日　时　分</td></tr>
<tr><td>其他情况描述</td><td colspan="4"></td></tr>
<tr><td>检查记录人</td><td></td><td>负责人</td><td></td><td>年　月　日</td></tr>
</table>

6.7.3 地震检查

6.7.3.1 外观检查

地震,特别是烈度在6度及其以上的地震,会导致大桥悬吊部分大幅度摆动和主塔振动,大桥的塔、索、梁各部位处在一个强烈的耦合振动过程,常常会使大桥的有些部位损坏。因此,每当地震过后,一定要认真全面查看大桥各部位的完好性。

检查的主要内容有:

(1)桥面铺装、桥面伸缩缝和支座是否完好。

(2)主梁及其梁段之间的接缝是否完好。

(3)悬索桥主要结构、构件损坏情况。

①各鞍座是否偏离原位或遭到损坏；

②主缆、吊索本身及其和主缆、钢箱梁的连接是否完好；

③索股及吊索的锚固是否完好；

④吊索与主缆间是否发生相对位移；主缆是否完好。

(4)斜拉桥斜拉索本身及其与主塔、斜拉索与钢箱梁的连接是否完好。

(5)各支座是否偏离原位或遭到损坏。

(6)锚箱是否完好。

(7)主塔身有无损坏。

(8)桥台、桥墩以及上部混凝土梁、预应力混凝土梁状况是否完好并处于设计位置。

(9)照明线路及其他电器设施是否完好。

6.7.3.2 防震设施检查

地震过后应立即对以下几处设施进行检查，看其是否已经破坏。如已破坏，则应及时进行修复或更换。同时，还应检查与这几处连接的梁体结构混凝土是否有损伤。如有受损严重的则应对其进行修补加固。

(1)主塔处设置的用于限制主梁位移的纵向约束钢索；

(2)梁端伸缩缝间隙处设置的用于隔震消能的缓冲垫；

(3)桥台处设置的有限强度的冲剪胸墙；

(4)桥墩台处设置的防震挡块。

6.7.3.3 测算地震响应和加速度谱

地震过后，应立即对设置在主塔根部的固定地震观测台进行检查。将记录到的地震反应(如加速度或位移)时程曲线送至分析中心进行分析。根据记录数据分析出桥址处的最大地震加速度和持续时间，得出各关键部位的最大响应，如位移、内力等。分析时应考虑几何非线性和材料弹塑性的影响。

根据实测时程曲线进行频谱分析，得出加速度谱，即不同频率对应的加速度。此项分析，包括地震观测台的设置，应委托专门的研究机构或检测机构进行。

6.7.4 超重车辆通行检查

超重车辆原则上不允许过桥。在特殊情况下，必须过桥时，需按下列程序办理：

(1)申请单位必须提前向桥梁管理部门申请，申请中要明确列出预过桥超重车辆运载货物情况、车辆的种类，包括车辆的轴距、轴重、总重、外形尺寸、轮数、轴数、轮距和荷载分布情况。

(2)桥梁管理部门根据以往超重车过桥和大桥实际情况，决定是否需委托设计单位进行荷载效应分析与评估，是否需采取相应措施，并对申请进行审批。

(3)车辆装载的货物应尽量减少，装置平稳、适中，避免偏载。过桥应选择在交通量较小的时间进行，并事先通告、商请公安、路政部门配合，以确保结构和交通安全。过桥时尽量按制定的路线行进，车速限制5km/h，严禁变速、制动。

(4)在超重车辆过桥前，应对桥梁进行一次全面检查；行进过程中，应对受力最不利部位进行应变和挠度监测；过桥后应对桥梁进行全面检查，并与车辆过桥前状态进行对比，确认是否已对桥梁产生损坏。

6.7.4.1 行进过程中的检查

行进过程中，主要应当对上部结构主梁挠度、桥面线形变化和是否产生裂缝及其开展情况进行跟踪测量，尤其是钢筋混凝土及预应力混凝土桥梁。测量方法：分别在每跨跨中、1/4和3/4跨处设置光电挠度测点，竖起靶子，当超重车通过时，光电挠度计的主机可快速记录每一步的信号，当超重车辆离开桥面后，将得到3条位移—时间曲线。从曲线中查出最大挠度。

6.7.4.2 超重车离桥后的检查

超重车辆驶离主桥半小时后，首先应对桥面线形变化进行测量，看是否留下残余挠度，并组织养护人员察看桥面、钢箱梁焊缝以及钢筋混凝土、预应力混凝土梁是否产生了可见的裂缝，伸缩缝有否损坏，如有，应组织有关专家讨论修补或其他处理方案。如有条件，还应当对斜拉索、吊索、主缆等进行力学检查，判断重载车过桥有无对其产生不利影响；还应对锚室顶板、桥墩、台及支座等进行检查。

6.7.5 船撞检查

6.7.5.1 检查内容

若发生失控船只或大漂浮物撞击主塔墩、承台的事故，应立即做详细检查。并认真调查肇事船只或大漂浮物的吨位、撞击速度、方向和高度，估算撞击力的大小。根据估算的撞击力对整体结构进行空间分析，判断结构有无功能降低的迹象。

6.7.5.2 检查方法

（1）用肉眼观察受撞部位的损伤状况。观察混凝土表层有无破碎和开裂，是否有构造钢筋或受力钢筋暴露出来。如有破碎，应对破碎范围大小、程度及所在位置做出描述。如有开裂，应对裂纹的数量、分布情况及所在位置做出描述。

（2）用无损探伤仪器对被撞区域进行超声波无损探伤，判断混凝土内部是否产生损伤。

（3）用脉动方法测定主塔墩动力特性的变化，所测基频的阶次尽可能高，结合相应振型来判断主塔墩受撞后的损伤程度。此项检查技术复杂，应委托专门机构承担并提交报告。

6.7.5.3 碰撞力估算

（1）根据船只的总重、碰撞时的速度和方向，可按下式估算碰撞力F，即

$$F = \gamma V \sin\alpha \sqrt{\frac{W}{C_1 + C_2}} \tag{6.7-1}$$

式中：γ——动能折减系数，当船只斜向撞击墩台（指船只驶进方向与撞击点处墩台面法线方向不一致）时可采用0.15；正向撞击（指船只驶进方向与撞击点处墩台面法线方向一致）时可采用0.3；

V——船只撞击墩台时的速度（m/s），此项速度对于船只采用航运部门提供的数据；对于漂流物采用水流速度；

α——船只驶进方向与墩台撞击点处切线所成的夹角，应根据具体情况确定，如有困难，可取 $\alpha = 20°$；

W——船只的重力(kN)；

C_1、C_2——船只的弹性变形系数和墩台圬工的弹性变形系数，缺乏资料时可假定：$C_1 + C_2 = 0.0005\text{m/kN}$。

(2)也可以用 $F = kWV$ 进行碰撞力估算。其中，k 为系数，与船只撞击桥墩的时间有关，若撞击经过 $t = 1\text{s}$ 后而停止，则 $k = 1/10$；若 $t = 2\text{s}$ 时，则 $k = 1/20$。

(3)根据船只破损情况采用下式估算船撞力 F，即

$$F = \frac{N \times 0.6\sigma_{\text{m}} \times A_s}{1\,000} \tag{6.7-2}$$

式中：N——系数，视船只在完成碰撞过程中的撞击次数而定，第1次往往较大，如撞击3次，第一次可用0.4~0.5；

$0.6\sigma_{\text{m}}$——钢材破坏剪应力(MPa)；

A_s——被剪断钢材总面积(mm^2)。

(4)当混凝土受压而损坏时船撞力估算：

$$F = \frac{N \times R'_a \times A_c}{1\,000} \tag{6.7-3}$$

式中：A_c——墩台混凝土破损面积(mm^2)；

R'_a——墩台混凝土抗压极限强度(可用实时检测法实测)(MPa)。

(5)当混凝土受剪而损坏时(往往是圆端形桥墩的上游圆弧部分)船撞力：

$$F_1 = \frac{N \times 0.3R'_a \times A_c}{1\,000}, F_2 = \frac{F_1}{\upsilon} \tag{6.7-4}$$

式中：F_1、F_2——墩台圆弧部分切线方向及垂直切线方向的碰撞力(kN)；

υ——钢与混凝土之间的摩擦系数，可采用0.4。

由于碰撞时的实际情况不易确实掌握(如碰撞时的船舶航行速度、方向、碰撞次数等)，加上有某些假设，故由各种公式计算所得的结果可能出入较大。

根据计算碰撞力、作用于桥墩的角度、碰撞高度以及当时的风向风力、桥上活载情况等验算顺桥方向及顺水流方向桥墩在水面以下各截面(主要是变截面处)是否会产生裂纹，墩台偏心是否超限等，并结合实地检查，确定其是否安全。

6.7.6 火灾检查

若因行驶在桥上的油车或其他运载易燃物品的车辆发生意外等原因引起火灾，火灾过后，一定要作仔细检查，查清火灾原因，确定受火灾影响的范围和部位。

6.7.6.1 火灾过后检查的主要内容

(1)火灾影响范围内的桥面、伸缩缝及钢箱梁(混凝土、预应力混凝土梁)是否受损。

(2)火灾影响范围内的各根吊索(斜拉索)及其有关连接件是否受损，吊(斜拉)索拉力

有无变化。

(3)如果火灾发生处的主缆离桥面的高度较低(如10m以下),则须检查主缆防腐及缠丝系统有无变化。若主缆的防腐及缠丝系统损坏严重,还要进一步查看主缆的钢丝是否也受到损伤。

(4)查看桥面中央分隔带或其他部位的通信及照明管线是否有效。

6.7.6.2 对火灾损伤部位的处理

对损伤部位应尽快作如下处理:

(1)桥面或钢箱梁(混凝土、预应力混凝土梁)若有损伤应及时修补。

(2)伸缩缝若有损伤,应予修复或更换。

(3)吊索及其有关连接件、主缆防腐和缠丝油漆烧脱者应做防腐处理。

(4)检查斜拉桥的斜拉索(缆索系统的吊索、主缆)如有断丝和损坏的零部件,应予更换。

(5)对火灾影响范围内的各吊索(斜拉索)索力进行测定。将此次测定值与前次定期观测的结果相比较,看是否有较大变化,并分析变化原因,再进一步考虑是否更换或调整索力。

6.7.7 事故后结构验算

在地震、风灾、超重车辆过桥、船只等漂浮物撞击桥墩以及桥上行驶的车辆撞击主塔或吊索等情况发生后,除进行前述有关项目的检查外,还均应对结构进行验算。验算的方法是将外力(地震力、撞击力等)加在相应位置,用有限元法对结构进行整体分析,确定结构在这些意外荷载作用下的内力状态,并把这些附加内力同结构恒载内力叠加,然后再与材料的设计强度或结构刚度对比,确定结构的使用功能是否仍能满足要求。

6.7.8 其他

对进一步需要判明损坏原因、缺损程度或使用功能的桥梁,要求针对病害进行专门的现场试验检测、验算分析等鉴定工作,以便采取有效的养护措施。需进行专门检查和检验的3种情况如下:

(1)定期检查中难以判明损坏原因及损坏程度的桥梁;

(2)在决定对桥梁或部分构件进行改造、加固之前,要求提高载重等级时;

(3)桥梁技术状况为四类者。

大桥的特殊检查由大桥养护部门的总工程师或专职桥梁养护主管工程师主持,委托公路桥梁检测中心或具有这种能力的科研设计咨询单位,签订特殊检查合同后实施。

6.8 大桥评定

6.8.1 桥梁技术状况分类

桥梁结构各部分的技术状况,应根据巡视、经常性检查、定期检查和特殊检查结果按结构部位进行评定和分类，一般分为一类、二类、三类和四类。各类的评定标准见规范。然后根据构件缺损状况的评分按照下列原则进行部件缺损状况的等级评定，并可按照确定出桥梁各部件的技术状况及等级分类。

(1)对重要部件，如墩台与基础、上部承重构件、支座，以其中缺损状况最严重的构件评分作为其对应部件的评分。

(2)对其他部件，可根据多数构件缺损状况评分作为其对应部件的评分。

(3)按照表列标准评定桥梁各部构件缺损状况时，每一等级评定只需符合对应诸条评定标准的任何一条即可，若部分符合，则可按降低一个等级进行评定。

6.8.2 桥梁技术状况评定

对桥梁结构缺损状况，采用等级评定，即评分的办法进行评定。

(1)首先根据缺损形式和程度(大小、多少或轻重)、缺损对结构使用功能的影响程度(无、小、大)和缺损发展变化状况(趋向稳定、发展缓慢、发展较快)等3个方面，以累加评分办法对各构件缺损状况做出等级评定，即评分。具体评定方法见表6.8-1桥梁部(构)件缺损状况评定办法表。

桥梁部(构)件缺损状况评定办法表 表6.8-1

<table>
<tr><td colspan="2">缺损状况及标度</td><td>等　级</td><td colspan="6">组合评定标准</td></tr>
<tr><td colspan="2" rowspan="2">缺损程度及标度</td><td>程度</td><td colspan="6">小→大
少→多
轻度→严重</td></tr>
<tr><td>标度</td><td>—</td><td>0</td><td>1</td><td>2</td><td>—</td><td>—</td></tr>
<tr><td rowspan="3">缺损对结构使用功能的影响程度</td><td>无、不重要</td><td>0</td><td>—</td><td>—</td><td>—</td><td>0</td><td>1</td><td>2</td></tr>
<tr><td>小、次要</td><td>1</td><td>—</td><td>—</td><td>—</td><td>1</td><td>2</td><td>3</td></tr>
<tr><td>大、重要</td><td>2</td><td>—</td><td>—</td><td>—</td><td>2</td><td>3</td><td>4</td></tr>
<tr><td colspan="3">以上两项评定组合标度</td><td>—</td><td>0</td><td>1</td><td>2</td><td>3</td><td>4</td></tr>
<tr><td rowspan="3">缺损发展变化状况的修正</td><td>趋向稳定</td><td>-1</td><td>—</td><td>—</td><td>0</td><td>1</td><td>2</td><td>3</td></tr>
<tr><td>发展缓慢</td><td>0</td><td>—</td><td>—</td><td>1</td><td>2</td><td>3</td><td>4</td></tr>
<tr><td>发展较快</td><td>+1</td><td>—</td><td>1</td><td>2</td><td>3</td><td>4</td><td>5</td></tr>
<tr><td colspan="3">桥梁部构件缺损状况等级评定结果(评分)</td><td>0</td><td>1</td><td>2</td><td>3</td><td>4</td><td>5</td></tr>
<tr><td colspan="3">桥梁构件的技术状况</td><td>完好</td><td>良好</td><td>较好</td><td>较差</td><td>差的</td><td>危险</td></tr>
<tr><td colspan="3">桥梁部构件的技术状况等级分类</td><td colspan="2">一类</td><td>二类</td><td>三类</td><td>四类</td><td>五类</td></tr>
</table>

注：1.“0”表示完好状态，或表示没有设置且经调查表明无需设置的结构部件。

2.当缺损程度标度为“0”时，不再进行叠加。

3.“5”表示危险状态，或表示原未设置，而调查表明需要补设的结构部件。

(2)重要部件(如墩台与基础、上部承重构件、支座等)以其中缺损最严重的构件评分，其他部件根据多数构件缺损状况评分。

(3)在确定出桥梁各部件缺损状况的等级评定结果即评分之后，首先可根据桥梁所在地区的环境条件和养护要求，然后按照下列原则采用表6.8-2所示的综合评定方法进行桥梁技术状况的评定。根据大桥特点及专家意见，建议将地基冲刷权重降低为6，将桥面铺装权重提高为3。

各部件权重及综合评定方法表　　表6.8-2

<table>
<tr><th>部件</th><th>部件名称</th><th>权重 W_i</th><th>桥梁技术状况评定办法</th></tr>
<tr><td>1</td><td>翼墙、耳墙</td><td>1</td><td rowspan="16">(1)综合评定采用下列计算式：
$$D_r = 100 - \sum_{i=1}^{x} R_i \frac{W_i}{5}$$
式中：R_i ——按表8-2所示的方法确定出的桥梁各部件的等级评定结果即评分(0～5)；
W_i ——桥梁各部件的权重，$\sum W_i = 100$；
D_r ——全桥结构技术状况综合评分值(0～100)；
评分值高表示结构状况好，缺损少。
(2)桥梁技术状况等级评定分类采用下列界限：
$D_r \geq 88$ 一类
$88 > D_r \geq 60$ 二类
$60 > D_r \geq 40$ 三类
$40 > D_r \geq 30$ 四类
$30 > D_r$ 五类
(3)$D_r \geq 60$ 的桥梁，并不排除有缺损状况等级评定结果即评分 $R_i \geq 3$ 的桥梁部构件，仍有维修的需求</td></tr>
<tr><td>2</td><td>锥坡、护坡</td><td>1</td></tr>
<tr><td>3</td><td>桥台及基础</td><td>23</td></tr>
<tr><td>4</td><td>桥墩及基础</td><td>24</td></tr>
<tr><td>5</td><td>地基冲刷</td><td>6</td></tr>
<tr><td>6</td><td>支座</td><td>3</td></tr>
<tr><td>7</td><td>上部主要承重构件</td><td>21</td></tr>
<tr><td>8</td><td>上部一般承重构件</td><td>5</td></tr>
<tr><td>9</td><td>桥面铺装</td><td>3</td></tr>
<tr><td>10</td><td>桥与路连接</td><td>3</td></tr>
<tr><td>11</td><td>伸缩缝</td><td>3</td></tr>
<tr><td>12</td><td>防撞护栏</td><td>1</td></tr>
<tr><td>13</td><td>照明、标志</td><td>1</td></tr>
<tr><td>14</td><td>排水设施</td><td>1</td></tr>
<tr><td>15</td><td>调治构造物</td><td>3</td></tr>
<tr><td>16</td><td>其他</td><td>1</td></tr>
</table>

6.8.3 桥梁维修等级确定

桥梁的维修加固等级分为4类：

一类桥梁只需进行正常维护；二类桥梁需进行小修；三类桥梁需进行中、大修或加固；四类桥梁则需要加固改造才可继续使用。

当按照检查结果，被定为四类桥梁时，应对桥梁进行承载能力鉴定，对吊索和主缆拉力进行测量，以确定桥梁现状能否满足设计荷载要求，是否需要降低荷载等级使用，或是否需要加固后才能正常使用。

(1)小修——主要是指桥面清洁和修补日常工作，可由养护部门自己承担。小修工作每天都在进行。

(2)中修——包括主缆、吊杆及鞍座等的除锈、防腐工作及桥面修补。中修工作由定期观测结果而定，可由养护部门自己进行。

(3)大修——工作内容为桥面铺装层的更换，吊索和主缆断丝的处理，吊索的更换以及整个桥跨结构的加固。大修应由桥梁养护部门提出申请，报主管部门和政府审批。必要时还应由专家论证。大修工作应请专业队伍进行。大修工作开始前一周，应通过新闻媒体向社会公布，以免影响正常的交通秩序。

中修、大修的周期一般应分别根据定期检查和特殊检查结果而定，不宜作硬性规定。

参 考 文 献

[1] 上海巨一科技发展有限公司.青岛海湾大桥运营期结构监测巡检养护管理系统——系统设计与实施总体方案.2009,7.

[2] 上海巨一科技发展有限公司.山东高速胶州湾大桥养护手册,2011,11.

[3] 陈惟珍,等.现代桥梁养护与管理[M].北京:人民交通出版社,2010.

[4] 中华人民共和国行业标准.JTG/T H21—2011 公路桥梁技术状况评定标准[S].北京:人民交通出版社,2008.

[5] 孙利民,周毅.中国桥梁工程学术研究综述.(2014),桥梁健康监测[J].中国公路学报特刊,2014.

[6] 王瑀,荆国强,王波.桥梁健康监测系统在线结构分析及状态评估方法[J].桥梁建设,2014,44(1):25-30.

[7] Mark G. Stewart. Reliability-based assessment of ageing bridges using risk ranking and life cycle cost decision analyses [J]. Reliability engineering. 2001, 74(3):263-273.

[8] M H Faber. Reliability based assessment of existing structure safely and reliability. 2000, 2: 247-253.

[9] Liu, M., Frangopol, D. M., and Kim, S. Bridge System Performance Assessment from Structural Health Monitoring: A Case Study [J]. J. Struct. Eng., 2009(6):733-742.

[10] Danhui Dan, Limin Sun, Zhifang Yang. The application of a fuzzy inference system and analytical hierarchy process based online evaluation framework to the Donghai Bridge Health Monitoring System [J]. Smart Structures and Systems, Vol. 14, No. 2 (2014):129-144.